그리스도의 편지

일러두기 이 책의 내용은 인터넷을 통해 2000년에 처음 공개되었고 2007년에는 "Christ Returns — Speaks His Truth"라는 제목으로 자비출간되었다. 2009년에 프랑스어, 스페인어, 독일어 등의 번역본이 나오면서 제목이 "Christ Returns — Reveals Startling Truth"로 바뀌었고, 지금은 최종적으로 "Christ's Letters(2000 A.D)"라는 제목으로 통용되고 있다.

Christ's Letters 2000 A. D.

Christ's Letters 2000 A.D.

그리스도의 편지

예수가 말하는 예수의 생애와 가르침

기록자 받아씀 / 이균형 옮김

정신세계사

기록자 기록자는 1919년생의 영국 여성으로, 그녀의 간절한 기도에 응답한 그리스도가 40여 년간의 영적 정화과정을 거쳐 이 편지를 기록하게 했다. 그리스도의 지시에 의해 익명으로 남아 있지만 이 편지를 받아쓰게 되기까지 그녀의 인생역정에 관한 인터뷰 내용을 아래 링크에서 읽을 수 있다. cafe.naver.com/mindbooky/6733

옮긴이 이균형은 1958년생으로 연세대 전기공학과를 졸업하고 직장생활을 하던 중 정신세계에 눈을 뜨게 된 이래로, 종교와 교리를 초월한 영적 진실을 두루 탐구하며 살고 있다. 그 방편 중의 하나로서 영미권 정신세계의 여러 서적들을 번역 소개했고, 지금은 정신세계사의 편집주간으로 일하고 있다. 옮긴 책은《인도 명상기행》《지중해의 성자 다스칼로스》《홀로그램 우주》《깨달음 이후 빨랫감》《자발적 진화》《빛의 밀사》《상처받지 않는 영혼》《우주가 사라지다》 등 30여 권이 있고, 저서로《우주의 홀로그래피》가 있다.

그리스도의 편지

ⓒ 기록자(Anonymous), 2007, 2010, 2012.

기록자 받아쓰고, 이균형 옮긴 것을 정신세계사 정주득이 2015년 9월 25일 처음 펴내다. 이균형과 김우종이 다듬고, 김윤선이 꾸미고, 한서지업사에서 종이를, 영신사에서 인쇄와 제본을, 김영수가 기획과 홍보를, 하지혜가 책의 관리를 맡다. 정신세계사의 등록일자는 1978년 4월 25일(제1-100호), 주소는 03965 서울시 마포구 성산로4길 6 2층, 전화는 02-733-3134, 팩스는 02-733-3144, 홈페이지는 www.mindbook.co.kr, 인터넷 카페는 cafe.naver.com/mindbooky이다.

2025년 1월 21일 펴낸 책(초판 제7쇄)

ISBN 978-89-357-0393-7 03290

이 도서의 국립중앙도서관 출판시도서목록(CIP)은 서지정보유통지원시스템 홈페이지(http://seoji.nl.go.kr)와 국가자료공동목록시스템(http://www.nl.go.kr/kolisnet)에서 이용하실 수 있습니다. (CIP제어번호: CIP2015023907)

온갖 그릇된 해석으로 점철된 현재의 신약성서는 영적 진화를 훼방하는 걸림돌이다. 이제는 비전적秘傳的인 인식과 이해의 새로운 영역으로 나아가야 할 때다.

내가 인간의 몸으로 다시 내려와서 세상을 향해 말하는 것은 불가능하고, 또 내가 봉사하는 다른 차원계들이 있기 때문에 나는 감수성 있는 한 영혼을 훈련시켜 나의 말을 받아 적게 하였다. 이것이 내가 너희에게 개인적으로 이야기할 수 있는 가장 근접한 방법이다.

너희가 이것을 받아들일 수 있기를.

차 례

기록자의 서문

먼저, 내가 실명 대신 '기록자'라는 이름을 사용한 이유를 설명하고 싶다.

이 [편지]들을 받아쓰는 동안, 그것이 그리스도로부터 온 것이라는 사실에 대해 내 마음에는 티끌만한 의심도 없었다. 다음 글(들어가기)에서 내가 이렇게 확신을 가지는 이유를 설명할 것이다.

[편지]를 받아쓰는 동안 나는 [그리스도의 편지]가 순전히 독자적으로 존재해야만 하므로 나 자신은 그 전경에서 떠나라는 분명한 요구를 받았다. 이 [편지]가 심금을 울리는지, 아니면 가짜라고 느껴지는지는 독자들이 스스로 판단해야 한다. 나는 내가 받은 것을 적었고, 그것이 검증되게끔 대중 앞에 내놓기 위해 노력했다. 이후에 일어날 모든 일은 순전히 [편지]를 읽은 독자와 그리스도 의식 사이의 일이다.

그리스도는 [편지]에서 편지글이 독자의 마음과 그리스도의 마음 사이에 연결고리를 형성할 것이며, 독자가 글의 배후에 숨겨진 깊은 의미를 이해할 수 있도록 도움이 주어질 것임을 약속했다.

많은 사람들이 그러한 접촉을 경험했다고 보고했다. 많은 사람들이 통찰이 흘러들어오는 것을 경험했다.

그러니 사업상의 거래에 비서의 이름이 필요하지 않은 것과 마찬가지로, 나의 이름과 신분은 중요하지 않다. 정말로 중요한 것은, 이 존재가 영적 의식 속에서 평형상태(Equilibrium)의 관문까지 상승한, 그러면서도 개체성의 세계와 접촉을 유지하기 위해서 아직도 개체성을 지니고 있는 진짜 그리스도임을 독자가 느낄 수 있느냐 하는 것이다.

다음으로, [편지] 군데군데의 기이한 형식에 대해 엇갈린 반응들이 있었다.

그리스도가 나의 마음에 말과 형상을 새겨주고, 내가 그 말 속에서 본 것을 정리해야 했을 때, 그리스도가 지금 묘사하고 있는 사건들을 겪었을 당시에 느꼈던 감정들을 나 또한 (어느 정도) 느꼈다는 사실을 밝히고 싶다. 그리스도는 그 당시의 진동 속으로 하강하여 돌아감으로써 그 시간으로 들어가서 그것을 내 마음에 전달해주었다. 이 [편지]들을 평범한 활자체나 이탤릭체만으로 써낼 수 있는 방법은 없었다. 그래서 내 마음을 통해 어떤 새롭고 놀라운 통찰이 제시될 때면 나는 종종 '이걸 어떻게 하면 전달할 수 있을까?' 하고 고민하곤 했다. 당신도 [편지]를 읽다 보면 내가 하는 말의 의미를 알게 될 것이다.

그래서 나는 그리스도의 마음으로부터 어떤 강력한 말씀이 들어온 것을 나타내기 위해서, 이탤릭체와 굵은 글씨체와 대문자*를 활용했다.

사람들은 이 생뚱맞은 형식이 읽기의 흐름을 방해한다고 불평했다. 하지만 바로 그것이 요점이다. 이 편지는 그저 읽기 위한 것이 아니다. 이것은 [숙고해보기] 위한 것이다. 즉, 글의 흐름을 끊는 단어들에서 읽기를 멈추고, 그 말이 당신에게 전하고자 하는 것을 '생각해보라'는 뜻이다. 그리스도께서 당신의 인간적 지성에 다가가려고 애쓸 때, 그는 당신이 이 세상의 삶에서 경험하는 것들 훨씬 너머에 있는 진실을 말하고 있는 것임을 늘 명심해야 한다. 당신이 읽고 있는 것을 이해할 수 있으려면 무한의 세계에 가닿아야만 한다. 그러니 당신이 기이한 형태의 문장을 붙들고 숙고하느라고 반 시간을 보냈다면, 당신의 마음이 작금의 사고방식 너머의 새로운 가능성으로 점차 열려가고 있는 한 그것은 아주 잘 보낸 반 시간이다. 깨달음을 구하는 당신의 의식이 그리스도 의식으로 솟아 가닿는다면 깨달음은 반드시 주어질 것이다. 꼭 그 즉시는 아니더라도 아마 전혀 기대하지 않았던 때에 그 답이 쿵! 하고 당신의 심중을 찔러오고, 당신은 [그래, 바로 이거다! ─ 이거야말로 진짜 답이다] 하는 것을 [알게] 될 것이다.

* 원문에서 대문자로 표기된 단어와 구절을 이 책에서는 [대괄호]로 표시했다. 그 외 이탤릭체(기울인 글씨)와 굵은 글씨체 등의 편집요소들은 최대한 원문 그대로 옮겼다. 기록자의 홈페이지는 christsletters.com이다. 편집자 주.

머리글

———◆———

그리스도가 말한다:

"나는 2,000년 전 팔레스타인에서 내가 '예수(Jesus)'로 알려졌을 때 주었던 가르침에 가해진 그릇된 해석을 바로잡기 위해서 왔다."

그리스도는 또 이렇게 말한다:

"사람들이 엄청난 세계적 위기의 문턱에 있으므로 생존을 위해서는 나, 그리스도의 말이 듣고자 하는 모든 이들에게 가닿지 않으면 안 된다. 너희는 자신이 주역을 맡고 있는 창조과정의 실상에 대해 거의 아무것도 모르고 있다. 너희가 온 인류를 위한 드높은 이상의 실현에 착수할 수 있게 되려면 이것을 제대로 이해하지 않으면 안 된다."

"나의 영적 의식이 인간의 형체를 취하는 것은 불가능하다. 그래서 나는 너희에게 직접 말하기 위해서, 감수성 있고 순종적이고 준비된 한 마음이 내가 말하는 진실을 받아서 글로 쓸 수 있도록 그 마음속의 프로그램을 지워냈다. 그녀가 나의 '기록자'이다."

11

기록자:

당신은 그리스도의 편지를 읽기에 앞서, 의식을 전달하는 이 영적인
작업이 대체 어떻게 이뤄졌는지를 알고 싶을 것이다.

내가 그리스도의 기록자가 될 준비를 갖추는 과정은 40년 전에 시작
됐다. 농민이자 독실한 기독교인이었던 내가 극심한 곤경에 부딪혀서
그리스도께 도움을 구하고 있었을 때, 뜻밖의 어떤 강력한 응답이 나
로 하여금 모든 종교적 도그마를 재검토하고 결국은 폐기하게끔 만들
었다. 뒤이어 깨달음이 왔고, 그것이 나의 일과 공부를 새로운 방향으
로 확연하게 이끌어주었다. 나는 사람들을 대하는 사업을 창업했고,
그것은 번창했다. 몇 해 동안 나는 성공과 큰 행복을 누렸다. 그 후에
나는 나의 영적 이해를 성숙시키기 위해서 매우 충격적이고 다양한
인간 경험을 겪고, 많은 시련 끝에 고통스럽지만 알찬 교훈을 얻은 다
음 그것을 영적으로 초월했다.

어느 날 저녁, 인도를 구하는 나의 기도에 대한 응답으로서 그리스도
가 실제로 임재했다. 그는 나에게 자신의 정체에 관한 반박할 수 없는
증거를 보여주었다. 그는 내 온몸에 강렬한 우주적 사랑의 파동을 보
내주면서, 내가 장차 무엇을 배우고 결국 어떤 일을 하게 될 것인지에
대해 한 시간 동안 말했다. 2주일 후에 그는 '하나님(God)'과의 의식적
인 합일이라는 초월적 체험 속으로 날 인도했다. 나는 치유가가 되었
고 몇 번은 즉석치유의 도구가 되었다.

1966년부터 1978년까지, 그리스도는 내 인생의 중요한 시점에 나의 질문에 대한 응답으로서 지금 그의 '편지'에 설명되어 있는 영적-과학적 원리들을 가르쳐주었다. 1975년의 어느 날 밤에 나는 1983년에서 1994년 사이에 일어날 사건들을 묘사하는 계시를 경험했는데, 그 모든 것이 실제로 일어났다. 나는 다시금 앞으로 내가 해야 할 일이 있다는 말을 들었다.

그리스도와 강하게 연결되고 '제1 원인자'(First Cause)에 대한 나의 체험을 더욱 깊이 이해해갈 때마다 그 무게가 경감되곤 했던 온갖 다양한 우여곡절 끝에 결국 나는 현재의 집으로 와서 살게 되었다. 여기서 나는 지난 20년 동안 갈수록 더욱 고립된 혼자만의 삶을 살아왔다. 가끔씩은 그리스도와 생생하고 친밀한 만남을 가졌고, 또 가끔씩 영적으로 메말랐던 시기에는 내 믿음과 인내심의 강화를 위해 홀로 남겨져 있었다. 지난 4년 동안에는 정신적, 감정적 정화과정으로 인도되어 완벽한 내적 평화와 희열이라는 나의 목표에 도달했다.

그리스도는 나를 점진적이지만 매우 분명한 정화과정 속으로 밀어 넣었다. 나의 자아가 완전히 비워져서 순응성과 감수성이 높아지자 '목소리'가 받아 적을 말을 시작하여, '편지'가 모습을 드러내기 시작했다. 이 '편지'들은 전적으로 그리스도의 말씀이다. 그 안의 어떤 내용도 다른 문헌에서 가져온 것이 아니다. 최근 몇 년 동안에는 분명히 몇몇 저술가들이 그리스도의 의식이 방사하는 진실로부터 자신들의 영감적 통찰을 많이 끌어왔지만 말이다. 그의 의식에 동조된 모든 이들은 큰 축복을 받는다. 나는 단지 '기록자'일 뿐, 그 이상의 아무것도 아니다.

첫 번째 편지

나, [그리스도]는 이 기회를 통해 [너희]에게 직접 말한다.

나는 2000년 전 팔레스타인 땅에서
내가 '예수'로 알려졌을 때 주었던 가르침에 가해진
그릇된 해석을 바로잡기 위해서 왔다.

이것은 영적 감수성이 예민하여 지난 40년 동안 나의 말을 받아들이고 그에 의거하여 행동할 만큼 헌신적이었던 한 사람을 통해 전해지고 있다.

[이 편지는 진실이다.]

이것은 세상 모든 종교의 교리를 초월한다.

이 [편지]가 너희를 [자유케] 할 것이다.

이것은 존재의 의미와 삶의 목적을 찾고 있고, 살아가기 위한 나날의 몸부림을 직면할 힘, 고난과 질병과 절망을 이겨낼 힘을 간구하고 있는 모든 사람을 위한 것이며, 나날의 삶 속에서 더 큰 영적 각성을 열망하는 이들에게 주는 영감이다.

너희는 **이 편지가** 내가 팔레스타인 땅에 있을 때 걸었던 그 길에 발을 들일 준비가 된 이들을 위한 **[마스터 코스]**라고 할지도 모른다.

너희는 위의 말이 정말인지를 의심할 수도 있다. 이 페이지들을 읽고 존재에 관해, 그리고 인격의 기원에 관해 내가 알려주는 사실들 속으로 들어가는 동안, 너희는 이 진실이 오직 가장 높은 근원으로부터 온 것일 수밖에 없음을 깨달을 것이다.

편지의 내용을 이해하는 데 어려움을 겪는 이들은 한 페이지씩 읽고 나서 그것을 내려놓고 명상을 해야 한다. 그 의미는 차츰 차츰 너희의 의식 속으로 스며들 것이다. 이 페이지들은 너희의 의식과 나의 초월적 의식 사이의 연결고리이므로.

인간의 믿음에 세뇌되기 전의 아주 어린 아기처럼 관념과 믿음과 선입견에 물들지 않은 마음을 가지고 이 **편지**에 다가오라.

너희의 소란스럽지 않은 마음, 간구하는 마음을 가지고 오라. 그러면 내가 그것을 진정한 보물, 가장 높은 지식의 보물로 채워줄 것이니, 그것을 흡수하면 그것이 너희 나날의 짐을 덜어주고 '가장 밝은 빛의 푸른 초장草場'으로 너희를 인도할 것이다. 그 밝은 초장은 풍요와 기쁨과 환희와 모든 필요의 충족을 뜻한다. 너희는 현재의 인간의 이해 너머에 존재하는 온갖 것으로써 넘치게 축복받는 것이 어떤 느낌인지를 알게 될 것이다.

이 편지를 나의 자비와 사랑과 함께 온 세상의 백성에게 보낸다. 너희가 그것을 읽을 때 너희도 자비와 사랑을 느낄 것이고, 존재와의 일상적 투쟁은 결코 너희를 위해 의도된 것이 아님을 깨닫게 될 것이다. [존재의 진실]을 이해하고 받아들여서 꾸준히 실천하기만 하면 너희는 고통과 스트레스를 경험할 필요가 없다.

[이 편지 배후의 목적]

이것은 다음 2천 년 동안 인류가 [새로운 의식]을 구축할 수 있도록 세상에 널리 깨달음을 가져오기 위한 것이다. 이 편지들은 장차 인류의 영적 진화를 위한 씨앗이다.

잘 주지하라:

너희 개인과 지구 전체의 삶에 정신적, 물질적 진화를 가져오고 인류를 갈수록 더 조화로워지는 행복한 상태로 데려다주는 것은 '인간 의식'의 영적 진화이다.

이것이 믿기 어렵거든 지난 2천 년을 돌아보면서 내가 마지막으로 사

람들 앞에서 이야기했던 그 이후로 어떤 일들이 성취되었는지를 살펴
보라. 내가 유대인들에게 끊임없이 **형제애**를 설파한 이래로 그것을
향한 점진적인 진화의 흐름이 있었다.

내가 **땅 위를 걷던 때**에는 너희가 지금 가지고 있는 것과 같은 인도
주의적 민간단체들이 없었다.

야망과 탐욕과 자기만족이 정상적인 행동으로 여겨졌다.

세세생생 선지자들로부터 이웃을 제 자신처럼 사랑하라는 타이름을
받아온 유대인들 사이에조차도 형제애는 거의 없었다.

형제애의 힘을 기르자 인류의 삶은 더 쾌적하고 편안해졌다. 상호
배려, 예의, 친절, 그리고 병원, 어린이 복지, 노인우대, 인권운동,
삶의 조건을 개선하기 위한 기타의 여러 기관들 등이 형태를 갖춤
으로써 말이다. 이 모든 것이 내가 팔레스타인에서 사람들에게 형
제애와 이웃에 대한 자비를 촉구하며 했던 말들을 진실히 가슴에
간직했던 사람들의 마음과 가슴으로부터 태어난 것이다.

이 같은 영적 배려와 형제애는 목사들이 나의 말을 새로워진 성심으
로 열성적으로 설교하고, 진지하고 성실한 신도들이 그것을 반겨 받
아들였던 19세기에 와서 엄청난 추진력을 얻었다. 당시에는 목회자와
신도들이 모든 대륙, 온 세계에 널리 퍼져나갔다. 안식일은 실질적인
휴일로 받아들여졌고 대부분의 기독교인들의 사상이 하나님의 권능

에 대한 묵상을 통해 고양되었다. 일상적 의무와 일을 떠난 그 같은 범세계적 휴식은 곧, 24시간 동안 고스란히 신의 창조적 권능을 향해 '의식적 사고'가 고양됨으로써 인간의 삶을 누벼 밑받침해줄 정규적이고도 강력한 '인간의식/신성의식'이 형성되는 것을 의미했다. 인간의 기도와 염원은 신의 권능을 인간의 의식과 경험 속으로 끌어왔고, 그것은 곧바로 인류 생활 모든 측면의 성장과 확장으로 이어졌다.

그러나 사람들은 아직 마음을 통해 '에고의' 창조 통로가 아닌 영적 창조 통로로 신의 권능을 끌어오는 방법을 몰랐다. 그리하여 '대중의식'의 확산은 영감을 받아 깨달은 사람들의 '영적 의식'이 만들어낸 '선한' 결과뿐만 아니라 '에고의 힘'으로부터 나오는 '사악한' 결과도 가져왔다.

[잘 주지하라. 이러한 이유로] .... 나는 너희에게 존재의 매우 중요한 사실을 .... 분명히 설명해주려고 왔다. 주의해서 잘 읽어보라.

그것은 이렇다:

* 너희 개개인의 **의식**이야말로 너희의 삶과 개인적 경험 속으로 오는 모든 것에 전적인 책임이 있다. 너희에게 선이나 악을 가져다주는 것은 바로 너희 개개인의 **의식**이다. *

* 너희는 전생/전생들을 통해 강력히 각인된, 그러나 감춰져 있는 트

라우마/감정의 기억들을 잠재의식 속에서 살려내고, 그것이 너희의 현재의식을 분출시키고 채색한다. *

* 너희의 마음과 가슴이 끊임없이 우주적 [사랑]의 법칙에 반하여 움직이면서 흠잡고 손가락질하기만 좋아하는 사고방식으로 살아가는 한, 고통이 덜어지기를 비는 너희의 열렬하고 구체적인 기도는 응답을 얻을 수 있을지는 몰라도 길게는 거의 도움 되지 않는다. *

존재의 우주적 법칙은 [오로지] '의식의 작용'과만 관계한다. .... 그리고 그것은 정확하고 예외 없다 .... 그것은 '신'이 내리는 상도, 벌도 [아니다].

되풀이한다: 그것은 [신이 내리는 벌]이 아니다. ― 그것은 하전荷電 입자들을 끌어당기고 자화하여 뭉치게 해서 눈에 보이는 견고한 형체와 경험으로 세상에 나타나게 하는, '원인이 되는 의식의 요소'(Causative Factor of Consciousness)와 관계가 있다.

[잘 주지하라.] 때로 사람들은 강력한 기도 속에서 모든 창조물의 속과 그 배후에 존재하는 [신성한 실재]와의 접촉을 이뤄내고, 그러면 그것은 응답하고, 이내 그것의 작용이 그 개인이나 국가의 삶에 요구되었던 개선의 형태로 모습을 드러낸다. 그러면 사람들은 "이건 기적이다!" 하고 외칠 것이다.

그러나 시간이 지나면 그 개인이나 국가의 [평소의] 의식 상태가 그들의 경험 속에서 다시금 본색을 드러내어 그들의 건강이나 사건 들에 이전과 다름없는 부정적 결과를 거듭 만들어낸다.

너희의 의식을 변화시키지 않는 한, 너희 삶에 영구적인 변화를 일으 킬 수는 없다.

그러니 사람은 조건 없는 **사랑**을 성취하기 위해 시시때때로 기도하고 노력해야만 한다.

20세기에 접어들면서 인간은 정신적 능력이 영적 발전을 앞서버렸 기 때문이다.

과학자들은 창조의 기원을 우연의 산물로 치부하는 것으로 그것을 설 명해냈다고 생각했다. 그 직접적인 결과는, 사람들이 도덕을 내팽개 치고 자아의 의지에 자신을 완전히 내맡기기 시작한 것이다.

그들은 신의 [본성]인 [조건 없는 사랑]에 정면으로 반하는 새로운 형 태의 '세계적 에고-의식'(world ego-consciousness)을 만들어내기 시작 함으로써 세상을 위협하는 새로운 힘을 풀어놓았다. 인간의 의식이 신성의 유입을 차단한 것이다.

[잘 주지하라]: 점입가경인 몇몇 사람들의 소름 끼치는 상상은 **백 년 전만 해도 한 지역에 머물렀을 것**이 이제는 전 세계에 배포되는 소 설과 영화 속에서 미화되는

[정신적 전염병]이

되어, 범람하는 성문화, 폭력, 그리고 타락으로 표출되는 닮은꼴의 범지구적 '인류의식'을 만들어낸다. 이 [정신적 전염병]은 먼저 에고중심적인 생활방식과 과학기술이 만들어내는 기계들로 나타난다. 그리고 그것은 또 심각한 건강장애, 기후변화, 흉작, 환경파괴, 생물의 멸종, 그리고 인간의 대량학살을 빚어냈다.

정신적 전염병은 인격 속에서 혼란스럽고 파괴적인 행동, 마약복용, 극악무도한 비행, 조직폭력과 성폭행 등으로 모습을 드러낸다. 그리하여 결국 유흥산업과 독점매체에 의해 생각과 행위의 도착과 악의의 악순환이 일어난다. 그들의 목적은 에고중심적인 대중의 관심을 확보하는 것이다.

너희의 TV와 영화 스크린은 인간의 행동지침을 가르치는 새로운 성경이 되었다.

백 년 전에는 인류에게 알려지지도 않았던 인간의 비극이 유행처럼 번졌고 사람들은 길 다니기조차 두려워하면서 살고 있다. 집들은 방책 같은 높은 담 뒤에 숨어 있고 가정과 사회의 문제가 공개토론회의 빠지지 않는 주제가 되었다. 인간의 비극이라는 대하소설은 이렇게 끝도 없이 이어지고 있다.

이것이 너희의 땅을 활보하며 순진무구한 마음들 속에 **야수의 살기**殺

22

氣를 심어놓는 [짐승]이다.

** 그것은 이 땅 위 대다수의 사람들이 나의 **그리스도의 지혜**를 인정하고 받아들여 실천할 때까지 지속될 것이다. 이 지혜는 너희가 진정으로 바라는 그런 삶을 일궈내기 시작할 수 있도록 참다운 [생명의 길]로 돌아갈 방법을 알려줄 것이기 때문이다. **

나는 조건 없는 [사랑]이므로 많은 영적인 마음들이 그 낌새를 느끼고 있는 [진실]을 말하고 있지만, 영적 눈이 먼 ― 현재로는 ― 이들에 의해 배척당하고 있다.

/////이 말들은 너희를 위협하거나 벌하기 위한 것이 아니라 날마다 너희의 신문과 TV 화면을 채우고 있는 끔찍한 공포의 근원에 대해 경종을 울리기 위한 것이다./////

** 나로 하여금 다양한 의식 층을 지나 악행에 물든 인간세계까지 내려와서 너희 현생에 일어날 그 결말을 경고하지 않을 수 없게 만든 것은 오로지 만백성을 향한 나의 사랑뿐이다. **

[잘 주지하라 ― 중요하다]

인간의 소중한 자기방어기제인 면역체계를 공격하고, 생식능력까지도 표적으로 삼는 에이즈 바이러스가 어디서 나왔는지 궁금한가?

이 바이러스는 — (약에 의해서가 아니라) [영적으로 각성된 의식]에 의해 — 저지되지 않고 퍼지도록 방치되면 부주의한 사람들을 전멸시킬 것이다. 영적 빛이 밝혀진 이(the Enlightened)들만이 이것과 여타 존재의 함정들을 피해 갈 것이다.

깨어나라! 깨달으라! 너희 자신의 강한 '의식의 추동력'은 곧 생명의 추동력이다.

그것은 고도로 창조적인 전자기적 추동력이다!

그것이 악의적이고 폭력적이고 공격적이고 살인적인 성질의 것일 때, 그것은 악의적이고 폭력적이고 공격적이고 살인적인 [의식]의 하전 입자를 방출하고, 그것은 대기 중에서 악의적인 바이러스의 형체를 취하여 아무것도 모르는 순진한 사람들 사이에 퍼져나간다.

병든 마음에서 나고 자란 그것은 결국 물질세계의 형체를 껴입는다.

이것은 교회가 너희에게 가르치는 것과 같은 '하나님의 벌'이 아니다. 그것은 [존재의 과학적 사실]이다. 그러므로 영적인 마음을 지닌 모든 이들이 창조와 존재의 [진실]을 분명히 깨닫기 위해서는 그런 '유아적인' 상상을 버리는 것이야말로 지극히 화급한 문제이다.

[모든 교회에 보내는 나의 메시지]

나, 그리스도는, 너희에게 '인간이라는 인격체'가 비롯된 기원에 관한 진실을 분명히 말해주러 왔다. 인류에게는 왜, 그리고 어떻게, 자기만족과 자기방어를 위한 통제욕구와 자아의지의 성향이 처음부터 내재해 있는지를 정확히 설명해줄 것이다.

이것은 죄가 아니라 창조 과정의 자연스러운 일부이다.

하늘이 내리는 '벌' 따위는 없다!

인간은 의도적으로 자신의 '에고의 권능'을 해롭게 발휘함으로써 자신의 벌을 스스로 끌어들인다.

[잘 주지하라]: 이런 이유로, 인간의 마음이 더 발전된 과학지식을 발견하고 받아들이면 과학교과서가 고물이 되는 것처럼, 나의 십자가형에 펑계 댄 가짜 교리 위에 세워진 현재와 같은 형태의 '기독교'는 자연사를 맞이하도록 놔둬야 한다.

[잘 주지하라.] 국제법의 새로운 와해를 초래하여 장차 범지구적 테러가 성행할 터를 닦고 있는 작금의 지구적 위기는, 세상의 어떤 종교도 인류의 정신적 패턴에 변화를 가져올 만한 — 그리하여 평화와 번영으로 곧장 인도할 만한 — 지도력과 관련 지식을 가지고 있지 못함을 확연히 보여준다.

[진정한 영적 지도자]라면 그 신도들에게 현대인의 사고방식이 재해와 참사를 *어떻게*, 그리고 *왜* 창조해냈는지를, 그리고 '의식' 속에서 창조된 그것은 온갖 형태의 역병과 지진, 홍수, 기아, 전쟁, 혁명과 기타 비극의 형태로 그들 한가운데서 실감되게 만들기를 이제 막 시작하고 있는 것일 뿐임을 보여줄 수 있을 것이다. 분명히 알라! 너희 땅에 오는 어떤 악도 '자연재해'가 아니다. 너희의 완벽한 행복을 방해하는 모든 것은 먼저 너희 '인간의식' 속에서 번식하여 길러졌고, 그다음에 너희의 지구경험 속에서 형체를 얻게 된 것이다.

이것이 내가 땅 위를 [눈물 흘리며] 걸었을 때, 유대인들에게 일러주고자 했던 것이다. 그들은 그것을 비웃고 믿기를 거부했다. 그들은 *나를 미친 자라고 했다.*

교회가 똑같은 실수를 하게 하지 말라!

교회가 정체되어 교리와 의식儀式 속으로 굳어져 들어갔기 때문에 그들의 사제와 지도자들은 성실하게 진실을 추구하는 이들의 진화해가는 영적 요구를 채워줄 수가 없었다. 그 결과로 교회들은 텅 비어가고 있다. 살아남으려면 교회들은 자기들 사이의 차이는 차치하고, 영감이란 것이 꼭 자신들이 받아들일 수 있는 방식으로만 땅으로 전해지는 것이 아니라는 사실부터 받아들일 만큼 겸손해져야만 한다. 그들은 나 그리스도조차 유대인들에게 받아들여지지 않았다는 사실을 기억해야 한다. 교회는 그들이 현재 붙들고 있는 진실보다 더 높은 진실이라고 직관적으로 느껴지는 것을 받아들일 수 있도록, 마음과 가슴을 열어놓아야만 한다. 그리고 [짐승]이 인간의 생각을 지배하도록 허용해온 낡은 믿음들을 버려야만 한다.

너희의 온 영혼과 마음과 가슴으로 성심껏 기도하라. 낡고 그릇된 신념들의 되읊조림이 아니라 *진정한 깨달음*을 위해서 말이다. 깨어나라, 그리고 그런 의식儀式과 과거의 신념들이 '너희는 내가 한 것보다 더 큰 일을 하리라'고 인류에게 했던 나의 말을 실현시키지 못했다는 사실을 인정하라.

(많은 명상과 기도 후에) 진정한 깨달음이 너희를 찾아올 때까지는

[형제와 같은 사랑을]

온 영혼과 가슴과 마음을 다하여

너희 나날의 삶 속에서 수시로 가르치고 실천하여 본보이라.

왜냐하면 파괴적인 범지구적 의식의 힘과 맞서 싸우려면 인류는 그 발전의 다음 단계로 시급히 옮겨가도록 온 힘을 다 쏟아야만 하기 때문이다.

[시급히 요구되는 더 높은 이상]

너희 나날의 삶 속에서 실현되도록 애써야만 할 [더 높은 이상]이 있다

는 사실이 널리 받아들여져야만 한다.

육신의 세계가 절멸로부터 구출될 길은 오로지 더 높은 이상을 실현하는 길밖에 없다.

너희 자신을 위해서나 세계를 위해서나 이 이상이 없이는 영적 진화도, 열망하는 것들의 성취도 있을 수 없다. 현재로서, 삶에 대한 너희의 인식이란 고통과 궁핍, 그것이다. 이런 믿음은 너희의 TV를 통해서 경악스럽게 묘사되고 강화되고 있다. 그 믿음들이 훗날 너희가 결단코 바라지 않는 불행을 가져올 것이다.

그러니 대중매체와 TV를 통해 표현되는 너희 자신의 어리석음으로부터 너희를 구하려면 '인간의식'이 **내가 광야에서 보았던 것 —**

모든 존재의 내면과 배후에 있는
사랑의 실상實相을

볼 수 있도록 [신속히] 고양되어야만 한다.

[**잘 주지하라.**] 이 크나큰 진실이 인식되고 따뜻이 받아들여지면 모든 살아 있는 것들과 환경 그 자체 속에서 *사랑의 실상*이 다양한 방식으로 그 모습을 드러내기 시작할 것이다.

풍요와 기쁨의 경험은 풍요와 기쁨의 의식을 강화시킬 것이다. 그리하여 갈수록 고양되는 경이로운 삶의 영적 나선이 그 움직임을 개시할 것이다.

'존재'의 [진정한] 본성이 온전히 이해될 때 — 인류는 영적 진화의 다음 단계로 옮아갈 것이다. 그리고 새롭고 축복에 찬 형태의 인간적 노력과 개인적 경험을 개시할 것이다.

이 목표를 성취하려면 인류는 먼저

자신이 [무엇]이고 [누구]인지에 대한

통찰을 얻어야만 한다.

새롭고 중요한 하나의 의문이 사람들의 의식 속으로 이미 오고 있다. '너희가 세상에 내보이고 있는 겉모습 뒤에 있는 너희는 — 참으로 — 누구인가? [참]이 되려면 무엇이 필요한가?

이 편지는 바로 '나는 참으로 누구인가' 하는 이 의문에 너희 존재의 모든 차원에서 답해주고 있다. 그리고 내가 6주간의 '광야' 체험 동안에 깨달았던 모든 것을 너희가 나날의 삶의 지침으로 받아들일 수 있다면, 내가 치유와 가르침의 사역을 개시하기 전에 [참되고 온전해졌던] 것처럼 너희도 마침내 [참되고 온전해질] 것이다.

지금 이 시간 자신이 [온전하다고] 여기는 사람은 세상에 거의 없으니, 내가 한시바삐 너희의 마음속으로 들어가서 너희를 새로운 방식의 생각과 느낌 속으로 이끌어줄 필요가 있다는 사실을 너희가 분명히 알아야만 한다. 그러한 의식의 변화는 너희를 참(Reality)과의 신성한 조화와, 안전하고 더 나은 삶의 조건으로 데려다줄 것이다.

너희의 의식 속에서 이런 '재건' 작업을 할 수 있으려면 먼저, 내가 팔레스타인에서 가르쳤던 것에는 당시의 사람들이 아직 받아들일 준비가 되지 않은 것들이 많았다는 사실을 너희의 마음에 새겨두고, 그것을 받아들여야만 한다.

미심쩍은 것은, 내 청년 시절의 삶에 대한 기록이 *왜* 하나도 없는지에 대해서는 한 번도 의문이 공개적으로 제기된 적이 없다는 것이다. 그토록 중요한 것이 빠져 있는 진정한 이유는 무엇일까?

똑같이 미심쩍은 것은, 내가 세례를 받은 후에 광야에서 6주를 보내고 나서 [스승]이자 [치유사]가 되어서 나왔음에도 불구하고 그 어떤 기록자도 내가 '악마의 유혹을 받고' '야생 짐승들과 함께 지냈고' '천사들이 그와 함께했다'는 것 외에는 그동안에 실제로 일어난 일에 대해서는 이야기하려는 시도조차 하지 않았다. 광야에서 내게 대체 어떤 일이 일어났길래 내가 마을과 읍내로 돌아와서 '하나님의 나라가 너희 안에 있다!'고 선언하고, 회당에서 유대 장로들을 깜짝 놀라게 할 정도의 권위로 설교를 할 수 있었는지에 대해서는 손톱만큼의 '힌트'도 없다.

나에게 들씌워진 '신성'과 그 사명이 더 그럴듯해 보이도록 만들기 위해, 내가 인간적으로 어떤 사람이었는지에 관한 진실은 — 내 제자들의 합의에 의해 — 묻혀버렸다.

복음서에 의하면 나는 '하나님의 독생자'로 일컬어졌다. 그렇다면 나는 왜 종종 나 자신을 일러 '사람의 아들'이라고 했을까? 나는 나의 '신성'에 대한 만연한 믿음에 반하여, 그리고 내가 그들과 똑같이 육신으로부터 나온 존재라는 사실을 사람들의 마음에 각인시켜주기 위하여, 의도적으로 그렇게 말했던 것이다. 나는 그들이 오직 내가 알고 있는 것을 알고, 내가 가르치는 대로 올바로 사고하고 올바로 행동하기만 하면 내가 할 수 있는 일을 그들 또한 할 수 있다는 사실을 이해하게 만들려고 애썼다.

나의 인격과 나의 [영적 의식]을 중심으로 너무나 많은 신화가 생겨나 있어서, 이제는 그것을 가능한 한 완전히 없애버려야 할 때가 됐다. 바로 그것이 사람들을 영적으로 진화해가지 못하도록 가로막고 있기 때문이다.

종교의 가르침에 세뇌된 너희는 복음서를 쓴 나의 사도들이 나의 생애를 묘사할 때, 내가 행한 '초자연적' 기사奇事에 관한 그들의 이야기를 온전히 뒷받침해줄 자신의 개인적 기억만을 말했다는 점을 이해하도록 애써야 한다. 그들은 나의 사후 30여 년 동안 나에 대해 다른 이들이 이야기한 내용도 많이 포함시켰다.

세월이 그만큼이나 지나서 진실의 호도가 불가피해진 마당에 그들이 어떻게 나에 대한 권위 있는 '전기'와 실제로 일어난 일에 대해 쓸 수 있었겠는가? 또 나의 가르침과 '기사'를 일으킨 나의 진정한 영적 인식을 어떻게 제대로 설명할 수 있었겠는가?

단 한 사람만이 그런 입장에서 쓸 수 있는데, 그것은 나 자신이다. 그러므로 이 편지는 구경꾼으로서는 나의 생각을 아무리 잘 이해했다고 생각하더라도 결코 알아볼 수 없는 방식으로 나의 진실을 너희에게 보여줄 것이다.

(이런 이유로 나는 지난 40년 동안 '기록자'의 마음에서 모든 인습적 가르침을 차근차근 지워냈고, 그리하여 우리 사이의 완벽한 소통체계가 만들어졌다.)

만일 이 편지에 표현된 나의 진실이 너희의 신약성경에 쓰인 많은 것과 같지 않다면 그것을 놀라워해야 할까, 아니면 그 때문에 배척해야 할까?

그래서 나는 2천 년 전의 나의 삶과 가르침을 이야기해주기 위해서 필요한 만큼 최대한 가까이, 너희의 의식 차원으로 나의 의식을 잠시 하강시키고 있다.

[역사 속의 나의 위치]

먼저, 나의 신상과 삶에 대해서는 조세푸스Josephus가 로마 총독을 위해 쓰고 다시 로마 황제에게 올려진 '유대인의 역사' 속에 짤막하게 언급되어 있다는 점을 지적해야겠다.

조세푸스는, 예수가 로마의 법과 질서와 통치를 타도하려다가 벌을 받아 십자가형에 처해졌다고 간단히 기록했다.

이것은 조세푸스가 동명이인에 대해 기록한 것이라는 주장이 있다. 그러나 그것은 그렇지 않다. 훗날 소위 신유神癒와 물질화의 기적을 행하는 [그리스도]가 된 나는 반란자였다. 그러나 '대중선동가'는 아니었다. 나는 로마를 부정하고 로마의 법과 질서를 뒤엎기 위해 의도적으로 사람들을 선동한 적이 없다.

나는 기존의 유대 전통에 맞섰던 반항아였다. 그리고 광야에서 6주 동안 머물다 나왔을 때, 나는 ─ *생각하는* ─ 그리고 ─ *사는* ─ 더 나은 방법을 깨닫고 유대 동족들에게 내가 아는 바를 전해주고자 했지만 거의 성공하지 못했다.

나를 따른 이들에게는 여론의 압박이 가해졌다는 사실을 이해해야 한다는 점이 중요하다. 그들은 내가 '영혼을 구원해줄' 메시지를 유대인들에게 가지고 왔고 내가 메시아, 곧 '하나님의 아들'임을 진정으로 믿었지만 동시에 그들은 할 수 있는 한 최선을 다해 세상과 관계를 맺으려고 애쓰는, 세상에 속한 사람들이었다. 그래서 그들은 유대교 교리에 대한 나의 반항적인 심사를 알고 있었음에도 불구하고 구약성서를 송두리째 부정하기를 내켜 하지는 않았다. 왜냐하면 그들의 역사 속에서 구약은 유대인들을 한 데 뭉치도록 늘 지켜주고 뒷받침해주었기 때문이다. 옛 율법상 가치 있다고 생각하는 것을 보전하기 위해, 그들은 내가 어떤 '인간'이었는지에 대해서는 묘사하기를 한사코 삼갔다.

나의 사도들과 바울은 나의 삶과 가르침으로부터 보전하고 싶은 것 위에다 그들만의 '신성한 믿음'의 체계를 구축했다. 그들은 사람들 ― 유대인과 이방인을 막론하고 ― 에게 그 당시, 그리고 앞으로도 가치 있다고 생각되는 것만을 가르치고 굳어지게 했다.

따라서 그들은 자신들이 써먹을 수 있는 것만을 걸러내고 내가 '하나님 나라의 비밀'이라 일컬었던 것은 대부분 '흘려보내' 버렸다. 자신들이 그것을 이해하지 못했기 때문이다.

게다가 그것은 '아버지'라는, '신성'에 대한 새로운 인식을 만들어내는 데에도 이로워 보이지 않았다.

성전에 희생제물을 바치면 '죄의 징벌에서 구원받는다'는 유대교의 믿음을 보전하기 위해, '예수라는 인간'은 십자가형으로써 인간의 죄를 대속한 '궁극의' 제물로 채택되었다. 당시에는 이 믿음이 여러모로 유용했던 것이다.

그것은 나의 십자가 죽음에 숭고하고 영웅적인 명분을 제공해주었다. 그것은 사람들에게, 내가 삶의 마지막 순간까지도 특별한 사명을 실천한 '하나님의 아들'이었음을 입증했다.

유대인들에게 이 믿음은 또 그들의 성전이 로마에 의해 파괴되었을 때, 그리고 많은 개종자가 생기게 했을 때 큰 위안이 되어주었다.

유대교의 많은 분파들은 — 이교도들도 마찬가지로 — 사후의 삶을 믿지 않았다. 따라서 '예수 그리스도'가 죽음을 이겨내어 육신을 보존했다는 이야기를 들었을 때 그것은 커다란 위안이 되어주었다. 당시 대부분의 사람들의 생각에는 육신 없이 생명을 부지하는 것은 불가능한 일이었다. 그래서 사후의 삶이란 오직 육신의 부활밖에는 의미할 수 없었다.

그것은 또 나의 이름이 사람들의 마음속에 늘 살아 있게 해주었다. 나는 인간을 지옥과 저주에 대한 모든 두려움에서 해방되게 해주기 위해 영웅적으로 죽어간 '역사적 인물'이었다. '나'를 믿기만 하면 그들은 '해방된 인간'으로 살 수 있었다.

내가 오늘날 너희에게 와서 2천 년 전에 내가 사람들에게 나누어주기를 그토록 원했던 그 _진실_을 전해줄 수 있는 것도 오직 오늘날까지 나의 '이름'이 살아 있기 때문이다.

[나의 초기 생애와 광야 체험]

나는 팔레스타인에서 태어났다. 나의 어머니는 내가 메시아가 될 것을 확신했다. 흔히들 믿고 있는 것과는 반대로, 나는 성자와 같은 아이가 아니었다.

열두 살 때 내가 유대교의 수련에 입문할 수 있을지를 심사받기 위해 성전에 가서 대제사장을 면접했을 때, 나는 너무 자기주장이 세다는 이유로 불합격을 받았다.

어머니는 좌절의 쓴맛을 보고 나를 다시 집으로 데려와 그녀의 변함 없는 특성인 거룩한 품행으로써 최선을 다하여 나를 길렀다. 그러나 이것은 불가능한 임무였다. 왜냐하면 무엇보다도, 나는 개인주의자여서 제멋대로 굴었기 때문이다. 나는 어머니가 나에게 규율을 가하려고 잔소리를 하는 것에 반항했다. 어린 나이에도 나는 다룰 수 없는 아이, 못 말리는 반항아가 되어 있었다!

나는 어머니가 완고하게 지켜온 유대 신앙과 전통을 거부했다. 나는 경건한 척하는 태도보다는 깔깔거리기를 더 좋아했다. 나는 나를 똑같이 반복되는 일상 속에 가둬놓을 생업을 배우기를 거부했다. 그보다는 빈민층의 온갖 사람들과 어울려서 술을 마시고 창녀들과 놀고 이야기하고 논쟁하고 깔깔거리며 있는 대로 게으름을 부리는 편을 택했다. 돈이 필요해지면 나는 포도원이나 다른 곳에 가서 하루 이틀 정도 일하여 내가 너무나 좋아하는 먹고 마시고 놀기에 쓸 돈만을 벌었다.

36

나의 부주의하고 제멋대로인 나태한 태도, 다른 사람들이 나에게 뭐라고 할지는 상관하지 않고 내 멋대로 생각하려고만 하는 에고 중심적인 오만 등, 인간으로서의 내 모든 결점에도 불구하고, 나는 사람들을 매우 깊이 동정했다. 나는 매우 감성적이었다. 너희의 시쳇말로하자면 너희는 나를 '과민반응자', '감상주의자'라고 할 것이다. 나는 따뜻하고 연민에 차서 공감을 잘하는 가슴을 지녔다. 나는 병과고통과 궁핍 앞에서는 가슴 깊이 흔들렸다. 나는 너희가 '인생 낙오자'라 부르는 이들의 열렬한 후원자였다. 너희는 나를 '민초들 편의 사람'이었다고 할 것이다. 나는 그들과 동지감을 느끼며 친밀하게어울려 살았다. 나는 그들의 고뇌에 귀를 기울였고, 그것을 이해하고 염려했다.

나의 진정한 출신과 혈기왕성했던 시절의 성격을 이해하는 것은 중요하다. 왜냐하면 그것이 결국은 나를 그리스도가 되도록 찌르고 밀어붙인 양치기의 작대기였기 때문이다.

내가 가장 심하게 혐오하고 저항한 것은 내 주변에서 목격했던 비참한 삶 — 질병과 궁핍이었다.

그것은 나를 격노케 했다. 나는 누더기를 걸친, 굶주리고 여위어 병들고 절뚝거리는 사람들, 그러면서도 자신들에게 복종하지 않으면 여호와의 형벌을 면치 못하리라고 겁주어 의미도 없는 전통적 율법과 관습으로 짓누르는 유대교 지도자들의 무자비한 협박 앞에서 굽실거리는 사람들을 볼 때마다 열이 올라서 고함을 지르며 분통을 터뜨렸다.

나는 내 말에 귀를 기울이는 모든 사람들에게, 이 궁핍한 이들에게도 행복을 제한하는 몰상식한 법 아래 짓밟히지 않고 살아갈 권리가 있음을 선포했다. 행복하게 살지 못한다면 이 삶에 도대체 무슨 의미가 있겠는가?

나는 유대 전통이 설하는 '정의로우신' 하나님을 믿기를 거부했다. 인간에 대한 여호와의 '심판과 진노'를 경고하는 성경 속의 선지자들은 역겹기만 했다. 사람들은 따지고 보면 모두가 자신의 인간적인 본성이 요구하는 대로 하면서 살아가는 인간일 뿐이다. 그들이 원죄를 가지고 태어났다면 무엇 때문에 십계명을 어겼다고 심판받고 고통과 궁핍의 삶을 살도록 저주받아야만 하는가? 그런 계명이 도대체 말이나 되는가?

나에게 이 같은 유대교의 믿음은 부조리하고 잔인한 '하나님'을 묘사하는 것일 뿐이어서, 나는 '그'와는 아예 상종하고 싶지가 않았다. 만약 그따위의 '신'이 존재한다면 영원한 불행이야말로 인류의 불가피한 운명인 것이 당연했다. 그나마 언덕과 평원과 호수와 산들은 나로 하여금 그 단순함과 자유로움을 발견하고 느끼게 하여 내 가장 깊은 곳의 혼을 재충전시켜주었고, 유대교의 신을 향한 나의 분노에 찬 불만을 다독여주었다. 그러니 당연히, 나는 유대교 장로들이 나에게 가르치려고 하는 말들을 하나도 믿어줄 수가 없었다.

하지만 20대 중반에 와서는 새로운 일련의 의문들이 내 마음을 사로잡았다. 혼자서 점점 더 자주 다니기 시작한 산을 걷는 동안 나의 반항은 차츰 차츰 창조계에 영감과 호흡을 공급하고 있음이 분명한 [그것]의 진정한 본질을 이해하고 알고자 하는 간절한 열망으로 대치되었다.

나는 내가 살아온 태도를 돌이켜보다가, 나의 행동이 어머니를 비롯한 많은 사람들에게 어떤 괴로움을 끼쳤는지를 깨달았다. 나는 약자와 고통받는 이들에게서 늘 깊은 연민을 느꼈음에도 불구하고, 반항적인 나의 성격은 가족에게 생각 없고 이기적인 행동을 하게끔 부추겼다. 이제 깊은 곳에 숨겨져 있던 그들에 대한 사랑이 부풀어 올라오자, 나는 지나간 자신의 행위들에 대해서도 똑같은 반감을 품고 있는 내 모습을 발견했다. 나는 세례 요한에 관한 소문을 통해, 그의 말을 들으려고 멀리 예루살렘에서까지 찾아든 유대인들에게 그가 무엇을 해주는지를 알게 되었다. 나는 그에게 가서 세례를 받기로 마음먹었다.

요단강을 향해 길을 가는 동안, 세례를 받고 나서는 새로운 삶을 시작하리라는 기대감에 기분이 들떴다.

나는 내가 제멋대로의 감정적인 성격에도 불구하고 예리한 지성을 타고 나서 통찰력 있고 상대방을 감동시키는 논쟁을 펼칠 수 있는 재능을 지녔다는 사실을 알고 있었다. 나는 일부러 그 능력을 부정적으로 발휘하여 사람들을 열띤 논쟁 속으로 몰아넣곤 했다. 오만과 게으름과 쾌락으로 가득한 삶을 추구하느라 자신의 재능을 스스로 내팽개쳐 버린 것이다. 그 결과 나는 사람들의 존경을 완전히 잃어버렸고, 자기존중심조차 가지고 있지 않았다.

난생처음으로, 나는 이것이 참을 수 없는 일임을 깨달았다. 그래도 앞으로는 나의 천부적인 재능을 더 유용한 일에 쓸 수 있고, 그렇게 해야만 한다는 생각이 떠올랐다. 소란만 피우며 다닐 것이 아니라 어쩌면 내가 그토록 마음 깊이 동정하는 사람들의 짐을 덜어줄 방법을 찾아볼 수 있으리라. 그때까지 나는 그 누구에게도 실질적인 도움을 줘본 적이 없었다.

[나의 세례]

요한에게서 세례를 받기 위해 요단강의 물속으로 들어갔을 때 나는, 내가 드디어 나의 행실을 고치기 위해 긍정적인 삶의 발걸음을 한 발짝 내디뎠노라는 위안의 느낌 이상은 아무것도 기대하지 않고 있었다. 그저 집에 돌아가면 어머니와 이웃들을 상냥하고 부드러운 태도로 대함으로써 그들을 깜짝 놀라게 해주리라는 새로운 각오가 충만해지기만을 기대했다.

요한이 나에게 세례를 주었을 때 실제로 일어난 일은, 내가 가능하리라고 생각했던 그 무엇과도 완전히 다른 경험이었다.

나는 내 온몸을 훑고 지나가는 엄청난 에너지의 파도를 느꼈다. 나는 문자 그대로 경악했다. 비틀거리면서 물에서 나오는 동안, 나는 너무나 놀랍게 의식이 고양되는 것을 느꼈다. 물밀듯이 엄습해오는 찬란한 행복감이 나를 황홀경 속으로 떠워 올렸다. 나는 환희에 도취되었고 거대한 빛을 의식했다.

나는 비틀거리면서 강물에서 나와서는 하염없이 걸었다. 어디로 가고 있는지도 몰랐다. 나는 앞도 보지 않고 광야로 계속 걸어갔다.

주목하라! [광야에서의 6주간]은 내 인간적 의식의 총체적인 내적 정화 기간이었다. 구태의연한 태도와 믿음과 선입견은 모두 해체되어버렸다.

내가 느끼고 '보고' 깨닫고 이해한 모든 것을 감수성 있는 사람들과 나눌 때가 왔다.

(성경이 그려놓은 구태의연한 '신(deity)'의 상상도를 사람들이 버리도록 돕기 위하여 나는 그 단어로써 '하나님(God)'을 가리키기를 피하고, 지상의 모든 형상과 색깔과 소리와 감정과 이해 너머에 '실제로 있는' 그것을 포용하게끔 너희의 마음을 넓혀주도록 의도된 용어를 사용할 것이다.

이 용어는 너희가 꾸준히 명상하고 기도해가는 동안에 그 의미가 더욱 깊어질 것이다.)

[광야에서 내가 느낀 것]

나는 내면의 찬란한 빛 속으로 높이 고양되었고, 놀랍게 살아 생동하는 권능을 느꼈다. 나는 황홀감과 환희에 충만하여 [이 권능]이야말로 모든 피조물에 존재를 부여한 진정한 창조자임을 한 치 의심 없이 알

왔다.

이 찬란한 내적 조화와 평화, 그리고 그 아름다운 순간 위에 아무것도 더할 필요가 없는 완벽한 충만감이야말로 바로 창조계와 존재에 생명을 주는 실재(Reality) ― 창조적 권능 ― 의 본성이었다.

광야에 있을 때 내가 '보고' 깨닫고 인식한 것.

나는 의식적 지각의 또 다른 차원으로 올려졌고, 그것은 나로 하여금 생명과 존재에 관한 [진실]을 깨달을 수 있게 했다. 나는 인간의 생각 중에서 무엇이 맞고 무엇이 틀렸는지를 생생하고 분명하게 보았다.

나는 내가 경험하고 있는 이 '창조의 권능'은 무한하고 영원하고 보편적이어서 하늘과 바다와 땅과 살아 있는 모든 것 너머의 모든 공간을 채우고 있음을 깨달았다. 나는 [그것]이 [마음의 권능]임을 깨달았다.

[그것]은 [마음]의 [창조적 권능]이었다.

이 [마음의 신성한 창조적 권능]이 존재하지 않는 곳은 일점도 없었다.

나는 인간의 마음이 [신성한 창조적 마음]으로부터 나왔으나 그것은 단지 태양에 의해 밝혀진 촛불에 지나지 않음을 깨달았다.

가끔씩 내 육안의 시야는 영적으로 너무나 고양되어서 바위와 땅과 모래를 꿰뚫고 볼 수 있었다. 이제 이것들은 '미세한 티끌들의 아물거림'에 지나지 않는 것처럼 보였다.

나는 그 어떤 것도 실제로 견고하지는 않다는 것을 깨달았다!

그러나 그럴 수 있을까, 하고 의심을 품는 순간에는 그 현상 속에서 일어나고 있던 변화가 멈춰버리곤 했는데, 훨씬 나중에야 나는 다음을 깨달았다:

나의 생각에 [확신]이 강하게 스며들기만 하면
그 '티끌들의 아물거림'(현재의 과학이 말하는 전하를 띤 입자들) 속에
변화가 일어나게 할 수 있음을,

그리하여 바위에든 내가 주시하고 있는 무엇에든 간에
그 모습의 변화를 일으킬 수 있음을 말이다.

이때 비로소 나는 하나의 명령이나, 아니면 하나의 신념을 말할 때조차도 [확신]이나 흔들림 없는 [믿음]이 환경에 얼마나 강력한 힘을 끼치는지를 깨닫게 되었다.

그보다 더 놀라웠던 것은, 내가 목격하고 있었던 그것은 모두가 사실은 **신성한 마음 그 자체의 '창조적 권능'**이 '미세한 티끌들의 아물거림' 속에서 가시화되어 나타난 모습이라는, 마음문을 열어젖혀 주는

'우주적 의식'의 깨달음이었다.

그뿐 아니라 그 **모습**은 인간의 생각의 작용에 의해서도 깊은 영향을 받을 수 있었다.

나는 우주에는 견고한 것이 아무것도 없음을, 눈에 보이는 모든 것은 다양한 '의식의 상태'를 현상화시켜 보여주고 있는 것임을, 그리고 그 의식의 상태가 '티끌들의 아물거림'의 조직과 형상을 결정한다는 것을 깨달았다.

   그러므로, 모든 외적 형체란 내적 의식의 표현물이었다.

[생명]과 [의식]은 하나이고 같은 것임을 나는 깨달았다.

"이것은 [생명]이다"라거나, "저것은 [의식]이다"라고 말하는 것은 **불가능했다.**

의식은 곧 생명이었고, 생명은 곧 의식이었다. 그리고 그 둘을 만들어 낸 '**창조적 권능**'은 우주의 배후와 그 속과 그 너머에 있는 [**신성한 우주심**](Divine Universal Mind)이었다.

나는 사람들이 **개체성과 형상**에 가장 높은 중요성을 부여한다는 사실을 깨달았다. 그들은 형상을 지닌 개체라는 매개물을 통하지 않고 제대로 기능하는 마음, 혹은 지성은 상상조차 할 수가 없었다. 유대

44

인들이 가없는 지고의 존재의 이미지를 긍정적이든 부정적이든 인간의 모든 속성을 고스란히 지니고 있는 모습으로 만들어낸 것도 이 때문이었다. 그래서 선지자들도 인간의 변덕에 대해 여호와가 분노하여 벌로써 위협하고 전염병이 돌게 한다고 믿을 수 — 그리고 말할 수 — 있었다. 그러나 나는 이 같은 정신적 이미지가 신화임을 깨달았다. 그것은 존재하지 않는 것이었다.

존재의 어떤 차원에서든 창조와, 그리고 인간 자신과 관련하여 너무나 중요한 요소는 [마음] — 표현된 지성 — 임을 나는 깨달았다. 그러니 창세기는 다시 써져야만 한다:

창조 이전에 [우주심] — 창조계 자체의 내부와 그 배후에 있는 창조적 권능 — 이 있었다.

우주심의 창조적 권능이 무한한 천계 속 모든 곳에 있고 지상의 형체들 속에서도 작용하고 있음을 의심의 여지 없이 너무나 명백히 '보았을' 때, 나는 주변을 둘러보라는 내면의 소리를 들었다. 하지만 거기엔 바위와 자갈밖에 보이지 않았다. 그러더니 갑자기 내 눈앞에 상상할 수 있는 모든 식물과 덤불과 나무가 자라고, 게다가 나무 사이를 날아다니는 새들과 풀을 뜯는 동물들도 사는 아름다운 땅의 광경이 펼쳐졌다.

이 광경을 놀랍게 지켜보다가 나는 식물과 나무들을 비롯해 모든 것이 — 물론 새와 동물들까지도 — 사실은 무한히 작은 존재들(너희의 현대과학은 그것을 '세포'라 부른다)의 공동체가 무수히 모여서 이루어져 있음을 '보았다'. 이들은 온전한 생명체의 외적 형상과 내적 체계를 이루는 다양한 기관과 내용물을 만들어내기 위하여, 완벽하게 조화된 협동정신 속에서 끊임없이 일하고 있었다.

나는 이 놀라운 작용을 바라보면서 오랜 시간 동안 명상했다. 시간은 더 이상 나에게 중요하지 않았지만 말이다. 나는 그것을 응시하고 또 응시하면서 생각했다. '짐승의 털과 깃털과 살갗 등의 외피 안에 든 존재들의 미세한 공동체들 안에서 그토록 강렬한 활동이 일어나서 그토록 다양한 종의 몸체들에 생명과 형체와 영양과 치유와 보호와 지구력을 부여하고 있다는 것을 그 누가 짐작이나 했겠는가?'

나의 주의를 끈 것은 지성적으로 행해지는 그 [역사役事]였다.

그러므로 생명체 속의 가장 작은 '존재'(세포)로부터 우주의 가장 진보된 존재 ─ 인간 자신 ─ 에 이르기까지 **창조적 권능의 작용**에는 [역사가 필수불가결한 부분임을 깨달았다. 궁극적으로, 모든 생명체계 내부에서는 모든 일이 창조물에 대한 계획과 설계를 담고 있는 **신성한 창조적 권능**의 지휘하에 행해졌다. 나는 이 계획과 설계가 실제로는 '의식체'(consciousness form)이며, 그것을 [말씀]이라고 부를 수 있음을 알게 되었다. 그 [말씀] 하나하나가 아주 독특한 '의식'체를 상징하기 때문이다.

그리하여 '창조적 권능의 의식'(Creative Power Consciousness) 속에 있던 최초의 [말씀]이 가시적인 세계에 화현化現하는 것이다. [말씀]은, 그러니까 '의식 패턴'은 *[신성한 창조적 마음]* 속에 남아 있다. 자기만의 의식 패턴을 끊임없이 낳으면서.

그때 나는 우주의 만물은 [우주심]의 창조적 권능 속에서 '살아서 움직이며 자신의 존재를 띠고 있음'을 '볼' 수 있었다. 우주심의 창조적 권능은 무한하고 영원하며, 형상을 띠고 개체화된 모든 화현들의 배후에 있는 진정하고 유일한 실재였다.

세상의 만물이 이 지상至上의 **신성한 마음의 창조적 권능**으로부터 나왔으며 또한 그 안에 있음에, 내 마음은 찬양으로 충만해졌다. 인체를 포함한 모든 생명체들 속에서 끊임없이 끝도 없이 일어나고 있는 이 모든 은밀한 활동은 경탄스러웠고, 어떻게 그토록 미소한 단위체들이 구체적인 계획에 따라 그토록 지성적으로 역사하여 나무등치, 잎새, 꽃, 열매, 곤충, 새, 동물, 그리고 인간의 몸을 한 치 오차도 없이 만들어내는지가 궁금해졌다.

그때 나는 '창조적 권능'이야말로 우주의 모든 '지성적 작용'의 근원임을 더욱더 분명히 깨달았다.

인류가 지성을 지니고 있다면 그것은 오로지 그것을 '모든 존재의 우주적 근원'으로부터 가져왔기 때문이다.

그뿐 아니라 신성한 창조적 권능은 언제나 어떤 근본적이고 정확한 건축원리에 따라 역사하는 것이 보였다.

나는 보았다:

인간이 세상에 내보이는 자신의 뚜렷한 성격과 특정한 '본성'을 지니고 있듯이, [창조적 권능]도 특정한 '본성' ─ 뚜렷한 성격 ─ 을 지니고 있었는데, 그것은 모든 생명체들, 나무들, 동물들, 새들, 인간들이 조직되고 유지되는 방식 속에서 분명히 감지될 수 있었다.

나는 창조의 과정 속에서 명확히 관찰할 수 있는 이 '원리'와 '성격'들이 모든 존재를 지배하는 고정불변의 [법칙]임을 '보았다'.

이 [법칙]들은 생명의 너무나 자연스러운 일부여서, 의문시되는 일이 없다. 그것은 원칙을 벗어나지 않고 일관적이다. 하지만 우주를 관통하여 자신을 나타내는 **창조적 지성의 권능**이 없었으면 그런 법칙은 존재하지 않았을 것이다. 이 창조의 '원리들', 곧 창조적 권능 그 자체의 성격은 다음과 같다:

(나는 그것을 너희의 현재 시제로 옮긴다. 왜냐하면 이 '원리들'은 영원하기 때문이다.)

1. '창조적 권능'의 '본성'은 [성장]이다.

살아 있는 모든 것은 늘 성장한다.

[성장]은 존재의 보편적 성질이요 일관된 원리다.

2. '창조적 권능'의 '본성'은 [영양공급]과 [양육]이다. 영양공급과 양육은 놀랍도록 조직화된 표준적인 체내작용으로서, 관심을 기울이기만 하면 그것은 누구에게나 쉽게 눈에 띈다. 영양은 개체의 기호에 따라 모든 생명체에 공급되고, 음식은 소화되어 건강과 안위를 증진시켜준다. 작은 생명이 탄생하면 모체에는 이미 젖이 준비되어서 태어난 아기를 기다린다. 이 역시 누구도 부정할 수 없는 존재의 신비로운 원리다.

종의 생존을 보장해주는 이 같은 예기치 않은 기능이 애초에 왜 생명체 내부에 존재하게 되었어야만 했는지는 어떤 과학도 설명하지 못한다. 실질적인 기능 자체는 이해할 수 있을지 모르나 그런 기능이 존재하게 된 '이유'와 원동력은 알지 못한다.

3. '창조적 권능'의 '본성'은 [치유]다.

치유는 존재의 자연스러운 성질이며 자연의 '완성과정'이라고 할 수 있다. 그것은 개체의 평안을 확보하기 위해서 일어나지만 무엇이 그 치유의 작용을 촉발시키는지는 아무도 설명하지 못한다.

4. '창조적 권능'의 '본성'은 [보호]다.

보호는 창조적 권능의 필수불가결한 성질이며, 창조계의 '기적적'인 것처럼 보이는 모든 작용은 보호의 목적을 위한 장치다. (오늘날 너희의 의학교과서도 너희 몸 안의 다양한 보호체계를 묘사해주고 있지만, 나는 광야에 있을 때 지성적 창조권능 속에 내재한 보호의 성질을 다음과 같이 보았다.)

내 앞에 보여지는 식물과 새와 동물들을 영감 깊게 관찰하는 동안, 나는 생명체 내의 모든 '보호의 요구'가 낱낱이, 세세한 부분까지 지극히 주의 깊게, 그리고 얼마나 자애롭게 충족되어 있는지를 볼 수 있었다.

5. 이 '보호'의 본성은 [요구의 충족]이라는 또 하나의 역동적 본성과 짝을 이룬다.

이것은 살아 있는 생물들의 피부를 보호하고 추위에는 온기를, 더위에는 열을 피할 그늘을 제공하기 위한 머리카락과 털과 깃털의 마련에서 분명히 드러났다. 중요하고 예민한 손가락과 발가락의 부드러운 끝은 모두 손톱과 발톱으로 적절히 보호되고 있음을 나는 보았다.

눈썹은 눈을 땀으로부터 보호하고 눈꺼풀과 속눈썹은 안구를 먼지와 상해로부터 보호했다. 나는 파리의 괴롭힘을 받는 동물들은 재빨리 파리를 쫓을 수 있는 긴 꼬리를 보유하고 있음을 깨달았다.

너무나 사소하고 대수롭지 않아 보이면서도 모든 살아 있는 것들의 안위를 배려하는 깊은 뜻을 감추고 있는, 신체구조 속에 표현된 이 사랑과 배려는 얼마나 즐겁고 행복한 일인가! 신체의 기본적인 설계 위에 첨가된 이 호사는 분명히 어떤 지성의 산물로서, 창조물들이 편안하고 행복하도록 — 이 '호사로운 아이템'들이 주어지지 않았다면 인간과 동물들이 겪어야만 했을 괴로움으로부터 해방시켜 주려고 — 배려된 것이다!

심지어 당연한 기능들조차도 너무나 지능적으로, 편안하게 설계되어 있어서 감사의 마음을 불러일으킨다. 모든 것이 너무나 감쪽같이 깔끔하게 마감질되어 있다. 이 경이롭게 배려된 삶 속으로 태어난 인류는 얼마나 축복받은 존재인가! 찬양의 마음이 다시금 솟아올라서, 나는 내면의 환희롭고 경이에 찬 황금의 빛 위로 헹가래 쳐졌다. 왜냐하면 살아 있는 창조물들은 단지 스트레스로부터 해방될 뿐만 아니라, 또한 사랑 넘치는 **창조적 권능**의 [본성]을 표현하게끔 되어 있음을 '보았기' 때문이다. 이러한 이유로 그들은 가장 내밀한 생각과 느낌을 표현할 수 있도록 움직이고 달리고 뛰어오르고 춤출 사지 — 팔과 손과 다리와 발과 손가락과 발가락 — 를 갖추고 있었다. 나는 심지어, 만약에 인간이 하늘을 날고 싶어서 날개를 가지길 원하고, 또 그렇게 할 수 있음을 온 가슴으로 믿기만 한다면 그들도 마침내는 하늘을 날아다닐 수 있게 해줄 뭔가를 부가적으로 키워내기 시작하리라고 느꼈다.

내가 우주의 지성적 창조권능의 [역사]를 지휘하는 [사랑]을 온전히 의식하게 된 것은 '창조적 권능'의 [본성]을 이처럼 이해했을 때였다.

이 [사랑]에 대해 깊이 생각하다가, 나는 창조물 속의 '어머니'가 영양을 공급해주고 보호해주고 요구를 충족시켜주고 자녀의 치유를 촉진시켜준다는 것을 깨달았다. 이것이 [사랑]이 하는 일이다.

6. 창조물들에게 그 개체적 형상과 '존재'를 부여한 [사랑 넘치는 지성적 창조권능]의 천성은 [역사(Work)]이다.

그것은 우리를 위해서, 우리 안에서, 그리고 우리를 통해서 역사한다.

그것의 '역사'는 언제나, 언제나, 언제나 [사랑]에 의해 재촉된다.

이 우주적 계시는 나를 환희와 경이로 가득 채웠다. 우리가 이 얼마나 놀랍고 멋진 세계에서 살고 있었단 말인가! 그것은 [모든 존재의 근원]에 관한 [진실]에 관한 나의 전체 계시와 깨달음의 정점이었다.

나는 협동과 조화의 정신으로 역사하여 몸의 다양한 구성요소들 ─ 살, 뼈, 혈액으로부터 눈과 머리카락에 이르기까지 ─ 을 만들어내는 똑같이 생긴 '무한히 작은 존재들'의 다양한 공동체들로 이루어진 육신의 실상을 이미 '보았다'.

이 공동체들 간의 유일한 차이점은 그들 공동의 목적이 요구하는 일의 종류에 있다. 지적이고 목적성 있는 이 모든 체내 작용의 배후인 [신성한 추동력]이야말로 계획한 목표를 이뤄내기 위해 사람들이 하나가 되어 일할 때 그 행동의 바탕이 되어주고 영감을 제공해주는 원천임이 틀림없다. 그들은 **창조적 권능**으로부터 그 지성과 목적을 끌어오지만, 세간의 공사나 사회적 사업 등의 일을 벌일 때의 인간의 행동은 얼마나 다른가? 그들의 작업은 어김없이 알력과 불화로 점철된다.

나는 창조물 속에서 영원히 활동하면서 동서고금을 통틀어 인간과의 비교를 불허하는 질서와 협동과 조화와 나날의 생산성을 유지하고 있는 이 '**지성적 창조성**'의 [무한한 권능]을 깨닫게 되었다.

7. [생존]은 '**창조적 권능**' 본연의 성질이었다. 살아 있는 모든 것이 그 어떤 경우에도 성장해가고, 병과 상처에서 치유되고, 몸의 건강을 유지하도록 영양분을 얻고, 이 지상에서의 생존을 보장하기 위해 자신의 종을 낳을 수 있도록, 모든 것이 너무나 경이롭게 예비되어 있었다. 이것이야말로 인류가 절대적으로 확신할 수 있는 유일한 사실이었다. 그리고 **그것**의 작용은 세세토록 변함이 없었다. 태양도, 달도, 별도 모두 억겁의 세월 동안 제자리를 지켜왔고, 그것들은 모두 자신의 고유한 운행경로를 가지고 있음이 깨달아졌다. ― 이 모든 현상은 창조계의 생존을 위한 거대한 계획의 일부였다.

만일 그렇다면 우주의 모든 종류의 창조물 속에 감춰진 사랑 넘치는 지성적 창조권능의 영원한 불꽃이 어찌 살아남지 못하겠는가? 그러니 이 세상은 이 차원 너머에 있는 사랑 넘치는 지성적 창조권능의 한갓 그림자에 지나지 않았다. 이 모든 창조계의 실체는 눈에 보이는 것 너머에 있었다.

8. 사랑 넘치는 지성적 창조권능의 본성은 [리듬]이었다.

나는 우주 속에서 작용하는 [리듬]이 있음을 보았다.

모든 식물이 꽃 피고 생명의 싹을 틔우고 성장하여 숙성하고 씨를 맺어 생존해갈 수 있게끔 해주는 계절의 영향을 받고 있었다. 그런 다음에는 서서히 몸을 말리는 과정과 겨울철의 휴면이 있었다. 하지만 창조되어 살아 있는 어떤 것도 멸종되는 것은 허용되지 않았다. 태양과 달은 우주 속에서 이런 성질을 표현하고 있었다. 이 리듬은 살아 있는 것들의 암컷 속에서도 볼 수 있었다.

그러므로 창조계의 모든 것은 나타났다가 거두어지는 저만의 때를 가지고 있었다. 물론 인간 또한 성장과 성공의 조류와, 휴면의 조류의 지배를 받았다.

9. 사랑 넘치는 지성적 창조권능의 내재된 성질은 [법칙과 질서]였다.

몸 안의 작은 존재들('세포들')조차도 지배하고 있는, 창조계 속에 뚜렷이 드러나는 어김없는 질서와 확실성은 인간이 아무리 노력해도 초월할 수 없는 까마득하고 놀라운 것이었다. 그러므로 온 우주는 완벽한 [법칙과 질서]의 체계하에서 운행되고 있었다.

끊임없이 고양되어가는 영적 상태에서, 나는 '창조적 권능'이 살아 있는 모든 것을 위하는 자애로운 배려와 지성적인 목적성을 드러내고 있음을 깨달았다. 나는 생명이란 것이 모호하고 추상적인 것이 아니라 엄청나게 높은 존재와 지각과 광휘와 황홀경과 기쁨과 사랑의 상태로 내 안에서 실제로 느껴지는, 사랑 넘치는 지성적 창조권능임을 깨달았다. 나는 나 자신이 그것과 하나임을, ― 그것으로 채워져 있음을, ― 그리고 하늘과 별들과 내 주위에 있는 낱낱의 모든 것들과 하나임을 알았다.

그리고 무엇보다도 경이롭고 영광스러운 것은, 바로 이 '아버지-창조권능'의 '본성'과 '작용'이 인류를 행복하게 해줄 기쁨과 아름다움과 평안을 창조해내기 위하여 역사役事하고, 내면의 기쁨과 건강과 평안을 제공하기 위하여 인류의 내면에서 역사하고, 새로운 이해와 깨달음의 영감을 불어넣어주기 위하여 인류를 통해서 역사한다는 것이었다.

창조성에 대한 놀랍고 영광스러운 전망이 마음에 떠올랐다. 우리가 진정으로 '지성적 창조권능'에 합치하여 그 순수한 통로이자 도구가 된다면, 우리는 의식이 점차 상승하여 '우주적 창조권능'의 [본성] 그 자체가 우리의 마음과 가슴을 통해 진정으로 표현될 수 있게 되리라는 것이다.

그러면 '땅 위의 생명'은 실로 언제나 '천국의 상태'에 있게 되고 우리는 영원한 생명의 상태에 진입할 것이다!

이것이 창조계 배후에 감춰진 진정한 목표임이 틀림없다고 나는 생각

첫 번째 편지

했다. 그리고 충만한 의기와 사랑 넘치는 희열의 파도와 함께, 이것이 야말로 인간이 진화되고 발전되어온 목적이라는 생각이 떠올랐다!

그러나, 지금 이 시간에조차 인류의 행실은 너무나 불완전함에도 불구하고, 장차 인류에게 불가능한 것은 절대로, 아무것도 없었다. 왜냐하면 그 나쁜 행실에도 불구하고 인류는 '창조적 권능'과 하나이고, '창조적 권능'이 인류의 내부에 있어서 그것이 그에게 생명을 주고 수족을 주고 그 밖의 필요한 모든 것을 주고 있기 때문이다.

이 모든 깨달음이 나를 하늘을 찌를 듯한 의기와 환희에 충만하게 하고 지고의 황홀경에 올려놓아서, 나는 그것을 거의 견뎌낼 수가 없었다. 내 안에서 커지고 있는 힘에 의해 나의 몸은 곧 해체될 것만 같이 느껴졌다. 나는 [빛]으로 밝혀졌고, [그것]이 내 주변 사막의 광경을 온통 밝게 비추는 것을 볼 수 있었다.

나의 가슴은 찬양의 노래를 불렀다. 우리 안에서, 우리를 통해서, 우리를 위해서 끊임없이 역사하고 있는 이 사랑 넘치는 창조적 권능은 얼마나 경이롭고 아름다운가!

창조계는 얼마나 놀라운 [기적]인가!

나는 소리 높이 외쳤다:

"창조자이시며 동시에 피조물 안에서, 피조물을 통해서 자신을 드러내시는 [당신]은 모든 [존재]의 [근원]이십니다. 온 우주에서 당신이신 [신성한 생명], 창조적 권능 의식의 가없는 영원한 무한성으로부터 분리되어 있거나 떼놓을 수 있는 것은 아무것도 없습니다. — 그렇다면 인류가 이토록 죄에 찌들어 있는 것이 어찌 가능하며, 사람들은 어찌하여 질병과 불행과 궁핍에 시달리나이까? 오, **사랑 넘치는 '아버지' 창조권능**이시여, 말해주소서. 저는 이들의 비참한 삶의 고통에 무겁게 짓눌려 왔나이다."

그때 내 눈에 모든 살아 있는 것들의 '지상의 조건'의 실상이 보였다.

나는 엄청난 흥분을 느꼈다. 왜냐하면 그토록 사랑 넘치는 **신성한 '창조적 권능'**이 어떻게 그 피조물에게 그와 같은 불행을 견뎌내도록 내버려둘 수 있었는지를 마침내 이해할 수 있었기 때문이다.

창조계의 모든 살아 있는 것들은 평화와 풍요 속에서 빛나도록 건강하고 보살핌받고 영양을 공급받고 보호받고 치유되고 존속하면서 '존재'들의 질서정연한 사회 안에서 서로 간에 오직 사랑만을 펼쳐야 함을 보았다.

(그러나 창조의 순간에, 개체성을 보장하는 두 가지의 [근본적인 추동력]이 존재하게 되었으니, 인류의 의식을 지배하는 것은 바로 이것이었다.)

이 [추동력]들에 대해서 나에게 자세한 설명이 주어졌지만, 이 지식은 너희가 더 잘 이해할 수 있게 될 나중의 편지에서 전하기로 하고 미뤄둔다.) ....

내게 다음의 생생한 광경이 보였다.

먼저, 나는 갓난아기가 '빛', 곧 '창조적 권능'의 살아 있는 형체인 것을 보았다.

나는 아기가 아이로, 그리고 청년으로 자라는 동안 그 '창조적 권능'의 순수한 [빛]이 점차 희미해지다가 마침내는 쇠사슬과 가죽끈에 칭칭 묶인 채 완전히 꺼져버리는 것을 보았다.

내가 그 광경의 의미를 의아해하자 내 마음에 다음의 말로 표현할 수 있는 선명한 이해가 왔다:

탄생으로부터 죽음에 이르기까지 — 사람들은 그들의 시각, 청각, 촉각, 후각, 미각의 오감이 자신들과 자신을 둘러싼 우주의 '실상實相'을 올바로 보여준다고 믿고 또 주장한다. 그래서, 그리고 그들은 자신들의 마음의 힘을 신성한 '창조적 권능'으로부터 바로 끌어오기 때문에, 그들 자신의 믿음에 따라 그렇게 되는 것이다.

낱낱의 가죽끈은 그 사람의 습관적 생각, 사람들과 사건들에 대한 반응과 선입견, 미움, 원한, 불안과 슬픔을 상징하는데, 이 모든 것이 그를 아래로 묶어내려 '창조적 권능'으로부터 얻어진 내면의 전망으로부터 빛을 차단해버린다. 그리하여 그는 암흑 속으로 들어가지만 그것을 알아차리지 못한다. 그는 자신이 성장하고 있고, 세상의 길에서 성숙하여 그것이 지상의 대부분의 사람들의 목표인 '좋은 것' — 성공하는 것 — 을 향해 앞서 갈 수 있게 해주리라고 믿는다.

사실은, 그가 더욱 성장하여 세상의 일에 더 능숙해질수록 그의 쇠사슬과 가죽끈은 그를 '결합-배척'의 쌍둥이 [추동력]의 손아귀 속에서 더욱 꼼짝달싹 못하도록 옭아맨다.

게다가 낱낱의 쇠사슬은 이기적이고 기만적인 욕망, 탐욕, 공격성, 폭력과 강간으로 담금질된다. 이 쇠사슬은 무겁게 그를 동여매어서 내면 깊은 곳의 '창조적 의식의 권능'인 그의 심령에 짐을 지운다. 쇠사슬과 가죽끈은 그가 자신에게 무슨 짓을 하고 있는지를 깨닫고 낱낱의 가죽끈과 쇠사슬을 깊이 참회하고 자신이 해를 입힌 사람들에게 합당한 보상을 하기 전에는, 해가 갈수록 그를 더욱더 꽁꽁 동여맬 것이다.

나는 이 계시에서 존재의 가장 중요한 측면 하나를 배웠다. 인간은 자신을 위해 아름다운 삶을 지어낼 모든 잠재력을 지니고 태어나지만 스스로 자신의 이기적 욕망과 미워하는 마음에 빠져 듦으로써 불행의 감옥을 만들어 자신을 가두고 있는 것이다. 그 감옥은 그가 마침내 [존재의 진실(Truth of Existence)]을 깨닫는 순간이 올 때까지 빠져나갈 수 없다.

이처럼 혹독한 존재의 모든 문제는 다름 아닌 인간 자신의 사고방식 속에 놓여 있다!

오로지 사람들의 '의식체'(consciousness forms), 곧 그들의 생각과 말과 느낌과 행위만이 낱낱의 나뭇잎, 나무, 곤충, 새, 동물, 그리고 인간 등 온 우주에 스며 있는 우주적 창조의식과 그들의 의식 사이에 두터운 장벽을 만들어낸다.

또한 [존재의 법칙(Laws of Existence)]이 새로운 상황과 환경과 인간관계와, 성취 아니면 실패, 번영 아니면 가난을 창조해내는 인간의 능력을 좌우하고 있는 것이 내게 보였다.

인간이 자신을 선하다고 믿든 악하다고 믿든 간에, 그는 자신이 깊이 [믿는] 그것이 될 것이다.

인간이 남들이 자기에게 행할까봐 [겁내는] 행위가 무엇이든 간에, 그들은 그렇게 할 것이다.

인간이 남들이 자기에게 해줄 것을 [희망하는] 일이 무엇이든, 그가 먼저 그들에게 해주어야 한다. 그러면 그는 그가 남들을 축복했던 만큼 돌아와서 그를 축복해줄 그런 '의식 패턴'을 창조해내고 있는 것이므로.

인간이 [무서워하는] 병이 무엇이든 그는 그것의 제물이 될 것이다. 그는 결코 경험하길 원치 않는 바로 그것의 '의식 패턴'을 만들어 내었을 것이므로.

인간의 마음과 가슴으로부터 무엇이 보내졌든 ― 그것은 머지않아 어떤 형태로든 그에게 돌아온다. 하지만 언제나 비슷한 것이 비슷한 것을 낳는다는 사실을 기억하라. 강한 감정이 담긴 생각은 자신의 의식의 궤도 속에 심어진 '의식의 씨앗'이다. 그것은 자라나서 비슷한 것을 결실하고, 그는 그것을 수확해야 할 것이다.

이것이 자유의지의 결실이다.

자신이 생각하고 말하고 행하는 것을 피할 수 있는 길은 없다. ― 그는 신성한 창조적 의식의 권능으로부터 태어났고, 마찬가지로 상상을 통해서 창조력을 발휘하므로.

자신을 위해서 좋은 것을 열망하는 자들은 먼저 그것을 남에게 주어야 한다. 그들의 존재 자체가 남들에게 축복이 되게 하라.

그런 사람들이 다른 모두와 조화를 이루면 그때 그들은 우주적 창조의식의 권능에 완벽하게 동조된다.

그리고 그들은 법칙과 질서의 세계 속에서 성장과 보호와 영양과 (물질적, 정신적, 영적) 치유와 요구의 충족인 '아버지 본성'의 흐름 속으로 합류한다.

내 마음과 가슴 속의 압력에 비명을 지를 정도로 강렬하게 내 온 존재를 점하고 부풀어 오르게 한 내 안의 타오르는 빛을, 나의 초월적 광휘와 작렬하는 기쁨과 사랑의 강력한 느낌을, 내 너희에게 어찌 다 설명하겠는가? 그것은 너무나 강렬하여 내 육적 형체를 완전히 해체시켜버릴 것만 같았다. 실재, 우리 존재의 근원, 그리고 창조 자체의 진정한 본성, 그리고 인류에 관한 이 모든 지고하고 숭고한 이해를 얻었을 때, 나의 정신은 드높이 고양되고 내 몸은 공기처럼 가벼워졌다.

그 당시, 신성한 창조적 권능 그 자체 안에서 그렇게 고양되어 있을 때, 내 안의 '아버지-창조적 권능'의 '본성'을 진하게 경험하는, 그리고 모든 인류를 위한 창조적 권능 자체의 추동력과 애정 깊은 배려를 느끼는 나는 실로 거의 '신성한 인간'이었다. 그래서 나는 훗날 진실로 이렇게 말할 수 있었다. "오로지 나만이 '아버지'를 보았고, 안다."

그 순간 나는 얼마나 깊이 사람들을 가르치고 치유해주고 위로해주고 고양시켜주고 먹여주고 그들의 고통과 불행을 가져가주고 싶었던가.

나는 신화 속의 '복수하는 신'에 대한 두려움으로부터 그들을 해방시켜주고 싶은 열망으로 불탔다.

진실을 알려주기 위해 그들에게 돌아가면, 나는 그들의 모든 요구를 채워주는 '아버지 창조적 권능' ― [완벽한 사랑] ― 의 '실상'을, 그리고 그들이 해야 할 일은 단지 '청하고 구하고 두드리는' 것뿐이며, 그러면 그들이 필요로 하는 모든 것 — 어떤 종류든 — 이 주어질 것임을 강조하고 또 강조할 것이었다.

육화한 존재의 [쌍둥이 추동력]을 마음과 가슴에서 지워내는 데 필요한 단계들만 행하면 '고통으로부터의 구원'이 그들의 손안에 놓여 있다는 '복음'을 내 얼마나 기쁘게 이야기해줄 것인가.

나는 그것이 이해와 자기조절만 할 줄 알면 되는, 너무나 단순한 일이라고 생각했다.

(나는 내가 광야에 있었던 동안 실제로 경험했던 마음상태를 이야기해주기 위해서 너희의 진동수로 내려왔다. 너희가 노력하여 당시의 나의 '의식상태'로 들어온다면 그것은 너희의 이해에 엄청난 도움을 줄 것이다. 기적적인 치유와 '물 위를 걸은' 일 등 나의 많은 기사奇事들이 너희에게 분명히 이해될 것이다. 그것은 '아버지-창조적 권능'에 대해 내가 새롭게 이해한 것의 자연스러운 귀결임이 깨달아질 것이다.

마태오와 마가의 복음을 읽어보면 그들의 기록이 너희에게 새로운 뜻으로 다가올 것이다.)

나의 깨달음의 마지막 순간들로 돌아가자면, 나는 인간 자신이 — 자신의 잘못을 통해서가 아니라 — '아버지-창조적 권능'과 동조되지 못하도록 스스로 장애물을 만들어낸다는 분명한 이해를 가지고 그렇게 광야에 서 있었다. 그리고 이제 나는 얼른 돌아가서 내가 너무나 가엽게 여기는 이들을 가르치고 치유해주고 위로해주고 눈물을 닦아주고자 열망하고 있었다.

그럼에도 나는 내게 그토록 광명을 주고 영(spirit) 안에서 변신하게 한 이 '황량한' 곳을 떠나기가 싫었다.

하지만 한편으로는 또 얼마나 놀라운 미래가 내 앞에 놓여 있는가 말이다!

나는 모든 도시와 읍성과 마을을 걸어 다니면서 만나는 모든 이들에게 [복음]을 전해주리라. '하늘나라', 모든 병이 사라지고 모든 필요가 충족되는 곳이 그들 안에 있었다! 이제 내 마음속의 낡은 생각과 관념들이 깨끗이 비워져서 '아버지'와 내가 '하나'임을 깨달았기 때문에, 나는 그들의 질병을 낫게 할 것이었다. 나는 그들이 궁핍에서 벗어날 방법을 가르칠 것이었다.

내 안의 [아버지 의식]이 흐려지기 시작하자 나는 서서히 인간의 의식으로 돌아와서 허기가 몰려오는 것을 의식하게 되었고, 나의 인간적인 조건과 생각도 돌아오는 것을 깨달았다.

6주 동안의 경험에 대한 나의 반응은 변하기 시작했다. '나'와 나의 욕망에 대한 평소의 인간적 인식이 생각을 점령했다.

'이토록 놀랍고 전혀 기대치 못했던 일이 왜 내게 일어났을까!' 나는 너무나 기뻤다. '나는 지금껏 다른 누구에게도 주어진 적이 없는 지식을 얻었다.'

나는 정통 유대교의 보복하는 '신'에 대한 나의 의심과 반항심이 마침내 입증되었다는 깨달음에 기뻐 날뛰었다. 결국 내가 옳았던 것이다!

인간의 마음이 그토록 고도로 창조적이어서, 굳건한 생각이나 욕망이 그 모습을 눈에 보이는 세계에 실제로 드러내리라고 그 누가 생각이라도 했을까? 나는 모세는 이에 대해 틀림없이 뭔가를 알고 있었으리라는 것을 깨달았다. 왜냐하면 그는 이스라엘 백성이 긴박한 위기에 몰렸을 때 몇 가지 기적을 행했기 때문이다.

그는 지도자가 되어 이집트의 노예가 되어 있었던 이스라엘 백성의 행로를 바꿔놓았다.

나는 이제 돌아가서 나의 백성들을 그네 교사들의 엄격한 통제로부터 해방시켜줄 수 있게 되었다.

그때 심히 배가 고파 왔다. 나는 '아버지-창조적 권능'이 나의 마음을 통해서 역사하며, 그래서 우주의 만물이 나의 명령에 복종하리라는 사실을 기억하고 있었으므로, 음식을 먹고 싶은 나의 갈망을 채우기 위해서 돌을 빵으로 변하게 할 수도 있으리라는 생각이 떠올랐다.

돌을 빵으로 바뀌게 할 '말씀'을 막 발하려던 참에, 갑자기 내 안의 뭔가가 나를 멈췄다.

'아버지-창조의식'은 완벽한 보호와 영양공급과 필요의 충족이므로 '아버지께' 구원을 요청하면 허기도 보살핌을 받으리라는 생각이 강하게 떠올랐던 것이다.

나는 '작은 나', 인간인 내가 나의 필요에 의해 이기적인 목적으로 '창조적 권능'을 사용한다면 '아버지-창조의식'과 나 자신 사이에 스스로 방벽을 치는 것이 되리라는 사실을 깨달았다. 그러면 방금 내가 배웠던 모든 것이 내게서 거두어져 가버릴 것이 틀림없었다.

이 생각이 나를 깜짝 놀라게 만들어 나는 얼른 '아버지-창조권능에게', 나자렛의 집으로 몸을 끌고 돌아갈 수 있도록 새로운 기운을 달라고 빌었다. <u>그리고 내게 적절한 방식으로 허기를 면하게 해주기를 간구했다.</u>

그러자 즉시 고통스럽던 허기가 가라앉으면서 온몸에 기운이 솟아오르는 것이 느껴졌다. 그로써 나는 내가 보고 듣고 이해한 모든 것이 '실재'였고 광야에서 홀로 굶주리는 동안에 일어난 헛된 상상의 산물이 아니었음을 스스로 입증했다.

새로운 기운은 나를 험한 길을 바삐 걸어서 사막을 벗어날 수 있게 해주었다.

돌아오는 길에, 나는 상냥하고 쾌활한 용모에 옷을 잘 차려입은 한 남자를 만났다. 그는 나의 남루하고 거친 모습과 형편없는 몰골을 안쓰러워하는 표정으로 따뜻한 인사를 건넸다.

그는 나를 반겨 바위 위에 앉히고 나서, 가지고 있던 너무나 훌륭한 맛의 고기와 빵을 내게 나눠주었다. 나는 그가 어디서, 또 왜 그토록 황량한 곳까지 왔는지가 궁금했다. 그는 나의 물음에는 대답하지 않고 미소만 지었다. 그리고 내가 광야에서 여러 날을 지내느라 날짜를 잊어버렸다고 말해도 전혀 놀라는 기색을 보이지 않았다. 나는 내가 우주의 창조자의 진정한 본질을 깨닫고 자연의 존재의 법칙을 계시받게 된 내력을 이야기해주었다. 그는 단지 미소 지으면서 고개를 끄덕거리기만 할 뿐이었다.

"나는 내 백성들에게로 돌아가서 내가 배운 모든 것을 가르쳐줄 것이오." 나는 즐겁게 말했다. "나는 그들의 병을 고쳐주고 모든 질병과 고난으로부터 해방시켜줄 수 있을 것이오."

낯선 사람은 슬픈 어조로 대답했다: "그러려면 수천 년이 걸릴 겁니다."

내가 믿음이 모자라는 그를 힐난하려고 했을 때, 나는 그가 홀연히 사라져버린 것을 깨달았다.

나는 신의 사자가 맛좋은 고기와 빵을 가지고 날 구해주러 왔음을 —

그리고 나의 사명이 나의 왕성한 열의에도 불구하고 그리 단순한 것이 아님을 연민으로써 경고해주러 왔음을 깨달았다. 나는 그의 경고의 말에 의기소침해졌다. 왕성했던 열의도 풀이 죽어버렸다.

첫 번째 마을까지 가는 길은 끝이 없는 것만 같았다. 인간의 생각 하나가 바뀌는 것이 기분을 얼마나 크게 바꿔놓는가!

그때 절벽을 뛰어내려서 지름길로 갈 수 있다면 내가 계시받은 모든 것이 참임을 더 확실하게 입증할 수 있으리라는 생각이 떠올랐다. 막 뛰어내리려던 찰나에, 갑자기 내가 자신의 깨달음의 시간이 진짜였음을 '증명하려고' 애쓰고 있다는 강한 깨달음이 왔다. 만약 내게 그런 증거가 필요하다면 나는 자신을 스스로 의심하고 있는 것이고, 그렇다면 나는 아마도 떨어져 죽게 될 것이다. 게다가 나는 모든 상황에서 나의 생각을 '아버지-창조의식'으로 고양시켜서 모든 문제에 대한 해결을 요청할 수 있음을 보았었다. 그런데 그새 벌써 진실을 잊어버리고 있었다니!

그래서 나는 열심을 내어 기도했다. 자기만의 환상에 빠져서 자신의 방식으로 일을 처리하려들 정도로 나약한 나를 용서해주시기를 말이다.

또다시 응답이 왔다. 기운이 새롭게 솟아 거친 땅을 걸어가는 발걸음이 훨씬 더 확실해졌다. 또한 나는 먼 길을 너무나 빨리 걷고 있어서, 정상적인 시간개념을 벗어난 것만 같았다. 그리고 나는 기운을 금방 소진시켜버리는 무거운 속박으로부터 인간의 경험을 들어 올려주는, 가벼운 차원계에 와 있었다. 걷는 것이 너무나 수월해서 이제는 걷는 것이 오히려 원기를 북돋아주었다. 나는 '더욱 풍요로운 삶'의 열쇠를 찾았다는 사실에 기뻐 뛰었다.

잠시 후, 기분이 훨씬 더 편해지자 내 마음은 이런저런 생각을 시작하면서 그 낯선 사람과의 만남과 그가 내게 보여준 친절을 떠올렸다. 하지만 그가 나에게 경고한 말을 떠올리는 순간 옛날의 성정이 다시 튀어나와, 그가 장차 나의 사명이 어떻게 전개될지에 대해 감히 이러쿵저러쿵한 것에 대해 깊은 반감을 느꼈다. 나는 그가 나의 미래에 대해서는 아무것도 모른다고 결론짓고 그의 경고는 한쪽에 젖혀두기로 했다.

나는 생각했다. '아무렴, 나의 이 지식이면 누구도 이룬 적이 없는 일을 해낼 수 있을 것이다. 나는 고생스러운 인생살이에 몸부림치지 않고도 쉽게 돈을 벌 수 있을 것이고, 가는 곳마다 추종자들이 모여들 것이며, 그러면 나는 그들의 삶도 수월해지도록 내가 가진 지식을 나눠줄 수 있을 것이다. 내가 그들의 모든 고통과 고난을 없애줄 수 있으리라.'

내가 얼마든지 다닐 수 있는 많은 지역들을 생각하는 동안 나는 지표면을 미끄러지듯 지나가고 있는 자신을 느꼈고, 어느새 저 아래 농촌들이 내려다보이는 가파른 산꼭대기에 도달했다.

그것은 저기 내 발아래에 그렇게 펼쳐져 있었다. 나는 이전의 열의가 다시 돌아오는 것을 느꼈다. 사람들을 모아서 나의 지식을 그들에게 나눠주는 것쯤은 아무 일도 아닐 것이다. 나는 심지어 인류를 모든 질병과 고난으로부터 구원해준 자로 이름 떨치고 권세를 누릴 것이다. 나는 더 이상 게으르고 쓸모없는 인간으로 기억되지 않고 그들의 찬양과 존경을 받을 것이다.

그때 엄청난 충격과 함께, 너무나 최근, 불과 몇 시간 전에 가르침을 받았던 모든 것이 강력하고 선명하게 마음에 다시 떠올랐다.

내가 번영할 수 있는 유일한 길은 나의 자기의지를 버리고 아버지를 향해, 내가 떠맡은 모든 일에 도움을 간구하는 것이라고 배우지 않았던가?

그 순간 나는 창조계는 이뤄야 할 특별한 목적을 가지고 있다는 사실을 상기했다. 개체화의 과정은 인간의 행동에 '당기기와 밀어내기', '주기와 받기'라는 역학을 만들어냈다. 인간의 이러한 성질이 사람들에게 크나큰 고통을 가져다주는 원인이 되기는 했지만 그들로 하여금 진정한 행복을 찾기 위해 좀더 나은 삶의 길을 추구하도록 재촉한 것도 바로 그 고통이 아니었던가? 나는 인류의 불행도 인간 존재의 설계도상에서는 그만의 역할이 있음을 깨달았다.

내가 '개체화 과정'의 영향을 무마하기 위해서 아무나 알 수 없는 이 특별한 정보를 사람들에게 전하는 것은 과연 올바른 일일까?

나는 내가 내 개체성의 '중심점', 곧 '에고'로부터 생각하고 있었고, 인류와 **'아버지 창조의식'** 사이에 장벽을 친 것은 바로 에고의 충동질이었다는 사실을 깨달았다. 그러니 내가 진심으로 바라는바, **'아버지'**와의 완벽한 조화 속에서 살려면 나의 '인간적 욕망의 중심점'이 정복되어야만 했다. 그리하여 나는 내 앞날에 어떤 일들이 놓여 있을지, 그리고 영감과 인도와 문제의 답과 나날의 양식과 건강과 일상 속의 가호를 주시는 '아버지 의식'의 흐름 속에 남아 있기 위해서 어떻게 해야 내 인간성을 지배하고 있는 그 충동을 가장 잘 이겨낼 수 있을지를 생각하면서 길을 계속 걸어갔다. 나는 내가 이 나날의 '아버지 의식'의 흐름 속에 남아 있는 한 그 어떤 해로운 일도 나를 범접하지 못하며, 내가 필요로 하는 모든 것은 충족될 것임을 여실히 깨달았다. 그리고 더 중요한 것은:

나를 통해 역사하시는 '아버지 의식'이 치유와 위로를 절실히 갈구하는 사람들에게 필요한 모든 일을 하실 것이었다.

나는 존재의 가혹한 현실에 대한 나의 반발심을 극복하고 '내면의 소리'에 언제나 귀를 기울여 '아버지의 더 높은 뜻'을 따라야만 했다. 이 '더 높은 뜻'은 나의 최고선을 북돋아주는 데에만 전적으로 쏟아 부어지는 '완벽한 사랑'이었다. 나는 그때까지 나의 행동을 지배해온 '자아의 뜻'을 계속 따라가는 것은 지극히 어리석은 일임을 깨달았다.

사람들에게 우화로써 이야기해야겠다는 영감을 얻은 것도 그때였다. 그런 지식을 받아들일 준비가 된 사람들은 그것을 이해하고 잘 적용할 것이다.

그러나 훗날 드러났듯이, 나의 제자들 가운데도 의식의 원리와 창조물 내부에서 작용하는 **신성한 '창조권능'**을 이해할 수 있을 만큼 유대교의 교리와 신조를 온전히 비워낸 사람은 없었다. (오늘날까지도 그것은 영적 깨달음을 얻은 이들 외의 모든 사람들에게는 신비로 남아 있다.)

깨달음의 영적인 말씀들조차도 인간의 마음에는 금방 온전히 이해되지 않는다. 그러므로 이 **편지**는 천천히 읽어야만 하고, 제대로 이해하려면 많은 명상과 기도를 함께 해야만 한다.

(쓸데없는 신념과 편견과 원한과 야망과 에고의 욕망의 난장판을 쓸어내어) 뿌리 깊은 믿음과 경이로 채워진 마음을 지닌 **'아이'**처럼 되지 않으면 너희는 이 편지를 제대로 이해하여 받아들일 수가 없을 것임을 명심하라.

'아이'가 되기 위해서는 마음속에서 과거의 모든 프로그램을 떨쳐내기 위해 노력해야만 한다.

너희가 정신적, 감정적, 육체적으로 고통받고 있다면, 그것은 오로지 너희가 가장 열심히 믿고 있는 것이 무엇이든 간에 그것이 너희에게 도움이 되지 않았기 때문이다. 그것이 너희의 행복을 북돋아주지 않았던 것이다.

이제는 너희의 [사고틀]을 점검해봐야 할 때가 왔다. 너희는 그것을 지니고 있는 것이 행복한가?

너희는 선택할 수 있다. 그리고 그것을 선택할 때 너희의 변화를 도와 달라고 '아버지'께 청할 수 있다. 그러면 반드시 도움이 주어질 것이다. ─ 너희가 의심을 품지 않는 한 말이다.

그러니 나는 너희가 이 책을 계속 읽어나가기를 촉구한다. 나는 모든 의식적, 무의식적 프로그램의 총화인 너희 사고의 틀이 얼마나 막강한 힘을 휘두르고 있는지를 너희에게 각인시켜주고자 한다.

인간의 이 사고틀 중 어떤 것도 영적 차원에서 나온 것이 아니라는 사실을 이해하는 것이 매우 중요하다.

그것은 완전히 세속적인 것이어서, 필시 공상적인 생각과 편견과 오해와 원한과 과거의 상처에 대한 파묻힌 기억과, 삶의 질곡을 대하는 습관적인 방식으로 온통 점철되어 있을 것이다. 모든 종교적 관념과 신념을 포함한 너희의 인간적인 사고틀이 너희의 세계와 인간관계, 경험, 성공과 실패, 행불행을 좌우한다. 질병과 사고의 원인조차도 그것이다. 그저 우연히 일어나는 일은 아무것도 없다. 모든 것은 너희 개인의 의식 ─ 생각, 기대, 삶과 운명과 '신'에 대해 믿는 바 ─ 이라는 내면의 실로 짜인 직조물이다. 너희는 자신이 스스로 만들어낸 세계에서 살고 있다. 같은 환경에서 자라난 아이들이 커서는 서로 다른 삶을 살아가는 이유도 바로 이 때문이다. 모든 사람이 자신의 천성과 기질에 따라 구축된 자기만의 고유한 사고틀을 지니고 있다.

태어나서부터 그 어떤 사고틀도 키워오지 않았다면 너희는 마치 동상처럼 의식이 없어서 느낌도, 반응도, 생각도 없을 것이다. 너희는 멍한 눈으로 세상을 응시하면서 주변에서 온갖 일이 일어나더라도 그 무엇에도 반응하지 않을 것이기에, 아무것도 너희의 의식에 영향을 미치지 않는다. 어떤 것도 너희를 행복하게도, 불행하게도 만들지 못한다. 심지어 바로 곁에 폭탄이 떨어지더라도 말이다.

사고틀이 없으면 너희는 삶도 없고 발전도 없고 선도 악도 없다. 어떤 [유형]의 사고틀을 가지고 있는가가 너희 삶의 질을 결정한다. 이것이 너희가 온전히 이해하여 깨닫기 바라는 존재의 맨 첫 번째 진실이다.

게다가 살아 있는 한 너희는 자신의 사고틀을 가는 데마다 가지고 다닌다.

그것을 벗어날 길은 없다. 그리고 그것은 너희가 과거에 경험해온 그런 형태의 존재를 날마다 날마다 끊임없이 창조해줄 것이다. 많은 사람들이 자신은 불행하다고 믿으면서 평생을 살아간다. 그들은 다른 사람들이 자신에게 인색하고 불친절하고 추하게 굴어서 자신의 삶을 완전히 불행에 빠뜨렸다고 생각한다.

그들은 어떤 시비에서도 전혀 흠 잡힐 데 없는 자신에게, '다른 사람들이' 괜히 끊임없이 싸움을 걸어와서 말썽을 일으킨다고 믿는다.

그러나 그와 반대로 그것은 '다른 사람들'의 탓이 아니다. 부정적인 상황을 끌어오고 있는 것은 각자의 사고틀이다.

자신의 문제에 대한 책임이 전적으로 자신에게 있다고 하면 많은 사람들이 못 들은 척 외면해버린다. 자신을 정직하고 정의롭게 돌아볼 자기확신과 내면의 힘을 지닌 사람들도 있지만, 어떤 사람들은 자신의 잘못을 직시하기를 유난히 더 힘들어한다.

간절한 기도는 '아버지 창조의식'을 마음속으로 끌어들이고, 그러면 그것은 구도자라면 더 이상 지니고 있고 싶어하지 않는 모든 것을 인간의 의식으로부터 조용히, 아무도 몰래 청소해준다. 그러니 그것은 내면의 정화와 발전을 위해 필요한, 아주 단계적인 과정이다.

감정적 습관

감정적 습관은 사고틀만큼이나 너희의 전반적 행복에 해를 끼칠 수 있다.

사고틀은 감정적 습관과 함께 너희의 창조 도구다.

이들이 함께 장차 소유하게 될 것들과 사건과 상황들의 기본적인 윤곽을 만들어낸다.

이 [창조의 도구]들은 너희가 의도하든 말든 상관없이 너희의 삶에 작용한다.

의식적이든 무의식적이든 깊은 곳에 자리 잡고 있는 감정적 태도가 마음의 프로그램보다 훨씬 더 발견해내기 어렵다.

사람들은 습관적인 부정적 감정에 빙의된 채 그것을 거의 알아차리지 못할 수 있다. 그들은 날마다 반복되는 습관으로부터 일어나는 순간 순간의 감정에 휩싸여 있기 때문이다.

자신의 감정적 습관이 정말 어떤 것인지를 찾아내려면 다음과 같은 질문을 스스로 해보되, 자신에게 완전히 정직해져야 한다. 자신의 감정적 습관의 실태를 보지 않으려고 하는 것은, 자신을 속여서 자신이 마땅히 즐겨야 할 존재의 환희로운 상태를 성취하지 못하도록 스스로를 붙들고 있는 짓밖에 안 된다.

너희는 [삶]에 대해 정말 어떻게 느끼는가? 다음의 질문들에 답하면서 자신이 정확히 어떻게 느끼는지를 스스로에게 말해주는 따뜻하고 자애로운 편지를 자신에게 써보기를 바란다:

너희는 살아 있는 것이 행복한가, 아니면 그만 살았으면 좋겠는가? 너희의 진실한 대답이 후자라면 너희는 존재에 대해 부정적인 태도를 가지고 내면 깊은 곳에서 자신과 싸우고 있는 것이다.

의식적으로는 나날의 삶을 이어가야만 한다는 것을 알지만 가장 깊은 곳에서는 그만두고 싶다. 이 내면의 싸움이, 긍정적인 감정의 습관으로써 경험할 수 있는 모든 것을 너희에게로 이끌려오지 못하도록 가로막고 있다.

친척들에 대해서 너희는 실제로 어떻게 느끼고 있는가? 인정하고 싶지 않거나 존재하는지조차 알아차리지 못한, 묻혀 있는 적대감은 없는가?

너희의 직업, 동료, 여가활동, 다른 인종 등에 대해서는 어떻게 느끼는가?

자신에 대해 발견한 모든 사실을 적어서 아무도 보지 못하는 안전한 곳에 보관해두라.

방금 한 이 작업은 너희 자신을 위한 것 — 오로지 너희만의 이로움을 위한 것이다. 그것은 너희를 더 나은 사람으로 만들거나 '신'을 기쁘게 하거나 다른 사람들로부터 인정을 얻어내기 위한 것이 아니다. 너희는 영적 발전과 궁극의 행복을 가로막고 있는 너희 내면의 장애물을 제거하기 위해서 이 작업을 한 것이다.

자신의 삶을 바꾸기 위해서 이 편지를 날마다 읽어보기로 했다면 자신에게 쓴 이 편지에 날짜를 적어 안전한 곳에 보관해놓기를 권한다. 1년 후에 그것을 다시 읽어보면서 너희의 사고틀에 일어난 큰 변화를 즐기라. 너희는 또한 자신의 환경에도 변화가 일어난 것을 발견할 것이다.

오로지 너희의 창조자에게만 집중하는 기도와 명상은 너희에게 새로운 힘과 통찰력을 가져다줄 것이며, 그것은 다시 너희의 기분과 환경에도 변화를 가져올 것임을 기억하라.

기도할 때는 ─ 결코 너희의 '문제'에 초점을 맞추지 말고 ─ 언제나 ─ 올바른 '처방'을 요청하라. 너희의 창조자가 너희의 인간적인 마음이 생각해낼 수 없는 올바른 해결책을 가져다주시게 하라.

예컨대 ─ 너희의 창조자인 '아버지'께 너희가 얼마나 아픈지를 하소연하지 말라. 자신의 상태 속으로 즉각 들어오고 있는 권능에 집중하고(그 권능을 느끼기에는 너희의 의식이 너무나 인간적이더라도), 신속한 회복에 감사하고 그것을 믿으라.

'감사할' 때 너희는 곧, 자신의 기도가 지금 '아버지 사랑 의식'(Father Love Consciousness) 속에 놓여 있으며, 적당한 때가 되면 가시화되도록 '처리되고' 있다는 깨달음을 받아들이고 인정하고 믿어, 의식 속에 각인하고 있는 것이다. 팔레스타인에 있을 때, 나는 언제나 일이 이루어지기 이전에 감사를 드렸다.

기껏 기도를 올리고 나서는 방문 밖으로 나서는 순간부터 사람들에게 너희가 얼마나 비참한지, 자신의, 혹은 나라의 처지가 얼마나 딱한지에 대한 넋두리를 늘어놓는 짓은 절대로 하지 말라. 아버지 창조주

78

에게 너희의 재정이나 건강의 문제를 해결해달라고 빌어놓고서는 과거의 부정적 상황을 계속 끄집어내고 있다면 아버지 창조주께 얼마나 무례한 짓인가? 그것은 아버지 창조주께서 하고 있는 일을 즉석에서 무화시켜버리는 짓이다.

기도한 후에도 옛날의 부정적 일이 너희의 마음속에서 '지나간 과거의' 일이 되어 있지 않다면 다시 기도로 돌아가서 마음에서 그것을 잊어버리고 모든 것이 지금 이 순간 하나님의 돌봄을 받고 있음을 진정으로 믿을 수 있게 될 때까지 기도하라. 너희가 간구한 은혜에 대해 감사하는 마음으로 돌아가고 돌아가고 또 돌아가라. 그것은 틀림없이 실현될 것이다.

오늘날 너희의 세계에도 자신의 모든 필요를 우주의 아버지 창조주께서 이루어주시기를 빌고, 자신의 삶 속에서 그 다양한 축복을 목격하고 있는 사람들이 무수히 있다.

두려움을 버리라. 두려움은 너희에게 아무것도 해준 것이 없다. 이제 **[영적 법칙과 질서]**로 이루어진 이 시스템 속에서 너희의 수태, 성장, 발달, 양육, 거듭남, 치유, 모든 필요의 만족, **[보호]** 등등을 망라하여 **[너희 존재의 근원]**으로 계신 우주의 '아버지' 창조주를 향해 돌아서라.

이 모든 놀라운 일들이 건설적이고 의도적이고 질서정연하게 일어난다는 사실을 깨달으라.

실로 너희 자신과 가족과 생활조건의 배후에는 [모든 것에 통달해 있는 마음(Master Mind)]이 존재한다. [그것을 신뢰하라.]

너희의 사고가 신의 창조 역사役事를 훼방하도록 내버려두지 말라!

무엇보다도 [나], [그리스도]가 세상 사람들이 말하는 소위 '기적'을 행할 수 있었던 것은 오로지 '하나님 나라'가 내 안에 있으며, 나의 **창조주 '아버지'**께서 내 안에서, 그리고 나를 통해서 역사하심을 언제나 믿고 의지할 수 있음을 깨달았기 때문이라는 사실을 명심하라.

오로지 창조자인 '아버지' 의식(Creative 'Father' Consciousness)으로부터 개체적인 의식을 얻어왔기 때문에 너희가 개인으로서의 의식을 지니고 있는 것임을 명심하라.

너희의 개체적 의식에서 부정적인 것들이 완전히 청소되면 너희는 자신도 또한 창조자인 '아버지' 의식의 정화된 통로가 되어 있는 것을 깨닫게 될 것이다. 너희 또한 만나게 되는 모든 이들에게 잘 짜인 법칙과 질서의 시스템 속에서 성장과 영양공급과 치유와 보호와 필요의 만족을 제공하는 환희로운 근원이 될 것이다. 이 강력한 영향은 너희의 마음을 통해 가족과 친구와 이웃과 농장과 너희의 가축과 수확물에까지 미칠 것이다.

실험실에서 너희의 손을 지나간 전기가 분젠 버너에 불을 붙이듯이, 너희의 [생명력]이 발하는 빛도 너희의 영향권에 들어오는 모든 이들을 이롭게 할 것이다.

이것이 창조 배후의 의도였다. 너희는 마음과 가슴을 통해 **우주의 창조의식을 표현하도록** 의도되었다. 나, [그리스도]는 그 방법을 보여주기 위해 이 시대에 왔다.

먼저, 내가 소위 기적을 행했을 때의 나의 '의식상태'를 생각해보라.

나는 정해진 형식의 기도 같은 것은 올리지 않았다. 나는 그저 나 자신의 의식을 통해 방사되고 있는 **창조자 아버지**에게 필요한 것을 무엇이든 요청했다:

나는 법칙과 질서의 시스템 속에서 창조성, 지적 설계, 성장, 양육, 보호, 치유, 거듭남, 그리고 모든 필요의 만족으로서 자신을 드러내며 눈에 보이는 세계를 통해 역동적으로 작용하는 힘이 곧 '**아버지 창조의식**'임을 깨닫고, 그것을 강력히 심상화했다.

나는 치유를 간구하고 그것을 받게 될 것임을 진심으로 믿은 이들의 의식 속으로, '**창조자 아버지 의식**'의 모든 본성이 나의 의식을 통하여 방사해 들어간다는 사실을 깨달았다. 나는 또한 그들이 '치유에 대한 믿음과 기대'를 지니고 있지 않으면 그런 부정적 의식은 '**아버지 의식**'의 [본성]이 흘러들어와도 영향을 받지 않아서 치유도 일어나지 않을 것임을 알았다.

나는 또 **창조자 아버지 의식**에 의해 행해진 치유의 역사는 실로 지상에 가시화되어 나타난 사랑임을 깨달았다.

나는 또한 눈에 보이는 세계에서 **창조자 아버지 의식**이 행한 모든 일은 현실로 나타난 **사랑**임을 깨닫고 — 감사드렸다.

나는 **우주의식**으로부터 우주의 모든 물질이 비롯되었음을 깨닫고 — 감사드렸다.

나는 '**아버지 창조의식**'이야말로 '**역사役事하는 자**'이고, 그것은 영원 무한하여 아무것도 — 인간의 마음 외에는 아무것도 — 그것의 작용을 멈추게 하지 못한다는 것을 깨달았다.

그래서 나는 나의 마음에서 모든 인간적인 기분과 생각을 제거했다. 그리고 나는 '**아버지 사랑**'의 완벽한 통로임을, 그리고 치유가 필요한 사람의 내부에서 '**아버지 사랑**'의 완벽한 뜻이 이루어질 것임을 알았다.

하지만 이것을 명심하라: 나는 또한 그 사람의 의식 속에서 그가 불구가 되게, 혹은 병에 걸리게끔 한 것이 무엇이든 간에, 그것이 지금은 모두 지워졌다는 것을 알았다. 문제는, 그의 '평소의 의식'이 신성에 의해 몸에서 지워진 그 상태를 다시 되가져다 놓을 것인가 하는 것이었다.

그래서 나는 치유 받은 이들에게 이렇게 일렀다: "너의 길을 가라. 그리고 더 이상 죄짓지 말라."

위에 묘사된 나의 생시의 의식상태야말로 너희 또한 온 마음과 가슴으로 가지기를 열망해야 할 '의식상태'임을 너희가 온 가슴으로 알고, 믿기를 바란다.

광야에서 겪은 깨달음의 경험은 나로 하여금 지상에 있는 동안 [그리스도 의식]을 널리 실현할 수 있게 해주었다. 하지만 너희도 그렇게 하고자 하는 뜻이 있어야만 나의 발자취를 따라올 수 있다. 그러면 나는 반드시 너희 곁에서 너희를 도울 것이다. 예민한 감수성만 있으면 너희는 나의 임재를 느낄 것이다. 하지만 당분간 아무것도 느끼지 못하더라도 실망하지 말라. 왜냐하면 너희가 자신의 의식을 변화시키는 작업을 하고 있는 한 너희는 나의 [그리스도 의식]에 동조되고 있음을 절대적으로 확신할 수 있고, 나는 너희에게 일어나는 모든 일을 알아차릴 것이기 때문이다.

너희가 지상에 온 목적은 영적 의식 속으로 상승하여 지금 너희를 뒤에서 붙들고 있는 모든 인간성을 초월하여 마침내 너희 또한 원소들(elements)을 다스릴 수 있는 마스터가 되는 것임을 [알라].

세계의식(world consciousness)이 '**아버지 창조의식**'에 온전히 동조되면 인간의 완벽한 행복을 저해하는 모든 것이 사라져버릴 것임을 또한 깨달으라. 말라리아균을 지닌 모기도, 너희의 곡식을 쓸어가는 메뚜기도, 혹독한 기후도, 전염병과 바이러스와 생명에 문제를 일으키고 있는 그 밖의 모든 것들도 더 이상 존재하지 않게 될 것이다. 너희는 우주적 보호막 속에서 살게 될 것이다.

너희의 의식이 **아버지 사랑**에 완벽하게 동조되어 조화를 이루면 너희 또한 신성의 보호를 받아 창조적 설계, 성장, 양육, 보호, 치유, 거듭남, 필요의 만족, 법칙과 질서의 통로가 될 것이다.

[아버지 사랑]이 너희의 마음과 가슴과 몸과 너희의 일들 속에서 역사할 것이다.

그것은 너희가 그 힘을 보내는 모든 이들 속에서도 역사할 것이다.

두 번째 편지

❖

(이 편지는 읽기보다는 숙고해야 한다.)

나는 [그리스도]다.

나는 [신성한 창조의식]의 가장 높은 영역들로부터 역사하지만, 나의
영향력은 너희의 세상을 에워싼다.

비유적으로 말하자면, 나는 태양이 지구로부터 멀리 떨어져 있는 만
큼이나 너희의 세계로부터 '의식'상 멀리 떨어져 있다. 그럼에도 너희
가 진심으로 나를 부른다면 나는 너희를 돕기에 필요한 만큼 너희 가
까이에 있다.

이 [편지]를 받아들이지 못하는 이들이 많을 것이다. 그런 사람들은
아직 준비가 안 된 것이다.

이 가르침이 자신의 생계나 종교를 위협할 것이므로 편지의 존재를

탄압하고자 하는 이들이 있을 것이다. 그들의 노력은 성공하지 못할 것이다. 이 [편지]는 반대로부터 오히려 힘을 얻을 것이다.

이 [편지]를 기쁨으로 받아들일 이들이 있을 것이다. 그들의 영혼은 [진실], 곧 존재의 *실상*實相이 세상의 종교들 너머에 있음을 알기 때문이다. 이들이야말로 번영하여 마침내는 세상을 자기파멸로부터 구해낼 사람들이다.

이제 지난번 [편지]에서 멈춘 부분에서부터 나의 '자서전'을 이어가겠다.

내가 가르치는 자와 병 고치는 자로서 공적인 삶에 발을 딛게 된 나의 자전적 이력의 일부를 너희에게 이야기하는 목적은 나의 청년 시절의 태도와 행동, 내가 영성을 얻은 인간의 경지에 이르게 된 정황을 너희 앞에 생생하게 전해주기 위한 것이다.

내가 지상에 있을 때의 팔레스타인의 모습을 마음속에 떠올려서, 나의 가르침이 유대교 교리와 전통의식에 세뇌된 사람들의 마음속에 일으켰을 갈등을 생생하게 그려볼 수 있어야 한다. 바로 이 같은 내면의 갈등이 복음서 기록자들이 내가 그들에게 가르치고자 애썼던 모든 것을 정확히 기록하지 못하게 한 핵심적인 원인이다.

복음서에는 기록자들이 어느 쪽 용어를 썼든 간에 '천국', 혹은 '하나님 나라'의 실상을 묘사하는 나의 우화들이 자주 인용된다. 하지만 그 어디서도 **말씀 그 자체에 가닿으려고 애쓰거나, 말 속의 상징과 비유**

86

를 탐구하거나 천국, 혹은 하나님 나라의 영적 의미를 밝혀내려는 시도는 이루어지지 않았다.

내가 사람들에게 전했던 가르침의 진정한 내용을 이야기하는 동안 너희는 나의 광야 체험과 과학적 사실에 관한 각자의 지식에 비추어 내가 당시에 가르치고자 했던 것을 마침내 조금은 이해할 수 있게 될 것이다.

전반적으로 나는 성공적이지 못했기 때문에 이 시대, 새천년의 벽두에 벌어지는 또 한 번의 시도는 성공해야만 할 절대절명의 의무가 있다. 왜냐하면 내가 전할 특권을 누리게 된 이 지고의 영적 지식과 통찰이야말로 다음 시대가 기초를 다지고 발전해갈 토대이기 때문이다.

나나 다른 이들이 그랬던 것처럼, 가르치는 자는 존재의 진실을 추구하는 일에, 지상으로 내려와 언어의 감옥 속에 갇힌 지상의 사람들에게 형상 지어지지 않은 상태의 [우주의 창조 차원]에 있는 것을 설명하기 위해 [신조어를 만들어내는] 일에, 정신적, 감정적으로 지극히 섬세하게 온전히 몰입하지 않으면 안 되었다. (그리고 안 된다.) 이런 영감 넘치는 스승들이 아니었으면 지상의 인간들은 이 행성 너머에 있는 모든 것 — 미래의 영적 진화를 촉진하기 위해 접촉되고 개인적으로 경험되어 흡수되기를 기다리고 있는 모든 것 — 에 대해서는 까맣게 모르고 있었을 것이다.

이뿐만 아니라 성경은 세상에서 가장 널리 읽히는 책이 되었다. 작금의 성경은 그 목적을 다했다.

온갖 그릇된 해석으로 점철된 현재의 신약성서는 영적 진화를 훼방하는 걸림돌이다. 이제는 비전적秘傳的인 인식과 이해의 새로운 영역으로 나아가야 할 때다.

내가 인간의 몸으로 다시 내려와서 세상을 향해 말하는 것은 불가능하고, 또 내가 봉사하는 다른 차원계들이 있기 때문에 나는 감수성 있는 한 영혼을 훈련시켜 나의 말을 받아 적게 하였다. 이것이 내가 너희에게 개인적으로 이야기할 수 있는 가장 근접한 방법이다. 너희가 이것을 받아들일 수 있기를 바란다.

오류는 모두 지워졌다. 이것은 확신해도 좋다.

다음 페이지들에서 이야기할 사건들과 치유의 기사들은 실제로 일어난 일이지만, 중요하지 않다. 단지 너희가 그것들의 진정한 영적 의미를 이해할 수 있게 할 목적으로 이야기해주는 것이다.

이것을 읽어 내려가는 동안 2천 년 전의 상황을 너희의 현시대와 삶에 연관시켜서 생각해보기를 바란다. 나는 너희가 '예수'라는 인물을, 지상에 '천국'을 세우는 창건 멤버가 되고자 하고, 될 준비가 된 모든 인간이 마침내는 성취할 수 있는 경지의 한 '본보기'로 여기기를 바란다.

너희 현 세계의 사람들이 너희가 말하듯이 현대적 '지식과 학문'으로 세련되어 박학다식하고 현대적인 매너와 새로운 사교방식에 능통하다고 해도, 그 옛날의 사람들도 근본적으로는 너희 자신과 똑같았다.

그들도 너희와 마찬가지로 전적으로

끌어당김-밀어냄
욕망-혐오라는

[쌍둥이 추동력]에 의해 동기를 부여받고 지배받았다.

그들도 사랑하고 미워하고 비판하고 저주하고 헐뜯고 험담하고, 사회의 꼭대기로 오르려는 야망을 품고, 인생에 실패한 사람을 경멸하고, 남몰래 바람을 피우고, 자신과 어떤 식으로든 다른 사람들을 비웃었다.

너희가 내가 지상에 살았던 때로 들어가서 그것을 온전히 이해하도록 돕기 위해서, 나의 의식은 '예수'라는 '인격'과 내가 겪었던 사건들과 감정들을 다시 경험하기 위해 너희 지상의 존재 차원으로 하강했다.

****

내가 광야를 떠나 나의 고향마을 나자렛으로 가는 길로 발을 옮겼을 때 나는 아직도 기운이 충천했고, 광야에서 그토록 영광스럽게 내게 계시된 지식으로 기쁨에 차 있었다. 나는 내 생각을 오로지 **내가 터득한** 모든 것에만 집중시켰고 내 생각이 이전의 부정적인 형태의 생각들로 빠져나가면 재빨리 '**아버지**'에게로 돌아서서 그것을 극복할 영감과 각오를 얻었다. 이렇게 나는 끊임없이 **깨어 있는 의식과 이해의** 빛으로 돌아왔다.

더럽고 남루한 행색을 한 채 환희에 차 있는 나를 보고 어떤 사람들은 눈을 흘겼다. 그들은 내가 술에 취해서 좋아하고 있는 거라고 생각했을까? 또 어떤 사람들은 혐오의 눈빛으로 나를 보았다. 나는 과거처럼 화를 내는 것으로 반응하는 대신, 내가 그들은 상상도 못할 지식과 계시로 축복받았다는 사실을 상기했다. 나는 그들의 내면의 눈도 나와 같이 열리기를 기도하고 축복하면서 평화롭게 집으로 가는 길을 계속 걸어갔다.

그래도 나의 불쌍한 몰골을 보고 가엽게 여겨, 얼른 집으로 들어가서 빵과 심지어는 포도주까지 가져다주며 무사히 집으로 가도록 돌봐주는 마을사람들도 있었다. 밤이 되면 또 늘 누군가가 잘 곳을 제공해주었다. '아버지 생명'은 실로 나의 모든 필요를 공급해주고, 필요할 때마다 보호해주었다.

이 모든 시간 동안 나는 내가 광야에서 겪은 일에 대해 아무런 말도 하지 않았다. 나는 아직 때가 무르익지 않았다고 느꼈다.

마침내 나는 고향마을인 나자렛에 당도했는데, 마을사람들은 나의 더러운 행색과 너덜너덜해진 옷을 손가락질하면서 내놓고 비웃었다.

내게 던져진 말들 중에는 '너절한 게으름뱅이'가 그래도 괜찮은 편에 속했다.

나는 불안한 마음으로 어머니가 사는 집 문 앞에 당도했다. 여위어서 뼈만 앙상하고 눈과 볼은 움푹 들어가고 얼굴은 시커멓게 타고 입술은 햇볕에 트고 수염은 길게 자라서 헝클어져 있는 나의 꼴을 어머니가 보시면 이웃사람들보다도 더 큰 충격을 받을 것이 틀림없었기 때문이다. 내 옷! 그녀가 내 옷 꼬락서니를 본다면 격노하리라. 내 옷은 사막 먼지에 색깔이 다 바래고 찢겨서 너덜너덜해져 있었다.

계단을 올라가면서 나는 어머니의 분노의 뜨거운 열기를 견뎌낼 준비를 단단히 했다. 문을 두드리자 누이가 나왔다. 그녀는 겁에 질려서 입이 딱 벌어지고 눈이 휘둥그레졌다. 그리고는 내 눈앞에서 문을 쾅 닫아버렸다. 그녀가 집 뒤로 달려가면서 소리치는 것이 들렸다:

"엄마, 빨리 와 봐요. 문 앞에 더러운 노인이 와 있어요."

나는 어머니가 뭐라고 중얼거리면서 문으로 오는 소리를 들었다. 문을 연 그녀는 충격으로 그 자리에 못 박힌 듯이 서 있었다. 나는 잠시 미소를 지었다. 그녀는 나를 위아래로 훑어보더니 이 무섭고 불쾌한 생물이 정말 그녀의 고집쟁이 아들 예수인 것을 깨닫고는 더욱 겁에 질렸다.

나는 그녀에게 손을 내밀며 말했다:

"제가 어머니에게 고통을 일으키고 있다는 건 알아요. 하지만 절 좀 도와주실 수 있나요?"

그녀는 즉시 표정을 바꾸면서 나를 안으로 끌어들이고 문을 단단히 걸어 잠갔다.

"서둘러라," 그녀는 겁에 질린 내 누이에게 말했다. "여러 말 말고 얼른 물을 데워라. 네 오빠가 굶주렸다. 오빠가 어떤 일을 저질렀는지는 상관없다. 그는 우리 식구니까. 오빠를 돌봐줘야만 해."

그녀는 부드럽게 내가 옷 벗는 것을 도와주었고 큰 물동이 앞에 몸을 구부리게 하여 몸을 씻겨주었다. 그녀는 내 머리와 수염을 씻어 깎아주고 몸과 입술의 상처에 연고를 발라주었다. 아무도 침묵을 깨지 않았다.

나는 그녀가 보여주는 사랑을 음미하면서 좀더 부드럽고 조심스러운 접근법으로 나의 감사를 표현하려고 애썼다.

그녀는 깨끗한 옷으로 갈아입도록 도와준 후 나를 앉히고 빵과 꿀과 우유로 소박한 식사를 하게 했다.

그녀는 나의 기운을 북돋아주려고 마지못한 듯 포도주를 주기는 했지만, 나의 충격적인 몰골의 원인은 다름 아닌 술이라고 생각하고 있는 것이 분명했다.

그런 후 그녀는 나를 침대에 눕히고 이불을 덮어주었다. 나는 몇 시간을 자고 나서 아침에 상쾌한 기분으로 깨어났다. 창문으로 들어온 햇살이 밝았다.

이제 나는 어머니와 이야기 나눌 시간을 고대하고 있었다. 내가 정말 메시아인 것은 맞지만 유대인들이 상상하는 그런 종류의 메시아는 아니란 것을 말해주려고 말이다. 나는 사람들을 그들의 '죄악'의 나쁜 결과로부터 구해줄 수 있었다. 나는 그들이 건강과 풍요와, 필요의 충족을 찾도록 도와줄 수 있었다. 왜냐하면 이제 나는 세상이 어떻게 창조되었는지를 정확히 가르쳐줄 수 있기 때문이다.

내가 이야기를 꺼내기 시작하자 그녀는 금방 흥분하면서 기뻐했다. 그녀는 벌떡 일어나더니 이웃사람들에게로 달려가서 자신의 아들이 정말로 메시아라는 사실을, 그리고 그가 광야에서 단식을 하고 있었다는 사실을 이야기하고 싶어했다. ─ 그가 이제는 얼마나 멋지게 말하는지를 그들이 들어야만 했다.

하지만 나는 그녀가 그러지 못하도록 저지했다. 내가 계시받은 것에 대해서는 아직 이야기를 꺼내지도 않았다고 말이다. 내가 배운 것 중 가장 중요한 것은, 보복하는 '하나님'을 믿는 정통 유대교의 신앙이 완전히 잘못되었다는 사실이었다. 그런 신은 존재하지 않았다.

이 말은 그녀를 겁주고 흥분하게 했다. 그녀는 소리쳤다. "그럼 여호와는 어떻게 세상을 다스려서 우리를 그가 보낸 선지자들의 말에 착하게 귀 기울이게 만들 수 있니? 우리를 벌하지 않는다면 말이다. 네가 이젠 대제사장들에게 가서 모세의 시대부터 전해져 내려온 그들만의 일에 왈가왈부할 만큼 위대해졌다는 거냐? 넌 우리 집안을 아직도 더 부끄럽게 만들 작정이냐?"

그녀는 화가 나서 울면서 말했다. "넌 하나도 바뀌지 않았구나. 말하는 것만 바뀌었어. 넌 내게 슬픔밖에는 가져다주지 않는구나. 내가 어떻게 너 같은 아이를 메시아가 되리라고 믿었단 말이냐? 너의 그 이상한 생각으로는 사람들을 이전보다 더 큰 고통으로 이끌 수밖에 없을 거다."

나의 남동생들이 어머니의 울부짖는 소리를 듣고 달려와서 나를 집 밖으로 내보내려고 했다. 나는 말썽을 일으키고 싶지 않아서 자진해서 고분고분 나가겠다고 했다.

내 어머니의 반응이 이러하다면 내가 하려고 하는 이야기에 다른 모든 사람들도 똑같은 반응을 보이리라는 것은 분명한 사실이었다. 나는 나의 모든 생각과 경험들을 정리할 수 있도록 절대적인 휴식과 침묵의 시간이 필요하다는 사실을 깨달았다. 나의 '복음'을 가지고 어떻게 하면 유대인들에게 가장 효과적으로 다가갈 수 있을지에 대해 영감을 통해 인도를 얻도록 기도해야 할 것이다. 나는 '아버지 생명'이 나의 필요를 충족시켜줄 것임을, 그리고 어딘가에서 적당한 보금자리를 찾게 될 것임을 확신했다.

어머니는 나의 외견상 '잘난 척하는 태도'에 노하셨지만 그럼에도 불구하고 나의 쇠약해진 상태에 대한 연민과 사랑의 느낌으로 가슴이 찢어지고 있었다. 그녀는 내가 표방하는 것처럼 보이는 모든 것을 거부했다. — 항거적인 태도, 유대교에 대한 경멸, 권위에 대한 저항, 나의 자아의지와 자만심 등등. 하지만 그녀는 여전히 나를 사랑했고, 내가 결국은 스스로 상상할 수 있었던 것보다 훨씬 더 큰 문제에 봉착하게 될까봐 가슴 깊이 두려워했다.

어머니는 내 동생들에게 시끄러운 논쟁을 그치라고 타이르고는 나에게 말했다. "나아질 때까지 여기 있어도 된다. 어쩌면 네가 여기 있는 동안에 내가 널 정신 차리도록 타일러줄 수 있을지 모르겠다. 지금도 말할 수 있지만, 만일 네가 거리로 나가서 나에게 한 것과 같은 말을 하기 시작한다면 넌 결국 지금까지보다 훨씬 더 어려운 지경에 처하게 될 거다. 착한 사람들도 너에게 침을 뱉고 썩은 쓰레기를 던질 거야. 넌 집안의 망신거리야."

그래서 나는 그녀의 노여움에도 불구하고 웃으면서 감사를 표하고 따뜻하게 입을 맞춰드렸다. 나는 반가운 마음으로 집안에 남아 머물렀다. 그녀의 노여움 아래에는 나에 대한 깊은 염려가 있음을 나는 너무나 잘 알고 있었다. 그녀는 나를 잘 먹이고 훌륭한 새 옷을 만들어주었다. 나는 내가 멀쩡하게 보이도록 만들려고 애써준 어머니에게 감사했다. 부자와 가난한 사람들 사이를 자유롭게 다니려면 최소한 받아들여질 만큼은 멀쩡한 차림새를 갖춰야 한다는 것을 알기 때문이었다.

가끔씩 집안에 먹을 것이 떨어지기도 했다. 나는 내 '아버지'의 힘을 끌어와서 말없이 그것을 채워놓았다. 어머니도 아무 말을 하지 않으셨다. 나는 그녀가 내가 그 모든 나쁜 버릇에다 이젠 도둑질까지 배웠는지를 슬픈 마음으로 의심하고 있음을 알고 있었다.

그러던 중 그녀는 내가 갓 구운 빵을 손에 들고 있는 것을 보고서, 내가 그것을 사러 집을 나간 적도 없고 화덕도 그날은 사용된 적이 없다는 사실을 발견했다.

그녀는 아무 말도 하지 않았지만 의아한 눈빛으로 오랫동안 나를 쳐다봤다. 나는 그 순간 그녀의 태도가 바뀌는 것을 볼 수 있었다. 그녀는 더 이상 자신의 생각을 확신할 수 없었다. 그녀는 나에 대한 자신의 태도에도, 그리고 내 말의 진위에 대해서도 다시 의문을 품기 시작했다:

'광야에서 무슨 일이 있었던 것일까? 불도 피우지 않고, 밀가루도, 이스트도 없이 어떻게 빵을 구울 수 있었을까? 그게 무엇을 의미할까? 그는 정말 메시아일까?'

그러다가 동생이 칼에 손을 다쳤다. 그 자리가 곪자 그는 큰 고통에 시달렸다. 그는 내가 그 위에 손을 대고 말없이 기도를 하도록 허락했다. 그가 의아해하는 눈빛으로 나를 바라보는 것으로 보아하니 손 안으로 '권능'이 흘러들어오는 것을 느끼고 있음을 알 수 있었다.

"통증이 사라졌어." 그가 짧게 말했다. 걸어가는 그의 표정은 퉁명스러웠다. 통증에서 해방되긴 했지만 내가 도와줄 수 있었다는 사실에 그가 기분 좋아하지는 않는다는 것을 나는 알 수 있었다. 나는 그의 질투를 감지했다.

누이동생은 손을 데었고 또 다른 남동생은 두통을 호소했다. 나는 둘을 다 낫게 해줄 수 있었다.

남동생들과 누이동생은 나의 '마법'에 대해 농담을 주고받기 시작했다. 그들은 자기들이 나를 화나게 만들면 내가 그들에게 어떤 '악'을 행할지 모르겠다고 했다. 집안 분위기가 팽팽해져서 집안의 평화를 열망하는 어머니를 생각하니 슬퍼졌다.

하지만 그녀는 나의 행동이 변한 것을 보고 위안을 얻었다. 나는 더 조용해졌고 이전처럼 감정을 터뜨리지 않고 눈에 띄게 잘 다스렸으며, 참을성 없는 성질과 기운을 잘 억제했고 더 이상 논쟁을 벌이지 않았다. 나는 배려심이 더 깊어졌고 주부인 그녀의 하소연에 귀를 기울였으며 부서진 가구를 수리하고 산 너머 농장으로 걸어가서 필요한 과일과 채소를 구해왔다.

나는 부드럽고 자애롭게, 어머니가 받아 마땅한 사랑을 드릴 수 있게 되었다.

어느 날, 그녀가 용기를 내어 내게 물었다: "넌 아직도 여호와가 한갓 신화라고 생각하니?"

"욥은 여호와가 숨을 거둬 가면 모든 육신이 다 한꺼번에 스러지리라고 했어요. 그것이 내가 믿고 또 본 '여호와'예요."

"여호와를 본 사람은 아무도 없다!" 그녀가 잘라 말했다.

"나는 모든 것을 존재하게 만든 [그것]을 보았어요." 내가 조용히 대답했다. "나는 [그것]을 '아버지'라고 불러요. 왜냐하면 [그것]은 [완벽한 사랑, 어머니의 사랑보다 더 완벽한 [사랑]이기 때문이에요." 나는 미소를 지으며 덧붙였다. "[그것]은 [그것의] 모든 창조물 속에서, 창조물을 통해서, 그리고 창조물을 위해서 역사합니다. 어머니가 집안에서 필요로 했던 것들을 가져오고, 동생들을 금방 낫게 한 것도 내 안의 '아버지'입니다."

나는 그녀가 내가 한 말을 조금씩 이해하기 시작한 것을 알 수 있었다.

"'죄'는 어떻게 되는 거니?" 그녀가 물었다.

"우리가 이해하고 있는 것과 같은 '죄'는 존재하지 않아요. 우리는 지금처럼 행동하도록 타고났어요. 우리는 우리의 인간적인 생각과 느낌을 극복할 방법을 찾아야 해요. 왜냐하면 그것이 우리를 '아버지'의 보호로부터 떼어놓고 병과 불행을 가져다주니까요. '자아'를 극복할 방법을 배우고 나면 우리는 천국에 들어갈 거예요."

어머니는 말없이 돌아섰다. 그녀는 내가 한 말을 깊이 새겨보고 있는 것이 분명했다. 더 이상은 화내지 않았다. 나는 그녀가 내 말에 대해 생각해보고 있고, 그것이 그녀의 익숙하고 안전한 세계를 뒤집어놓게 될 것임을 깨닫고 있다는 것을 알았다. 인간이 말을 듣지 않으면 무서운 벌로써 위협하는 여호와에 대한 믿음이 없이는 그녀는 길을 잃은 것처럼 헤맬 것이었다. 그녀는 자신과 남들의 악행을 저지하는 일이 전적으로 인간의 손에만 맡겨진다면 세상이 어떻게 돌아갈지를 걱정할 것이다. 왕과 총독들조차도 사악한 짓을 저질렀다. 죄짓는 자들을 벌하고 다스릴 여호와가 없다면 세상은 어떻게 될까?

기력을 회복해가는 동안, 나는 경전을 열심히 읽었다. 바리새인들과 율법학자들을 자신 있게 대할 수 있게 되도록 말이다. 또한 메시아에 대해서 써진 것들도 반드시 알아야만 했다. 왜냐하면 나는 선지자들이 이야기한 '그'가 바로 나임을 확신했기 때문이다. 나는 실제로 사람들을 불행과 병과 가난으로부터 구출 — 구원 — 해내고, 심지어는 천국과 '아버지'의 실상에 관한 진실을 보여줌으로써 건강과 번영을 되찾아줄 수 있을 것이다.

밖으로 나가서 사람들을 가르치고 치유해주어서 어머니를 기쁘게 해줄 수 있을 만큼 준비가 되었다고 느꼈을 때, 나는 어느 안식일 날 나자렛의 회당에 가서 회중들에게 설교를 하기로 했다.

풍습대로 나는 일어서서 이사야 예언서(이사야 61:1)를 읽도록 성경을 넘겨받았다. 나는 메시아가 와서 모든 형태의 구속으로부터 유대인들을 해방시키리라는 예언 대목을 골랐다:

"주의 성령이 내 위에 내렸나니,

그가 나에게 가난한 이들에게 복음을 가르치도록

기름 부어주셨기 때문이라

그는 속박당한 사람들에게 해방을 알리고

눈먼 사람들을 보게 하고

억압받는 이들에게 자유를 주고

주의 은총의 해를 선포하도록 나를 보내셨도다."

그리고 나는 자리에 앉아 말했다: "오늘 너희는 이 예언이 내게서 이루어진 것을 보았다."

사람들의 표정에 충격과 경악이 떠올랐지만 나는 '아버지'가 해야 할 말을 일러줄 것임을 알고 계속 말했다. 말은 술술 쏟아져 나왔다.

나는 광야에서 겪은 경험을 이야기했다. 아기가 커서 성인이 되는 동안 전혀 부지불식간에 자신을 정신적인 가죽끈과 쇠사슬로 옭아매어 내면의 암흑 속에다 가두고 눈멀게 하여 **신으로부터** 자신을 **차단하는** 것을 보았음을 이야기해주었다.

그리고 그들은 그럼으로써 자신을 스스로 정복자의 억압과 노예생활과 궁핍과 질병에 노출시킨 것임을 설명해주었다.

나는 말했다. "[하나님]은 [빛]이기 때문이다. 또한 [빛]은 눈에 보이는 모든 것의 질료다. 그리고 [빛]은 [사랑]이고, 사랑이 인간이 즐길 모든 것을 만들어낸다."

"마음과 가슴과 영혼으로 하나님을 사랑하고 오로지 하나님의 법에 따라 사는 이에게 풍요와 건강의 모든 축복이 거저 주어졌다."

내가 말을 마치자 회당 안에는 완전한 침묵이 이어졌다. 나는 회중이 뭔가 기이하고 강력한 것을 경험했으며, 사고의 더 높은 차원으로 고양되어서 그 초월적인 평온의 순간이 깨트려지길 원치 않는다는 것을 느꼈다.

그러다가 그들 사이에서 속삭이는 소리가 들리기 시작했다. 내가 누구인지가 궁금했던 것이다! 일부 사람들은 내가 예수라는 인물로서 마을사람들이 아는 집안 출신임을 확신했지만 다른 사람들은 그것을 받아들이지 못했다. 왜냐하면 나는 마치 권세 있는 사람처럼 말했기 때문이다.

불행히도 나는 이 종교적인 사람들에 대한 나의 구태의연한 반응이 돌아오는 것을 느꼈다. 나는 그들이 과거에 나를 경멸했었다는 것을 알고 있었고, 그래서 그들의 거부반응을 기대하고 있었던 것이다. 나는 옛날의 도전적인 태도로 다시 미끄러져 들어가서 그들을 분노에 떨게 만들어놓았다. 인간적인 반응으로써 재앙을 자초한 것이다. 그리고 그건 아주 큰 재앙이 될 뻔했다.

장로들의 사주를 받은 젊은 사내 하나가 나에게로 달려오더니 나를 끌고 가장 높은 절벽 끝으로 데려가서는 나를 던져 죽이려고 했다. 그러나 나는 '아버지'께 구원을 비는 기도를 올렸다. 그러자 갑자기 사람들의 마음이 혼미해져서 자신들이 무엇을 하고 있었는지를 잊어버린 채 서로를 마주 보고만 서 있었다. 나는 그 틈에 그들 사이를 빠져나가 몸을 피할 수 있었다.

그것은 기이한 일이었다. 그들은 내가 가는 것을 알아차리지 못하는 듯했다.

이 경험에 완전히 놀란 나는 겨우 어머니에게 전언을 보내어 내가 즉시 나자렛을 떠나 갈릴리 바닷가의 우아한 마을인 가버나움으로 갈 것이라고 전했다.

처음에는 거기서 옛 지인을 만날 생각을 했지만 직관적으로는 그것이 옳은 일이 아닌 것으로 느껴졌다. 그래서 나는 다 와서 읍내에 이를 즈음 '아버지'께서 잠잘 곳을 찾아 길을 일러주시기를 빌었다. 나는 돈이 없었지만 구걸하지도 않을 것이었다.

길을 걷는데 중년의 한 여인이 팔에 무거운 광주리를 안은 채 나를 향해 다가왔다. 그녀의 표정은 슬퍼 보였다. 그녀는 울고 있었던 것 같았다. 나는 충동적으로 그녀를 불러 세워서 어디로 가면 잠잘 곳을 찾을 수 있을지를 물었다. 그녀는 짤막하게 대답하기를, 보통 때 같았으면 재워주겠지만 지금은 집에 몹시 아픈 아들이 있다고 했다. 그녀는 아들이 죽으면 애도해줄 '문상객'들이 벌써 모여들어 있어서 그들을 먹일 것을 사러 온 것이라고 덧붙였다.

나의 가슴은 그녀의 말에 슬퍼했지만 또 한편으로는 기뻐했다. 나는 내가 도와줄 수 있는 사람에게로 곧장 인도된 것이다.

나는 동정을 표하면서 그녀의 광주리를 집까지 들어다주겠노라고 했다.

그녀는 내가 어떤 사람일지를 의심하면서 나를 잠시 살펴보더니 나의 용모와 태도와 품행에 만족한 듯했다. 가는 길에 나는 어쩌면 내가 아들을 도와줄 수 있을지도 모른다고 말했다.

"의원이신가요?" 그녀가 물었다.

나는 의술을 배운 적은 없지만 어쨌든 그를 도와줄 수 있을 것이라고 대답했다.

돌로 크게 잘 지어서 사회적 지위와 재력을 짐작케 하는 그녀의 집에 이르자 그녀는 나를 남편에게로 데려가서 말했다. "이분이 우리 아들을 봐줄 수 있다고 하네요."

그는 침울한 표정으로 말없이 고개만 끄덕였다. 미리암이라는 이 여인은 나를 끌고 가며 그가 고뇌에 지친 데다 매우 화가 나 있다고 말했다.

"아이는 딸부자인 우리 집의 외동아들이어서 그는 하나님께서 아이에게 병을 주신 것을 원망하고 있습니다." 미리암은 눈물을 흘렸다. "그가 이렇게 하나님께 반항한다면 우리의 앞날에는 또 다른 걱정거리가 얼마나 쌓일지 모르겠어요."

내가 말했다. "걱정 말아요. 당신의 아들은 곧 다시 좋아질 테니까요."

그녀는 의심스러워하는 표정으로 나를 아이가 누운 방으로 안내했다. 우울한 표정에 말 많은 '복 비는 이들'로 가득 찬 방은 덥고 숨 막혔다. 나는 어머니에게 방에서 사람들을 내보내라고 했지만 방문객들은 떠나려 하지 않았다. 그들은 무슨 일이 일어나는지를 보고 싶어했지만 미리암이 남편을 불러 말을 하게 하자 그제야 마지못한 듯이 떠났다. 그들이 옆방에서 아이의 아버지와 말다툼하는 소리가 들렸다.

의사도 속수무책이었는데 이 사내가 무엇을 해줄 수 있으리라고 생각하는 거냐는 말이었다. 아버지가 직접 보려고 방으로 들어왔다.

그의 아들은 죽은 듯이 창백했고 열이 높았다. 어머니는 아이가 창자에 힘이 없어서 음식을 못 넘긴다고 했다. 그는 여러 날 이런 상태로 지내서 살이 많이 빠졌고, 의사는 할 수 있는 일이 더 이상 없다고 말했다고 했다. 그는 아마도 죽을 것이었다.

나는 아이의 머리에 손을 얹고 기도했다. '아버지'[생명]이 내 손을 타고 아이의 몸속으로 들어갈 것임을 알고, *말없이 가슴 깊은 감사를 올리면서* 말이다. 치유는 그렇게 이루어질 것이었다. 나는 손에서 지극히 높은 열과 찌릿찌릿한 진동을 느꼈고, **권능**이 그의 약한 몸속으로 쏟아져 들어가는 것을 느꼈다. 나는 감사의 기쁨에 압도됐다. '아버지 생명'이 풀려나와 그 자연스러운 치유의 역사를 행할 때, 그것은 얼마나 멋지고 위대한가!

그의 어머니와 아버지는 다음 순간에 어떤 일이 일어날지를 궁금해하면서 서로 손을 붙잡은 채 불안한 표정으로 유심히 지켜봤다. 창백하던 아이 얼굴에 혈색이 돌아오는 것을 보자 그들은 놀람과 기쁨에 소리쳤다. 시간이 좀 지나자 아이는 나를 올려다보면서 밝은 표정으로 말했다: "감사합니다. 전 이제 괜찮아요. 배가 고파요. 뭐 좀 먹고 싶어요."

어머니는 행복감에 웃음을 터뜨리며 아이를 꼭 껴안았다. 하지만 동시에 염려하고 있었다.

"아들아 음식을 줄 수는 없단다. 의사 선생님께서 화내실 거야."

그녀는 아이에게 물밖에는 아무것도 주지 말라는 경고를 받았다. 나는 미소를 지으면서 말했다. "아이는 나았습니다. 빵과 포도주를 줘도 됩니다. 그는 소화해낼 거예요."

그의 아버지 제데키야는 너무나 놀라서 환희와 감사에 넘쳤다. 사랑하는 아이를 껴안은 다음 그는 나를 향해 몸을 돌려 내 손을 따뜻이 감싸 잡았다. 그는 나의 어깨를 계속 다독였지만 고개를 젓기만 했다. 눈물이 양 볼을 적시고 있어서 말을 할 수 없었던 것이다.

침착을 되찾자 그는 거실로 가서 사람들에게 말했다: "거의 죽어가던 내 아들이 완전히 되살아났소!"

그의 말은 와자지껄한 환호와 흥분과 불신과 의문과 웃음과 축하에 휩싸였다. 거기에 아이의 어머니도 온 얼굴에 환한 미소를 띠며 서 있었다.

그 이후로는 잠잘 곳을 찾아다닐 필요가 없어졌다. 제데키야가 놀란 '문상객'들에게 아들이 나았다고 말할 때, 아이가 미소를 지으며 문간에 나타나서 음식을 더 달라고 하는 모습을 보자 '복 비는 이'들은 나를 에워싸고 서로 자신의 집으로 나를 초대하려고 했다. 그러나 나는 아이의 아버지 집에 머물기를 원했다. 그는 이제 궁금한 것이 많아졌다고 했다. 그리고 내가 거기에 대답해줄 수 있기를 바랐다.

식탁에 음식과 포도주가 차려지고 모든 사람이 배불리 먹고 나자 제데키야가 자리 잡고 앉아서 첫 번째 질문을 했다.

그는 말했다: "당신은 제사장도, 의사도 하지 못하는 일을 해냈습니다. 치유는 오직 하나님으로부터만 옵니다.

당신은 낯선 분이지만 하나님께로부터 온 것이 틀림없다고 여겨집니다."

"그렇습니다." 내가 대답했다. 그러자 사람들이 놀라서 웅성거렸다.

"제 아들에게 찾아온 이 병, 이것은 제가 과거에 저지른 잘못에 대한 벌인가요? 그렇다면 내가 어떻게 하나님께서 나의 외동아들을 빼앗아 가려고 할 만큼 무거운 죄를 지을 수 있었단 말입니까?"

이 말을 듣자 많은 사람들이 고개를 끄덕였다.

"제데키야, 당신은 내가 가장 대답하고 싶어하는 질문을 했습니다. 하나님은 우리에게 [생명]과 존재를 부여하십니다. 그는 인간이 화가 나서 다른 사람이 아끼는 것을 빼앗아가는 것과 같은 식으로 우리에게서 생명과 존재를 빼앗아가시지 않습니다. 이것은 인간이나 하는 행동이지 하나님의 행동은 아닙니다. 그리고 하나님은 인간의 왕이 왕좌에 앉아 백성을 지배하듯이 하늘의 어딘가에 있는 왕좌에 앉아 계시지 않습니다. 이것은 인간의 방식이고 인간의 믿음이지, 진실이 아닙니다. 하나님의 방식은 인간의 마음이 생각해내거나 꿈꿀 수 있는 그 어떤 것도 까마득히 초월해 있습니다. 나만이 '**우리를 존재 속으로 데려온 그것**'을 '보았습니다'. 그리고 나는 [그것]이 랍비들이 가르치는 그런 종류의 '하나님'이 아니라는 것을 압니다. 나는 [그것]이 '**완벽한 사랑**'임을 보았고, 그래서 나는 그것을 차라리 '**아버지**'라고 하겠습니다. 왜냐하면 나는 [그것]이 마치 인간의 아버지가 아이들을 잘 먹이고 입히고 가정이라는 보금자리에서 보호받게 하기 위해 일하듯이, 살아 있는 모든 것 안에서 **역사하여** 그들을 건강한 상태로 유지시키는 것을 보았기 때문입니다. 나는 [그것]이 세상의 모든 것 안에 있는 것을 '보았습니다'."

"어떻게 그럴 수가 있단 말이오?" 한 사내가 의심스럽다는 듯이 물었다.

"어떤 종류든 간에 개체적인 어떤 '존재'가 모든 곳에 동시에 있을 수는 없습니다. 그러나 공기는 우리가 볼 수는 없어도 모든 곳에 존재합니다. 눈에 보이지는 않아도 우리는 그것이 매우 실질적인 것이고 우리의 존재에 매우 중요한 것임을 알고, 의심치 않습니다. 만일 공기가 없다면, 그래서 숨을 쉴 수가 없다면 우리는 죽을 것입니다. 우리가 바람이라 부르는 공기의 움직임은 눈에 보이지는 않지만 나뭇잎을 건드려 흔들고 하늘을 가로질러 구름을 떠밀고 다닙니다. 그래서 우리는 공기가 우리 주변과 하늘 높이에 있고, 그것이 강하다는 것을 압니다. 이제 제가 묻겠습니다. 인간에게는 몸과 마음 중 어느 것이 더 실질적이고 중요한 부분인가요?"

어떤 이들은 그것이 몸이라고 했다. 몸이 없으면 지상에 머물 수가 없고 일할 수도 없고 보이지도 않아서 알려지지도 않을 것이기 때문이다. 다른 사람들은 몸보다 마음이 더 중요하다고 생각한다고 했다.

내가 대답했다: "인간에게는 마음이 가장 중요한 부분입니다. 왜냐하면 마음이 없이는 몸에 기운을 공급하지 못하기 때문입니다. 마음이 없으면 먹고 마시고 잠자고 움직이고 계획하고 살 수가 없을 것입니다. 하지만 우리는 마음을 볼 수 없습니다. 우리는 단지 마음이 만들어내는 생각 때문에, 그리고 그 생각들이 우리의 삶 속에 모종의 행동을 일으켜내기 때문에 우리에게 마음이 있다는 것을 알 수 있습니다. 우리는 마음이 뇌를 통해서 작용한다고 믿습니다. 예, 맞습니다. 그러지 않고야 어떻게 육에서 난 뇌가 생각과 느낌과 아이디어와 계획을 만들어낼 수 있겠습니까? 이젠 당신들도 이것이 '아버지'가 만물의 내부에 임재하는 방식이라는 것을 분명히 이해하겠지요. 살아 있는 모든 것의 내부에서 [그것]의 위대한 역사役事를 해내고 있는 것은 인간의 마음 배후에 있는 지휘감독하는 '마음'입니다. 우리는 아이가 커가는 것을 봅니다. 그들이 먹는 음식이 기적처럼 다른 물질로 바뀌어서 그들에게 영양을 공급하여 자라게 합니다. 이런 일이 어떻게 일어나는지는 우리로서는 알지도 못하고 상상조차 못합니다. 설사 안다고 해도 무엇이 모든 종種의 살아 있는 몸속에서 그토록 중요한 생명작용

이 일어나게끔 부추기는지는 여전히 알지 못할 겁니다. 각 종들의 신체가 저마다 얼마나 놀랍게 형성되고 의도적으로 만들어지는지, 그들이 먹는 종류의 음식이 뼈와 피와 살을 불려주는 양분으로 얼마나 분명히 변환되는지를 보세요."

"이제 당신이 이런 것들을 말해주니까 그게 정말 놀랍다는 걸 깨닫겠네요." 한 청년이 외쳤다. "맞아요! 그래요! 우리는 어린아이들의 몸이 여러 단계를 거치면서 커져가는 것을 봅니다. 그리고 그들의 마음도 몸의 발달에 맞춰 성숙해가서 처녀와 총각들이 부모가 되려고 짝을 찾아 헤매지요. 그러면 수태라는 위대한 일이 일어나고, 자궁 속에서 씨앗이 자라서 온전한 아기가 됩니다. 생각해보세요! 누가 여성의 몸속에서 이 모든 질서정연하고도 꾸준한 성장이 일어나게 하는 걸까요? 머리와 몸통과 사지가 올바로 자라나도록 관리하는 계획, 모든 여성에게, 그리고 모든 종에게 여일한 그런 계획은 대체 어디서 나오는 걸까요? 출산이 시작될 정확한 순간은 도대체 누가 결정하는 걸까요? 아기가 자궁으로부터 나올 수 있게 하는 신체적 조건은, 그리고 아기를 위해 젖을 준비하는 것은 과연 누가 결정하는 걸까요? 생각해보세요. 그게 어머니일까요? 아니, 그것은 어머니가 아닙니다. 그녀는 단지 그녀의 짝이 자기에게로 와서 씨앗을 심어 그녀의 것과 하나가 되게 한 순간부터 일어난 모든 일을 지켜보는 목격자일 뿐입니다. 하나님께서 그 멀리서 이 모든 일을 할까요? 그분의 생각이 모든 남녀들에게 가 닿아서 이런 일들이 언제 일어날지를 정하는 걸까요?"

"아닙니다. 이 모든 일은 '창조적 마음의 권능', 모든 살아 있는 것들 내부의 '**지성적이고 사랑 넘치는 생명**'에 의해 이뤄집니다. 우리는 새이든 동물이든 인간이든 간에 그 새끼에 대한 어미 아비들의 사랑을 목격합니다. 이 사랑은 어디서 오는 걸까요? 그것은 우리 안의 '**아버지**'의 '**창조적 마음의 권능**' ─ 완벽한 사랑 ─ 으로부터 나옵니다. 우리가 오늘 여기에 살아서 숨 쉬고 먹고 자고 자식을 낳고 늙어 죽어서 좀더 행복한 곳으로 건너가는 것은 식물과 나무와 새와 동물과 인간 자신 속에서 '**아버지**'가 그 일을 하시기 때문입니다. 이 모든 것은 우리 안에 살아 계시는 '**아버지**'의 역사役事입니다. 내가 오늘밤 이야기한 모든 것의 진실성을 어떻게 부정할 수 있겠습니까? 오늘 여러분은 죽어가던 아이가 짧은 시간에 다시 생명을 온전히 되찾는 모습을 보셨습니다. ─ 그를 치유한 것이 나였을까요? 전혀 그렇지 않습니다. 저 혼자서는 아무것도 할 수 없습니다. 병든 몸을 고쳐서 다시 완전히 건강하게 되돌려놓기 위해 전력으로 그 몸속에 들어온 것은 만물 속에 살아 있는 '**아버지**'이신 [생명]입니다. 그것이 아이의 몸속으로 들어온 것은, 그럴 것임을 내가 믿어 의심치 않았기 때문입니다."

방 안에는 만족해하는 한숨이 터져 나왔다. 그들의 얼굴에는 새로운 빛, 새로운 관심, 그리고 새삼스러운 친절의 표정까지 비쳤다.

"그렇다면 인간은 왜 이토록 비통한 고난에 시달립니까?" 미리암이 질문했다.

"왜냐하면 사람이 태어날 때, [생명]이 씨앗 안에서 형체를 취할 때, [**그것**(생명-역주)]은 세상의 다른 모든 개인들로부터 [**그것**]을 떼어놓는,

인간성을 취하기 때문입니다. [그것]을 싱글로, 독신으로 만들기 위해, 다른 누구와도 함께하지 않고 홀로 서는 자신만의 인격을 지니게 하기 위해서, [그것]은 자신의 세속적(earthly) 본성 속의 두 가지 강력한 추동력에 **복종하여** 지배받습니다. ─ 자신이 원하는 모든 것을 단단히 붙들고, 원하지 않는 것은 거부하고 밀쳐내기 위해서 말입니다. 인간 내면의 이 두 가지 원초적 추동력이 그가 일평생 행하는 모든 일의 근저에 깔려 있어서, 그것이 인간이 자초하는 문제에 전적인 원인을 제공합니다. '아버지'는 인간의 내면에 살아 있지만 [그것(아버지-역주)]은 그 안에 인간성과 관련된 어떤 것도 가지고 있지 않습니다."

"그러므로 '아버지'는 아무것도 붙잡지 않고 아무것도 거부하지 않으며 아무것도 저주하지 않고 '잘못'을 거들떠보지도 않습니다. 인간이 '죄'라 부르고 행하는 모든 것은 오직 이 세상의 것일 뿐이며, 이 세상 속에서만 벌해집니다. ─ 여러분도 알다시피 뿌린 대로 거두는 것이 지상의 존재의 법칙이기 때문입니다. 인간은 '아버지'로부터 [생명]과 [마음]을 얻어오므로, 인간도 자신의 생각과 말과 행동을 통해 창조합니다. 그가 생각하고 말하고 행하고 믿는 것은 무엇이든지, 시간이 지나면 유사한 형태를 띠고 그에게로 돌아옵니다. '아버지'로부터 내리는 벌은 없습니다. ─ 인류에게 오는 모든 불행은 전적으로 그들 자신이 만들어낸 것입니다."

사람들은 이것이 전혀 새로운 가르침이지만 이전에 배운 것보다 더 그럴듯하다고 쑥덕거렸다.

몇몇 사람이 이야기를 더 해달라고 졸랐다.

"내 말하건대, 여러분은 내 안에서 [생명]이 치유력으로 작용하는 것을 보았습니다. 나를 따라오면 여러분은 행복을 찾기 위해 가야만 할 [길]에 대해 이야기를 듣게 될 것입니다. 나의 말 속에서 여러분은 지금껏 다른 누구도 밝힌 적 없는 존재의 [진실]을 발견할 것입니다."

"'메시아'는 태초로부터 감추어져온 창조의 비밀을 공표하게 되리라고 합니다. 내 진실로 말하노니, 여러분은 나에게서 바로 그 비밀을 들을 것입니다. 그것을 주의 깊게 듣고 그 뜻을 이해하고 그 진실을 행하고 그 법칙을 지키면 여러분은 새로워져서 하늘나라에 들게 될 것입니다."

내가 말을 마치자 사람들은 잠시 조용해졌다가 흥분된 목소리로 왁자지껄 떠들어댔다. 하지만 제데키야가 일어나서 이제 식구들이 잘 시간이 되었다고 했다. 아들에게도 잠이 필요했고, 그의 아내와 딸들도 너무나 울어서 지쳐 있었다.

다음날 아침에 내가 부두로 내려가면 사람들이 아픈 이들을 나에게 데려오기로 했다. 이리하여 나는 나의 사역에 착수할 수 있었고, 모든 일이 가능한 최선의 방법으로 신속히 주선되었다. 사람들의 병을 고쳐주지 않으면 내가 하는 말을 아무도 받아들이지 않고 관심도 보이지 않을 것 같았다. 치유는 내가 가르치고자 하는 것이 참임을 보여주었고, 나의 가르침은 내가 '**아버지**'로부터 그들에게 치유를 가져다줄 수 있었던 이유를 설명해줄 것이었다.

다음날 아침에 일어났을 때, 나는 앞으로 벌어질 멋진 일들에 대한 기대에 벅찬 기쁨을 느꼈다.

아침을 먹은 다음 나는 제데키야와 함께 마을의 부둣가를 향해 출발했다. 나의 가슴은 지나치는 모든 사람들에 대한 사랑으로 달아올랐다. 나는 그들에게 따뜻이 인사를 건네면서, 듣고 싶어하는 사람들에게 내가 전해줄 '복음'이 있노라고 말해줬다.

선창에 이르자 남녀와 아이들이 땅바닥에 앉아 나의 도착을 기다리고 있었다. 어떤 이들은 애원하듯 나에게 손을 내밀었다. 이들은 매우 아파 보였는데 일부는 불구자였고 많은 이들이 상처에 온몸이 뒤덮여 있었다.

그들의 가엾은 처지에 내 가슴은 여전히 아팠지만, 한편으로 이제 나는 기뻐할 수 있었다. 왜냐하면 그들이 이런 처지에 놓여야 하는 것은 '**아버지의 뜻**'이 아님을 알기 때문이었다. 아니, 그와는 정반대였다! '**아버지**'는 그 자신이 온통 치유, 온통 건강, 온통 기운이었다. 나는 그것을 집에서도, 지난밤에도 입증했다. 이제 내 주위로 모여든 사람들에게 이 놀라운 진실을 보여줄 수 있으리라는 사실에 나는 의기가 양양해졌다.

114

한 늙고 슬픈 표정의 얼굴이 나의 주의를 끌었다. 주름살투성이의 그녀는 야위고 허리가 꼬부라져 있었다. 나는 그녀에게로 가서 옆에 무릎을 꿇고 머리 위에 손을 얹었다. 그러자 즉시 '**아버지의 권능**'이 내 손을 통해 그녀의 머리를 지나 들어가서 온몸을 **생명력**으로 진동시키며 사지에 기운을 불어넣는 것이 느껴졌다.

이것을 지켜본 사람들은 놀라서 내가 그녀에게 무슨 짓을 하고 있는 것인지 의심스러워했다. 하지만 다른 이들이 그들의 반응을 침묵시켰다. 그녀의 사지가 서서히 풀려서 뻗쳐지면서 바로잡혔다. 기운이 돌아오는 기쁨에 그녀의 얼굴에도 생기가 돌았다. 나는 그녀가 일어나도록 부축해줬고, 그녀는 혼자서 자랑스럽게 일어섰다. 그녀는 행복에 겨워 어쩔 줄 몰라 했다. 그녀는 울기 시작하더니 그다음에는 웃고 춤을 추면서 사람들에게 외쳤다: "찬양하나이다 하나님이시여" 그러자 둘러선 사람들도 따라서 외쳤다. "찬양하나이다 하나님이시여." 그들은 자신이 목격한 일에 깊이 감동받았다.

나를 향해 몰려드는 인파가 너무나 많아서 제데키야가 그들을 제지하여 나섰다. 그는 다른 열성 있는 구경꾼들의 도움을 받아 질서를 잡아서 내가 가장 급한 사람부터 돌봐줄 수 있도록 아픈 이들을 나를 향해 한 줄로 세웠다.

마침내 나는 피로를 느꼈고 나의 집주인은 나를 자기 집으로 다시 데려가 식사를 하게 했다. 그는 시간이 모자라서 내가 고쳐주지 못한 이들을 돌려보냈다. 그는 다음날에 내가 다시 돌아오리라고 사람들에게 다짐을 해주었다.

저녁시간은 잔치와도 같았다. ― 할 이야기도 많았고 축하할 일도 많았고 가르칠 것도 많았고 배울 것도 많았다. 이 모든 것이 과연 '복음'이라는 사실에 다들 동의했다. 나는 많은 사람들이 내가 광야에서 '본' 것을 있는 그대로 진실하게 이야기하는 것으로 받아들이고 있음을 알 수 있었다.

그렇게 여러 날이 이어졌다. 멀리 방방곡곡으로부터 사람들이 나를 만나러 왔다. 제데키야와 그의 다른 친구들이 사람들의 무리를 안내하여 내가 치유하고 가르칠 수 있도록 도왔다. 사람들은 즐겁게 나의 말에 귀를 기울였다. 그들은 자기들끼리 '아버지'에 대해 이야기를 나눴고, 인간을 불행에 얽매어놓은 '가죽끈과 쇠사슬'에 대한 이야기를 더 듣고 싶어했다.

사람들이 너무나 많이 밀려와서 나는 곧 믿고 의지할 만한 나의 조수를 구해야 한다는 것을 깨달았다. 제데키야는 그동안 돌보지 못했던 자신의 가죽 사업을 하러 돌아가야 할 때가 되었다.

나는 '제자들'을 택하는 일에 관해 기도를 하려고 산으로 올라갔다. 누구를 택해야 할지에 대해서는 인도를 받게 되리라는 확신이 들었을 때, 나는 가버나움으로 돌아왔다. 나의 설교에 주의 깊게 귀를 기울이던 몇몇 사내들과 이야기하기 위해 바닷가로 가고 싶은 기분이 강하게 느껴졌다.

그들이 과연 고기잡이 그물을 버리고 나를 따를지는 두고 볼 일이었다. 하지만 내가 그들, 시몬과 안드레아와 야고보와 요한을 불렀을 때 그들은 즉시 왔고, 나의 치유와 가르침을 돕게 된 것을 기뻐했다. 내가 사람들 사이에서 내 일을 시작하자 다른 사람들도 합류했다.

나는 언제든지 다시 와도 좋다는 제데키야의 따뜻한 약속을 뒤로 하고 그의 집을 떠났다.

마을과 읍성들을 필요한 대로 돌아다니면서 가르치고 치유하는 나의 일은 이렇게 시작되었다. 출발하기 전에 나는 나를 기꺼이 돕겠다고 한 청년들을 모이게 했다. 그들은 나의 가르침을 경청할 것이었고, 내가 하고자 하는 많은 이야기들에 어리둥절해할 것이었다. 광야에서 나에게 계시된 모든 것에 대한 배경설명을 먼저 해주는 것이 절실히 필요했다.

나는 그들에게, 내가 전에는 매우 게으르게 살아왔지만 사람들에 대해서는 언제나 깊은 연민을 느껴왔다는 것을 이야기했다. 랍비들이 가르치는 '하나님'에 내가 등을 돌린 것도 그 같은 연민 때문이었다. 내가 죄를 벌하는 여호와를 전적으로 거부한다고 말했을 때, 그들의 얼굴에 의심과 충격의 표정이 번지는 것이 보였다.

나는 죄 없는 순진무구한 아이들이 그토록 많은 고난을 겪어야 한다면 '선하신' 하나님을 운운하는 것이 어떻게 가능하겠느냐는 나의 의문을 꽤 길게 설명했다. 내가 이야기하는 동안 그들의 표정이 서서히 퍼졌다. 나는 계속해서 그들의 표정이 수용으로부터 온전한 동의로 바뀌는 것이 보일 때까지 나의 예전의 의심과 분노를 설파했다. 나는 내가 그들 안에서 이전에는 말로 표현할 용기를 내본 적 없는 의심과 의문을 일깨워놓았음을 알아차렸다.

함께 이야기하는 동안, 나는 그들이 랍비들의 가르침에 대한 자신들의 은밀한 저항감이 더 이상 혼자만의 것이 아니라는 사실을 깨닫고 안도하는 것을 감지할 수 있었다.

나는 내가 삶을 허비하고 있었음을 그 어느 때보다도 절실히 깨닫게 된 때가 내게 있었던 것을 이야기해주었다. 나 자신의 변화를 갈망하여, 삶을 새롭게 시작하는 출발점으로서 세례 요한에게 가보아야겠다는 강한 충동을 느꼈었다는 것을 말이다.

나는 세례를 받는 동안에, 그리고 광야에서 보낸 6주일 동안에 일어난 일들을 설명해주었다. 이제는 내가 '아버지'라 부르고 있는 '실재'를 보여준 깊은 계시와 깨달음을 얻는 동안 나의 이전의 생각과 신념과 태도와 자만심과 반항심들이 서서히 의식 속에서 깨끗이 지워져간 과정을 이야기했다. 나는 '아버지'의 본성에 대해 설명하고 이 '신성한 본성'에는 '신성한 뜻'도 포함되어 있음을 설명했다. 나는 그릇된 사고와 행동으로 자기 안에 있는 '아버지'로부터 자신을 차단한 것도 인간 자신이며, 먼저 회개하고 그다음에 정신적, 감정적 찌꺼기를 청소함으로써 '아버지'를 온전히 만나게 해줄 자기만의 길을 찾을 수 있는 것 또한 인간 자신밖에 없음을 말해주었다. 그렇게 되면 '아버지'의

118

본성이 그 사람의 마음과 가슴과 몸과 영혼과 그의 삶의 환경과 경험 속으로 온전히 풀려나올 것이다. 그런 일이 일어날 때 그 사람은 '아버지'가 다스리는 '천국'에 들어갈 것이고, 또한 그의 의식 속에도 천국이 세워질 것이다. 그러면 그는 자신의 존재 배후의 목적을 이룬 것이다.

제자들에게 이야기하는 동안 나는 그들의 얼굴에 나타난 반응을 보았다. 모든 의심은 사라지고 이제는 이해와 기쁨의 빛이 떠오르고 있었다. 청년들은 열의에 찬 신봉자가 되어 외쳤다: "이거야말로 진정한 복음이다!"

하지만 그들은 내가 말한 모든 것을 처음으로 받아들인 이후에도, 내가 말한 것이 과연 진실인지를 다시 의아해하게 되는 때가 있었다. 나는 그것을 이해했다. 그들의 마음속에 그토록 깊이 각인되어 있는 '여호와'의 이미지를 제거할 준비가 되려면 엄청난 용기가 필요했다.

때로 그들은 저희들끼리, 이런 놀라운 주장을 하는 이 사람이 대체 누구인지를 궁금해했다. 그들이 따르기로 한 사람이 사실은 사탄의 하수인이었다면 어쩌겠는가? 그들에게는 여호와의 엄한 징벌이 내릴 것이었다.

그들은 많은 것을 잃을 것이다. ― 숙련된 기술로 이름을 떨치면서 열심히 일하는 건전한 청년이었던 자신들의 사회적 입지와 수입을 잃게 될 것이고, 그중에서도 가장 큰 문제는 그들의 가족이 분노하여 그들을 배척할지도 모른다는 것이었다. 그들은 그 대가로 무엇을 받을까?

나는 그들이 '복음'을 전하는 나의 일을 도와주는 데 대해 그 어떤 세속적인 보상도 약속할 수 없다는 점을 말했다. 우리가 어디를 가든지 음식과 잠자리는 마련될 것이고 사람들이 잘 맞이해주리라는 데에는 의심의 여지가 없었다. 나는 단지 '아버지'께서 그들에게 필요한 것이 무엇인지를 알고 그것을 충족시켜주고 건강을 줄 것이라는 진실만을 약속할 수 있었다. 나는 또 그들이 '아버지'를 향하고, 가는 길의 발걸음마다 '아버지'를 신뢰하면 이전에는 행복했던 적이 한 번도 없었다고 느껴질 만큼 행복해지리라는 것을 약속할 수 있었다. 그들은 '자아'의 요구를 제쳐놓고 다른 사람들에게 봉사하려 들게 될 만큼 천국을 몸소 체험하게 될 것이었다. 그들은 치유를 목격할 것이고, 그것이 그들의 믿음을 키워주어서 여행의 불편을 견뎌낼 용기를 줄 것이었다.

이것이 우리가 '천국의 복음'을 전하는 우리의 사역에 착수하게 된 경위였다.

나는 이 청년들을 우리가 방문할 마을에 먼저 보냈다. 그들은 마을에 가서 사람들에게 '천국의 복음'을 들으러 모이라고 말했다. 사람들은 놀라서 이야기를 좀더 듣고 싶어했지만 제자들은 '예수가 도착하면' 그 모든 것을 듣게 될 것이고 아픈 이들을 치유해줄 터이니 친구들과 이웃사람들을 데리고 오라고만 부추겼다. 많은 이들이 흥분하여 뛰어가서 그 '좋은 소식'을 알렸고 곧 많은 무리가 모였다.

죄지은 자들에게는 무자비한 징벌과 저주가 있으리라는 엄포로 위협하는 종교적 훈계에 그토록 깊이, 격렬히 반항했던 내가 이제는 이 군중들을 만나러 기쁘게 걸어가고 있었다.

나는 그들의 나날을 환히 밝혀줄 '복음'을 들려줄 것이었고, 병을 치유하여 그들의 삶을 더 기쁘게 만들어줄 것이었다.

이전에는 사람들 사이를 이기적인 마음과 빈손으로 돌아다니면서 그들의 선의와, 때로 그들이 주는 것들을 감사의 마음도 거의 없이 넙죽넙죽 받기만 했던 내가, 이제는 내 말을 경청하고 자신의 삶의 질을 드높일 행동을 취할 준비가 되기만 하면 누구에게나 생명을 넘치게 불어넣어줄 수 있는 힘을 가지고 돌아온 것이다.

나는 이 페이지를 읽고 있는 너희가 당시의 내 입장과 느낌을, 광야에서의 깨달음 이후의 내 의식 상태를, 그리고 내가 '예수'로서 사람들에게 보여준 외적 인격을 온전히 이해하기를 바란다. 그동안 너무나 많은 추측이 난무하여, 나는 이제 그 진실을 너희에게 알려주고자 하는 것이다.

나는 성장했을 때 체격이 좋았고 매부리코의 강인한 인상에 지적 능력이 뛰어났으며, 남의 흉내를 잘 내고 잘 웃었다. 하지만 오늘날의 많은 사람들과 마찬가지로 나는 자신의 세속적인 재능에는 관심을 두지 않았다. 광야로 들어가던 당시 나의 표정이나 태도는 평소보다 '반쪽'이 되었다고 할 만한 상태였다. 나는 제 모습을 돌아보면서 저항감을 느끼기 시작했지만, 나의 지성마저도 악용되고 있어서 늘 종교에 대한 논쟁과 다툼에 끼어들어 경박한 논박만 벌이곤 했다. 나는 사람들을 웃게 만들었다. 어울려 다니던 남녀들은 나를 좋아했지만 물론 존경은 아니었다. 그래서 내가 나자렛의 회당에서 그들에게 이야기했을 때 나를 알던 사람들은 경악했다.

어머니가 나의 건강이 회복되도록 돌봐주는 동안에, 나는 광야에서 얻은 지식과 깨달음을 강력하게 활용했다. 이것이 내가 되게끔 되어 있었던 사람이 되게 한 것이다.

나의 사역을 시작했을 때, 나는 내가 창조와 존재 자체의 비밀에 관한 지고의 지식을 지닌 유일한 사람임을 잘 알고 있었다. 그래서 나는 완벽한 확신을 가지고 "나 말고는 '아버지'를 '본' 자가 없다"고 말할 수 있었던 것이다.

나는 인간이 그처럼 온 가슴으로 믿어온 모든 것이 그릇된 것임을 — 참이 아님을 알았다.

나는 내가 이 사명을 위해 '아버지'에 의해 특별히 설계되고 만들어졌음을 알고 있었다. 나는 내가 전할 말이 잘 전달되고 영원히 잊히지 않게끔, 풍부한 신체적 에너지와 말의 기운과 의미심장한 우화를 만들어내는 능력으로 은사를 받았다.

게다가 나는 내 이웃들과의 오랜 사귐을 통해 그들의 가장 열렬한 소망과 가장 필사적인 두려움을 알고 있었고, 무엇이 그들을 웃게 만들고 무엇이 그들로 하여금 거만한 부자들을 조롱하게 만드는지를 알고 있었다. 또한 그토록 많은 젊은이와 늙은이들이 얼마나 깊은 고통을 말없이 용감하게 견뎌내고 있는지를 알고 있었다. 나는 바리새인들의 언어폭력을 두려워하며 — 혹은 견뎌내며 — 살아온, 그리고 로마의 세법에 굴종하며 살아온 백성들을 알고, 깊은 연민을 경험했다. 입술과 손과 무릎으로는 받들지 않을 수 없지만 닫힌 문 뒤에서는 경멸하는 이방인 정복자들에 의해 그들 유대인의 자존심이 어떻게 멍들었는지를 나는 잘 알고 있었다. 나는 백성들의 삶과 사고방식을 속속들이 이해하고 알고 있었다. 나도 전에는 그들과 같이 생각하고 그들과 같은 분개를 느꼈다. 결핍과 곤궁 속에서 그들과 같은 불안을 겪었고 로마에 지배받는 백성의 무력감을 느꼈다.

이제 나는 그런 어떤 고난도 정말로 필요한 것은 아니라는 사실을 알았다. 존재의 실재, 우주적 '신'의 실재를 아는 나는 유대 정권의 어리석음을 분명히 볼 수 있었다. 그들은 존재의 진실과 정면으로 배치되는 전적으로 그릇된 짓으로써 백성들에게 무거운 삶의 짐을 지우고 있었다. 그 상황은 나를 깊이 분노하게 했다.

그래서 나는 내가 팔레스타인에서 신성한 행동 — [진실]을 향한 내 열망에 의해 추동되는, 이웃 인간들을 향한 나의 연민에 의해 추동되는 행동 — 의 정화된 도구가 되도록 완벽히 만들어지고 연마되어왔음을 알았다. 그래서 나는 나 자신을 '사람의 아들'이라고 불렀다. 왜냐하면 나는 인간이 나날의 삶 속에서 정확히 무엇에 저항하고 있는지를 알고 있었기 때문이다.

게다가 나는 사람들에게 진실을 전한다는 나의 목표를 이룰 수 있고, 그리하여 내가 그들의 삶의 질을 변화시키는 도구가 될 것이라는 완벽한 확신을 가지고 있었다. 그 때문에, 나는 내 사역에 착수하던 때부터 진즉, 내가 하고자 하는 모든 일 — 알려진 유대 세계를 아래위로, 안팎으로 뒤집어놓는 것 — 에는 치러야 할 대가가 있을 것임을 알고 있었음에도 불구하고 그것을 직면하여 그 한가운데를 뚫고 나갈 준비가 되어 있었고, 그것을 회피할 수가 없었다. 왜냐하면 나는 내 가슴과 내 존재를 관통하여 흐르는 '아버지'의 [사랑]으로써 사람들을 사랑했기 때문이다. '아버지'의 [사랑]이야 말로 [베풂(Giving)] — 눈에 보이는 만물 속으로 그 자신을 주고, 가시적 존재와 성장과 보호와 양육과 치유를 주고, 눈에 보이게 만들어진 모든 창조물들의 필요를 충족시켜주는 — 의 본질이므로.

나는 내가 사람들에게 — 세상에게 — 주는 '아버지'의 구원의 선물임을 알았다.

그들이 수백 년 동안 가정하고 가르쳐온 것, 즉 분노하는 하나님이 '죄인'에게 내리는 징벌로부터의 구원이

[아니라]

그릇된 사고

─ 그들의 불행과 궁핍과 병과 비참한 삶을 창조해낸 그릇된 생각들 ─
로써 똑같은 실수를 날마다 반복하는 것으로부터
사람들을 구원해내는 것 말이다.

나는 인간을 너무나 깊이 사랑했으므로 유대교 제사장들의 배척을
무릅쓰고 가르치고 치유할 각오가 되어 있었다. 나는 내가 광야에
서 진실로 '보았고' 온 가슴으로 알았고 내 능력의 마지막 한 방울까
지 다해서 나눠주고자 했던 것을 위해 십자가 위에서 죽을 각오가
되어 있었다.

****

[이것이 나의 십자가형 배후의 진실이며
너희가 들은 나머지 모든 것은
성전에서 올리는 유대교의 번제 관습에 연루시켜
사람들이 지어낸 억측이다.]

****

나는 인류가 존재의 법칙에 대한 무지에서 헤어나
환희와 풍요와 천국의 완벽한 온전함으로 가는
진정한 생명의 길을 찾는 것을 돕도록
'아버지'로부터 인류에게 주어진 선물이었다.

이것이 내가 마음과 가슴 속에 품었던 인식과 열망과 의도와 목표와 생각이었다. 이것이 지상의 '예수'라는 인물과 그 머릿속에 감춰진 나의 영적 의식 위에 입혀진, 지상의 생각과 감정의 틀이었다.

나로 하여금 사람들에게 내가 온전히 믿었던 것 — 그들의 고통스러운 삶을 창조해내고 있는 그들 자신의 눈먼 생각과 느낌으로부터의 영원한 구원 — 을 전해주기 위한 3년의 여정에 나서지 않을 수 없게 만든 것은, 위와 같은 생각과 느낌 속으로 흘러든 나의 영적 의식이었다. 나에게 주어지고 이해된 모든 것을 사람들에게 보여줄 수만 있다면, 그들 또한 과거의 어리석음을 깨닫고 자신의 사고방식을 바꾸어 천국으로 가는 생명의 길에 발을 들여놓게 될 것임을 나는 진정으로 믿었다. 이를 위해서라면 나는 내 생명도 기꺼이 내놓을 각오가 되어 있었다.

나의 사역에 대해 유대교 스승들이 가한 그릇된 해석 때문에 나의 진정한 메시지는 왜곡되어 인정되지 못했다. 그래서 이 편지의 목적은, 내가 팔레스타인의 대중에게 실제로 말했던 진실을 이 새로운 시대의 사람들에게 전하는 것이다.

그러니 나의 말을 경청했던 이들 사이에서 결실을 맺고, 내 제자들의 마음속에 오랜 각인을 남겼던 한 특별한 날의 이야기로 돌아가보자.

그것은 나에게도 특별히 의미 깊은 날이었다.

나는 밀려드는 사람들로부터 벗어나 잠시 짬을 내어, 내 안의 '아버지'와 더 깊고 강한 연결을 맺음으로써 나의 영적 에너지를 충전시키기 위해 기도와 명상을 하러 산으로 갔다. 군중 속에서 바쁘게 일할 때는 내 의식 속에서 이 연결감이 급속히 떨어져서, 나는 금방 진이 빠져버리곤 했다. 그 지역에 머무는 동안 내가 이용했던 동굴에 도착하자 나는 바위 밑에 감춰뒀던 짚 요를 꺼내어 깔고 그 위에 누워 잠을 청했다. 그러나 잠이 드는 대신 나는 이내 '신성한 생명', 곧 '아버지'가 내 안으로 흘러드는 것을 느꼈고, 내 몸이 모든 존재의 창조적 근원인 권능으로 충전되자 피로감은 사라져버렸다.

의식 속에서 나는 황금색 빛 속으로 올려졌고, 그 속을 상승하는 중에 그 빛은 갑자기 지순한 흰 빛으로 변했다. 그리고 의식 속에서 나는 내가 이제 인간의 마음이 상상할 수 없는 영원하고 우주적이고 무한한 차원인 평형상태(Equilibrium)의 문턱에 서 있음을 깨달았다.

나는 그 [빛]을 관찰할 뿐, [빛]에 속하지 않았고,
내 안에 그 [빛]이 강력히 있지도 않았다.
이야말로 공空의 차원인 '하나님',
무형상의 우주적 평형상태였기 때문이다.
그러나 [그것]은 나와 소통했고
그 이글거리는 [사랑]으로 나를 가득 채웠다.
[그것]은 만유를 다스리는 '창조하고-완성하고-치유하는-작용'

[사랑]임이

내 안에 다시금 각인되었다.

물이 흘러들어서 호수를 채우듯이, 결핍이 있는 곳에는 어디든지 결국은 충족이 있게 될 것임을 나는 알았다.

불행이 있는 곳에는 기쁨이 있을 것이다. 왜냐하면 필요를 느끼는 모든 생명 속으로 움직여 들어가 충만과 기쁨을 가져다주는 것이야 말로 우주의 [본성]이기 때문이다.

성장이 없는 곳에는 성장을 부추기는 환경이 생겨날 것임을 나는 알았다.

좌절감이 있는 곳에는 성공과 자기확신을 향해 가도록 박차를 가하는 도전과제가 주어질 것임을 나는 알았다.

무거운 짐을 지고 허덕이는 사람들의 삶 속에서 '아버지'에 의해 *끊임없이 촉발되는 이 [사랑의 역사役事]*가 그것을 받는 편에서는 '[사랑]의 선물'로 여겨지지 않을 수도 있음을 나는 '보았다'. 그들은 무감각한 아둔함과 좌절감과, 자신에게는 좋은 일이 생길 수가 없다는 믿음 속에 깊이 빠져 있어서 자신의 신념과 기분 외에는 삶 속에서 아무것도 찾아내지를 못한다! 그리하여 그들은 스스로 창조해낸 지옥에 뿌리를 든든히 박고 남아 있는 것이다.

누구를 동정하여 슬퍼할 필요는 없었다. 필요한 것은 오직 연민의 가슴과 그들의 무지를 치유해줄 [진실]을 전해주겠노라는 결심뿐이었다.

인간이 이웃에게 줄 수 있는 가장 큰 선물은, 존재와 존재의 우주적 법칙에 대한 무지를 깨우쳐주는 것이다. 왜냐하면 [진실]은 이러하기 때문이다:

낱낱의 영혼이 모두 [우주]의 품 안에 안겨 있고, '아버지'의 [사랑의 역사]를 통해 그들의 삶으로 들어오는 [우주의 입력신호와 에너지]의 강도는 전적으로 각 개인의 수용성에 달려 있다.

나는 사람들이 시급히 들어야 할 말은 내가 막 들었던 그것임을 깨달았다.

그들은 바로 그들 존재의 바탕인 [사랑]의 *의도와 목적과 잠재력*을 '보고', 온전히 깨달아야만 했다. 그들은 자신의 불신으로 인해 '아버지'의 *[사랑의 역사]*를 '고통을 초래하는 골칫거리'로만 여겨 제쳐 두고는 좌절 속에 영원히 널브러져 있었다.

이제 나는 내가 사람들을 일깨워 자신을 계발하고 활짝 꽃피워서 기쁨과 행복을 누릴 수 있게 하도록 보내어졌음을 더욱 분명히 깨달았지만, 깨어나서 주어진 것의 혜택을 누리는 것은 그들 자신에게 달려 있었다.

이 고양된 상태가 밤새도록 이어졌던 것을 기억한다. 그리고 아침에는 전에 없이 넘치는 생기를 느끼며 일어났다. 나는 '아버지'의 실상을 어느 때보다도 확실히 보았고, 그날은 군중에게로 나아가서 내가 보았던 것의 권능과 생명을 전해줄 수 있을 것임을 알았다.

동굴에서 내려오다가 나는 가파른 벼랑이 건너다보이는 너른 바위에 당도했다. 거기에 앉으니 그날 우리가 방문할 읍성이 내려다보였다.

나는 그 '완성시키는 작용' ― 그 '온전해지게 하는' 추동력 ― '아버지' ― 이 나를 관통하여 솟구치는 것을 느낄 수 있었고, 그것을 일상의 번뇌 속에 파묻혀버리기 전에 얼른 다른 이들과 나누고 싶었다. 나의 인간적인 의식 속에서는 그것도 그 권능과 힘을 잃고 말 것이었다.

잠시 후에 제자들이 나와 합류했다. 읍내에 들어서자 제자들이 사람들에게 말을 걸었고, 모여드는 무리를 마을 뒤편의 비탈진 공터로 인도했다.

그들 가운데 있는 큰 바위에 서서 나는 말을 시작했다.

나는 열정과 기쁨, 열망과 고대와 확신, 이 모든 것이 내가 하는 말 속으로 절로 쏟아지는 것을 느꼈다.

"여러분은 심히 주눅 들고 지쳐 있습니다. 늙어갈수록 일이 점점 더 힘들어지고, 배는 종종 주려 있고, 옷은 곳곳이 해지고, 사람들은 저마다 여러분을 화나게 만들어서, 이 고생과 마음의 짐은 끝이 없을 것만 같이 느껴집니다.

그러나 그것은 여러분의 존재에 관한 진실이 아닙니다. 여러분의 삶은 그와는 사뭇 다르게 의도되었습니다. 자신의 느낌 그 너머를 볼 수만 있다면 — 여러분 안에 있는 '아버지'를 만날 수 있도록 여러분의 마음을 고양시킬 수만 있다면 여러분은 자신의 존재 상태가 실로 어떠한지를 '보고', 알 수 있을 겁니다. 여러분은 자신이 풍요와 보호와 건강과 행복을 누리도록 창조되었다는 사실을 깨달을 것입니다.

하지만 여러분은, '아버지'는 여러분 내면의 풍성한 [생명]과 [사랑]이어서 건강과 행복에 필요한 모든 것을 공급해주신다고 믿기보다는 '선과 악'에 대한 두려움 속에서 나날을 살면서, 그것을 더 믿고 기대합니다. 그러기 때문에 진작 여러분이 자신의 삶과 몸속으로 끌어들이고 있는 것은 여러분이 가장 두려워하는 '선악'의 경험입니다. '선악'에 대한 여러분의 믿음이, '아버지'께서 '아버지이신 [사랑]'을 믿기만 하면 주려고 쌓아놓으신 모든 것을 [구름처럼 덮어] 가려버리는 것입니다!

여러분은 자신의 나날을 심판하는 한편으로 지난날 경험했던 것을 내일도 기대합니다. 그리하여 어제의 병고와 불행이 미래에도 끊임없이 되풀이되는 것입니다.

여러분은 자신의 기억과, 과거가 다시금 다시금 돌아와 여러분을 짐 지우고 상처 입혀야만 한다는 변할 줄 모르는 믿음의 노예가 되어 있습니다.

여러분은 몸을 고치거나 삶을 향상시키려고 애쓸 것이 아니라 자신의 믿음을 치유해야만 합니다!

태양 아래 변하지 않는 것은 아무것도 없다고 내가 말했었습니다.

자신의 믿음을 치유할 수 있게 되면, 여러분의 믿음을 '아버지'의 **진정한 의도**에 조율시킬 수 있게 되면, 여러분의 육신과 삶을 지배하고 있는 그릇된 믿음들은 햇빛 속의 안개처럼 사라질 것입니다.

여러분의 모든 상황과 환경은 즉시 모든 창조물 배후의 **신성한 의도**대로 돌아올 것입니다.

모든 어려움, 모든 종류의 결핍에는 언제나 그것을 종식시킬 방법이 있다는 것을, 여러분의 필요에 따라 바구니를 채워줄 것이 늘 준비되어 있다는 것을 여러분은 깨달을 것입니다.

여러분은 아픈 이가 내게로 와서, 내가 그들에게 손을 얹어줄 때 어떤 일이 일어난다고 생각합니까?

내가 그 병에 대해 생각하고 있을까요? 그 사람이 나을까 낫지 않을까를 걱정하고 있을까요? '아버지'께서 잠자고 있거나 멀리 있어서 내 말을 듣지 못할까 걱정하고 있을까요?

아닙니다. 나에게 이런 불신의 생각이 있었다면 치유는 일어나지 않았을 겁니다.

어떤 사람이 병을 고치려고 나에게 오면 나는 이내 기뻐합니다. 왜냐하면 나는 '아버지'이신 권능이 내가 청하는 순간 치유해주려고 내 안에서 준비하고 기다리고 있음을 알기 때문입니다. 나는 감사드립니다. 왜냐하면 나는 '아버지의 뜻'은 병이 아니라 건강임을 알기 때문입니다. 그래서 나는 '아버지의 뜻'이 병든 사람 안에서 이루어지기를 기도합니다. 내가 병든 사람의 몸에서 병에 대한 믿음을 제거하고 '아버지의 뜻'인 건강이 그의 몸속으로 흘러들고 있는 것을 [알면], 병이라는 현상 — 겉모습 — 도 '아버지 건강'이라는 실재로 바뀌어 몸이 다시금 온전해집니다.

병은 아픈 부위에 일어난 생기의 저하 — [생명]의 감소 — 이상의 아무것도 아닙니다. 여러분 신체의 진정한 의도와 계획에 '아버지 생명'을 되찾아주기만 하면 온몸이 제 기능을 회복합니다.

여러분은 하나님이 그의 율법을 지키지 않는 백성에게 질병과 역병과 기아와 파괴의 징벌을 내린다고 들었습니다. 여러분은 여러분이 지은 죄에 진노한 하나님으로부터 여러분 자신이 징벌을 받는다고 들었습니다. 징벌이란 선을 가장한 악행이 아니고 무엇입니까? 내 여러분께 말하노니, 악은 하나님께로부터 오는 것이 아닙니다. 하

나님께서 어찌 두 편 ― 선과 악 ― 일 수가 있습니까?

오로지 여러분의 마음속에서만 선과 악을 생각해낼 수 있습니다. 여러분의 가슴속에서만 그것을 생각하고 느낍니다. 그런 생각과 느낌들은 여러분 안에 있는, 여러분이 그렇게 믿기만 한다면 모든 좋은 것을 가져다주는 '아버지'인 참 하나님과는 아무런 관계도 없습니다.

여러분에게 병을 가져오는 것은 선과 악에 대한 여러분의 믿음, 그리고 여러분 가슴속의 선과 악입니다.

사실은, 여러분은 천국에서 살고 있고, 천국은 여러분 안에 있습니다. 그리고 여러분은 '아버지'의 다스림을 받고 있습니다. 하지만 여러분은 하나님의 징벌을 믿고, 성전에서 제물을 바쳐야만 구원받는다고 믿고, 질병과 궁핍과 불행을 상속받았다고 믿기 때문에 그 마음으로써 스스로 원치 않는 바로 그것을 창조해냅니다.

기죽어서 주저앉아 있지 말고, 기뻐하고 반가워하십시오. 그리고 가난을 경험하고 있는 분들은 설령 죄를 지었다고 하더라도 하나님으로부터 벌 받고 버려지기는커녕 진실로 축복받았음을 아십시오.

가진 것이 없는 사람은 '아버지'를 잊지 않고 그것(아버지-역주)을 믿고 그것 안에서 살기만 하면 그것의 권능 속에서 풍요롭습니다.

배가 부르면 몸이 안락의 맛을 알고 마음이 편해져서 당장 '아버지'께서 나서서 필요를 충족시켜주기를 바라는 마음이 없어집니다. 자신의 생각과 손으로 자신의 필요를 쉽게 충족시키고 있다고 믿으므로 그런 여러분이 '하나님'을 거론할 때는 오직 다른 이들에게서 들은 말밖에 하지 못합니다. ― 자신은 '하나님'을 직접 체험해보지 못했기 때문입니다.

부자들을 생각해보십시오. 그들은 자신의 재산 속에 파묻히고 얽매여서 꼼짝달싹 못합니다. 그들은 자기 안의 '**아버지**'의 **권능**에 대해서는 아무것도 알지 못한 채 잠만 깨면 자기 일에 바쁩니다. 그들은 재산을 불릴 생각을 하고, '자아'를 부풀릴 생각을 하고, 그들을 위해 일하는 이들에게 짐 지울 명령을 내리고, 자신의 선택에 따라 삶을 살아갑니다. 그리하여 그들은 육신에 매인 마음과 가슴에서 일어나는 자기만의 한정된 인간적 사고로써 한정된 삶을 영위하기 때문에, 그들 역시 가진 것 없는 이들만큼이나 병들고 불행한 삶을 경험합니다. 그들은 [생명의 근원]인 자기 안의 '**아버지**'를 만나지 못하므로 자신이 반밖에 살아 있지 못하다는 사실을 깨닫지 못합니다. 그들은 또 자신의 삶에 일어난 좋은 일들이 모두 자신이 만들어 이루어낸 것이 아니라 그들 안에 숨어 있는 '**아버지**'의 [사랑의 역사]임을 '보지' 못합니다.

종교 지도자들은 세도를 떨치는 자신의 지위에 만족하여 마음을 놓고 있습니다. 그들에게는 육신의 만족 외에는 아무것도 필요한 것이 없습니다. 그들은 신을 직접 알지 못하기 때문에 수천 년 전의 성자들이 한 말을 성경에서 읽고, 그것이 의미한다고 생각되는 것을 사람들에게 되뇌어줄 수밖에 없습니다.

하지만 그들이 하는 말은 모두가 무엇을 먹고 무엇을 마실까, 무엇을 입어서 사람들에게 인상을 심어줄까 하는 기대에 파묻힌 안락한 삶의 감옥에 갇혀 있는 그들의 작은 마음에서 나온 것들입니다. 그들은 그 옛날 선지자들이 한 말들을 있게 한 계시적 영감에 대해서는 아무것도 알지 못합니다. 그들은 또한 그 말들이 시대가 변한 지금에 와서 정말 들어야 할 필요가 있는 것인지 어떤지도 알지 못합니다.

부자와 종교 지도자들은 세도를 누리면서, 전통과 관습 속에서 영원히 안전하게 지켜지리라고 생각하는 그 모든 것을 놓으려고 하지 않습니다. 그 어떤 일탈도 그들의 신념의 바탕을, 따라서 그들의 삶을 흔들어놓을 것이므로, 그들은 '아버지'의 권능이 흘러들어오지 못하도록 정신적 방어벽을 칩니다. 세상에 위안이 없는 여러분과 마찬가지로, 그들 또한 병들고 그들 나름의 불행을 맛봅니다.

삶에서 가진 것 없는 여러분이나 모든 것을 가진 이들이나 서로 다를 것이 없습니다. 부자나 가난한 이나 모두가 똑같이 병들고, 원수지고, 외로워질 수 있기 때문입니다.

하지만 건강이든 행복이든 좋은 이웃이든 자신이 택한 삶에서의 성취이든, 종교 지도자나 부자가 감히 바랄 수 있는 것보다 훨씬 크게 얻을 수 있는 여러분의 가능성은 엄청납니다. 그리고 그것이 이루어졌을 때 여러분은 그러한 기회와 능력과 영감은 모두가 여러분 안에 계신 '아버지'로부터 온 것임을 알게 될 것입니다. 왜냐하면 찬장에는 먹을 음식이, 옷장에는 입을 옷이 충분하도록, 아이들이 행복하고 편안한 삶을 살도록 여러분의 모든 능력을 발휘할 수 있도록 도와달라고 여러분 안의 '아버지'께 빌지 않았다면 그런 일을 이룰 수 없었다는 것을 여러분은 깨닫게 될 것이기 때문입니다.

구하기만 하면, 그리고 모든 피조물들에게 풍성히 창조하여 공급해주는 것이 '**아버지의 본성**'임을 믿고 알기만 ― 그리고 늘 기억하기만 ― 하면 이 모든 것을 '**아버지**'께서 여러분을 위해 **해주실** 것입니다.

자식이 필요로 하는 것을 여러분이 일부러 **빼앗지** 않듯이, '**아버지**'도 여러분이 행복하게 살기 위해 필요한 어떤 것도 일부러 **빼앗는** 일은 결코 없을 것입니다. 여러분이 가난하다면 그것은 여러분이 '**아버지**'의 **본성**을 아직 이해하지 못했고, 여러분의 필요를 충족시키기 위해서는 '**아버지**'와 **함께** 일해야 한다는 것을 알지도 못했기 때문입니다. 자신을 돕기 위해서는 자신에게 주어지는 **신성한 기회**를 즉석에서 붙잡아야만 합니다.

여러분이 슬퍼할 때 그 슬픔을 '**아버지**'께서 아신다는 것을 보여주어서, 여러분이 그것을 보고 **믿게** 해줄 수 있었으면 좋겠습니다. 여러분이 '**아버지**'께로 향하여 여러분 내면의 '**아버지이신 사랑**'이 하는 일을 보기만 한다면, 그 슬픔은 이내 기쁨으로 바뀔 것입니다. 여러분은 상상도 못했던 위로를 받을 것입니다.

굶주리고 목마를 때, 여러분은 얼마나 축복받은 것인지 모릅니다. 왜냐하면 여러분의 필요가 '**아버지**'께 알려지기 때문입니다. 비탄하기를 그치고 ─ 얻을 것을 믿고 ─ '아버지'께 기도하여 구하기만 하면 그 필요는 곧 충족될 것입니다.

여러분은 도대체 어떻게, 먹을 것과 입을 것을 얻으려면 먼저 성전에 가서 '아버지'의 살아 있는 창조물을 번제 제물로 바쳐 자신의 죗값을 갚아야만 한다고 믿을 수가 있습니까? 여러분 자신이 삶을 즐기도록 창조되었듯이, 여러분이 태우는 생명들도 삶을 즐기도록 창조되었다는 것을 모르겠습니까? 여러분이 그런 것과 마찬가지로 그들도 하나의 축복으로서 창조되었고, 이 땅 위에서 살도록 축복받았습니다. 이것이 창조계 속에 드러나 있는 '아버지이신 사랑'의 본성입니다.

여러분이 '진정으로 믿는 것'이 곧 여러분이 얻는 것임을 기억한다면, 성전에서 산 제물을 바치는 유대교의 신앙이 불행밖에는 가져올 것이 없다는 것을 깨닫지 못하겠습니까?

징벌을 믿는다면 여러분이 얻게 되는 것도 곧 징벌입니다. 죽임과 파괴가 하나님께 이르는 올바른 길이라고 믿는다면 여러분이 경험할 것도 곧 그것 ─ 죽임과 파괴입니다.

굶주리고 목마르다면 그것은 여러분이 여러분 안에 계시는 '아버지'에게 등을 돌리고 있기 때문입니다.

두려운 생각과 불안과 절망감에 빠져 있다면, 바뀌길 바라는 바로 그 상황을 **여러분 스스로** 창조해내고 있는 것입니다. 여러분은 이 모든 나쁜 일을 스스로 자신에게 저지르고 있습니다.

그러니 선을 향하여, 그리고 내면의 '아버지'를 만나고 싶어서 굶주리고 목마르다면 여러분은 더 큰 복을 받은 것입니다. 그러면 그것은 반드시 백 배 이상으로 채워질 것이기 때문입니다.

핍박받고 약탈당했을 때, 여러분은 복을 받은 것입니다. 왜냐하면 완벽한 믿음으로 가만히 기다리며 자신이 구출되는 것을 지켜볼 때, 여러분은 '역사하시는 하나님'의 모습을 볼 것이기 때문입니다.

갈등에 연루되었을 때, 여러분은 복 받은 것이니, 그럼에도 여러분은 이웃을 돌보고 평화를 일궈낼 수 있습니다. 가슴속에 '아버지'이신 사랑을 지니고 있으니, 여러분은 진실로 '아버지'의 자녀입니다.

심히 그릇된 짓을 당했을 때, 여러분은 복 받은 것이니, 그럼에도 정의의 심판이나 복수의 수단을 구하지 않고 용서와 자비를 보여줄 수 있습니다. 여러분은 자신을 '여러분 안에서 역사하시는 하나님'인 사랑에 바로 일치시켜, 고난을 당했을 때도 화를 면할 것입니다.

가장 복 받은 이는 가슴이 순수한 이들이니, 그런 이들은 가슴에서 모든 노여움과 미움과 원한과 몰인정과 시기와 강퍅함을 없애어 '가시화된 사랑'으로서 세상 앞에 서기 때문입니다. 그들은 '하나님'이라 불리는 실재를 알게 될 것이고, 그 실재는 곧 그들 안에 계신 '아버지'임을 알게 될 것입니다.

여러분이 이 위대한 진실을 깨닫도록, 내가 어찌하면 도울 수 있겠습니까? 여러분이 천국, 하나님 나라의 실상을 볼 수 있도록, 내가 어찌하면 도울 수 있겠습니까?

하늘을 쳐다볼 필요는 없습니다. 왜냐하면 여러분의 믿음을 확실히 보강해줄 '아버지'의 역사役事를 볼 곳은 그곳이 아니기 때문입니다. 오랜 세월 동안 사람들은 바로 이 대목에서 주의를 상상과 꿈속에서 본 것으로 돌려서, 존재하지도 않는 여호와를 스스로 지어내는 크나큰 실수를 저질러왔습니다. 저 위, 하늘에서는 어디서도 '아버지'를 찾을 수가 없습니다. '아버지'는 어떤 특별한 곳에 계시는 것이 아니라 여러분 주변의 모든 곳에, 모든 것 속에 계십니다.

여러분은 '아버지'의 놀라운 역사를 볼 수 있습니다. 밀, 풀, 꽃, 나무, 새, 그리고 모든 살아 있는 것들이 자라고 있는 것을 살펴보십시오. 거기서 여러분은 끊임없이 펼쳐지는 '아버지'의 신비롭고도 경이로운 역사를 목격할 것입니다. '아버지'께서 완벽하게 다스리고 계시는 곳은 거기입니다. 거기에는 완벽한 법칙과 질서와 성장과 발전이 있고, 그리하여 결국에는 인간과 짐승과 새들을 모두 축복하는 결실이 맺히는 것을 볼 수 있습니다.

사람이 밭을 간 후에 씨를 뿌리고 그 위에 흙을 덮어주는 것을 생각해보십시오. 그는 연장을 챙겨 들고 집으로 갑니다. 그는 비만 충분히 내려주면 그와 자식들을 먹여 살릴 양식이 생기리라는 것을 알고 흡족해합니다. 잠자고 깨고 하는 여러 날 동안 그는 아무 일도 안 하고 지내지만, 다시 밭에 나가보면 새싹이 흙을 뚫고 올라온 것을 발견할 것입니다. 나중에 와서 보면 줄기와 잎이 자란 것을 발견하고, 또 나중에 와서 보면 열매가 달리고, 그러다가 어느 날은 곡식이 살찌고 누렇게 익어서 드디어 수확할 때가 된 것을 발견할 것입니다. 하지만 이 모든 성장은 그의 도움이 없이 일어났습니다. 밀알은 그가 설명할 수 없는 놀라운 과정을 통해 자랐습니다. 이것이 마법인가요? **아닙니다. 그것은 '아버지', 곧 권능, 곧 사랑 넘치는 지성의 역사입니다.** 그것은 우주에 가득하여 만물을 통해 호흡하고, 펼쳐지는 역사役事 속에 영의 숨을 불어넣어 줍니다. 그것은 [우주의 지성적 생명]인 '아버지'의 작용입니다.

천국에 들어갈 때 여러분은 좋은 기분을 느낍니다. 행복하고 기쁜 느낌을 느낍니다. 한 여인이 많은 돈을 잃어버려서 아이들을 어떻게 먹여 살릴지 막막해하는 기분을 상상해볼 수 있습니까? 여인은 울면서 집안을 먼지 한 톨 안 보이게 샅샅이 쓸다가, 문득 한 어두운 구석에서 귀한 은전을 발견합니다. 그러면 그녀의 눈물은 금방 말라버리고, 웃기 시작합니다. 그녀는 생기를 되찾아 너무나 기뻐하면서 집을 뛰쳐나가 이웃사람들을 불러 잔치를 엽니다. 모든 것을 잃어버렸다고 생각했다가 이제는 결국 부자가 된 것입니다.

여러분이 천국, 하나님 나라를 발견할 때도 이와 같습니다. 눈물과 두려움과 굶주림과 아픔 대신에 여러분은 천국의 평화와 기쁨과 풍요와 건강을 발견합니다. 여러분은 다시는 그 어떤 결핍도 겪지 않을 것입니다.

천국은 또 진주를 파는 아주 부유한 상인에 비유할 수 있습니다. 그는 다른 진주를 무색하게 만들 특별한 진주를 평생 동안 찾아왔습니다. 그것은 흠집이 하나도 없고 완벽하여 다른 상인들이 모두 그를 부러워할 것입니다. 그런데 어느 날 그는 정말로 그런 진주를 발견했습니다. 상상을 초월할 정도로 아름답고, 다른 것과 비교가 안 될 정도로 완벽했습니다. 그는 자신이 가진 모든 것을 팔고 쌓아뒀던 모든 것을 포기하고 이 진주를 샀습니다. 그리고 여태껏 꿈꿔왔던 어떤 것보다 더 행복해졌습니다.

이것은 무엇을 의미할까요? 그것은 그가 살아오면서 지금까지 가치 있게 여겼던 모든 것 ─ 호화로운 집, 보물들, 풍부한 음식과 마실 것, 살아온 방식, 이 모든 것을 그는 값을 매길 수 없는 보물을 가지기 위해 기꺼이 포기한 것입니다. 그 보물이란, 그를 천국으로 데려다주는 지식입니다. *거기서는 행복이란, 바깥세상의 온갖 걱정거리가 건드리지 못하는 어떤 마음 상태입니다.*

'천국'은 여러분 안에 있습니다. '아버지'께서 언제나 여러분 안에 살아 계심을 온전히 깨달을 때, 여러분은 '하나님 나라'에 들어가게 됩니다. 그것은 마음의 상태 ─ 곧, 눈에 보이는 만물의 안과 그 배후에 있는 실재는 '아버지'이며, 그것은 아름답고 완벽하여서 아름답고 조화롭고 건강하고 풍요롭지 않은 모든 것은 인간의 그릇된 생각이 만들어낸 것임을 느끼고 이해하는 마음의 상태입니다.

내가 고통에 시달리는 여러분을 생각하며 얼마나 마음 아파했는지

아십니까? 하지만 내가 하는 이야기를 잘 듣는다면 더 이상은 고생할 필요가 없습니다. 하지만 천국으로 가는 길은 따르기가 어렵다는 점을 미리 경고해둬야만 하겠습니다. 왜냐하면 여러분은 먼저 여러분 '자신을' 다뤄야만 하기 때문입니다.

왜 '자신을' 다뤄야만 할까요? 왜냐하면 바로 자신의 개인적 이득을 지키고 차지하려는 욕망으로부터 여러분의 모든 이기적인 생각과 말과 행동이 나오기 때문입니다.

여러분은 아마 이렇게 물으실 겁니다. "그런 것들을 내가 왜 걱정해야 합니까? 벌이 없다는 당신의 말이 사실이라면, '하나님'께서 우리의 악을 보지 않으신다면 우리가 왜 자신의 행동에 신경을 써야 합니까?"

여기에는 배워야 할 것이 너무나 많아서 나는 어디서부터 시작해야 할지도 잘 모르겠습니다.

설명했듯이, 여러분은 자신의 [생명]을 '아버지'로부터 얻어옵니다. 따라서 여러분의 생각하고 사랑하는 능력도 '아버지'로부터 얻어옵니다. '아버지 지성'이 창조적인 것과 마찬가지로 여러분의 의식도 창조적입니다. 여러분은 자신의 마음과 가슴으로 자신의 삶과 경험의 계획을 실제로 형상화해냅니다.

그런데 여러분은 마음속에서 어떤 종류의 삶을 계획해내고 있습니까? 누군가가 여러분을 화나게 하거나 해코지하면 여러분은 어떻게든 앙갚음을 합니다. 여러분은 자신의 눈이 뽑히면 원수의 눈도 뽑아야 한다고 믿습니다. 사람을 죽인 사람은 그 벌로서 마땅히 죽어야만 한다고 믿습니다. 강도질을 한 사람은 반드시 그 대가를 치러야 하고, 여러분의 아내를 훔친 사람은 아내와 함께 돌로 쳐 죽여야 한다고 믿습니다. 여러분은 자신이 당하는 모든 악행에 대해서는 대가를 받아내야만 한다고 믿습니다. 남에게 해를 끼치는 것은 인간의 천성이고, 여러분은 거기에 앙갚음을 해야 한다고 배웠으므로 여러분의 삶은 싸움의 연속입니다. 집에서는 남편들과 아내들과 아이들 사이에서, 그리고 밖에서는 이웃들과 공인들과 나라들 사이에서 말입니다. 여러분의 '아버지'는 여러분 삶 속의 이런 싸움에 대해서는 아는 바가 없지만 이 싸움으로부터 일어나는 여러분 몸과 마음의 스트레스에 대해서는 아십니다. 그러나 그 고통을 덜어주기 위해서는 할 수 있는 일이 없습니다. 여러분 자신이 그 싸움을 멈추기 전에는 말입니다. 여러분 자신이 싸움을 멈추고 가족과 이웃과 고용주와 공인들과 다른 나라들과 평화롭게 살아야만 합니다.

그럴 때에만 '아버지'의 [사랑의 역사]가 여러분의 마음과 가슴과 몸과 삶 속에서 일어날 수 있습니다.

그럴 때만 여러분은 '아버지'에 의해 여러분 내면에서 — 그리고 여러분을 위해서 — 일어나고 있는 [사랑의 역사]를 알아차리고, 볼 수 있게 될 것입니다.

또한, ['뿌린 대로 거둔다'는 위대한 법칙]을 명심하십시오.

딸기 덩굴에서 무화과를 딸 수 없고, 탱자나무에서 포도를 딸 수 없고, 잡초에서 밀을 수확할 수가 없습니다. 이 비유를 잘 생각해보고 이해하십시오. 왜냐하면 이것은 여러분에게 매우 중요한 것이기 때문입니다. — 오늘만이 아니라 앞으로 여러분의 평생 동안, 아니, 영원토록 말입니다.

그러니 삶을 변화시키고 싶다면

여러분의 생각을 바꾸십시오.

그 생각으로부터 일어나는 말을 바꾸십시오.

그 생각으로부터 일어나는 행동을 바꾸십시오.

여러분의 마음속에 있는 것들이 여러분의 모든 경험 — 질병과 궁핍과 불행과 절망을 만들어냅니다."

한 사내가 나에게 소리쳤다: "선생님, 이웃이 스스로 우리를 평화롭게 놔두지 않을 때는 그 이웃과 어떻게 평화롭게 지낼 수 있는지 가르쳐주십시오."

나는 그에게 미소를 지으며 말했다: "이웃이 당신에게 와서 좀 떨어진 곳에 볼일이 있어서 가야 하는데 혼자 가기 싫으니 같이 가자고 한다면 어떻게 하겠습니까?"

그 사내가 웃으며 말했다: "내가 일을 하고 있는데 그걸 그만두고 가자고 한다면 가기 싫지요. 난 바쁘니 다른 사람에게 가지고 하라고 할 겁니다."

"그러면 이웃은 기분이 어떻겠습니까?" 내가 물었다.

사내가 어깨를 으쓱하고 말했다. "몰라요."

"나중에 당신이 그에게 무엇을 부탁한다면 그는 어떻게 반응하겠습니까?"

사내는 더 이상 웃지 않았다. 그는 대답하지 못했다.

다른 사내가 말했다: "욕을 하면서 다른 사람에게 가보라고 하겠지요."

나는 사람들에게 말했다: "이분이 바른 답을 말했습니다. 그러면 그의 기분은 어떻겠습니까?" 나는 처음에 말한 사내를 가리키며 미소를 보냈다.

한 여인이 사람들의 웃음소리 너머로 외쳤다: "그는 만나는 사람들한테 이웃사람이 정말 이기적이고 형편없다고 떠벌리며 다닐 겁니다. 어떤 식으로든 그를 해치고 싶을지도 모르지요."

146

그 말에 사람들이 옳다며 떠들어댔다. 내가 고개를 끄덕이며 말했다: "예, 그는 전에 이웃이 멀지도 않은 곳에 함께 가자고 했을 때 자기가 거절했던 사실은 잊어버렸을 겁니다. 그는 [뿌린 대로 거둔다는 법칙] 이 바로 자신의 삶 속에서 작용하고 있다는 것을 깨닫지 못할 겁니다. 함께 가자는 이웃의 청을 거절했을 때 그는 이 법칙의 작용을 촉발시 켰고, 이제 그는 이웃의 그 같은 태도와 반응을 수확하고 있는 것입니 다. 자기가 스스로 만들어낸 상황에 대해 화를 내봤자 무슨 소용이 있 겠습니까?"

사람들은 웃으면서 서로 마주 보고 고개를 끄덕였다. 인간의 행태에 관한 그런 식의 지식을 여태껏 들어본 적이 없었는데 여기에 완전히 새로운 가르침이 있는 것이다.

내가 그들에게 말했다. "여러분께 충고하노니, 여러분의 이웃이 여러 분께 와서 어딜 함께 가자고 하든, 무엇을 부탁하든 간에, 여러분 자 신에게 그런 부탁거리가 생겼을 때는 이웃이 어떻게 해주기를 바라는 지를 먼저 생각해보십시오. 여러분의 부탁에 그가 어떻게 반응해주면 좋겠습니까?"

군중들 사이에 웅성거리는 소리가 퍼졌고, 나는 그들이 나의 말을 이 해했음을 알 수 있었다.

"실제로, 이웃이 십 리를 함께 가달라고 한다면 기껍고 편한 마음으로 그렇게 하십시오. 그리고 필요하다면 이십 리도 함께 가줄 각오를 하십시오. 사람들의 부탁을 거절할 때, 스스로는 깨닫지 못하겠지만 여러분은 원하지 않는 일을 해야 하는 상황으로부터 자신을 지키기 위해 몸과 마음을 단단히 긴장시킵니다. 여러분이 몸과 마음을 단단히 조이면 '아버지'도 단단히 조여져서 여러분 안에서 [사랑의 역사]를 행할 수가 없게 됩니다. 그리고 바로 이 조임으로부터 병이 생겨납니다."

"또 여러분은 정말 도움이 필요한 춥고 불쌍한 사람을 만날 수도 있습니다. 그가 당신에게 옷을 벗어달라고 할지도 모릅니다. 그를 노려보고 지나치지 마십시오." 일부 사람들이 웃었다. 그들은 자신이 그렇게 할 것임을 알고 있었다. "그러지 말고 여러분의 옷을 벗어주십시오. 그가 정말 추워한다면 외투까지 벗어주십시오. 그리고 기쁘게 가던 길을 가십시오."

"기쁘게요?" 한 목소리가 믿을 수 없다는 듯이 물었다.

나는 웃으면서 말했다: "그렇습니다, 친구. — 기쁘게요! 첫째로는 당신이 그에게 줄 수 있는 옷과 외투를 가지고 있었기 때문이고, 그다음엔 이제 당신에게는 옷과 외투가 없어서 곧 당신 안의 '아버지'께서 모종의 놀라운 방식으로 옷과 외투를 돌려주실 것임을 깨닫기 때문에 기쁜 것입니다. 하지만 당신이 그에게 옷과 외투를 주고 걸어가면서 '내가 왜 그랬지? 난 바보야. 이젠 내가 대신 춥게 생겼잖아. 나는 걸칠 것도 없으면서 그에게 옷을 다 줘버렸다고 사람들이 날 조롱할 텐데. 게다가 집에 가면 마누라가 뭐라고 할까?' 이렇게 중얼거린다면.."

148

사람들은 고개를 끄덕이고 웃으면서 남에게 옷을 벗어주고는 자신이 얼마나 몹쓸 짓을 했는지를 후회하는 사내의 모습을 상상하며 재미있어했다. 나는 그들이 실제로 종종 남을 돕느라고 자신을 헐벗게 만들고서는 지나고 나서야 자신의 헤픔을 후회하곤 한다는 것을 알고 있었다.

나는 잠시 기다렸다가 그들의 주의를 모으기 위해서 큰 소리로 외쳤다: "하지만 제가 [뿌린 대로 거둔다]고 말하지 않았습니까? 여러분의 생각과 말과 행동이 미래의 상황과 환경을 만들어낸다고 분명히 말하지 않았습니까? 그렇다면 낯선 사람에게 옷과 외투를 벗어준 다음엔 무엇을 [뿌려서 거두고] 싶습니까? 여러분이 준 것이 여러분에게 돌아오기를 바랍니까, 아니면 오래도록 옷이 없이 살고 싶습니까? 옷을 벗어준 것에 대해 줄곧 화만 내고 있으면 일어날 일이 바로 그것이니까 말입니다. 여러분의 그런 말과 행동은 옷과 외투를 벗어줌으로써 스스로 야기한 궁핍한 상태를 바위처럼 단단히 굳어지게 할 것입니다."

사람들은 더 이상 웃지 않았다. 그들은 입을 다물고 조용히 귀를 기울였다.

"명심하십시오. 먼저 이웃이 여러분에게 해주길 바라는 대로 이웃에게 베푸십시오. 그러면 여러분의 마음과 가슴에 평화와 만족이 있게 될 것이고, 그러면 '아버지'께서 여러분의 몸과 마음과 가슴 속에서 그 [사랑의 역사]를 행하실 수 있게 됩니다. 주고 또 넉넉히 주십시오. 그리고 없는 사람에게 베풀 것이 있다는 사실에 기뻐하십시오. 행복한 가슴으로 주십시오. 여러분 삶의 결핍된 곳에는 '아버지'께서 여러분 안에서 — 그리고 여러분을 위해서 — 그 [사랑의 역사]를 넉넉히 베푸실 것임을 알고, 믿는 가운데 주십시오.

무거운 가슴으로는 아무것도 하지 마십시오. 왜냐하면 여러분은 그 무거운 가슴을 계속 안고 있게 될 것이기 때문입니다.

모든 것을 기쁜 마음으로 주십시오. 여러분 삶 속의 모든 것이 기쁨과 영적 통찰만을 가져다줄 수 있도록 말입니다."

한 사내가 대꾸했다: "그건 인간의 천성을 거스르는 일입니다. 미래를 걱정하는 건 자연스러운 일이잖아요. 옷은 비싸고 양식을 구하기는 쉽지 않습니다. 산다는 건 끝없는 몸부림이라구요."

나는 목소리를 높여서 대답했다. 그가 무리의 대부분이 생각하고 있는 것을 대변한 것일 뿐임을 알았기 때문이다.

"하지만 여러분은 자신이 내일도 생존을 위해 몸부림치고 있게 될 것임을 명백히 알고 있는 건 아닙니다. 내일이면 멋진 일거리가 생길지, 아니면 다른 멋진 일이 일어날지를 여러분은 알지 못합니다. 여러분은 그것을 모릅니다. — 하지만 여러분은 자신의 삶에 멋진 직업이나 다른 놀라운 기회가 생기지 않도록 스스로 아주 확실하게 다지고 있습니다. — 왜냐하면 여러분은 자신의 미래의 상황과 환경을 스스로 창조해내고 있기 때문입니다."

사내가 흥분했다: "내가요? 내가 어떻게 그런 짓을 한단 말입니까?"

"내가 방금 말해주지 않았습니까?" 나는 웃는 사람들을 향해 말했다. "앞줄의 붉은 외투를 걸친 이분이 자신의 미래를 어떻게 만들어냈는 지 말해보세요."

사람들은 입을 다물었다. 그때 아주 젊은 청년 마가Mark가 외쳤다: "저는 알아요. 그는 양식과 옷을 사려면 몸부림을 치며 고생해야 한 다고 말했어요. 당신은 우리가 생각하고 말하는 바로 그것을 얻게 되리라고 했고요."

"정확합니다." 내가 말했다. "넌 참 영리한 아이구나. 잘 이해했다. 자신이 원하지 않는 것을 스스로 만들어내지 않도록 조심하거라. 나이가 좀 들고 부모님이 보내주실 때 내 제자가 되면 좋겠구나."

어떤 사람들은 웃었지만 어떤 사람들은 웃지 않았다. 나는 그들이 내 가 하는 말을 한 마디도 믿지 않는다는 것을 알 수 있었다.

"걱정하는 것으로는 결코 천국에 들어갈 수가 없습니다. 오늘 어려운 일을 겪었다고 해서 그것을 왜 불평하고 비탄합니까? 불평하고 있으 면 기분이 더 나아집니까? 울고 있으면 운이 더 좋아집니까? 내일을 걱정하고 있다면 여러분은 내일이 오기도 전부터 내일을 짐스럽고 피곤한 날로 만들고 있는 것입니다. 왜 그러고 있습니까? 그게 여러분에게 무슨 도움이 됩니까? 걱정이 여태껏 여러분을 도와준 일이 뭐가 있습니까? 키가 작다고 걱정한다고 해서 키가 커지던가요?

자신이 가지고 있지 않은 것에다 마음을 두고 있지 마십시오. 받게 되리라는 완벽한 믿음으로써, 여러분 안에 있는 '아버지'를 향해 요청할 때 **여러분 것이 될 것들**에다 마음을 두고 계십시오. — 내 여러분께 한 치도 주저 없이 말하노니, 받게 될 것입니다. 하지만 올바로 요청해야만 합니다. — 믿음으로써 말입니다. 요청하면서도 한편으로는 그것이 '아버지'께 들릴지, 아니면 '아버지'께서 여러분이 원하는 것을 주고 *싶어*하실지를 의심한다면 아무것도 받지 못할 것입니다. 그것은 인간이 주는 방식이지, 여러분의 필요를 차고 넘치게 충족시켜주시는 '아버지'의 방식이 아닙니다.

'아버지'께서는 언제나 여러분에게 선물을 쏟아주십니다. 여러분이 맑은 마음과 가슴을 지니고만 있다면, '아버지'께 순간순간 도움을 구하여 늘 의지하기만 한다면, 그는 풍족한 양식과 옷과 집과 친구를 선물로 주십니다.

기도를 했는데 받지 못한다면 한 순간이라도 그것이 '아버지'는 존재하지 않기 때문이라든지, '아버지'께서 여러분에게 귀를 기울이지 않기 때문이라고 생각하지 마십시오. 대신, 여러분 안에서, 여러분을 위해서 '아버지'의 [사랑의 역사]가 일어나지 못하도록 여러분 안에서 가로막고 있는 것이 무엇인지를 스스로 물어봐야만 합니다.

성전으로 기도하거나 제물을 바치러 가던 길에 누군가와 말다툼을 했던 생각이 난다면, 돌아가서 그 사람과 화해하십시오. 그러고 나면 기도 중에 '아버지'께 다가가도 여러분은 맑고 순수한 마음을 지니게 될 것이고 여러분의 기도는 '아버지'에게 들리고, '아버지'도 응답하여 여러분 존재의 고요와 평화 속에서 필요로 하는 모든 것을 주실 수 있게 될 것입니다.

'아버지'께서 그 창조물을 돌봐주신다는 것을 아직도 못 믿겠거든, 들판에 활짝 핀 꽃들을 둘러보십시오. 얼마나 아름답습니까? 그들을 설계하는 데에, 그들의 아름다움을 위해 투입된 놀라운 생각들을 생각해보십시오! 여러분이 보는 그 꽃잎의 색깔들을 어디서 구하겠습니까? 솔로몬 왕이 아무리 지혜로워도 자신은 그토록 아름다운 옷을 입어보지 못했습니다. 꽃들이 벌을 불러들이는 방법을 살펴보십시오. 벌들이 세상을 아름답게 하고, 여러분에게 양식을 제공하기 위해서 다음 철의 씨앗이 맺히도록 돕는 방식을 살펴보십시오. 여러분 주변의 세계가 그토록 놀라운 방식으로 계획되고 설계되고 보살핌을 받을진대, 여러분은 왜 '아버지'를 신뢰하고 믿지 못합니까?

하지만 명심하십시오. ― 이 살아 있는 식물들과 나무들은 인간과는 달리, 자신이 헐벗고 굶주린다고 생각하면서 자신의 운명을 불평할 줄을 모릅니다. 그러므로 그들은 '아버지'께서 그들 안에서 하는 일을 헛수고로 만들지 않습니다.

여러분의 궁핍이 ― 그리고 병이 ― 날마다 끊이지 않게 만드는 것은 바로 여러분 자신의 불평과 비방과 보복심과 서로에 대한 공격과 부족에 대한 끊임없는 불평불만입니다.

나는 병이 있는 분들에게 치유를 준비시키기 위해서 이 모든 말을 해드렸습니다. 치유가 일어나리라는 것을 온 가슴으로 믿지 않으면 치유받을 수가 없습니다. 몸의 병은 나쁜 성정, 원한, 분노, 증오 같은 마음의 병에서 온다는 사실을 잊지 마십시오.

'아버지 사랑'이 모든 건강의 근원입니다. 그러니 '아버지 사랑'에 반하는 모든 생각과 느낌이 병을 불러오는 것입니다.

여러분의 모든 악함과 병이 마음에서 비롯되듯이, **여러분의 선함도 마음에서 비롯됩니다.**

자신을 돌보는 것만큼 이웃도 돌보십시오.

다투었을 때 이웃을 축복하십시오. 그가 여러분에게 모질게 굴 때 그를 위해 기도하십시오. 심지어 그가 여러분에게 등을 돌릴지라도 여러분이 할 수 있는 방법으로 항상 그를 도우십시오. 왜냐하면 그럴 때 여러분은 마음과 생각 속에 선을 쌓고 있는 것이고, 여러분이 씨 뿌린 수확물도 선이 될 것이기 때문입니다. 그뿐 아니라 여러분은 자신의 마음을 여러분 안의 **완전한 사랑**이신 '아버지'와 조화되고 동조되게 하고 있는 것입니다. 이런 조건에서만 '아버지'께서 여러분 안에서 온전한 [사랑의 역사]를 행하실 수 있습니다."

내가 말을 끝내자 사람들은 내게로 와서 자신의 병을 보여주었고, 각자의 믿음에 따라 치유되었다.

세 번째 편지

(이 편지들은 인간의 활동이나 관심사의 차원을 초월한 영적-정신적 차원으로 너희를 데려가므로 읽기 전에 고요히 이완하는 시간을 가지면 가장 잘 이해하고 소화할 수 있다. 가능하다면 마음을 고요히 가라앉혀 생각이 침묵한 내면의 적정寂靜 상태로 들어가라. 너희가 이처럼 완전한 수용 상태에 있을 때에만 이 편지들이 너희의 인간적인 생각과 현실을 관통할 것이다.)

나의 [가없는 천상의 사랑]은 다시금 다시금 돌아와 인류에게 편지를 쓰게 만든다. 너희 중 많은 이들이 받아들일 준비가 되어 있거니와, 마침내 너희가 인간성을 초월하여 '아버지 의식' ― 그 안에서는 만물이 풍성하고 아름다운 진정한 '사랑 의식' ― 속으로 녹아들어 버리게 할 그런 지식을 보유하게끔 말이다.

이전에도 말했고 다시금 되풀이하건대, 지상에서의 나의 모든 사역은 [사랑]에 의해 촉발되었고 [오로지] '존재의 진실'을 가르치는 데에만 초점이 향해 있었다. 왜냐하면 이 지식을 알지 못하고는 인류를 탄생의 순간부터 견뎌내야만 하는 고난에서 건져낼 가망이 없기 때문이다.

기독교를 헌신적으로 진지하게 믿어온 신도들과 '예수'라는 인물에게만 모든 신앙을 내맡긴 이들에게는 이 말이 큰 충격이 될 것임을 나도 안다. 그러나 내 너희에게 진실로 이르노니, [우주적 진실]의 온전한 깨달음을 얻지 못하도록 너희를 속박하고 있는 인간성을 제거하여 내가 '하나님 나라'라 부르는 '영적-인간적' 상태의 진정한 본질을 이해하는 데 성공하려면 너희는 '양의 피로써 구원받는다'는 식의 케케묵은 교리와 삼위일체 등의 신앙으로부터 빠져나와 온전히 마음을 열고 [존재의 진실]을 받아들여야만 한다.

그 밖의 다른 구원은 불가능하다. '하나님'은 너희를 '구원해줄' 수 없다. 왜냐하면 존재에 관한 사실들을 알지 못하는 한 인류는 시간의 끝날까지 스스로 불행과 질병을 지어내는, 땅에 속박된 실수를 하염없이 되풀이하고 있을 것이기 때문이다.

게다가 '죄로부터의 구원'에 대해 인간이 어떻게 믿고 있든 간에, 그것은 인간의 오류다. 왜냐하면 인과의 법칙은 어쩔 수 없는 존재 본연의 ― 고유한 ― 본성이기 때문이다. 원인으로부터 결과를 떼어놓을 수도 없고, 원인을 없애놓고 결과를 가질 수도 없다. 존재의 모든 차원에서 이것은 진리이다.

이제는 너희도 너희 지상의 존재에 관한 다음의 근본적 진실을 받아들일 수 있을 만큼 충분히 앞선 사고를 할 수 있다.

'인과'의 법칙, '뿌림과 거둠'의 법칙은 너희가 '전자기력電磁氣力'이라 부르는 것이 가져오는 가시적인 결과로서, 과학지식이 있는 사람이라면 아무도 '하나님'이 '활동-결합-배척'의 법칙인 전자기 법칙을 도외시하리라고는 생각지 않을 것이다.

'활동-결합-배척', 곧 '움직임-끌어당김-밀어냄'은 [존재]의 근본적인 [추동력]이요, [인간 의식] 자체의 추동력이며, 그것이 너희의 가시적 형체들을 삶 속에 가져왔고, 그것이야말로 창조의 유일한 '도구'다. 바로 그것이 '물질'을 형성시켰으며, 바로 그것이 모든 생명체 속에서 개체적 형상이, 그리고 마침내 인격 자체가 발달해 나오게 만들었다.

이 법칙이야말로 너희 개체적 존재의 밑바탕이므로 그것을 무시하는 것은 불가능하다. 고로 너희의 개체적 존재 속에 내재한 문제를 도외시하면서 '하나님'께서 너희를 그로부터 건져내어 주시리라고 믿는 것도 불가능하다. 궁극의 탈출, 인간 경험의 쳇바퀴를 벗어날 유일한 희망은 그 법칙을 알고 받아들여서, 마침내는 그것을 초월하여 순수한 마음과 가슴과 행동 속에서 우주적 사랑 의식 — [사랑의 역사]를 행하는 '아버지' — 과 하나가 되도록 순간순간 노력하는 것이다.

그와 동시에 너희 안에 계시는, 또한 너희를 초월해 있으며 너희 주위의 모든 곳에 계시는 '아버지'의 진정한 [본성]을 자각해가는 동안 너희는 그 어떤 상황에서도 너희 안과 주위에 계신 '아버지'로부터 직접 영감과 권능과 영적 고양을 얻어낼 수 있다는 흔들림 없는 믿음을 지니게 될 것이다.

너희는 너희를 도와 '아버지 사랑 의식'의 왕국으로 인도하는 것은 진실로 '아버지'이심을 [알게] 될 것이다.

'아버지'는 보편적이고 우주적이지만 한편으로 너희에게는 개인적이기도 하다는 사실을 너희는 충분히 실감하게 될 것이다. 그것(아버지-역주)은 너희를 알고, 너희의 생각과 너희의 문제를 환히 알고 있다. 너희가 알아차리기만을 기다리고 있는 완벽한 해결책이 '아버지 사랑 의식' 속에 있다. 그것을 알아차리면, 너희가 유순해져서 기꺼이 귀를 기울이기만 하면 고통에서 놓여날 것이다.

너희가 기꺼이 귀를 기울이려고 하기 전에는 결코 '아버지 사랑 의식'으로 충만해질 수 없을 것이다.

내가 우화를 하나 이야기해주겠다. 한 아이가 아이스크림을 먹고 싶다고 소리 지르고 발버둥치며 떼를 쓰고 있다고 하자.

그가 이렇게 소란을 부리고 있는 내내 그의 아버지는 방문 앞에서, 자신이 가져온 아이스크림뿐만 아니라 과일까지 보여주려고 참을성 있게 기다리고 있다.

이 우화는 진실임에도 너희는 그것이 있을 수 없는 일이라고 생각할지 모른다. 엄마들은 아이들이 어떤 사소한 것 때문에 달랠 수 없는 지경이 되어서 엄마가 그토록 말해주려고 애쓰는 것을 도무지 귀담아 들으려 들지 않았던 일들을 기억하고 있을 것이다. 아이가 떼쓰며 울기를 그치기만 하면 해결책을 주려고 기다리고 있는데도 말이다.

나는 사람들의 고난과 그들의 눈물과 하소연을 보고 들을 수 있고, 나의 연민은 끝이 없다.

너희의 하소연은 내게 들리고 있지만 너희의 현재의 의식상태에서는 내가 해줄 수 있는 것이 거의 없다. 나는 너희의 그 케케묵고 무지에 찬 사고와 행동의 가죽끈과 쇠사슬을 관통할 수가 없다.

나는 무지한 설교에 의해 교회 안에도, 단상 위에도, 예배 속에도 고통이 붙박이로 눌어붙어 있는 것을 본다. 나는 나라들과 그 백성들이 자신들의 전통적 가치관과 문화와 종교적 신념으로 인해 일어난 문제들 때문에 힘겹게 씨름하고 있는 것을 본다. 나는 그들의 일상적 삶 속의 제약과, 그들의 일용할 필수품과 목적하는 바가 충족되지 못하는 모습과, 온갖 종류의 관계로부터 일어나는 고난을 본다.

세상으로부터 방사되고 있는 집단의식은 ─ 영감을 통해 어느 정도의 깨달음을 얻은 이들의, 조건 없는 사랑을 기필코 찾아내어 세상의 의식을 고양시키고자 하는 연민과 헌신의 마음과 한 데 얽히고 설켜 있는 ─ 두려움과 원한과 분노의 독기요, 욕망과 복수와 소모와 탈진의 감정적 소용돌이다.

나는 나를 부르는 사람들에게 다가가서 그들의 고통을 덜어주기 위해 그들과 함께 일한다. 하지만 그들의 사고방식과 신념은 그들의 뇌리에 너무나 강하게 박혀 있어서 나의 가르침도 그들의 마음을 관통하여 새로운 앎을 가져다주지 못한다. 많은 사람들이 그것을 어렴풋이, 불완전하게나마 듣기는 했지만 그들에게는 새로운 생각을 받아들이고 주장할 용기가 모자랐다. 게다가 인간 의식 속의 장애물을 뚫고 가르침이 가닿을 수 있는 때도 아직 이르지 않았었다.

하지만 이제는 때가 됐다. 너희는 지난 시대의 물질성을 딛고 좀더 쉽게 일어날 수 있게 해줄 새로운 진동주파수의 섭리 속으로 진입했다. 이것은 이상한 말처럼 들릴지 모르지만, 너희가 이해하기 시작조차 못한 에너지에 관한 우주적인 지식이 쌓여 있다. 지금으로서는 그것을 이해할 수 있는 지구인이 없다. 너희로서는 그 에너지의 스펙트럼을 '상상해보는' 수밖에 없다. 상상은 실재가 아니지만.

그러니 너희가 나의 말을 받아들이고 신뢰할 수만 있다면 도움이 될 것이다. 왜냐하면 나의 말은 진실이므로. 너희는 '인간 의식'의 새로운 진동주파수 속으로 옮겨가고 있고, 그것은 너희로 하여금 내가 첫 번째 편지에서 이야기했던 영적-정신적 발달단계로 나아갈 수 있게 해줄 것이다.

이야기가 본론을 벗어났으니 이제 다시 되풀이해야겠다. ― 너희는 너희 물질세계에서 전자기력의 법칙을 벗어날 수 없듯이, 너희의 생각과 느낌 ― 뿌림과 거둠 ― 에 관련된 가장 밑바탕의 존재의 법칙을 벗어날 수 없다. 왜냐하면 에너지 알갱이의 밑바탕 장場(fundamental field of energy particles) 속으로부터 전자기력이 형체를 빚어내듯이, 전자기력이야말로 뿌림과 거둠의 법칙을 낳는 [추동력]이기 때문이다.

그러니 기독교의 교리를 계속 믿으면서 이 편지의 말을 따르려고 하는 것은 불가능한 일이다. 왜냐하면 '나의 십자가 죽음에 의한 구원', 성삼위일체, 죽은 자들 사이에서 육신을 가지고 되살아난다는 교리, 향을 피우고 정형화된 기도문을 외는 것 등은 그릇된 것이고, 이 편지에서 지금 말하고 있는 사실들이야말로 진실이기 때문이다. 교리와 세련된 예배의식은 너희의 주목과 충성을 이끌어내기 위한 미끼일 뿐, 내가 가르친 진실은 거기에 없다.

그래서 이 편지들이 쓰여야만 했다.

바야흐로 새로운 마음/감정의 섭리로 진입할 때를 기다리고 있는 이 시기에 내가 세상에 다다를 수 있는 유일한 방법은, 순하고 감수성 깊고 프로그램으로 오염되지 않은 마음을 이용하여, 가르침을 받아 적고 육체적인 심부름을 하게 하는 것이었다.

이 편지들은 사람들로 하여금 모든 인간적 오류는 사라지고 오직 사랑만이 남아 있는 영적 차원으로 가는 길을 찾아내게 할 진정하고 유일한 방법을 보여준다.

이와 달리할 수 있는 모든 말은 순전히 인간적인 합리화와 추론이며,

162

그것은 [진실]이 아니다.

특히 미국에서, 사람들은 오래 묵은 문제들을 해결할 새로운 방법을 찾고 있다. 그러나 [생명]과 에고와 존재의 법칙의 진정한 본질을 이해하지 못하는 한 그들은 단지 '에고'의 흡인력만 강화시킬 뿐, 고통은 계속 이어질 것이다.

명심하라, 내 너희를 위해 다음의 글들로 기록하듯이, 내가 2천 년 전에 설했던 단순한 진실, 이 진실만은 변함없이 일관하여 남아 있다.

그러므로 진실에 대한 너희의 이해가 더욱 깊어질 수는 있을지언정, 진실이 바뀌게 할 수는 없다.

앞의 두 **편지**를 읽는 동안 너희는 내가 팔레스타인 사람들에게 일러주었던 모든 말이, **견고한 것은 없다**는 **'존재의 실상'**을 본 광야의 체험으로부터 곧바로 나온 것임을 깨달았는가?

내가 초월적인 상태에서 바위와 모래와 산들과 사해의 물을 보았을 때 그 모든 것이 **'티끌들의 아물거림'**처럼 보였다는 사실을 너희는 기억하고 있는가?

바위와 모래와 산들과 물은 오직 '티끌들의 아물거림'의 강도 차이와 그 아물거림 속의 티끌의 외견상의 밀도 차이에 의해서만 서로 구별될 수 있었다.

내가 지상에 있을 때 보았던 것을 묘사할 방법, 즉 '물질'의 진정한 실체와 너희 세계의 외견상 견고해 보이는 짜임새와 구조에 관련된 사실을 설명할 수 있는 다른 방법은 없다.

현대적으로 표현하자면 너희는 아마 '티끌들의 아물거림'(shimmer of motes)을 입자의 진동(vibration of particles)이라고 일컬으리라.

어쩌면 너희는 두 단어를 조합하여 눈에 보이는 가장 근본적인 '실재(reality)'를 '입자들의 아물거림'(shimmer of particles)이라고 일컬을 수 있으리라. 이 표현은 내가 '빛의 불꽃' 속에서 입자들이 춤추는 것을 보았던 때의 느낌을 전해준다.

내가 팔레스타인에서 활동을 벌이게 된 사연을 서두로서 다 이야기했으니, 2천 년 전의 어느 날, 하늘이 아주 맑고 푸르러서 햇볕이 쨍쨍하던 날, 내가 제자들을 데리고 은둔하여 휴식을 취하며 명상하고 기도할 작정으로 산을 오르기 시작했던 날로 돌아가 보자.

그런데 그것은 우리의 희망사항이었을 뿐이다. 우리는 그곳을 벗어나리라는 생각으로 우리의 뜻을 사람들에게 알렸지만, 우리를 뒤따르던 사람들이 무리에게도 소리쳐서 우리가 산으로 가고 있다는 사실을 다 알려버렸다.

우리는 그들에게 제발 집으로 돌아가라고 간청했지만 처음엔 몇몇이었던 사람들이 급기야는 우리 뒤를 줄줄이 따르는 하나의 큰 무리가 되어버렸다. 그들은 나에게 설교를 해달라고 졸랐다.

너희는 그들이 나의 말을 그토록 듣고 싶어한 이유가 궁금하리라.

그들은 직관적으로, 내가 저희에게 [생명]의 말씀을 들려주고 있다는 것을 알았던 것이다.

나는 항상 그들 주변에서 일어나고 있는 '아버지'의 역사를 보여주었는데, 이것은 그들에게 희망을 주고, 새로운 시야로 세상을 바라보도록 도와주었다.

나는 그들에게 [사랑]을 이야기했고, 그들은 위안을 느꼈다.

내가 그들이 이해하고 동의할 것으로 알고 이렇게 말할 수 있었던 것도 그 때문이다:

"무거운 짐에 지친 이들이여 내게로 오십시오. 내 여러분께 안식을 주리니, 나의 멍에는 가볍고 내 짐은 수월합니다."

내가 자주 했던 이 말을 들을 때, 그들은 그것이 내가 사람들에게 설하고 있는 진실과 유대교 지도자들의 율법과 계율을 비교하고 있는 것임을 알아차렸다.

그러니 사람들이 나에게 가르침을 달라고 애원했을 때, 높은 바위에 자리 잡고 앉아서 그들을 가르치는 수밖에, 다른 도리가 있었겠는가.

나는 그들이 나의 이야기를 들으러 이토록 멀리까지 왔으니 그들이 기억하여 평생토록 되새길 만한 이야기를 해주리라고 마음먹었다.

나는 '아버지'와 '아버지 사랑'에 대해 내가 그토록 말해줬음에도 불구하고 그들이 아직도 '하나님'에게서 배척당할까봐 걱정하고 두려워한다는 것을 알고 있었다. 내가 말하는 '아버지'는 그들이 숭배하는 인격화된 '하나님'이 아님을 이해시켜려고 애를 썼음에도 불구하고 그들은 아직도 혼란스러워하고 있다는 것을 나는 잘 알고 있었다. 내가 '아버지'는 그들 안에 계신다고 입이 닳도록 말했음에도 불구하고 그들은 여전히 나의 말을 믿는 것이 높은 곳으로부터 응징을 불러올까봐 두려워하고 있었다.

그날은 그들에게 무엇을 가르치는 게 좋을지, 나는 '아버지'께 물었다. 그때 목자의 빈틈없는 보살핌 속에 산자락에서 풀을 뜯고 있는 염소들과 양떼의 모습이 눈에 들어오면서 그날의 가르침이 마음속에 떠올랐다. 나는 일어서서 저 뒤쪽의 무리들까지 들리도록 큰 소리로 외쳤다:

"저기 풀을 뜯고 있는 염소와 양들이 있습니다. 양들은 이쪽에, 염소들은 저쪽에 있지요.

양들을 보세요. 그들은 참을성이 있어서 울타리 한구석으로 빽빽이 몰아놓아도 서로 싸우지 않습니다. 양들은 남의 땅을 침범하지 않고

166

얌전히 풀을 뜯어먹습니다. 초장草場의 풀을 깨끗이 뜯어먹되 황폐화
시키지 않아서 그들이 지나가고 나면 풀이 다시 자랄 수 있습니다. 가
장 중요한 것은, 양들은 목자의 목소리에 귀를 기울입니다. 그래서 목
자는 그들을 잘 돌봐주지요. 그는 양들을 가장 풍성한 초장으로 인도
해주고, 밤에는 개나 도둑들의 공격이나 위협을 받지 않도록 양들과
함께 잠잡니다.

염소들을 보세요. 그들은 바위를 기어오르고 뛰면서 온갖 위험한 곳
을 다 다닙니다. 그들은 가시덩굴과 나뭇잎을 갉아먹습니다. 그들은
약탈자들입니다. 인간에게 유용하지 않았다면 그들은 하루종일 묶어
두거나 사막으로 내몰리는 외에는 있을 곳이 없었을 것입니다.

나는 여기서 여러분을 내려다보고 있지만, 여러분 중에는 양들도 많
고 염소들도 많이 있다는 걸 압니다."

몇몇 사람들이 노여워하면서 중얼거리는 소리가 들렸지만 대부분은
점잖게 서로를 밀치고 옆구리를 찌르면서 '염소'들을 가리켜 고개를
주억거리며 웃었다.

그들이 웃는 모습이 보기 좋아서 나는 이야기를 이었다:

"양들은 그 집과, 이웃을 대하는 태도와, 동네사람들이 그들을 어떻게
생각하는지를 살펴보면 알 수 있습니다. 마찬가지 방법으로 염소들도
알아볼 수 있지요. 그들은 친구가 많을까요?"

무리로부터 "아니오~~~!" 하는 소리가 크게 들리고 웃음소리가 이어졌다.

"목자가 염소들을 따라다니면서 보살펴줍니까, 아니면 그들이 스스로 자신을 돌보고 저녁에는 젖을 짜이기 위해 스스로 집을 찾아와야 합니까?"

사람들이 다시 웃으면서 다양한 대답을 소리쳐 내놨다. 그중 어떤 대답은 아주 재치 있고 웃겼다.

"양 같은 사람들이나 염소 같은 사람들에게도 마찬가지입니다. 양 같은 사람들은 '아버지'의 보호를 받지만 염소 같은 사람들은 '아버지'의 보호를 받지 못합니다. 왜냐하면 그들은 허구한 날 고집스럽게 자신의 욕망만을 좇으면서 가는 곳마다 황폐해진 흔적만 남겨놓기 때문입니다. 말해보세요, '아버지'께서 염소 같은 사람들을 보호해줄 수 있나요?"

무리는 말이 없었지만 바짝 귀를 기울이고 있었다.

"그렇다면 여러분은 '아버지'께서 염소에게 화가 나서 그들을 보호해주려 하지 않는다고 하겠습니까, 아니면 목자가 염소들이 허락하기만 한다면 염소도 양 돌보듯이 돌보고자 하는 것과 마찬가지로 '아버지'도 양과 염소를 똑같이 사랑하시지만 염소의 타고난 성질 때문에 똑같이 보호해줄 수가 없을 뿐이라고 하겠습니까?

168

양과 염소의 먹이 습성도 생각해보십시오. 양들은 위가 그렇게 적응되어 있기 때문에 풀만 먹고도 만족하지만 염소들은 자신의 체질은 아랑곳하지 않고 눈에 보이는 건 닥치는 대로 먹어치웁니다. 자신의 마음에게 무엇을 먹여야 할지를 아랑곳하지 않는 사람들도 이와 마찬가지입니다. 그들에게는 어떤 목표나 분명한 목적이 없기 때문이지요. 그들은 염소처럼 자신이 마음에게 먹이고 있는 그것이 해로운 것인지, 혹은 그것이 자신의 삶을 가지 말아야 할 방향으로 데려가고 있는지, 아니면 그것이 자신을 해로운 신화나 위험한 오류에 빠지게 하는지를 분간하지 못합니다.

그들은 분별력이 없어서 이리저리 돌아다니면서 마음의 가시덩굴과 낡은 신발과 넝마와 낙엽과 엉겅퀴와 잡초 등등을 가리지 않고 닥치는 대로 삼킵니다.”

한 사내가 외쳐 물었다. “선생님, 양 같은 사람이 실수로 말썽에 휘말리면 '아버지'께서는 그를 버리실까요?

나는 그에 대한 대답으로 그에게 질문을 던졌다: “목자는 그의 양이 구덩이에 빠지거나 벼랑에서 떨어지거나 가시덩굴 속에 갇혔을 때 어떻게 합니까? 내 말하건대, 목자는 곧장 양떼를 두고 잃어버린 양을 찾아 나섭니다. 한 마리의 양을 안전하게 구해낼 때까지, 그냥 내버려두지 않을 겁니다. '아버지'도 마찬가지입니다. 아무리 양과 같은 사람이라 할지라도 이런저런 잘못은 피할 수 없습니다. 하지만 '아버지'께서는 그 울음소리를 듣는 즉시 달려가 구해주시니 걱정 없습니다. 염소조차도 목자의 목소리에 순종하여 양처럼 행동하기 시작하기만 하면 목자의 손에 보호받을 것이고 양과 똑같은 대접을 받을 것입니다.

여러분도 마찬가지이고 천국 — '하나님' 나라도 마찬가지입니다."

몇몇 사람이 '하나님 나라'가 무엇인지 말해달라고 소리쳐 물었다.

"내가 이야기하고 있는 것은 그 어느 시대의 어떤 선지자로부터 들은 것과도 다릅니다.

내가 말하는 것을 여러분의 선생들이 말해준 것과 결부시켜서 이해하려고 하지 마십시오. 그들은 그저 경전에서 읽은 것을 되뇔 뿐, 하나님 나라나 천국을 직접 알고 있지 못합니다.

하나님은 어떤 한 장소에 담기지 않아서, 여러분 머리 위의 하늘과 대기처럼 모든 곳에 있습니다.

'너희는 하나님 안에서 살고 움직이고 존재한다'는 거룩한 말씀은 진실을 말하고 있습니다.

하나님 나라는 여러분의 위에, 주변에, 그리고 또한 여러분 안에 있으니까요. — 그리고 여러분은 하나님 나라에 들어갈 수 있습니다."

사람들이 참지 못하여 소리쳤다: "그러니까 하나님 나라(Kingdom of God)가 뭐냐고요."

"그것은 온전히 '하나님' ― 여러분의 '아버지' ― 의 것이 된 마음과 가슴의 어떤 상태입니다. 이런 상태에 있게 되면 '아버지'가 여러분 몸의 수뇌가 되어서 여러분의 모든 행동과, 삶의 모든 것을 지휘하십니다."

무리 중 어떤 사람들이 중얼거리듯 말했다. "어떻게 그럴 수가 있단 말이야?"

"자아를 비우는 것 ― 자아의 욕망, 적의, 화, 질투, 탐욕, 앙심 등등을 완전히 비워서 여러분의 마음과 가슴 속에 오로지 '하나님'만이 남아 주재主宰하실 수 있게 하는 것이 가능합니다."

"그러면 어떻게 됩니까?" 한 여인이 물었다.

"그러면 여러분은 '하나님이 주재하는' '존재 상태'로 들어갑니다. 그것은 너무나 아름답고 거룩하지요. 그것은 사랑이고 자비로움이며, 자신을 아끼는 것과 같이 다른 이들을 아끼는 것이며, 다른 이들을 정확히 있는 그대로 받아들임으로써 심판하지 않는 것이며, 그들 또한 '아버지'의 보살핌 속에서 동등한 '하나님'의 자녀임을 아는 것입니다. 그것은 측량할 수 없고 형언할 수 없는 행복이며, 세상의 아름다움 속의 환희이며, 무한한 생명이요 넘쳐나는 기운이요 건강이며, 자신이 그런 요구를 품고 있었다는 사실을 알기도 전에 모든 것이 성취되는, 그런 상태입니다."

"랍비들은 왜 그런 것을 우리에게 말해주지 않는 거죠?" 몇몇 목소리가 불평했다.

"왜냐하면 오로지 나만이 '아버지'를 보았고, 나만이 세상이 지어진 이치와 존재의 법칙을 알기 때문입니다. 내가 이 모든 것을 알기 때문에 여러분은 내게로 와서 묻지 않을 수가 없고, 나는 내게 주어진 모든 것을 밝힐 것입니다. 진실로 말하건대 ─ 여러분 중 믿는 ─ 그리고 이해하는 ─ 그리고 나의 말을 나날이 실천하고자 하는 ─ 이는 모두가 인류를 괴롭히고 있는 고난에서 구원될 것입니다. 여러분은 자신이 어떻게 창조되었는지, 그리고 자신이 태어난 진정한 목적이 무엇인지를 이해하지 못하기 때문에 고난을 겪고 있는 것입니다.

여러분은 '아버지'의 아들이자 상속자로 태어났습니다. 여러분은 '아버지'이신 그 모든 것과, 그가 여러분께 줄 수 있는 모든 것을 누리기 위해 태어났습니다. 하지만 여러분은 왕국의 모든 영광을 등지고 세속적인 것에서만 쾌락을 구하려고 애씁니다. 그러는 동안에는 결코 하나님 나라를 찾지도, 천국에 들어갈 수도 없을 것입니다."

"어떻게 해야 천국에 들어갈 수 있습니까?"

172

"이미 이야기했습니다. 여러분의 마음과 가슴 속에서 *여러분인* 그 모든 것을 뉘우쳐 고칠 때 **천국**으로 들어갑니다. 자신의 악을 '아버지'께 데려가서 용서를 구하고 자신의 나쁜 생각과 말과 행동들을 깨끗이 쓸어낼 힘을 달라고 기도하면, 그리고 마침내 그것을 제거하고 나면 곧 **천국**을 찾게 될 것임을 확신할 수 있습니다. 이것을 이루고 나면 여러분은 다른 이들에 대한 자신의 태도가 바뀐 것을 깨닫게 될 것입니다. '아버지'께서 여러분 안에서 그의 **사랑의 역사**를 행하고 계실 것이기 때문입니다. 여러분은 이전에 여러분을 속세에다 묶어 포로가 되게 했던 사악한 욕망과 행동의 가죽끈과 쇠사슬로부터 놓여날 것입니다. 그보다도, 여러분은 '아버지'께서 여러분이 나날이 필요로 하는 것들을 정말로 충족시켜주시는 것을 발견하게 될 것입니다."

한 여인이 소리쳤다. "선생님, 지금 제게 필요한 게 있습니다. 저는 배가 고픕니다."

사람들이 웃었지만 곧 몇몇이 입을 모아 말했다. "우리는 오랜 시간을 당신과 함께 있었습니다. 당신은 가르침을 허락할 때까지 우리를 걷고 또 걷게 만들었습니다. 우리가 착한 양떼임을 보여드렸으니 우리의 허기를 채워주지 않으시겠습니까?"

나는 그들의 말이 사실임을 깨닫고 깊은 자비심을 느꼈다. 그들은 단지 병을 낫고자 해서만이 아니라 '아버지'께서 내게 알려주신 대로의 **진실**을 알기를 열망했기 때문에 나를 따라왔다. 나는 '아버지'께서는 그들의 필요를 충족시켜주신다고 말했다. 이것은 그들에게 믿음의 힘과 '하나님'이신 권능을 보여줄 기회가 될 터였다. 나는 그들이 내가 믿고 본 대로 진실로 믿으면 불가능한 것이 없음을 증명해 보이기로 마음먹었다.

나는 제자들을 불러 음식을 가진 사람이 있는지를 찾아보게 했다.

그들은 한 소년이 빵과 생선을 가지고 있는 것을 보고 그것을 내게로 가져왔다.

나는 무리에게서 떨어진 곳으로 가서 고요히 빵과 생선을 묵상했다. 그것이 모든 '물질'의 근본 질료인 '하나님' 마음의 권능이 가시화된 것일 뿐임을 아는 가운데 말이다.

나는 '하나님' 마음의 권능은 무한하며 내 의식 속에서 강력히 작용하고 있음을 알았다.

나는 '아버지'의 본성은 필요의 충족임을 알았다.

음식에 축복을 내릴 때, 나는 [권능]이 내 마음과 몸과 손을 통해 온전히 흘러드는 것을 느꼈고, 사람들의 허기가 충족될 것임을 알았다. 그것이 어떻게 그렇게 될지는 몰라도, 그저 그렇게 될 것임을 알았다.

그래서 나는 음식이 담긴 바구니를 제자들에게 건네주고 그것을 나눠주라고 했다. 모든 이들이 양껏 음식을 먹게 될 것임을 절대적으로 확실히 느끼면서 말이다.

빵과 생선이 나눠지면서 돌아가는 동안, 그것은 모든 무리가 실컷 먹을 만큼 양이 절로 불어났다. 그러고 남은 것이 몇 바구니 되었다.

이로써 나는 다음 사실을 보여주었다:

* '물질' ― 이 우주에서 눈에 보이는 모든 것 ― 은 '티끌'(과학이 입자라 일컫는 것)들의 진동을 통해 가시화된 마음/의식이라는 것을.

* '진동하는 티끌들' 속의 변화, 곧 '물질' 속의 변화는 마음/의식의 에너지 속에서 일어나는, 강력하게 발휘되고 제어되어 집중된 움직임/상상의 결과로 일어난다는 것을.

* 타인을 위한 선의를 이루기 위해 순전히 '사랑 의식'에서 우러나서 행동할 때, 세상 속의 '아버지의 사랑의 역사'에 제약을 가하는 유일한 것은 [그 역사에 제약을 가하는 인간의 사고틀]이라는 것을.

* *'물질' 속의 그러한 변화는 오로지 '인간'의 의식이 '아버지의 우주적 의식'과 완벽히 조화되어 하나가 될 때만 일어날 수 있다는 것을.*

이렇게 사람들이 배를 채웠을 때, 내 제자들과 무리는 놀라는 기색이었지만 그런 일이 어떻게 일어날 수 있는지에 대해서는 그들 중 누구도 이해하는 사람이 없었다.

그들은 단지 이것이야말로 자신이 목격한 가장 큰 기적이라고만 말할 수 있을 뿐이었다. 그것은 또, 나를 하나님의 아들로 여기는 그들의 믿음을 확증해주었다.

또 다른 날, 나는 베데스다 근교의 한 나무 밑에서 병자를 고쳐달라고 데리고 온 사람들에게 둘러싸여 앉아 있었다. 늘 그랬듯이, 그들은 이 병자들이 생명과 건강을 회복하는 것을 보고 놀라며 어떻게 그런 기적을 일으킬 수 있는지를 신기해했다.

이번에도 나는 그들에게 **믿음의 힘**을 이해시키려고 애썼다.

복음서에는 내가 겨자씨만한 믿음만 있으면 산을 옮길 수 있으리라고 말했다고 쓰여 있다.

이 말은 내가 실제로 한 말을 잘못 알아들은 것이어서, 내 제자들과 복음서 기록자들이 당시에 나의 가르침을 얼마나 이해하지 못하고 있었는지를 폭로해준다.

어떤 사람이 겨자씨만한 '믿음'을 가지고 있다고 한다면 — 그게 무슨 뜻이란 말인가? 믿음을 어떻게 그런 식으로 측량할 수가 있겠는가? 믿음은 믿음이다.

그것은 마음을 장악하고 있는, 마음속의 '전적인 확신의 힘'으로, 어떤 '크기'에 한정되지 않는다.

176

믿음이 너희의 뜻에 어떻게든 이바지할 것이므로 뭔가를 믿어야 할 필요가 있다고 여겨서 일어나는 믿음은, 강력하고 굳셀 수는 있으나 결코 '크기'로 잴 수는 없다!

신념은 그보다 더 강하다. 신념은 들은 바와 논리의 소산이다. 너희가 어떤 것에 대해 듣고, 그 듣거나 읽은 것이 진실임을 확신했기 때문에 들은 그것에 대한 깊은 신념을 지니게 되는 것이다. 너희는 그것이 진실임을 확신한다. 그에 대한 반론을 무색하게 만들 정도로 전적으로, 완전히 확신한다.

나는 사람들에게 끊임없이 이렇게 말했다: "받을 것임을 확신하십시오, 그러면 받을 것입니다."

하지만 당시에 나는 기적이 일어나게 할 믿음을 사람들이 갖는다는 것은 언감생심 불가능한 일임을 알고 있었다. 내가 그들에게 아무리 진실을 설명한들 광야에서 내게 주어졌던 그 강렬한 앎을 그들은 결코 가지지 못할 것이기 때문이었다.

하지만 이제 내가 짤막하게나마 팔레스타인에서 땅을 밟고 다녔던 당시의 이야기를 하는 것은 독자인 너희들이 나의 깨달음 당시에 내게 주어졌던 앎을 이해하고 알기 시작하게 하려는 의도에서다.

나의 의도는 너희에게 **앎**을 전하는 것이다. 소문, 곧 들은 바란 어떤 것을 들었지만 그것이 사실임을 실제로 증명하지는 못하는 것이다.

앎이란 어떤 것을 듣고, — 혹은 읽고, — 듣거나 읽은 그것이 너희 마음속에 이미 들어 있는 모든 연관지식과 논리적, 실질적으로 합치하여 그것을 논리적, 실질적으로 이해하고 확신할 수 있어서 그 새로운 정보가 앎이 되는 것이다. 너희는 자신이 지금 '아는' 그것이 [진실]임을 [안다]. '확신'의 느낌이 있는 것이다.

지금에 이르기까지, 너희 중 어떤 이는 '예수 그리스도'에 대한 믿음을 지니고 있었지만 마치 조숙한 어린아이와도 같았다. 너희는 믿음을 맹목적으로 받아들이는 면도 있지만 거기에는 많은 의심이 얽혀 있었다. 그래서 너희는 무엇이 필요하든 그것을 얻기 위해서 '예수'께 의지했다. 하지만 사실 너희가 '예수로부터 직접' 얻었다고 믿는 것의 대부분은, 간구했던 것들의 형체를 띠고 나타난 '너희 자신의 예수에 대한 믿음'이었다.

너희 삶의 행복을 위해서는 이런 어린애 같은 '믿음'도 매우 중요하지만, 완성을 향해 영적인 길을 나아갈 수 있는 이들은 이제 마음과 '물질'의 관계에 대한 진정한 앎에 더 깊이 가닿아야만 한다. 이런 토대가 없으면 사람들은 종교라는 이름의 신화 속을 계속 허우적거리면서 비참한 인간의 굴레를 벗어나지 못할 것이다.

지상에 있을 때 나는 사람들에게 진실을 일러주었건만 그것은 계속 오해만 샀다. 내가 믿음에 대해 실제로 말했던 것은 이것이다:

"이 큰 나무를 보십시오. 이것은 상상할 수 있는 가장 작은 씨앗으로부터 커 나온 것입니다. 저 굵은 둥치와 가지와 잎새들을 보십시오. 엄청나게 자라난 저 모두가 한 알의 작은 씨앗으로부터 나왔습니다.

저런 것이 어떻게 나왔을까요? 대체 어디서 저 모든 줄기와 가지와 그것을 장식하는 잎새들이 나왔을까요! 이야말로 내가 여러분을 위해서 날마다 행하는 기적만큼이나 놀라운 기적이 아닌가요? 나무가 자라나는 이것이야말로 병자의 몸에서 일어나는 치유만큼이나 놀라운 '아버지'의 역사가 아닌가요?

여러분께 묻노니, ― 씨앗이란 무엇입니까? 말해줄 수 있나요? 아니오. ― 여러분은 대답할 수 없습니다. 하지만 내가 말해드리겠습니다.

그것은 '의식의 앎'(consciousness knowledge)이라는 이름의 한 작은 존재입니다. 씨앗은 자신이 장차 될 그것에 대한 '의식의 앎'입니다. 그것은 '신의 창조의식'으로부터 나온 한 조각의 '의식'입니다.

그것은 '아버지 마음의 권능'으로부터 나온, 마음의 권능의 한 조각입니다... 땅속에 심어져서 빗물을 먹으면 씨앗은 자신의 깊은 내부에 그 지식(knowledge)이 보유되어 있는, 그 가시적 '물질'로써 자신에게 옷을 입히기 시작할 것입니다. 이 앎은 진실이고 확실하고 강력하여 빗나가지 않습니다. 씨앗 속에 체화된 이 자기에 대한 앎(self-knowledge)은 '의식' 속의 하나의 확신(a conviction in consciousness)입니다.

모든 생명체는 자기에 대한 앎 — '의식' 속의 하나의 확신 — 이라는 이 일점으로부터 생겨납니다. 이 '의식 속의 확신'이야말로 땅 위에서 자라고 살아가는 모든 것을 무생물인 흙과 바위로부터 구별되게 하는 것입니다. '의식의 확신'(conviction of consciousness), 혹은 '정체성에 대한 앎'이 없으면 성장도 없습니다. 흙과 바위 속의 의식은 잠든 형태의 '의식'으로 남아 있습니다.

그러니 여러분이 기도로써 구하는 그것을
한 알의 겨자씨가 자신의 정체를 아는 것만큼만 강력하게
확신할 수 있다면
원하는 것을 무엇이든지 해낼 수 있을 것입니다.

마음속에 한 알의 씨앗 — 가슴속 가장 절실한 목표에 대한 완벽한 계획 — 을 지니고, 그 모든 의심을 넘어서 그것이 자라서 완벽한 결실을 맺을 수 있음을 알면 여러분은 그 놀라운 씨앗이 자기만의 고유한 생명력을 띠고 여러분의 삶 속에 오롯이 모습을 나타내는 것을 목격하게 될 것입니다.

그리고 물론 여러분 삶 속의 산들 — 여러분의 길을 막아서서 여러분이 하고자 하는 온갖 일들이 이루어지지 못하도록 가로막고 있는... 여러분이 분별없고 나쁜 생각에 빠져 있을 때 스스로 만들어낸 그 산들을 옮겨놓을 수 있을 것입니다.

창조와 존재를 이해하기만 한다면 여러분은 전적으로 자유롭고 무

한히 이뤄내는, 초월적 환희에 넘치는 삶을 살 수 있을 것입니다. 그 이해를 구하십시오. 그러면 그 이해가 조금씩 조금씩 여러분께로 다가오는 것을 깨닫게 될 것입니다.

'하나님' — '우주적 아버지 의식'(Universal Father Consciousness) — 께 다가가게 하는 우주의 문을 두드리십시오. 그러면 마침내 그 문이 활짝 열리는 것을 볼 것입니다. 그러면 여러분은 세상의 비밀 속으로 들어갈 수 있게 될 것입니다.

오로지 믿기만 하십시오, 그러면 받을 것입니다."

나는 또 그들에게 늘 이렇게 상기시켰다:

"오직 순수한 마음과 가슴을 지닌 이들만이 이런 힘 있는 일들을 이뤄낼 것입니다.

왕들과 약탈자들과 사악한 마음을 지닌 무리가 그랬듯이, 악의적인 자들이 잠시 활개를 칠 수도 있습니다: 그들은 그들의 일을 벌이도록 잠시 동안 허락받았습니다. 어떤 선은 악덕 속에서도 일어나니까요. 하지만 결국 그들은 망하고 그 이름이 세상의 손가락질을 받게 될 것입니다.

그러니 성공하려면 반드시 자신의 동기를 살펴보십시오. 오로지 부나 일신의 안일을 위한 이기적 갈구에서 나온 욕망은 결국 좌절과 병과 죽음으로 종말을 맞습니다."

그리고 이 글을 읽는 너희에게 이르노니, 아무도 내가 말하는 진실을 부정하지 못하게 하라. 그들 또한 내가 지상에서 걸었던 자기포기의 길을 걸음으로써 내가 얻어냈던 것과 동일한 '아버지'와의 합일경과, 반박할 수 없는 앎과 이해의 경지에 도달하기 전에는 말이다. 이 모든 것을 이뤄내고 나면 너희도 더 이상 내가 이르는 진실을 부정하고 싶은 마음이 일어나지 않고 오히려 '나'와 함께 너희 이웃들을 가르치고자 하는 열망을 억누르지 못하게 될 것이다. 그때까지는 마음의 평온을 지켜 너희의 무지를 아무도 알지 못하게 하라.

온 세상 사람들이 나의 가르침을 그 높은 도덕성으로, 그리고 일상의 삶을 선행으로 인도해줄 완벽한 지침으로서 얼마나 기꺼이 받아들이는가. 하지만 그들은 얼른, 기사奇事에 대한 이야기만은 에누리해서 들어야 한다고 덧붙인다. 우주의 자연법칙을 그토록 벗어나는 현상은 불가능하기 때문이라고 말이다.

이런 식의 사고가 장차 인간의 마음이 성취할 수 있는 영적-과학적 발전을 저해하는 장애물을 쌓아올린다.

사실, 나는 모세의 십계명에 주어진 것보다 더 높은 도덕률이나 새로운 종교를 가르치려고 이 땅에 온 것이 아니다. 나의 목적은 창조자인 '하나님'에 대한 새로운 관점과, 존재 자체에 대한 새로운 이해를 전하려는 것이었다. 이 앎으로부터 새로운 삶의 길이 나올 것이다.

이 세 번째 밀레니엄의 시대에 이르러서 나의 지상의 사역使役을 바라보는 올바른 태도는, 내가 행했던 '기적'들이 당시의 평균적 인간들의 능력 너머의 것이었음을 인식하는 것이다. 그러나 그런 '기적'들은 장차 사람들의 마음에 존재에 대한 진정한 앎이 온전히 스며들 때, 또한 사람들의 마음이 믿음과 명상과 기도를 통해 '우주적 생명/사랑 의식'에 온전히 동조되고 물들 때 이룰 수 있게 될 일의 본보기였다.

내 제자들이 호수 한가운데 배에 타고 있을 때 내가 물 위를 걸었다는 것은 정말 사실일까?

이 사건에 대한 성경의 기록을 읽었다면 너희는 제자들이 나를 두고 자기들끼리 떠나 있었다는 사실을 알 것이다. 나는 모든 인간사를 떠나 산속에 칩거하면서 다시 한 번 깊은 명상 속으로 들어가서 내 의식이 '하나님 의식'의 우주적 차원 속으로 녹아들게 할 기회를 가지고 싶었다.

인간적 의식을 초월하는 이 영적 상태에 들었을 때, 물질성에 대한 모든 인식은 사라지고 나는 황홀경 속에서 우주적 생명의 흐름 속으로 고양되어, [우주적 생명]이야말로 모든 것이고 [생명]이 내 존재의 실체이며 그 밖의 모든 것은 [우주적 생명]의 한갓 일시적이고 변덕스러운 가시적 겉모습일 뿐임을 알았다. 나는 [알았고, 느꼈으며, 나는 [생명 그 자체]였다. 그리고 지상의 의식 너머로 벗어나서 우주적 [생명 의식] 속으로 들어가는 동안 나의 육체적 존재를 지배하는 법칙은 초월되어 그것은 더 이상 내 인간적 몸뚱어리의 피와 살에 적용되지 않았다.

나는 이 새로운 초월적 경지 속에서 돌아다녀 보고 싶었고, 문득 나 자신이 동굴 밖으로 나와 공중에 떠 있는 것을 깨달았다. 나는 내 제자들이 호수 위에서 조난당해 있는 것을 볼 수 있었다. 나는 아무런 노력도 없이 공중에 떠서 산으로부터 호숫가로 내려왔고, 다시 일상의 인간사 ─ 이 경우엔 내 제자들의 상황 ─ 에 접속된 느낌을 회복하기 시작했을 때, 나는 물 위로 내려와 힘들이지 않고 서 있는 나 자신을 발견했다. 하지만 나는 아직도 나, 나 자신이 개체화된 [생명]이라는 사실을, 그리고 내 몸은 [생명의 권능]으로 충만해 있어서 그것이 계속 내 신체의 원자구조를 가벼워지도록 변성시키고 있다는 사실을 오롯이 인식하고 있는 상태였다.

인간적인 의식 상태에서 듣고 생각하고 하는 것과, 이제 육체적 상태로부터 개체자아의 의식이 철수되어 '우주적 아버지 의식' 속으로 온전히 녹아들면서 [우주적 생명의 초월적 실현] 속으로 상승하는 것은 두 개의 전적으로 다른 존재차원에 속한다는 사실을 이해해야 한다.

인간적 의식은 '우주적 아버지 의식'으로부터 영감을 받을 수 있지만 그렇게 얻어진 영감은 인간적인 상태와 뒤섞여서 두뇌를 ─ 따라서 정신작용 자체를 — 지배하고 있는 기존의 지식체계에 의해 종종 그릇 해석된다. 유감스럽게도, 너희가 받는 영감은 너희가 현재 강하게 품고 있는 신념들에 의해 **오염되고 왜곡되는** 것이다.

반면에 [초월적 지각 및 깨달음의 상태]는 육체적 상태 위로 떠올라 모습을 드러낸다. 두뇌는 더 이상 통제력이 없다. 그것은 더 이상 진실 그 자체인 초월적 지각 상태에 영향을 미치지 못한다.

그것은 더 이상 인간의 신념에 지배받거나 영향받지 않는다.

그것은 '존재란 이러하다고 믿는' 인간적 차원의 것으로 존재하는 것이 아니라 눈에 보이는 현상과 존재 배후에 '실재하는 그것'의 상태로 존재한다.

그것은 '기적'이란 것이 단지 우주적 법칙의 일상적 작용일 뿐인, 그런 초월적 의식상태 속에 있다.

지상에서의 내 삶에 대한 이 이야기를 계속하기 전에 나는 우주의 모든 것은 개체화된 특정한 [의식상태]들이 가시화된 것이라는 점을 다시금 강조하고자 한다.

나는 창조의 순간까지 거슬러 올라가는 이 세계 자체의 의식 에너지 속에 지울 수 없이 각인되어 남아 있는 내 지상의 삶을 재경험하기 위해 현재의 내 [우주적 사랑의 의식상태]로부터 하강해야만 했다.

너희는 내가 팔레스타인의 내 육신을 떠났을 때, 그 생애에 관련된 모든 것들도 함께 두고 떠났음을 알아야 한다.

나는 나의 소임을 다했다. 그러므로 십자가에서 죽었을 때, 나는 해방되었다. 나는 찬란한 [빛] 속으로 들어 올려져 [빛]이 [되기] 위해 그 [빛]과 함께했고, 우주적 사랑, 생명, 아름다움, 조화, 기쁨, 황홀경인 그 [빛] 속에서 환희를 누렸다. ['의식'의 다양한 차원 사이를 오가는 것]은 쉽거나 즐거운 임무가 아니다. 지금 내가 돌아와서 너희가 지상의 개체화된 존재로서의 새로운 주기, 새로운 시대로 진입하도록 돕고 있는 것은 단지 내가 팔레스타인에서 죽었을 때 내 지상의 사명이 끝나지 않았기 때문이다.

너희가 삶 속의 어떤 깊은 슬픔을 떠올릴 때면 그 슬픈 일이 실제로 일어났던 때와 거의 똑같은 정도의 위축과 감정적 스트레스로 반응하는 자신을 발견한다. 그러니 너희도 내가 말하는 '이 특수한 작업의 편안치 못한 느낌'을 어느 정도는 공감할 수 있을 것이다.

과거의 고통과 슬픔을 떠올리면 너희는 울고 싶어질 것이다. 상상 속에서 그때를 다시 떠올리면 너희는 당시의 그 우울한 느낌과 고통을 느낄 것이다. 이제는 '의식'이 조금 전의 행복하고 평화롭고 평정한 상태로부터 추락하여 당시의 고통스러운 순간에 너희가 지어냈던 '의식의 낮은 진동수와 의식체'를 다시금 경험하고 있기 때문에, 사람을 피하고 싶어질 수도 있다.

기분의 변화는 의식 에너지에 변화가 일어나고 있음을 가리켜준다. 의식의 진동수가 상승하면 너희는 신체적, 감정적, 정신적으로 고양되어 행복을 느낀다. 의식 에너지가 떨어지면 너희는 모든 신체기능이 저하되고 우울감이 덮쳐오는 것을 느끼게 될 것이다. ─ 아니면 최소한 조금 전까지 누렸던 붕 뜬 기분이 사그라질 것이다.

나는 너희를 위해 **존재에 관한** 사실을 설명해주고 있다.

너희의 온 우주가 의식 에너지 알갱이의 다양한 진동주파수를 형상화하여 보여준다. 이 주파수가 한 수준과 다른 수준 사이를 오르내리면 눈에 보이는 물리적 구조물들도 달라진 에너지 수준을 나타내 보여주고, 그에 따라 정신적 패턴과 감정과 외양에도 변화가 생긴다.

내가 지상에서 살던 시절의 상태로 다시 들어오기 위해 나의 의식 상태로부터 하강하는 것은 오로지 <u>인류에 대한 나의 사랑</u>이 나를 재촉했기 때문이다.

'기독교인'들은 2천 년 동안이나 나의 십자가 트라우마를 되살려 경험해왔다.

어떤 사람들은 내가 겪었으리라고 자신이 믿는 것에 대한 신경증적이고 병적인 감정의 반응에 지나지 않는 성혼聖痕까지 경험했다. 사람들은 내가 죽기 전에 겪었을 고통을 상상하면서 자신을 광란에 가까운 감정상태에까지 몰아넣었다. 내가 견뎌낸 일에 대한 그들의 송구한 느낌이 그들로 하여금 육체적 고통까지 느끼게 하는 것이다. 이것은 너희의 성금요일(Good Friday) 기사記事로 기록되고 있어서, 나는 특별히 내 십자가 수난 사건과 관련하여 너희에게 그날에 대한 기억에 연루된 모든 소설과 드라마를 폐기해야 함을 말해주러 왔다. 나는 죽었다. ― 그리고 그것은, 나에게는, 경이로운 해방이었다.

이제는 사람들이 그 오래고 오랜 꿈에서 깨어나서 실제의, 있는 그대로의 존재를 깨달아 이해해야 할 때다. ― 그리고 오늘날까지 감춰져 온 나의 십자가 수난에 관한 진실을 깨달아야 할 때다.

너희는 수십 세기에 걸쳐서 해마다 성금요일 날이 되면 범세계적으로 오염되고 상처투성이인 '존재의 의식상태'를 지어냈다. 그것은 지옥이 천국으로부터 까마득히 먼 만큼이나 [우주적 창조의식]의 영적 차원으로부터 까마득히 동떨어져 있다.

이제 나는 세상이 영적/정신적 발달의 새로운 단계로 나아가도록 돕기 위해, 나의 말을 받아 적는 이의 마음을 통해 '예수'라는 인격 속의 내 지상의 생애를 재경험하기로 했으니 나의 말을 받아들일 수 있는 이들에게 부탁하노니, 나의 죽음을 기리는 이 관습과 내가 광야에서 보냈던 40일을 기리는 사순절 금식기간의 육체적 '자기부정' 관습을 철폐하라. 이 이야기로부터 깨달았겠지만, 내가 광야에서 보낸 시간은 가장 큰 환희와 영의 축복을 경험한 시간이었다.

****

내가 죽기 직전에 영적으로 의미 깊은 사건들이 많이 일어났다. 그것은 너희의 존재 차원에 작용하는 위대한 **우주적 법칙**을 보여주는 훌륭한 본보기들이다. 이제부터 그 중요한 사건들을 간략히 이야기해주겠다. 너희 우주의 다른 어떤 사람이 얻은 앎도 초월하는 앎을 전하여 너희의 마음을 온전히 밝혀주는 것이 나의 목적이므로.

내게 다가오는 죽음에 제자들을 대비시키기 시작했을 때, 그것은 정말 어려운 일이었다. 그들은 충격과 경악을 주체하지 못했다. 내가 다른 죄인들과 똑같이 십자가형을 당한다는 것은 생각만 해도 끔찍했거니와, 그들은 저희 가운데서 나를 잃게 되는 것을 원치 않았다. 나는 별문제도 없이 잘 살고 있는 그들에게 일상의 삶을 버리고 나를 따르게 했다. 그들은 나와 나의 사역을 거드는 새로운 삶을 살기 위해 가족과 고향을 버리고 떠나야만 했다. 그들은 내가 마을과 마을들을 돌며 명성을 쌓아가는 데에 자부심을 느꼈다. 그들은 자신들의 종교 지도자들로부터 혹독한 비판을 받으며 배척당하면서도 나와 인연을 맺고 나의 제자로 알려지는 것을 기쁘게 받아들였다. 그뿐 아니라 그들은 나를 사랑하고 존경했다. 내가 나의 가르침을 삶으로써 몸소 본보여 주었고 많은 사람들을 연민으로써 치유해주고 그들의 비참한 삶을 쓰다듬어 위로해주었기 때문이다. 그들은 진실로 내가 하나님의 아들임을 믿었다. 그들은 어떻게 **하나님의 아들**이 십자가에 매달려서 죽을 수가 있느냐고 서로에게 반문했다. 그렇게 반문할 때마다 충격과 공포는 더 커져갔다. 그것은 생각조차 할 수 없는 일이었다. 그들은 눈앞이 캄캄해지는 것을 느꼈다. — 삶이 공허해지고 그들이 걸었던 땅바닥이 거대한 구멍을 남기며 꺼져버렸다. 그들의 마음에는 엄청난 불안감과 목적을 상실한 허탈감만 남았다. 그들은 **나의 십자가형에 대한 이야기**를 감히 마음속에 떠올리려 들지 않았다. 그와 같은 일은 그들이 온 가슴으로 믿어왔던 모든 것을 파멸시킬 것이었다.

그래서 제자들은 내가 일러주려고 애쓰는 말을 소리 높여 부정하면서 그런 일은 일어날 수가 없노라고 거듭거듭 부정했다. 그들의 완강한 부정에도 내 말에 흔들림이 없는 것을 보자 그들도 결국은 언성을 낮추면서, 그런 일이 일어날 가능성이 있을지도 모른다는 것을 **겉으로라도** 받아들이지 않을 수가 없었다. 나는 그들에게, 내가 죽은 후에도 나를 다시 보게 될 것이며 내가 시작한 일을 그들이 계속 이어가기를 바란다고 말했다.

제자들의 마음속에 내가 일으킨 고통과 혼란은 나에게도 깊은 영향을 미쳤다. 나의 운명이 기다리고 있는 예루살렘으로 제 발로 걸어 들어가는 것은 쉬운 일이 아니었다. 무엇보다도, 내게 닥친 이 큰 시련을 내가 과연 겪어낼 수 있을지가 의문이었다. 나는 죽는 순간까지 육신의 차원을 초월하여 **우주적 아버지 의식**으로 들어가 머물러 있을 수 있을까? 나는 가끔씩 그 호된 시련에 깊은 두려움을 느꼈지만 제자들 앞에서는 그것을 드러낼 수가 없었다.

그리하여 나는 만감이 교차하는 가운데 예루살렘으로 마지막 길을 떠났다. 한편으로는 내가 일러주고자 하는 바를 제대로 이해하지 못하고 멍하니 입을 벌린 채 듣고 있는 사람들을 가르치고 치유해주는 일에 지쳐 있기도 했다.

나는 나의 앎이 사람들로 하여금 비참한 삶의 구렁을 기어오를 수 있게 해주리라고, 아니, 최소한 '아버지'를 만나고 '천국'을 잠시라도 엿볼 수 있게 해주리라고 생각했다.

하지만 내 제자들 가운데서조차 그와 같은 영적 깨어남의 징후는 보이지 않았다.

나의 이러한 실망과 낭패감은 이 지상의 삶을 지나쳐 죽음 이후에 나를 기다리고 있을 영광스러운 존재의 세계로 가게 된 것이 오히려 기뻐지게 만들었다.

하지만 동시에 나는 내가 십자가형의 고통을 어떻게 견뎌낼지 의심스러웠다.

나는 나의 소임을 행하는 동안 대체로 평온한 — 종종은 고양된 — 마음 상태로 지냈다. 나의 생각은 모든 존재의 창조자인 '아버지 사랑 의식'에 초점이 맞춰져 있었다. 나로서는 그저 간구할 수밖에 없으며, 내가 간구하는 것은 이내 실현되리라는 앎과 함께.

재판정에 끌려갈 때, 십자가형이 시작되고 손에 못이 박혀 내 몸이 거기에 매달려 있을 때 나는 과연 마음의 평온을 유지할 수 있을까?

이처럼 의심과 두려움에 사로잡히자 내 의식의 진동수는 평소 수준으로부터 떨어져 내려가고 있었다. 그것은 나를 지구차원 의식의 진동수 속으로 나를 끌어내리고 있었다. 나는 '아버지 사랑 의식'과 완전히 조화된 이전의 의식상태에서는 상상도 하지 않았을 비이성적 행동을 부추기는 옛날의 내 공격적인 성정에 다시금 사로잡혀 버렸다. 나의 의심과 갈등은 **사랑의 우주적 법칙**을 거스르는 인간적 감정과 충동으로 삶 속에서 표출됐다.

첫째, 무화과나무 사건이 있었다. 나는 배가 고파서 무화과나무로 갔지만, 무화과가 달릴 철이 아니었기 때문에 실제로 무화과를 발견하리라고 기대하지는 않았다. 열매를 발견하지 못하자 나는 무화과나무를 저주했다. 24시간 후에 나무는 뿌리까지 말라버렸다.

그것은 충격적인 경험이었다. 나의 말이 무엇에 해를 끼친 것은 그것이 처음이었다.

하지만 그것은 선이든 악이든 간에 생각이 미치는 힘을 내 제자들의 눈앞에 분명히 보여주었다. 영적으로 진화된 사람일수록 그들의 말은 주변 환경에 더 큰 영향을 미친다는 사실을 보여준 것이다.

나는 그것을, 원하던 것을 ─ 잔뜩 기대했다가 ─ 얻지 못한 상황에서 보통 사람들이 보이는 것과 같은 행동을 사려 없이 저질렀을 때 어떻게 되는지를 보여주는 기회로 삼았다.

평소에 그들은 자신의 간절한 욕망을 가로막는 사람에게 분노와 눈물과 적의, 심지어는 일종의 '악담'이나 저주에 해당할 수도 있는 날카로운 언사로써 반응한다. 이제 그들은 저주가 무화과나무에 어떤 영향을 끼쳤는지를 직접 목격한 것이다.

그들은 이제 강한 확신은 그들이 원하고 상상하는 것을 무엇이든 가져다주지만 동시에 자신의 정신적-감정적 상태를 항상 주시하고 있어야만 한다는 사실을 이해할 수 있어야 한다. 그들은 타인에 대한 앙심을 속에 품고 있지 말고 재빨리 용서해야만 한다. 그러지 않으면 상대방에게 큰 해를 입힐 수 있고,,, 그것은 조만간에 스스로 뿌린 것의 결실로서 자신에게 돌아올 것이다.

게다가 그것은 그들이 뿌린 그대로 돌아온다. 나는 내가 무화과나무에게 한 짓이 어떤 형태로든 내게로 불가피하게 돌아올 것임을 알고 있었다.

나는 제자들을 데리고 성전으로 갔다. 거기에 가본 지도 여러 해가 지났는데, 나는 나의 방문이 일련의 연쇄적인 사건들을 촉발시켜 나를 십자가형으로 이끌어갈 것임을 알고 있었다. 몇몇 사람들이 나를 알아보았고, 그들의 요청에 응하여 나는 그들에게 설교를 시작했다. 더 많은 사람들이 모여들어 번잡해지자 환전꾼들이 불평을 토하기 시작했다. 그들이 소리치며 불평하는 바람에 나는 마음이 산란해져서 가르침에 집중할 수가 없었다.

내 안에서 갑자기 노여움이 솟구쳤다. 곧 더 이상 들을 수 없게 될 [생명]의 말씀을 듣고자 내 곁에 모여서 열심히 귀를 기울이는 사람들이 있는가 하면 그 바로 옆에는 백해무익한 제물용 가축을 팔아서 먹고 사는 환전꾼들이 있었다. 이 자들은 오직 사람들을 빚과 불행에 빠트릴 뿐인 자들이었다. 나는 피가 머리로 솟구치는 것을 느끼고 그들의 가판대를 뒤집어엎어 동전이 굴러 흩어지게 하고, 돈에 마음이 팔린 자들을 성전 밖으로 몰아냈다.

아수라장이 벌어졌다. 어떤 사람들은 돈을 줍느라 땅바닥을 기며 다투고 있었다. 환전꾼들은 나를 악마라느니 사탄이라느니 하면서 온갖 저주를 퍼부었다. 성전의 제물을 신성시하는 제사장들과 바리새인과 온갖 사람들이 이 소동과 혼란의 주범을 찾아내려고 몰려왔다.

환전꾼들의 이야기를 들은 그들은 나의 행동에 격분하면서 제사장들을 부추기기 위해 목청 높여 나를 단죄하고 엄살을 떨기 시작했다. 그들은 내가 한 짓이 얼마나 끔찍했는지를 강조하기 위해 서로 옆 사람보다 더 큰 목소리로 항의했다. 그것은 성전에서 일찍이 벌어진 적이 없는 광경이었다.

이전까지 나의 가르침에 귀를 기울이던 사람들조차 이제는 나의 강퍅한 행위에 마음이 혼란해져서 내가 대체 어떤 자인지를 의심했다.

그들은 서로 가까이 모여서 일이 어떻게 흘러가는지를 지켜보고 있었다. 제사장들과 바리새인들은 그들을 발견하고 다가가서 내가 그들이 회당에서 들은 것과는 전혀 다른 가짜 '하나님'을 설하여 그들이 믿고 있는 것을 깡그리 짓밟아놓으려고 하고 있다고 구슬렸다. 제사장들은 그들이 나의 미친 헛소리에 계속 귀를 기울이다가는 나의 죄악에 그들마저 물들 것이라고 으름장을 놓으면서 자신들의 격앙된 분노를 그들에게 퍼부었다.

사람들은 차츰차츰 내가 사악한 힘이며 내가 이 나라의 평화를 어지럽혀 로마 총독의 노여움이 팔레스타인의 온 땅에 미치게 하기 전에 나를 제거해야만 한다고 믿게 되었다.

제자들은 나의 행동을 부끄러워하며 현장을 떠나 성전 뒷골목으로 몸을 숨겼다. 나중에 내게로 돌아왔을 때 그들의 표정에는 나의 행동 때문에 극도로 괴로워한 흔적이 완연했다. 그들은 내가 정신이 나간 나머지 자신의 죽음을 예언하고, 그 빌미가 될 수도 있는 미친 짓을 벌인 것이 아닐까 하고 의심했다.

유대교 신앙을 완전히 떨쳐버리지 못했던 유다가 내가 과연 메시아인지를 의심하기 시작한 것도 그때였다. 내가 사람들을 가르친 3년 동안 로마의 압제는 조금도 가벼워지지 않았다. 그 3년 동안 사람들은 내가 약속했던 행복에 한 발도 더 다가가지 못했다. 그런데 이제는 내가 평화를 깨고 로마의 노여움이 그들의 머리 위에 쏟아지게끔 만들 난동자가 되려는 것처럼 보였다.

유다는 유대교 대제사장들이 나를 제거하고자 한다는 말을 듣고, 적당한 때에 나의 행방을 알려주기로 약조했다.

제자들과 유월절 첫날의 만찬을 나눌 시간이 다가오자 나는 큰 식당에 다 함께 모여서 음식을 나눌 수 있도록 만찬을 준비시켰다. 나는 그것이 내가 지상에서 먹을 최후의 음식이 될 것임을 알았다. 나는 그날 밤의 의식 속으로 깊이 돌아가고 싶지 않다.

나는 나를 그토록 잘 섬겨주었던 제자들을 떠나는 것에 깊은 슬픔을 느꼈다. 그 슬픔과 함께 나의 모든 두려움과 갈등이 다시금 엄습했다. 나는 잠시 자기연민의 깊은 감정에 빠져들었다. 내가 내 백성들을 위해 하고자 했던 모든 일과, 그들을 위해 예비된 나의 희생을 아무도 이해하지 못하리라고 느꼈다.

요한은 이스라엘 백성이 이집트를 떠나 광야로 탈출하기 전날 밤의 일을 생생하게 이야기하고 있었다. 그는 모세가 가장들에게 흠 없는 어린 양을 잡아서 일러준 방식대로 요리하고 그 피를 모든 이스라엘 가정의 문기둥에 바르라고 지시했던 것을 이야기했다. 왜냐하면 바로 그날 밤 천사들이 와서 이집트인들의 모든 맏아이들과 가축을 살육할 것이었기 때문이다. 그는 이집트인들이 아침에 일어나 집집마다 하나도 빠짐없이 피투성이가 된 맏아이들을 발견하고 비명을 질렀던 광경을 생생하게 상기시켰다.

그것은 높은 영적 진실을 추구하는 사람에게는 아무런 가치도 없는 것이라고 내가 배척했던 일종의 공포소설이었다. 내가 그들의 '**천국의 아버지**'와, 모든 인류를 향한 그의 사랑을 말해줬을 때 내 제자들이 그 것을 얼마나 제대로 이해했을지가 의심스러워졌다. 내가 분명히 '**아 버지**'이신 '**하나님**'은 **사랑**이라고 말했거늘 어찌 그들은 천사들이 이 집트의 맏아이들을 살육한다는 생각에 희희낙락할 수가 있단 말인가.

하지만 유대교인들은 예로부터 자신의 죄를 속죄하기 위해 피를 뿌리 는 일에 늘 열중해왔다.

심지어 이스라엘의 건국 시조인 아브라함조차도 자신의 하나뿐인 아 들을 광야로 데리고 가서 죽여서 하나님께 제물로 바쳐야 한다고 확 신했었다. 이 얼마나 미개하고 혐오스러운 생각인가!

나는 성전에서 동물을 제물로 바치는 것에 대해 생각해보았다. 야생 창조계의 모든 것을 사랑하는 나로서는 그러한 관습은 혐오스러운 행 위였다. 그런데 이제 내가 감히 '진리'의 말씀을 설한 죄로 죽음에 처 해지게 되었다. 나의 앎을 전하는 일에서 내가 해낸 것이 얼마나 보잘 것없었는지를 생각하니 애초에 내가 왜 그런 사명을 위해 보내졌는지 조차 의아스러웠다!

나는 순간적으로나마, 평소에 이 사람들에 대해 내가 느꼈던 사랑의 느낌 속으로 북받치는 분노와 원한이 섞여드는 것을 느꼈다.

약간 비꼬인 심사로, 나는 내가 더 이상 그들 곁에 없을 때 나의 모든 가르침을 그들에게 다시 상기시켜 줄 효과적인 상징물을 어떻게 남겨 줄 수 있을지를 궁리했다. 내가 그들과 함께 방 안에 있는 가운데서도 그들이 그토록 금세 '**아버지의 사랑**'에 대한 나의 모든 가르침을 다 잊어버리고 유월절의 공포소설을 즐기고 있을진대, 내가 수치의 극치인 십자가 '죄인'이 되어 죽고 나면 그들이 그 가르침을 얼마 동안이나 기억하겠는가 말이다.

그래서 그때, 그들이 '피 뿌리는' 이야기에 그토록 감동하고 있으니 나는 그들이 나를 기억하게 할 피를 주어야겠다는 생각이 떠올랐다.

이런 비꼬인 심사를 품은 채, 나는 빵 덩어리를 집어 한 조각씩 떼어 제자들에게 건네주며 먹게 했다. 나는 빵이 조각조각 떼어지는 것을 장차 내 육신이 조각나는 것에 비유하면서 내가 그들에게 [진실] — 하나님에 대한 진실과 생명에 대한 진실과 사랑에 대한 진실 — 을 전하기 위해 희생한 일을 상기하기 위한 방법으로서 '빵을 떼어 나누어 먹는' 이 일을 관습으로 삼도록 일렀다.

나의 심기가 심상치 않아진 것을 알아차린 그들은 식사를 멈추고 귀를 기울이다가 빵을 받아 말없이 먹었다.

그다음에 나는 포도주 잔을 들어 건네주면서 각자 그것을 마셔야 하니, 그것은 내가 감히 **존재의 진실**을 그들에게 전했다는 이유로 머지않아 뿌려질 나의 피를 상징하기 때문이라고 말했다.

나는 내 목소리에 담긴 일침이 그들 중 몇몇에게 가닿는 것을 보았다. 그들은 정신이 번쩍 든 듯 포도주를 한 모금씩 마시고 옆으로 건네주었다. 하지만 아직도 그들은 아무 말이 없었다. 그들은 내 태도가 진지해져서 그에 대한 논란은 허용되지 않으리라는 것을 직감하고 있었다.

그런 후 나는 그들 중의 하나가 나를 배신하게 될 것임을 말해줬다.

(개인적으로, 나는 그의 동기를 이해하고 있었고 그는 장차 일어날 사건들에 필요한 한 배역임을 알고 있었다. 그는 자신의 성정이 재촉하는 대로 하나의 역할을 맡아 연기하고 있을 뿐이었다. 나는 그가 깊은 고뇌를 겪으리라는 것을 알고 연민을 느꼈다. 하지만 이런 생각은 입 밖에 내지 않았다.)

내가 그들 중 하나가 나를 배신하리라고 말하면서 유다에게 얼른 나가서 해야 할 일을 하라고 하자, 제자들은 다시 웅성거리며 이것이 정말 나와의 마지막 식사인지를 의아스러워했다.

이제는 엄청난 감정적 고통과 의문과, 심지어는 내가 그들을 그와 같은 함정으로 몰아간 데 대한 비난까지 일어났다. 그들은 다시금 내가 죽고 나면 어떻게 살아가야 할지를 모르겠다고 웅성거렸다. 그들은 내가 십자가형을 당하면 자신들의 사회적 입지가 어떻게 될지를 물었다. 그들은 조롱거리가 될 것이다. 이제는 아무도 그들의 말을 믿지 않을 것이다.

내가 처한 곤경을 앞에 두고 그들이 내보이는 자기중심적인 반응에 깊은 슬픔을 느낀 나는 그들에게 일신의 안전에 대해서는 걱정할 필요가 없다고 다짐해주었다. 그들은 나를 버릴 것이고, 나의 십자가형에 연루되지 않을 것이었다. 나는 그들에게 내가 죽고 나면 흩어져서 갈릴리로 돌아가라고 일렀다.

이 말은 베드로의 마음 깊은 곳을 찔러서, 그는 자신이 결코 나를 버리지 않을 거라고 맹렬히 부인했다. — 하지만 물론 그는 나를 버렸다.

내 이웃 인간들에게 느꼈던 모든 사랑, 그들을 위해 내가 이루고자 열망했던 모든 것 — 나 자신의 앞가림도 급급한 이 순간에 — 은 아직도 멍한 몰이해와, 심지어는 저항에마저 부딪혀 있었다. 그들의 유일한 걱정은, '나는 어쩌지?' 하는 것이었다. 나에게 닥칠 고난에 대한 번민이나 염려의 말이나 도움의 제안 같은 것은 없었다.

나는 생각했다. — 인간의 가슴은 얼마나 야물고 딱딱하단 말인가. 인간이 자신의 상처와 고통을 넘어서서 자기보다 더 고통스러운 상황에 처한 불쌍한 이들에 대해 일말의 사랑과 연민을 느낄 수 있으려면 얼마나 많은 간난의 세월이 더 흘러야만 한단 말인가?

그들의 이기적인 반응에 깊은 좌절을 — 심지어 상처를 — 느꼈음에도 동시에 나는 그들을 이해했고, 제자들에게 앞날을 맞이할 용기를 부추겨주려고 내가 그들의 눈에 보이지 않을 때조차 언제나 그들과 함께할 것임을 다짐하여 확신시켜주었다.

200

내가 시작한 일은 저 너머의 세계로부터 촉진될 것이었다. 나는 그들을 홀로 버려두지 않을 것이었다.

그들은 나의 임재를 알고 느낄 것이고, 그것이 그들에게 위안이 되어줄 것이었다.

나는 그들에게 나와 함께했던 시간에 대한 기억을 잘 간직하고 있으라고 일렀다. 내가 그들에게 전해준 앎 속에 머물 이들이 많을 것이지만, 나의 가르침에다 전통과 이성의 목소리를 덧붙이고자 하는 이방인들도 있을 것임을 경고했다. 나의 말은 너무나 왜곡된 나머지 내가 세상에 전했던 애초의 진실이 더 이상 담겨 있지 않은 지경에까지 이를 것이었다.

이런 일이 일어나리라고 했을 때 그들은 흥분하고 심지어는 공포에 사로잡혔다. 나는 결국 나의 가르침이 헛되지는 않았음에 안도했다. ― 그들도 완전히 귀가 먹지는 않았던 것이다. 그들은 나에게 더 많은 것을 일러달라고 간청했지만 나는 손을 들어 그것이 내가 할 수 있는 말의 전부라고 말했다.

이에 이르자 나는 내가 지상에 있는 동안 하고자 했던 모든 말을 다했다고 느꼈다. 인간들에게 해줄 내 이야기는 끝이 난 것이다. 내가 너무나 간절히 원하는 것은 침묵에 들어가 '아버지'와의 만남 속에서 평화와 위안을 찾는 것이었다.

우리는 만찬 장소를 나서서 올리브 산으로 걸어갔다. 그러나 내 제자들의 심경은 내적인 갈등과 두려움과 의심에 휩싸여 있었다. 그들은 아직도 유월절을 기념하고 있을 가족과 친구들과 합류하기 위해 대부분 집으로 갔다.

공터에는 작은 동굴처럼 생긴 특별한 모양의 바위가 있었다. 나는 바람을 피해 거기에 들어가 있기를 좋아했다. 그래서 나는 예전에 누렸던 높은 조화의 경지로 들어갈 길을 찾아, 그곳에 앉아 명상하고 기도했다. 나는 '아버지 사랑'에 동조된 상태에 들기만 하면 두려움은 녹아버리고 다시금 완전하고 절대적인 평화에 찬 확신의 상태 속에 있게 될 것임을 알고 있었다. 사랑의 힘이 내 안으로 흘러들어와서 나의 인간적 의식을 장악하는 것을 느끼는 동안, 장차 겪게 될 일을 견뎌낼 힘도 내 가슴을 가득 채웠다. 나는 최후의 순간까지 사랑 속에 머물면서 사람들에게 그 사랑을 줄 수 있을 것이었다.

그리고 실제로 그랬다.

그 재판의 과정과 십자가에 달린 상태로 다시 들어가는 것은 시도도 하지 않을 것이다. 그것은 중요하지 않다.

내가 마침내 십자가에서 죽어 내 영이 고문에 시달린 육신에서 빠져나왔을 때, 나는 이루 말할 수 없이 찬란한 [빛] 속으로 들어 올려졌다. 나는 여태껏 경험해본 적 없는 [사랑]의 포근한 위안에 감싸였다. 일을 잘 해냈다는 강력한 확신, 칭찬과 찬미의 느낌, 그 일을 계속해나갈 우주적인 힘 속의 희열, 그리고 지상의 조건 속에서는 결코 맛볼 수 없는 초월적인 환희와 황홀감이 나를 감쌌다. 나는 경이롭도록 아름답고 새로운 생명의 길로 들어섰지만 한편으로는 내가 두고 떠난 사람들과의 접속을 유지하기 위해서 의식을 하강시켰다. 나는 나를 볼 수 있을 만큼 감수성이 예민한 이들에게 내 모습을 보여줄 수 있었다. 그러나 나의 상처에 손가락을 집어넣어 보았다는 도마의 이야기는 말도 안 되는 이야기다.

나의 제자들은 내가 아르마데아Aremathea의 요셉에게 내가 죽은 후에 내 시신을 자신의 사용하지 않은 무덤으로 가져다놓도록 은밀히 부탁해놓은 사실을 몰랐다. 그는 거기서 해가 지기 전에 관습에 따라 시신에 기름을 발랐다. 그리고 땅거미가 지고 예루살렘의 모든 사람들이 안식일 관습을 지키고 있을 때, 그는 믿음직한 말 탄 하인 둘을 데리고 몰래 내 시신을 꺼내어 어둠을 틈타, 그리고 낮에는 눈에 띄지 않는 길을 통해 갈릴리 나사렛 교외의 산기슭으로 가져왔다. 거기서부터 그는 내 가족의 도움을 받아 내가 일러놓은 대로 내가 우울하고 반항적이고 세상과 어울리지 않는 청년이었을 때 비바람과 사람들을 피해 숨어들곤 했던 감춰진 작은 동굴을 찾아냈다. 요셉은 내가 준 지도를 보고 그 동굴을 찾아내 몸에 방부처리를 더 한 후 거기에 두기로 약속했다. 그는 아무도 침입할 수 없도록 작은 입구를 막아버릴 것이었다. 내 시신은 아무런 훼방도 받지 않고 거기에 눕혀 놓여졌다.

'내 육신이 죽은 자들 가운데서 일어났다'고 전해졌지만, 십자가 죄인으로 죽은 나의 죽음을 그럴듯하게 꾸미기에 급급했던 지상의 마음들이 지어낸 이 얼마나 터무니없는 이야기인가!

다음 차원의 세계에서 존재하는 데에 지상의 육신이 무슨 소용이 있겠는가?

그런 우스꽝스러운 신화가 어떻게 21세기에 들어와서까지 존속할 수가 있는가? 이야말로 이 시대에 이르기까지 그와 같은 신앙을 맹목적으로 받아들이는 '기독교인'들의 몰이해를 말해주는 척도가 되어왔다.

이것을 곰곰이 생각해보라. 지상의 육신으로부터 해방되어 [우주의 식]의 고차원계로 들어가는 환희와 찬란한 황홀경의 경험을 한 마당에 내가 왜 다시금 육신으로 들어오기 위해 지상의 차원으로 돌아오려고 하겠는가? 너희의 세계에서나 나의 세계에서나 그것이 내게 무슨 소용이 있었겠는가? 내가 지상에서 살던 동안에도 내가 '아버지 사랑 의식'에 완벽히 동조되었을 때는 내 몸의 '물질적 질료'가 영으로 화했을 터인데, 곧 이어질 가장 높은 영의 나라에서의 나의 여행에는 육신이 어찌 거치적거리는 방해물이 되지 않겠는가?

눈에 보이는 사물이란, 견고한 '물질'의 모습을 나투는 ['티끌, 혹은 입자들의 아물거림']을 만들어내는 의식의 특정 주파수의 진동이 현상화한 것에 지나지 않는다.

눈에 보이는 각각의 사물은 각기 고유한 진동주파수를 가지고 있다. 진동수의 변화는 '물질'의 모습에 변화를 만들어낸다. 의식 에너지가 변화하면 '물질'의 모습도 바뀌는 것이다.

그래서 나는 마음을 집중하여 인간의 눈에 나의 모습이 보일 정도로 의식의 주파수를 낮출 수 있었다. 나는 제자들에게 돌아와 그들의 눈에 내가 보이게 할 수 있었고, 실제로 그렇게 했다. 나는 그들을 이전보다 더욱 사랑했다. 그리고 사후의 내가 줄 수 있는 최대한의 위로와 도움을 그들에게 줘야만 했다. 그뿐 아니라 내가 시작한 사역을 그들이 이어나갈 용기와 추진력을 주기 위해 그들의 마음속에 나의 권능을 불어넣어줘야 했다.

하지만 **우주의 창조 차원의 문턱**까지 진동주파수가 상승한 '개체 의식'은 [개체화된 빛], [개체화된 의식]이 되는데, 이 [거룩한 의식]은 지고의 [영적 세계]에서 상상해낼 수 있는 모든 것을 표현하고 누리는 데에 육신을 필요로 하지 않는다는 것을 너희가 알기를 바란다. 그것은 에고를 높이 초월하지 못한 이들이 경험하는 욕구와 욕망과 충동 따위가 없는, 존재의 지극히 황홀한 상태다.

지상에서 사는 동안에는 너희의 마음이 진동주파수의 특정 변수에 고정되어 있어서 육신 속에 갇힌 채 육신의 고유한 욕구를 지닌다. 의식이 진정으로 그런 변수 너머로 솟아오르면 너희의 세속적인 자아는 사라질 것이다. 나 또한 육신 속에 갇혀 있었을 때는 대체로 이런 진동주파수의 변수와 의식 속에 한정되어 있었다.

그뿐 아니라 상상력만으로는 이전의 경험을 넘어 솟아오를 수가 없기 때문에 너희는 자신의 과거에 한정되고, 그것을 미래로 투사한다.

그러나 너희는 더 높은 영적 차원에 다가갈 수 있을 만큼 감수성 깊은 마음들에 이끌려서 ─ 조금씩 조금씩 ─ 자신의 현재 의식의 경계 너머로 움직여갈 수 있다. 그들은 너희 수준 너머의 경이로운 존재 상태와 경험을 너희에게 각인시켜줄 것이고, 그러면 이제는 너희도 스스로 그것을 열망할 수 있게 된다. 너희는 이와 같은 영적 발전의 단계와 수준들을 거치면서 앞으로 나아가는 것이다.

각각의 단계는 이뤄낼 수 있는 것에 대한 더 높은 전망을 가져다주고, 너희는 이 전망을 가지고 새로운 목표를 만들어낸다. 늘 새로워지는 이 목표를 눈앞에 두고, 너희는 지상의 존재의 '인력과 척력'으로 오염된 영향력을 자신에게서 지워내기 위해 부지런히 애쓴다. 이리하여 너희는 한 단계 한 단계씩 너희의 에고를 초월해간다.

에고를 초월하여 그것이 너희의 의식 속에서 죽으면 너희는 이제 '**아버지 사랑 의식**' 속에서 풍요롭게 살아나 너희의 삶, 너희 자신, 너희 주변 속에서 천국이 실현된 것을 발견한다.

나는 너희가 이 사랑과 기쁨과 조화와 환희의 정점에 도달할 수 있게끔 해주기 위해서 팔레스타인에서 살며 사역을 하다가 죽었다. 그리고 이제 이 **편지들**을 통해 너희에게로 왔다.

두 번째로 행하는 나의 이 사역이 헛된 것이 되게 하지 말라. 이 글들을 읽어나가는 동안 영감을 얻을 수 있도록, 간구하고 명상하고 기도하라. 그러면 '아버지'의 응답을 느끼게 될 것이다. 그리고 날마다 귀를 기울이고 있으면 '아버지'의 목소리를 듣게 될 것이다.

이 목소리는 언제나 너희와 함께 있다. 자아의 뜻이 만들어낸 장애물을 걷어내라. '아버지 사랑 의식'으로부터 곧바로 힘과 권능과 영감과 사랑을 받을 수 있도록 너희 자신을 열라.

이 편지들을 읽고 또 읽어서 그것이 마침내 너희 의식 속에 스며들게 하라. 그렇게 하는 동안 너희는 [빛]을 향해 가고 있을 것이며, [빛]을 발하여 다른 이들에게 비춰주게 될 것이다. 그 [빛]은 한갓 전깃불의 '빛'이 아니라 **첫 번째 편지**에서 설명한 [우주의식]의 본질 그 자체다.

그러니 이 [빛]을 발할 때 너희는 조건 없는 사랑을 발할 것이다. 너희는 다른 모든 생명체들의 영적 발달과 성장을 촉진시킬 것이다. 너희는 영양을 주어 양육하기를 열망하고 보호와 치유와 가르침을 촉진하는 일을 하게 될 것이다. 너희는 모든 이들이 조화롭고 성공적이고 풍요롭게 살 수 있도록 사랑의 법칙과 질서를 세우는 일을 돕기를 열망하게 될 것이다. 너희는 천국에 있게 될 것이다.

동시에, 환영과 망상이 없게 하라.

이 **편지**들을 외부세계에 전하는 일이 진행되는 동안, 내가 팔레스타인에서 처음으로 가르쳤을 때 있었던 것과 정확히 똑같은 비난과, 똑

같은 저주와, 똑같은 사탄의 말이 있을 것이다. 용기를 내어 힘을 달라
고 기도하라. 끝까지 견디는 이들은 혼란과 폭력 위로 솟아올라 왕국
의 평화와 환희 속에서 편히 쉬게 될 것이다.

네 번째 편지

[나], [그리스도]는 ─ 너희에 대한 사랑으로 ─ 광야의 깨달음 체험
동안에 보았던, 그리고 2천 년 전 팔레스타인의 유대인들에게 내가 가
르치고자 애썼던 모든 것을 요약해서 가르쳐주고자 왔다. 내 젊은 시
절의 삶에 대한 약간의 이야기는 **첫 번째**에서 **세 번째**까지의 편지에
서 했다.

그 편지들을 읽었다면 너희는 내가 **내 추종자들**이 가르쳤던 내용을
확증하여 또 가르치기 위해서 이 **편지**를 받아쓰게 하고 있는 것이 아
님을 아는 것이 너희의 행복을 위해 지극히 중요하다는 사실을 알게
되었을 것이다. 나의 추종자들은 나의 삶과 가르침에 관한 보고를 바
탕으로 결국 '기독교'라는 종교를 만들어냈지만 말이다. 기독교는 순
전히 사리私利를 위해서 [존재의 근원(Source of Being)]에 관한 영적 진
실에 반하는 온갖 신앙을 채택한 형식적인 종교다.

'피를 뿌리는 것'이 [우주적 영]과 대체 무슨 상관이 있단 말인가?

이제는 너희도 깨닫고 있듯이, 내가 팔레스타인 땅에서 사역을 시작하던 때로부터 나의 가르침은 언제나 가장 높은 **존재의 영적 진실**로부터 나온 것으로, 인간의 마음이 가르치는 인간적인 관념이나 논리와는 아무런 관계도 없다.

그러니 내 다시금 강조하건대, 2천 년 전에 내가 지상에서 취했던 인격은 **예수**였지만 이 편지 속에 임재하는 [나], [그리스도]는 이 세계가 결국 겪게 될 장차의 혼란기에 **신의 도움**을 이끌어낼 방법을 가르쳐주기 위해 감수성 있고 영감 있는 영혼들에게 다가가는 것이 목적이다. 이런 연유로, 손잡을 수 있는 이들을 구하고자 하는 나의 강렬한 열망이 이 편지 속에, [존재의 진실]이라는 형태로 결정화되었다. 이것을 알고 유념하라.

너희가 알기를 — 그리고 특별히 유념하기를 — 바라노니, 나는 예루살렘이 무너지기 70년 전에 팔레스타인의 유대교인들에게 왔었다.

나는 유대교인들에게, 장차 고난의 시기가 찾아와서 그들을 적대적인 세상 속으로 몰아내면 그때는 그들이 지닌 행동방식은 전혀 도움이 되지 않을 것임을 경고해주러 왔었다. 어미닭이 병아리를 품에 품듯이, 내가 파멸의 시기에 사람들을 모아들여 지켜주고자 했건만 사람들이 내 말에 귀 기울이지 않는 현실을 개탄하면서 절망하여 울었다는 것은 복음서에도 기록되어 있다. 오히려 그들의 종교지도자들은 나를 죽음에 처하게 했다.

그러나 유대인들이 소개疏開당하여 그들의 회당을 빼앗겼을 때, 그들은 그 경험으로부터 교훈을 얻었는가? 그들은 자신들에게 왜 그와 같은 파국이 닥쳤는지를 자문해보았던가? 아니다. 그들은 자신들의 구태의연한 전통과 선민 신앙을 계속 이어갔다. 그들도 다른 민족들과 마찬가지로 늘 재앙에 시달리고 있음을 역사 속의 사건들이 거듭거듭 입증해주고 있는데도 말이다. 바로 지금도 그들은 **내가 팔레스타인에서 가르친 [존재의 진실]**을 무시하기로 선택했고, 나의 팔레스타인 생애 이후에 일어났던 것과 똑같은 상황을 스스로 불러들이고 있다.

그들이 어디서 살건 간에, 그들의 물질주의적 가치관과 '눈에는 머리'로 앙갚음하는 전통은 그들이 오랜 세월 동안 오만과 탐욕으로써 다른 민족들에게 안겨줬던 인간의 비애를 자신들에게로 불러들이고 있다. 그들이 겪은 모든 일은 그들이 스스로 불러온 것이다.

이것은 유대인들이 세계 금융권과 세계시장에서 행사하는 금권 때문에 유대인과 손을 잡고 합작하여 사리를 추구하는 이들에게도 마찬가지로 적용된다. '존재의 동기로서의 이윤'을 추구하는 태도만 버린다면 사람들을 먹일 양식은 충분한데도 세계인구의 대다수가 기아에 허덕이게 만드는 것은 누구인가? 뜻만 있다면 금융권을 주도하는 이들은 잉여상품을 하층민들에게 나눠주는 계획을 세우고 실행할 수 있을 것이다. 그렇게 하기만 한다면 그들은 온 우주가 축복으로써 응답하는 것을 깨달을 것이고 세계경제는 융성하여 태평성대가 펼쳐질 것이다.

이런 일이 일어날 수 있으려면 먼저 **전 세계에 만연한 공격적이고**

타락된 행위들에 의해 의식 속에서 이미 창조된 것들이 물질화된 인간의 경험 속으로 끌어들여져야 한다. — 징벌로서가 아니라 [존재의 법칙]의 당연한 작용으로서 말이다.

다른 나라의 '악'에 저항하고 있는 나라들은 지난날 자신들의 '의식과 행위의 씨앗'이 맺은 과보에 저항하고 있는 것일 뿐이다. 그러니 약자가 아무리 말을 안 듣는 것처럼 보이더라도, 강자가 약자를 잔인하게 공격하는 정치깡패 식의 책략은 그보다 훨씬 더 힘든 시간을 자신들에게 안겨줄 뿐이다. 그들이 성가신 경험을 할 때, 그들은 현재 그들이 타인에게 가하고 있는 그런 약탈과 유린을 장차 자신들을 위해 의식 속에서 비축하고 있는 것이다. 그들은 약자들이 '성가시게 구는' 것을 자신의 도덕적 타락을 경고하는 나팔소리로 여겨야 할 것이다.

그런 자들이 [존재의 법칙]을 끊임없이 위배하고 도시들과 땅에 전에 없던 파괴를 초래하고 있으므로 이 편지에서 내가 의도하는 것은, 내가 팔레스타인에서 살고 가르쳤던 모든 것을 요약하는 것뿐만 아니라 지난번에 내가 인류에게 왔을 때 말로 다 하지 못했던, 닥쳐오고 있는 세상의 위기 배후의 원인을 분명히 적시해주는 것이다.

이 [편지]들은 너희 역사의 가장 결정적인 시기가 오기 전에 쓰였으나 정말로 고난이 덮쳐오면 너희는 내가 왜 그것을 좀더 일찍 경고해주지 않았는지를 의아해할 것이다.

그러나 감수성 있는 마음을 통하여 내 말하노니, 나는 지난 25년 동안 세상에 경고하고자 애썼지만 대중매체도 출판사도 TV도 나의 심부름꾼을 통해 내가 너희에게 말할 기회를 주고, 거기에 귀를 기울일 준비가 되어 있지 않았다.

정치인들은 너희에게 다가갈 수 있으나 나, 그리스도는 그럴 수가 없었다. 왜냐하면 너희는 가슴이 굳어 있어서 나, 살아 있는 그리스도가 이 시대에 돌아와서 프로그램을 지워낸 헌신적인 마음들을 통해서 여러 나라들에게 그들이 장차 자신들이 겪어야 할 어떤 일을 스스로 지어내고 있는지를 경고해줄 수 있다는 사실을 받아들이려 들지 않았기 때문이다.

나의 존재를 믿노라고 주장하는 교회들도 물질주의자들만큼이나 자신들만의 인간적인 종교전통에 도취되어 빠져 있었다. 이제 대중의 머리 위로 두려움이 내려온 열한 번째 시간(마태 20:6 일과시간 중 오후 늦은 시간을 상징함. 역주)에 이르러 그들도 내 말을 유념할 태세가 되었으니, 문이 활짝 열려야만 한다. 그러지 않으면 인류를 위한 나의 노력은 또다시 허사로 돌아갈 것이다.

나는 성경에 기록된 대로 '양떼'로부터 '염소'를 골라내는 선별작업이 실제로 있을 것임을 말해주러 왔다. '양'이란 이 땅에 아직 없는 가장 높은 영적 진실을 편안히 받아들일 수 있는 영혼들을 가리킨다. '염소'란 지나친 반골 기질과 에고의 충동질 때문에 누구의 그 어떤 말에도 귀를 기울이지 못하는 이들을 가리킨다.

그들은 이번에 왜 선별되는 것일까? 이 편지들에 담긴 진실을 받아들이고 존재의 법칙에 따라 살 줄 아는 이들은 세계역사의 다음 기간이 실로 고난스러울 것임에도 불구하고 비교적 평화로운 가운데 필요를 충족하고 가호를 받으면서 영적으로 고양된 상태로 살게 될 것이기 때문에, '염소'들은 그로부터 절로 선별될 것이다.

유감스럽게도 '염소'들은 자신들 안에 내재한 반항적 의식의 모든 끔찍한 힘을 겪어내어야만 할 것이다.

이것은 높은 곳의 누군가로부터 내려지는 벌이 [아니라] 존재의 법칙의 자연스러운 작용일 뿐이다. 너희가 마음과 가슴 속에 담고 있는 것은 결국은 몸과 삶과 환경을 통해 외부로 표출된다. 너희가 저항하고 반항하면 삶도 너희 욕망의 충족 속에 저항을 끼워 넣어 준다.

나는 오래전부터 천국의 가장 높은 의식 진동주파수 차원으로 상승했고 나는 개체화된 신성의식 그 자체다. 나의 의식은 나를 찾는 누구에게든 응답할 수 있도록 지구를 감쌀 수 있다.

지상에서 살다가 깨달음을 얻어 [만유의 근원]의 [실상]을 보고 자신의 그 높은 깨달음의 차원으로부터 사람들을 가르쳤던 모든 위대한 스승들도 또한 그러하다.

그들은 영적 권능이 높아져서 인간의식의 두터운 베일을 꿰뚫고 실로 '물질'세계 너머에 있는 것을 보았다. ─ 그들은 창조의 세계(the realm of Creativity itself)에서 창조물들은 근본적으로 하나임을, 마음의 기존 프로그램이 허용하는 한도 내에서, 분명히 보았다.

그들은 모두 존재의 다음 존재차원으로 옮겨간 후 환생의 쳇바퀴를 벗어나서 개체의 순수한 영적 의식의 높은 세계로 계속 올라간 끝에 [우주의식] 자체의 관문에 이르렀다. 그들은 신성의식의 권능과 통찰을 지닌 개체화된 [신성의식]이 되었다.

이전의 편지에서 내가 말했듯이, 그들 또한 [그리스도 의식]을 공유한다. 그들은 가장 높은 지성적 사랑과 가장 높은 사랑 넘치는 지성을 하나로 결합시킴으로써 의지의 권능과 목적의 권능을 하나로 결합시켰다. 그들의 추동력은 남성적이면서 동시에 여성적이다. 그들은 힘과 양육의 완벽한 본보기다.

그들은 모든 인간(men) ─ 그리고 여자들(women) ─ 이 성취하고자 애써야 할 그것의 완벽한 [본보기]다.

그와 같은 존재의 완성을 이루려면 인간 정신은 모든 분별심과 경쟁심을 내려놓아야만 한다. 너희가 인정하는 선지자가 누구이든 간에 그는 [생명 그 자체]이며 모든 위대한 스승들의 형제단 내에서 힘을 지니고 있음을 확신해도 된다. 모든 선지자와 스승들이 동일한 [실상]을 보았고, 자신이 마침내는 모든 인간의 목표인 낙원에서의 완성(perfection in Paradise)을 이룰 것임을 확신할 정도로 기도하는 삶을 살았다.

이것을 이해하고, 너희가 이 스승 저 스승을 분별하는 것은 전적으로 그릇된 짓임을 깨닫는 것은 지극히 중요하다. 왜냐하면 우리가 공유하고 있는 [존재의 근원] 속에서 우리는 모두가 하나이기 때문이다. 우리는 생명의 형제들이요, 각자는 자신의 개체성을 통해 우리 [존재의 근원]의 가장 높은 [진실]을 표현해내고 있다.

우리는 순수성과 권능과 아름다움, 그리고 숭고한 영과 사랑 속에서 모두가 동등하다.

그러므로 모든 종교적 신앙에서 '양'들 — 너희 [존재의 근원] 속에서 근본적 일체성을 영적으로 이해할 수 있을 만큼 진화한 이들 — 은 자신의 마을과 나라에서 같은 형제들과 속히 하나가 되도록 힘쓰고, 외부세계에서 일어나는 온갖 사건들과는 상관없이 온 세계의 영적 형제들과 손을 잡고 하나가 되도록 힘써야 한다. 너희는 기독교, 이슬람교, 수피즘, 유대교, 이스라엘인과 팔레스타인인, 힌두교, 불교 등등의 모든 종교적 차이를 초월하여, 자신을 모든 존재와 동등하게 우주적 사랑과 우주적 지성의 보호가 있는 안전한 천국에서 자기 자신과, 서로가 서로와, 그리고 죽기로 싸움을 걸어오는 상대와도 평화롭게 거하는 존재임을 인식해야 한다.

[오로지 이것을 통해서만 너희의 행성은 다가올 환란 속에서 살아남을 수 있을 것이다.]

나는 또한 무슬림도, 기독교인도, 불교도도, 힌두교도도 아닌 모든 이들에게로도 돌아왔다. 나는 만유의 배후에 있는 *실재*를 알고자 욕망하는, 아니, 열망하는 이들을 찾아왔다.

나는 내가 — 예수라는 인격으로서 — 팔레스타인의 유대인들에게로 왔다고 말했었다. 마찬가지로 나는 내가 무함마드의 인격으로서 아랍인들에게 왔다고 말할 수도 있었다. 왜냐하면 무함마드와 나는 하나의 영이기 때문이다.

우리를 다른 이름 — [예수]와 [무함마드], 혹은 [무함마드]와 [예수] — 을 가진 '인격'으로 구분하는 것은 하나는 문학을 가르치고 하나는 수학을 가르친다는 이유로 쌍둥이에게 서로 다른 성姓을 붙이는 것과 똑같다.

우리는 둘 다 [그리스도 의식]이고, 둘 다 개체화된 [신성의식]이다.

지상에 있을 때 우리는 둘 다, 각자의 인간성이 허락한 방식에 따라 받아들인 신으로부터의 영감 넘치는 지식으로써 사랑과 자비의 신을 이야기했다.

너희는 우리가 둘 다 오랜 세월에 걸쳐 물려져 내려온 전통적 믿음에 의해 깊숙이 조건화된 인간 존재들이었다는 사실을 염두에 둬야 한다. 그래서 우리의 영감은 이미 다른 생각들에 점령된 마음을 통해 우리에게로 왔다.

앞서 말했듯이, 프로그램이 제거된 깨끗한 마음속으로 들어오지 않는 한 영감은 언제나 유아시절의 조건화로부터 파생된 확신과 공명하는 주파수를 띠고 있을 것이다. 영감이 흘러들어오기를 그치면 다시 마음을 점령하는 이성은 인간의 마음에 이미 받아들여진 용어로써 그 새로운 지식과 통찰을 설명하려 들기 시작한다.

하지만 말했듯이, 나는 내 삶의 거의 초년시절부터 반항아여서 유대교의 신앙을 받아들일 수가 없었다. 나는 그 광야에서 [존재의 진실]이 쏟아 부어질 수 있었던, 받아들이고 싶어 안달인 텅 비고 열린 마음의 그릇이었다. 그리하여 그것은 나로 하여금 [우주의식]을 명료히 볼 수 있게 해주었다.

이제 우리의 지각은 가장 높은 차원의 것이어서, 우리는 한 마음이요, 한 생명이요, 사랑으로서 무슬림에게나 유대교인에게나 기독교인에게나 불교도에게나 무신론자에게나 불가지론자에게나, 모두에게 동등하게 다가간다. 우리가 그들을 부르는 유일한 동기는, 그들이 영 안에서 본질적으로 한 형제임을 깨달을 수 있게 해줄, 새로운 사고를 하도록 부추겨줄, 가슴속에 용서의 정을 품고 서로 평화롭게 어울리고, [존재의 근원]으로부터 [빛]을 끌어와 새로운 삶을 살 수 있게 해줄, 가슴을 변화시키는 영감에 찬 통찰을 가져다주기 위해서다.

우리는 둘 다 이 현대과학시대를 살고 있는 너희에게 [우주의식]을 설할 것이다. 왜냐하면 이제 너희는 우리가 할 이야기를 받아들일 수 있을 정도로 과학적 이해력을 많이 쌓아왔기 때문이다.

우리는 함께 한 목소리로 말한다. ─ 주의 깊게 잘 들으라: [우리는 ─ 그리고 지상의 너희들은 ─ 우리 존재의 뿌리에서 모두가 하나다.

너희가 타인들에게 그 어떤 파괴의 행위를 하든 간에, 너희는 동시에 그것을 너희 자신에게도 행하고 있는 것이다.

나 ─ [우리] ─ 는 [우리]가 현재의 인종이나 종교적 믿음과 상관없이 선한 의지와 선한 느낌과 선한 가슴을 지닌 모든 사람에게로 왔음을 분명히 밝혀둬야만 하겠다. [우리는 **너희를 품어 안아 사랑하고 가호와 안전을 제공하는 우리의 의식의 막 안으로 너희 모두를 끌어들인다**.

우리는 이 시대 이 땅에서 너희가 처해 있는 문제를 알고 있다.

[우리]는 유대교와 이슬람교 사이의 해묵은 갈등을 알고 있다.

그러나 이 불화는 미국과는 아무런 상관도 없다. 너희의 다툼은 우리를 흔들리게 하지 않는다. 도대체 왜 의미도 없고, 따라서 가치도 없는 어떤 개념을 놓고 싸움으로써 너희의 이익과 너희 자신의 장래의 행복을 스스로 위협하는가? 사실은, 너희는 모두가 가슴속 깊은 곳에서 [너희 존재의 근원]에 다가가려고 애쓰고 있기 때문에 자신이 택한 종교에 집착하는 것이다. 단지 저마다 자신의 [존재의 근원]을 다른 이름으로 부를 뿐.

네 번째 편지 219

우리는 둘 다, 유대교를 믿는 개개인들이 '선한 삶'을 살려고 애쓰고 있고, 이슬람교를 믿는 개개인들이 자신들이 행하고 이룬 모든 것을 그들을 통해 역사하는 알라의 권능에 돌리며 하루종일 진실로 알라를 찬양하고 받들며 살려고 애쓰고 있고, 기독교인들이 예수의 보혈을 통해 구원받는다는 믿음에 몰두해 있다는 사실을 알고 있다. 너희는 모두가 '선善'을 이루고자 애쓰고 있지만, 각자의 신앙으로 인해 분열되어 있는 한은 결코 그렇게 되지 않을 것이다.

서로가 서로를 공격하는 현재의 대중의식의 소용돌이가 소진되어 사라지고 나면 무슬림과 유대교인과 기독교인과 불교도와 힌두교도가 한자리에 모여 종교적 믿음의 차이는 아랑곳하지 않고 한 동족으로 어울려 저희 존재가 [나온 곳]이자 장차 영감과 애정이 넘치는 아름다운 삶의 무한한 축복이 [나올 곳]인 [신성의식]에 감사를 올릴 날이 반드시 올 것이다.

너희는 함께 옛 터전 위에 집을 다시 세울 것이니, 이렇게 말할 것이다: "동족 간에 그런 일이 다시는 일어나지 않게 하자. 이제 우리는 존재의 뿌리에서 우리가 진정 하나임을 알므로. 내가 너에게 고통을 주면 나의 **신성한 삶**에 또한 손상이 오고, 나 자신도 고통을 겪게 될 것이다." [우리], 그리고 [그리스도 의식] 안의 [형제들]은 자신의 [우주적 존재의 근원]의 평형상태에 잠시라도 다가가 접해보기를 염원하는 불교도와 힌두교도와 도교도와 필리핀의 영적 도인들과 모든 나라의 온갖 다양한 종교수행 전통들을 잘 알고 있다.

우리는 [모든 것]을 알고 있다. [너희]는 모두가 우리의 우주적 사랑과 자비와 배려에 감싸여 있다. 우리에게는 각자의 믿음과는 상관없이 [너희] 모두가 다 중요하다. 너희는 존재의 풀뿌리 차원에서 모두가 [하나]이므로. ― 너희의 영혼은 신성의식 속에서 하나가 되어 있다.

한 사람도 빠짐없이 너희 [모두]가 [존재의 근원] 속 영혼의 차원에서는 일체이고 하나다.

손바닥에 빗방울이 하나 떨어졌다면 너희는 그것을 보고 그것이 [너희의] 손바닥에 떨어졌으므로, 그리고 땅에 떨어지는 비로부터 따로 떨어져 있으므로 그 빗방울이 다른 '존재'라고, 주변에 떨어지고 있는 다른 빗방울과 화학성분이 다르다고, 순도나 세기 등의 성질이 다르다고 말할 수 있는가?

그 빗방울에 초록색 물감을 풀어서 초록색으로 만들었다고 해서 그 초록색 빗방울이 바로 그 순간 떨어지고 있는 다른 빗방울들과 완전히 다르다고 말할 수 있는가?

온전한 마음과 선한 의지와 선량한 가슴을 지닌, 성실하고 진실한 사람이라면 빗방울은 다르지 않다고 대답할 수 있으리라. 그것은 다른 빗방울들과 정확히 동일한 성질의 존재다. 유일한 차이는 초록이든 빨강이든 파랑이든 물감이 더해졌다는 것뿐. 그리하여 그것은 주변에 떨어지고 있는 다른 빗방울 이상의 어떤 것이 되었지만, 손바닥 위의 빗방울은 나머지 빗방울들과 **근본적으로** 동일하다.

너희가 누구이든, 피부색이 어떻든, 어떤 종류의 머리카락이 너희의 얼굴을 장식하며 햇빛을 가려주고 있든, 얼굴과 몸의 생김새가 어떻든, 말하는 언어나 품는 생각이 어떻든, 너희 믿음과 생각의 소산으로서 사용하는 말씨와 행하는 행위가 어떻든 간에 ― 너희의 [육체적 차이와 인간적 의식상의 차이]가 무엇이든 간에 ― 너희는 [모두가] 동일한 성질을 지니고 있고 동일한 [존재의 근원]으로부터 나온 정확히 동일한 존재다. 너희는 무한 속에서 어느 모로나 동일한 가능성과 동일한 영적 능력을 지니고 있다. 아랍의 무슬림이든 러시아의 유대인이든 미국의 기독교인이든 티벳의 불교도이든 인도의 힌두교인이든 간에, 너희 모든 사람들 사이의 유일한 차이란 너희 부모와 유전자와 인종과 물리적 환경과 가족환경, 경제력, 학력, 삶 속에서 접한 기회 등등으로부터 너희에게 주입되어 첨가된 것들뿐이다.

[그러나] 이런 것들은 [모두가] 피상적인 것이다. 그것들은 너희가 영혼이라 부르는 너희의 **실체**를 가리고 있는 첨가물의 가면이다. 물감이 손바닥에 떨어진 빗방울에 관한 진실을 가리듯이 말이다. 너희의 **영혼**은 **신성의식**으로부터 곧바로 와서 그것 자체로 남아 있다. 탄생 이래로 그것을 뒤덮고 침식해온 그 모든 첨가물에도 불구하고 본래 그대로 순수하게, 다른 모든 영혼들과 함께 **신성의식** 속에서 하나인 채로 남아 있다.

너희는 또한 모든 사람은 탄생 시 주입된 이 첨가물들을 잘 활용하기 위해서 서로 다른 **인간적** 능력과 용량을 지니고 태어났음을 깨달아야 한다. 각 영혼들에 의해 활용될 인간적 능력은 이전의 생들에서 이뤄 낸 영적 진보에 따라 달라진다.

어떤 이들은 불리한 조건과 우울한 환경과 좌절의 깊은 구덩이를 기어 올라와서 사람들의 깊은 신뢰와 존경심을 얻어내어 큰 영향력을 발휘하고, 또 어떤 이들은 월등한 부와 기회와 재능의 유리한 고지로 부터 절망과 우울과 마약과 살인과 강간 등으로 점철된 블랙홀 속으로 추락한다.

그럼에도 불구하고, 너희 각자가 자신의 기회, 혹은 몰기회로부터 이루어낸 — 혹은 이루지 못한 — 모든 것에 대해 너희는 모두가 본질적, 기본적으로 동일한 '존재'로서, 가능성으로서 남아 있다. 너희는 [모두 가] 현재 머물러 있는 의식의 영적 수준으로부터 천국의, [신성의식]의 높은 경지로 조금씩 조금씩 상승해갈 수 있다.

너희가 이 편지의 내용을 [**존재의 진실**]로서 받아들여서, 너희 각자로 하여금 [**너희에게 존재를 부여한 그것**]과 조화롭게 만나게 해줄 지침을 실천하며 나날을 살면, 너희는 이생에 스스로 정한 가장 높은 영적 목표를 향해 움직여가서, 반드시 그것을 성취하게 될 것이다.

너희는 모두가 [**진실**]을 온전히 받아들이는 단계까지 올라가서 [신성 의식]을 흡수하기 위하여 자기 개인의 의식을 정화하는 수행을 함으로 써 **신성의식의 권능**으로 충만한 — 그리고 그것을 주변에, 그리고 마침내는 온 세상에 방사하는 ― 개인이 될 수 있다.

[너희는 [모두가] 자기 주변의 환경 속에서 중요한 존재들이다.

가족을 위해 부모로서 한 모든 일이 인정받지 못하고 있다고 느끼거나, 자신이 가족의 삶에 영향을 끼치지 못한다고 느끼거나, 자신의 말이 경청되고 존중받고 사랑받지 못한다고 느끼거나, 집 밖이나 직장에서 자신이 없어도 좋을 중요하지 않은 존재라고 느낀다면 그/그녀는 무엇을 모르고 있는 것이다. 그가 남자든 여자든, 아버지이든 어머니이든, 친구든 종업원이든 고용자든, 모두가 자신의 환경에 영향력을 미치고 있다. 그가 거기서 사라지면 그 환경의 천에는 구멍이 뚫리고, 손실이 발생한다. 다른 누군가가 옴으로 해서, 또 남은 사람들의 새로운 활동에 의해서 그 틈새가 메꿔지기까지는 시간이 걸린다.

가장 큰 권한과 목소리와 실천력을 가진 사람이든, 혹은 바닥과 마당을 쓰는 가장 비천한 일꾼이든 누군가가 떠나면 빈자리가 남는다. 전체 환경 속에서 각 개인은 특별한 위치를 점한다. 각자가 자기만의 고유한 재능과, 자기만의 고유한 성격과, 자기만의 고유한 작업방식과, 살거나 일하는 곳, 혹은 대화상대에 대한 자기만의 고유한 영향력을 지니고 온다. 그들은 자신의 자리에서 꼭 있어야 할 존재다.

자신의 가치를 스스로 부인하는 경우를 빼고는 그 누구도 한 사람에게서 그의 중요성을 앗아갈 수 없다.

어떤 사람이 장애인으로 태어났더라도, 그는 가족과 주변 환경 속에서 자기만의 중요성을 지니고 있다. 때로는 온전한 몸으로 태어났을 경우보다도 더 중요한 위치를 점한다. 그가 이뤄내는 일은 경탄과 존경심을 일으킨다.

그런 사람들이 주변에 끼치는 영향력은 전적으로 그들의 존재의지, 행위의지, 선한 뜻을 발휘하고자 하는 의지, 자신의 기회를 최선으로 활용하고자 하는 의지, 사람들을 만나기 전보다 기분이 더 좋아지게 하는 특별한 존재가 되고자 하는 의지에 달려 있다.

모든 상황은 매 순간 발휘되는 [의지]로부터 일어난다.

어떤 이는 강한 의지력을 지니고 태어나고 어떤 이들은 약하게 태어나지만, 모든 [의지력]은 [우주의식]으로부터 나온 것이며 의지력이 커지기를 [존재의 근원]에 요청하기만 하면 [의지력]을 키울 수 있음을 온전히 깨닫는 순간부터 그 사람은 의지력이란 결코 한정된 것이 아님을 깨닫기 시작한다. 그것은 [우주의식] 자체로부터 당사자의 믿음의 힘과 크기만큼 끌어올 수 있다.

모든 성, 모든 인종과 국적과 종교의 모든 사람, 가난뱅이로부터 왕에 이르기까지 천차만별의 재산을 가진 모든 사람이 [지금]의 이 순간 속에서도, 하루가 끝나는 순간 속에서도 다 똑같이 중요하다.

진정한 차이는 오직 지금 이 순간, 그 다음 순간, 그리고 오늘의 나머

지 시간 속에다 각자가 자신의 무엇을 내어놓는가로부터 생겨난다.

왕이나 수상은 그의 선행, 그가 나라에 어떤 이익을 가져왔는지, 혹은 그가 백성들에게 어떤 고통을 지워주었는지로 기억된다. 마찬가지로 곤궁한 가정에 태어나서 능력을 크게 키우지 못했더라도 자신의 주변에 혼신을 다 바쳐 봉사한 사람은 결국 왕이나 수상 못지않게 가족과 주변으로부터 존경받고, 다음 생에서는 자신이 뿌린 것을 거두게 될 것이다.

그런 사람은 자신의 주변에 '생명'을 바친 것이다. 왜냐하면 생명력의 본성은 다른 생명의 요구를 충족시키기에 필요한 것이라면 무엇이든 주는, 무조건적 사랑이요 헌신이요 일이요 조화이기 때문이다.

너희의 생명력이 아픈 사람들에게 날마다 한 잔의 차를 타주는 일에 쓰이고 있다면 그 생명력을 가장 고귀한 형태로 쓰이게 하라: 따스한 미소를 띠고 환자에게 걸어가서 그가 낫기를 소망하는 상냥하고 어진 마음으로 차를 건네주는, 그런 기꺼운 태도로서 말이다.

이렇게 하면 한갓 차 타주는 사람도 치유와 의식 고양의 빛나는 매개체가 될 수 있는 것이다.

차를 타주는 사람이 더 자주, 자신의 의식 속으로 신성의식이 흘러들어오기를 고요히 간구할수록, 환자에게 방사될 그의 빛나는 생명력은 더욱 꿰뚫듯 강력해질 것이다. 아픈 사람은 무슨 일이 일어나는지를 알아차리지 못할지도 모르지만 그런 사람이 시중을 드는 방의 사람들은, 아는 척하는 눈빛도 상냥한 말이나 태도도 없이 그냥 차를 건네주기만 하는 사람의 시중을 받는 사람들보다 더 빨리 회복될 것이다.

아니, 자신이 (그 자체가 온통 치유요, 가호요, 한 사람이 필요로 하는 모든 것의 충족인) **신성의식**의 통로임을 깨닫기 위한 시간을 가지기만 하면 그의 모든 일, 모든 순간은 흘러드는 **신성의식**의 생명력으로 거룩하고 아름답게 빛날 수 있다.

바닥을 닦고 환자의 변기를 비우는 사람일지라도 이와 같은 깨달음을 지닌 한 사람이 병실에 들어설 때, 그는 다른 누구보다도 중요한 — 어쩌면 유일한 — 선善의 포덕자布德者가 될 수 있다. 그런 사람이 왔다가면 모든 환자가 원기를 회복한다. 자신의 눈에서 상대방을 향해 **강력한 생명력이 방사된다는 사실을 깨달은 사람은 누구나 자신의 시선, 꿰뚫는 눈빛, 미소 띤 눈빛이 상대방에게 도움이 된다는 사실을 알 수 있다.**

우리가 — 그렇다, 너희와 **나, 그리스도가** — 생각하고 행하는 모든 것은 의식의 행위다. 그리고 의식은 생명력이다. 우리의 — 너희와 **나의** — 마음의 활동을 통해 우리는 우리의 의식, 우리의 생명력을 다양한 형태로 빚어내고, 그것이 주변 환경을 축복하거나 혹은 저주할 것이다.

너희와, 지상에서 예수로 알려진 나나 무함마드 사이의 유일한 차

이점은 무함마드와 내가 사람들에게 방사하는 생각과 느낌의 종류다. 우리는 둘 다 생명을 주는 의식 에너지를 세상에 방사한다.

너희는 너희의 세상에 무엇을 방사하는가?

내가 팔레스타인에서 마음이 심란했을 때 무화과나무를 저주해서 뿌리까지 말라 죽게 했던 일을 다시 떠올려보라. 그 후 얼마 지나지 않아서 나 자신 또한 로마 군인들과 유대교 제사장들로부터 한꺼번에 저주를 받았다. 나 또한 십자가에서 죽기까지 뿌리째 말라버렸다. 너희가 다른 이들에게 주고 있는 것이 무엇인지를 깨어서 살피라; 그것이 너 자신도 받고 싶은 그런 것인지를 확인하라.

사랑으로써 누군가에게 건네는 한 잔의 물이 그를 축복하고 고양시켜줄 수 있다. 하지만 악의적인 감정으로 건네주는 물은 상대방을 가치 없고 위축된 기분이 들게 — 더 약해지고 주눅 들게 — 만들 수 있다.

너희는 주변 환경 속에서 어떤 역할을 하고 있는가? 너희는 일터에 발을 디디는 순간 너희가 뿌리는 사랑과 선의로 해서 인정과 존경을 받고 있는가? 너희는 삶에서 진정으로 중요한 것이 무엇인지를 깨달았는가?

너희는 다음의 아름다운 차원계로 넘어가기 전에 성취하고자 하는 영적 계획, 영적 목표를 세워놓았는가?

너희는 영적 의식의 더 높은 단계로 올라갈 수 있을 만큼 충분히 정화되고 조건 없는 사랑을 베풀 준비가 되었는가?

아니면 너희의 목표는 아직도 세속적인 수준에 머물러 있는가?

자신에게 물어보라: 너의 환경 속에서 너는 진정으로 어떤 역할을 하고 싶은가? 너의 영적 목표는 무엇인가?

똑같이 중요하지만, 다른 사람들에 대한 너의 태도는 어떠한가? 우월하고 배타적인 태도인가 ― 아니면 대부분의 사람들이 자신이 가진 재능으로써 할 수 있는 것을 최선을 다해서 하고 있음을 인식하는 태도인가?

자신의 잠재력을 온전히 발휘하게 되려면 너희가 세상에서 발휘하는 권능은 부에 의해서도 권력에 의해서도 제약받지 않는다는 것을 깨달아야 한다. 너희의 유일한 제약은 너희의 태도와, 그 태도로부터 일어나는 생각이다.

자신의 사념이 신성의식의 무조건적 사랑의 영적 주파수에 동조되어 있도록 단련하기만 한다면, 왕이든 수상이든 장군이든 미천한 하인이든 졸병이든, 그들의 마음으로부터 방사되는 생명력은 똑같이 강력하여 주변에 선을 일궈낸다. 그뿐 아니라 그러한 사념은 세계의식(world consciousness)의 힘 그 속으로 들어가 그 힘을 향상시켜준다. 세상의 영적 사념에 보태어지는 각자의 영적 사념은 세상의 영적 사념을 강화시켜준다.

생명의 속성을 나눠주느냐, 병고의 속성을 나눠주느냐를 결정하는 유일한 요인은 그가 [존재의 근원]으로부터 이끌어낸 깨달음과 영적 이해의 수준이다.

그러니 만나는 모든 사람을 선한 가슴과 축복의 태도로 대하여 이웃의 쓰레기를 즐거이 청소해주는 사람은 그의 작은 세계를 비추는 밝은 빛이요, 사무실로 출근하기 위해 저택을 나서는 성질 고약한 수전노는 그에게 다가가는 모험을 무릅쓰는 사람에게는 부정적인 느낌으로 느껴질 수 있는, 암흑의 구덩이다.

너희가 무엇을 하든, 무엇을 가지고 있든, 삶에서 어떤 지위를 차지하고 있든 간에 너희가 선을 위해 개발할 수 있는 잠재력에는 한계가 없다. 너희 존재에 잠재된 영광과 위엄은 한계가 없다. 유일한 한계는 [존재의 근원]에 대해 명상하면서 너희의 인간적 의식을 열어 [그것] 속으로 들어가고 [그것]을 너희의 마음속으로 받아들이기 위해서 기꺼이 바칠 수 있는 시간과 에너지의 양뿐이다.

그러니 종교 지도자들이여, 너희의 신도들을 존경하는 마음을 가지라. 왜냐하면 아주 보잘것없어서 사회적으로는 내놓을 것이 없어 보일 수도 있는 사람들의 마음속에서 어떤 영적 통찰과 발전이 일어나고 있는지를 너희는 모르기 때문이다.

종교 지도자들이여, 다른 종교에 대한 비판을 멈추라. 왜냐하면 그들의 신봉자들이 성취했을지 모르는 영적 지혜와 통찰과 깨달음의 경지를 너희는 모르기 때문이다.

종교 지도자들이여, 오직 실재에 대한 너희 개인의 인식수준만큼이 바로 너희 자신의 영적 수준임을 깨달으라.

너희 물질세계의 장막 너머에 놓여 있는 것을 보지 못한다면 너희는 종교적이라고는 할 수 있을지 몰라도 영적 의식은 지니지 못한 것이다.

만유에 저마다의 존재를 부여하는, 만유의 배후와 만유의 내부에 있는 [실재]를 이해하고 체험한다는 이것이야말로 진정한 이상이요, 진정한 열망이요, 최고의 목표다.

너희는 이 실재를 신이든, 알라든, 여호와든, 무한자든, 지성이든, 신성한 마음이든, 신성의식이든, 도道든, 그 무엇으로 불러도 좋다. 이 모든 이름들이 너희의 [존재의 근원] — 너희의 [창조의 기원]을 뜻한다.

[이보다 더 높은 열망을 품을 수는 없다.] — 모든 개체적 존재들을 있게 하고 돌보아 존속하게 하는, 만유의 배후와 내부에 있는 [실재]를 이해하고 체험하는 것 말이다.

이것이야말로 이 땅에 왔던 모든 깨달은 스승들이 너희에게 제시한 목표다.

그들은 모두가 동일한 전망과 동일한 깨달음과 동일한 이해를 가졌다. 그런 스승들은 높이 추앙받았지만 그들의 추종자들 중 극소수만이 자신들에게 주어지고 있는 가르침을 이해했다. 제자들은 저마다 자신의 방식으로 스승의 말씀을 해석했다. 각자의 해석은 각 개인의 조건과 성향으로부터 파생되어 나왔다.

너희 개인의 삶에서 너희의 생각과 말과 행동은 미래의 삶에만 영향을 미치는 게 아니라 너희가 시시각각 관계하는 모든 사람들에게도 영향을 미친다는 사실을 늘 명심하라,

종업원이든 고용자든 간에 너희가 일용할 양식을 얻는 사업 ― 공장이든 농장이든 가게든 전문직 사무실이든 ― 의 성공적 운영을 위하여 너희는 개인적으로 무엇을 기여하고 있는가? 너희는 종업원이나 동료 직원들의 행복과 즐거움을 위해 무엇을 주고 있는가? 전체 건물을 위해서 너희는 무엇을 하고 있는가?

'건물을 위해서'? 너희는 놀라서 반문할지도 모른다.

하지만 다시 묻노니, 너희는 너희의 건물, 자동차, 전체 회사를 위해서 무엇을 하고 있는가? 벽돌, 시멘트, 철골, 유리, 종이, 금속, 타이어, 엔진, 연료 등 모든 것에는 너희가 일상 속에서 돌아다니며 발산하는 의

식이 스며들어 있다. 어떤 사람들은 파괴의 흔적을 남기고 지나가는 이유가 여기에 있다. 그들은 유머 없고 성마르고 비판적이고 파괴적인 의식을 지니고 있기 때문이다. 하지만 어떤 이들은 소유물을 여러 해가 지나도록 새것처럼 깨끗하게 간수한다. 왜냐하면 그들은 그것들의 가치를 날마다 음미하고 즐기기 때문이다.

땅 위의 모든 것은 가시화된 의식의 에너지다. ― 그것이 생명 없는 '고체' 형태의 물질이든 살아 있는 플라스마이든 상관없이 말이다. 너희는 너희의 생각으로써 주변의 모든 것을 먹여 살리거나, 아니면 파멸시킨다.

너희는 가족에게, 가정에, 주변 환경에 무엇을 하고 있는가?

너희가 자신의 일이나 주변 사람들에게 보내는 생각은 불만스럽고 모욕적이고 파괴적인가? 그렇다면 장담하노니, 너희는 자신이 지나간 자리에 파괴적 의식의 작은 발자국을 남기고 있고, 그것은 마주치는 모든 것을 부식하게 할 것이다.

가슴 속에서 사랑하고자, 포용하고자, 흔쾌히 일하고자 하는 소망에 집중한다면 너희는 가는 곳마다 힘과 축복과 성장의 의식을 퍼뜨리고 있는 것이다.

팔레스타인 땅에 있었을 때, 나는 잔인할 정도로 엄격한 행동강령을 신봉하고 떠받드는 정통 유대교인들을 상대하고 있었다. 그들의 전통적 율법은 금지하고 억누르고 한정짓는 우스꽝스러운 것이었다. 나는 이들에게 영원한 '아버지'의 새로운 모습을 보여주었다. 그것은 그들에게는 초월적이면서도 어디에나 있었고, 그들이 필요로 하는 것을 늘 알고 있어서, 그들의 요구를 늘 충족시켜주는 것이야말로 '아버지'의 뜻임을 믿고 안심해도 될 정도로 우주적 사랑으로 가득했다.

나는 사람들로 하여금 주변을 돌아보게 했다. 양과 염소들이 평화롭게 노니는 시골의 산자락들과 물고기로 가득한 호수와 공중을 날며 나무 위의 둥지에서 쉬는 새들과 온갖 다양한 색깔로 멋지게 옷을 차려입은 꽃들을 보게 했다. 나는 그들에게 말했다: "보세요. — 여러분이 보고 있는 것을 이해하십시오. 여러분은 만물이 저마다 자신의 요구를 가지고 있고, 또 만물이 그 요구를 충족하고 있는 세상을 보고 있습니다. 풀만 먹고 사는 양을 눈으로 보면서 그것을 믿지 않을 수가 있습니까? 풀 속에 무엇이 들어 있길래 그것이 양털과 뼈와 살과 피를 만들어내고 새끼를 낳게 할까요? 이 공급의 마법을 여러분은 두 눈으로 똑똑히 목격하고 있지 않습니까? 새들이 필요로 하는 것들이 얼마나 놀랍게 제공되고 있는지를 살펴보십시오. 그들에게는 나무 위의 둥지가 있고, 기운을 공급해줄 씨앗과 알곡이 있습니다. 집과 음식과 옷을 필요로 하는 사람들을 위해서 '아버지'는 그 요구를 충족시킬 온 세상을 주셨습니다."

깨달음을 얻은 후에, **무함마드**도 만유의 내부에 깃들어 존재하고 활동하는 동일한 우주적 영을 보았다. 우리 — **무함마드**와 **나** — 는 영감으로 깨달은 동일한 **진실**을 동족에게 설했고, 동일한 종류의 질문을 던졌다. "그처럼 전지한 **'아버지'-'알라'-신성의식**이 여러분의 더 깊은 요구 ─ 사랑과 건강과 풍요에 대한 여러분의 요구 ─ 를 또한 알지 못하겠습니까? 이것을 어떻게 의심할 수 있습니까? 믿음만 가지십시오. 여러분의 요구는 여러분의 믿음에 따라 채워질 것입니다."

너희의 몸과 인간관계와 삶 속을 흐르는 **'아버지'-'알라'-신성의식**의 자연스러운 흐름으로부터 에너지를 앗아가는 것은 너희 자신의 **믿음의 부족**이다.

예수라는 인격으로서 이 땅에 있을 때, 나는 너무나 자주 절망하여 이렇게 외쳤다: "'**아버지**'가 여러분의 요구를 어떻게 알고 있는지를 말하고 보여주어서 여러분이 **깨닫게** 만들 수 있었으면 좋겠습니다. 여러분이 자신의 미래와, 주변 모든 사람들의 미래가 정해지는 데에 어떻게 스스로 일조하고 있는지를 보여줄 수 있었으면 좋겠습니다. 정말이지 뿌린 그대로 거둔다는 사실을 여러분이 깨닫도록 도와줄 수만 있다면... 팔레스타인의 광야에서 내가 보았던 **존재의 진실**을 여러분도 볼 수만 있다면... 그러면 여러분도 마치 나무의 씨앗이 땅속에서 자라나 나날이 둥치가 커지고 잎과 열매가 달리는 것처럼, 자신의 생각과 행동도 날마다 커져서 힘이 세어진다는 것을 알게 될 텐데 말입니다.

여러분이 가정과 일터와 나라라는 직조물 속에서 나날이, 순간순간, 얼마나 중요한 존재인지를 보여줄 수 있었으면 좋겠습니다.

나는 여러분의 생각이 여러분의 모든 좋은 일과 나쁜 일의 근원이 되는 이치를 여러분이 깨우치도록 돕고 싶습니다. 생각이야말로 여러분의 좋은 일과 나쁜 일의 밑바탕입니다. 여러분을 찾아온 것이 나쁜 일이라면 그 나쁜 일이 어디서 왔는지를 알아내려고 이웃을 두리번거리지 마십시오. — 여러분 자신의 가슴속을 들여다보고 최근에 여러분이 언제 누구와 관계가 나빠졌는지를 찾아보세요. — 누명을 씌우거나 진실을 왜곡하거나 배척하거나 비판함으로써 말입니다. 그것이 바로 현재의 불행이 탄생한 순간입니다.

여러분은 여러분의 눈을 빼간 자의 눈을 빼앗아야만 한다고 들었으나 내 말하노니, 그것은 바보짓입니다. 여러분이 눈을 뽑혔고 마찬가지로 여러분도 원수의 눈을 뽑았다면 아마도 머지않아 여러분은 팔다리도 없어진 것을 발견하게 될 것입니다. 그보다는 꼼짝 말고 멈춰서 마음과 가슴을 '아버지'-'알라'-신성의식에게로 들어 올리고 그 어떤 불행에서도 도움과 치유와 가호를 내려주시기를 기도하는 편이 낫습니다!

그리고 원수를 위해서도 기도하십시오. 왜냐하면 그를 향한 모든 나쁜 감정은 여러분 자신에게로 더 많은 고통과 불행을 끌어들일 뿐이기 때문입니다. 그를 용서하고 그를 위해 기도하십시오. 그러면 자신에게 축복을 불러올 것입니다. 여러분이 '아버지'-'알라'-신성의식을 '기쁘게' 하고 '옳은 일을' 행했기 때문이 아니라 — 여러분의 의식이 여러분의 경험 속으로 축복을 끌어올 것이기 때문입니다. 타인에 대한 축복을 기도할 때 여러분은 진정으로 자신을 축복하고 있는 것입니다. 하지만 이것이 동기가 되게는 하지 마십시오. 그러면 축복은 제

앞가림으로 오염되어버립니다.

어떤 상황에서든 위협을 느낄 때는 언제나 멈추어 돌아서서 '**아버지**'-'**알라**'-**신성의식**에게 도움을 구하십시오. ― 그리고 구조의 손길을 살피십시오. 그것은 틀림없이 올 것입니다.

그 모든 반박에 대한 두려움을 초월하여 내 말하노니, 여러분의 나라와 삶 속의 모든 사람들, 심지어 '원수'에게까지도 선의와 사랑을 방사함으로써 '**아버지**'-'**알라**'-**신성의식**의 가호 속에서 살기를 애쓴다면 여러분은 결코 공격당하지 않을 것이며 슬픔을 알지 못할 것이며 인간의 의식이 지어내는 그 어떤 인간적 불행과 우환도 겪지 않게 될 것입니다.

여러분은 **빛과 사랑**의 막에 싸일 것입니다. 그리고 **신성의식**이 여러분 몸과 마음과 삶 속으로 흘러들 것입니다. 주변의 사람들은 병나고 공격에 나동그라지고 두려움과 고통에 '빠져서' 허우적거릴지라도 여러분은 그 누구도 여러분에게 지상의 삶과 존재를 부여한 [**권능**] ― 여러분 [**존재의 근원**] ― 에 대항할 만한 미미한 **인간**의 힘조차 지닌 자가 없음을 알고 가던 길을 의연히 갈 것입니다.

이 말을 누구도 부인하려 들지 못할 것입니다. 그것을 부인하려 드는 자는 누구도 그러한 가호가 일상적으로 일어나는 그런 영적 의식차원에 도달해본 적이 없기 때문입니다. 그렇다면 그들이 어떻게 이 말을 부인할 수 있겠습니까?"

그리고 나는 모든 사람에게 골고루 비추어지는 '아버지'-'알라'-신성의식의 풍성한 사랑을 느끼는 영적 의식수준에 도달한 이들에게도 동일한 진실을 말한다. 그처럼 높은 영적 도인은 그 사랑 속에서 살기를 추구하고 그 사랑을 방사한다. 그리고 그것이 내가 말한 진실 중의 하나(a truth)임을 기꺼이 증언할 것이다. 그들은 기적적인 가호와 요구의 충족을 경험했을 것이고, 그래서 '아버지'-'알라'-신성의식의 선의와 사랑의 햇빛 속에서 편안히 쉴 수 있다는 것을 알 것이다. 그들은 또한 신, 여호와, 절대자, 무한자, 알라 등등의 다양한 이름으로 불리는 신성의식이 나라마다 달라지는 용어에도 불구하고 언제 어디에나 스며 있는 신성의식으로 남아 있다는 데에 기꺼이 동의할 것이다. 그들은 모든 피부색과 언어와 신념과 온갖 종류의 행태의 배후에서 모든 사람들이 — 모든 창조물 자체가 — 존재의 풀뿌리 차원에서는 하나임을 인식할 수 있는 그런 영적 의식차원에 도달해 있을 것이다. [우주의식]의 평형상태 속에서는 인간과 개미가 동일한 기원을 공유하고 있다.

[이것이 진정한 자유다.] 유일한 자유다.

[기도에 대한 응답으로서] 너희 안에 있고 위에 있고 주위를 둘러싸고 있는 [존재의 근원]이 진정 너희의 몸과 마음 속으로 곧바로 흘러들 수 있음을 깨닫고 받아들일 준비가 되기 전에는 너희도 세속적인 인간 의식의 온갖 우환에 시달릴 것이다.

무엇을 훔치면 너희는 또한 잃는다. 너희가 싸워서 상대방을 다치게

하고 불구가 되게 하고 죽게 하면 너희의 몸과 영이 상처 입고 불구가
되고 죽임을 당한다. 전쟁을 일으키면 그것은 쓰디쓰고 긴 투쟁이 될
것이다. 너희가 겪고 있는 모든 나쁜 일들의 애초의 원인은 너희 자신
이었다.

너희가 장차 살아가고자 하는 삶의 방식에 대한 선택은 너희의 손에
달렸다. 반목으로부터 사랑으로, 그리고 모든 사람을 동등하게 받아
들이기로 의식을 변화시킴으로써, 너희는 살아갈 방식을 선택하는 것
이다.

너희가 상대방에게 가하고 싶어하는 상처와 손실을 상상할 때, 너
희의 그 생각은 적에게 도달하여 그 의도의 강도만큼 그들의 힘을 침
식할 것이다.

너희의 생각을 해체되어서 **없어지는** 무엇으로 여기지 말라. 그것은
반사되어 너 자신에게도 해를 입히게 될 때까지 형체를 띤 채 전자기
장 속에 남아 있다.

너희는 생각과 느낌으로써 타인들과 자기 자신에게 큰 손상을 가할
수 있다. 그러니 그것 ― 너희의 창조의 도구인 ― 을 잘 간수하고, '아
버지'-'알라'-신성의식을 향하여 조건 없는 참사랑에 반하는 모든 생
각으로부터 늘 구해줄 것을 간구하라.

너희 마음을 **신성의식**으로 들어 올리는 기도와 성실한 믿음의 힘에

따라, 너희의 생각은 새로운 생명과 사랑으로 고취될 것이다.

지금부터 우리 — [그리스도 의식] 속에서 깨달은 형제들 — 가 너희에게 해주는 말은 세상 전체를 위해서 지극히 중요한 내용이다. 우리는 기독교인과 유대교인과 이슬람교인과 불교인과 모든 종교인들, 그리고 세상의 모든 인종에게 동등하게 말한다.

우리는 모두에게 말한다. — 왜냐하면 영적 각성의 더 높은 단계로 옮겨갈 수 있게 되기 위해서는 세상의 모든 사람들에게 이 가르침이 필요하기 때문이다.

너희의 전반적인 행복을 위해, 남녀 간의 개인적, 성적 관계는 너희가 지금 상상할 수 있는 것보다 훨씬 더 중요하다.

우리는 지금부터 이 관계를 길게 다룰 텐데, 그것은 오로지 너희 남자와 여자들에게는 남녀의 개체성 — 그리고 정체성 — 과 성별 차이의 진정한 원인에 관련된 근본적 실상을 깨닫는 것이 절대적으로 중요하기 — 필수적이기 — 때문이다.

너희는 남녀의 신체와 그 성질의 진정한 기원을 온전히 이해해야만 한다.

그들은 단지 아이를 낳기 위해 상이한 신체기관과 성적 표현방식을 지니고 창조된 육신이 아니다. 그들의 남성성과 여성성은 바로 [존재의 근원]에 — [우주적 의식]의 평형상태 속에 — 그 기원을 두고 있다.

(너희가 **다섯 번째 편지**를 읽기 전에 이 이야기를 하고 있는 것은 내가 지금 너희의 성에 관하여 하는 이 이야기를 염두에 두고 다음 **편지**를 읽기 바라기 때문이다.)

그러므로 남녀의 성이 '빅뱅' 시점의 태초의 창조행위 속에 표현되었던 **신성의식의 의도**에 부합하게끔 사용되지 않는다면 그것이 그 남녀에게 아이를 낳아줄지는 몰라도 그것이 가져오게끔 설계된 존재의 일체성과 개인적 만족과 기쁨을 가져다주지는 못할 것임이 분명하다. 실제로 그것은 그 반대다. 결국은 성행위 자체가 실망과 혐오감을 초래하고, 이전에 느꼈던 둘 사이의 '사랑'은 김이 빠져버린다.

영적 기반으로부터의 앎과 이해를 지닌 남녀는 성적이든 뭐든 간에 모든 종류의 남녀관계에서 자신들의 현재의 의식상태를 초월하기 위해 모든 노력을 기울일 것이다. 그들은 자신들이 서로 다른 형태로 창조된 목적을 자신의 마음과 가슴 속에서 표현해내려고 애쓸 것이다. 그들은 서로 간의 상이한 내면적 충동과 성질과 자기표현 방식의 기원을 이해하고 그 가치를 중시할 것이다. **그들은 서로 간의 행복을 드높이기 위해서 자신들의 차이를 이용할 것이다.** 경쟁은 사라질 것이다. 이 일이 일어나는 동안 그들은 갈수록 **신성의식** 속으로 더 수월하게 동조되어갈 것이다. **신성의식** 속으로 동조되어 들어가면 그들은 더욱 높은 영적 의식 수준으로 올라갈 것이다.

현재는 성에 대한 너희의 접근방식이 너희 의식의 상승에 장애물이 되고 있다.

그것이 너희를 인간성 속에 뿌리박혀 있게 한다.

'남'과 '여'의 진정한 의미에 대한 온전한 이해를 너희의 일상생활과 가정과 일터에서 온전히 실천하지 않는 한 너희는 자기 존재의 **진실**을 깨닫지 못한 것임을 **나** — **우리** — 로서는 아무리 강조해도 지나치지 않다.

너희는 간음하지 말라는 말을 들었다. 하지만 말하노니, 이웃의 아내나 남편에게 욕정을 품을 때, 너희는 이웃의 아내나 남편의 생각에 영향을 미칠 그림을 너희 생각 속에서 만들어내고 있는 것이다. 그러면 그/그녀도 같은 식으로 너희를 생각하기 시작할 것이다. — 아니면 너희의 성적 욕구를 느끼고는 너희와 함께하기가 불편하여 너희를 피할 것이다.

너희의 마음속에 있는 것은 반드시 세상 속에서 현실화된다. 그러니 백일몽 속에서 다른 사람을 해롭게 하지 않고 혼자만의 상상을 즐길 수 있으리라는 바보 같은 생각은 하지 말라. 이런 연유로 너희의 포르노 소설은 진실로 자신의 [**존재의 근원**]에 대한 불경한 모독이다. 그것은 의도적으로 성욕을 자극하여 음란한 남자의 마음을 통해 어린 여자의 몸과 마음과 감정 속에 말할 수 없는 고통과 불행을 풀어놓는, 성적 재앙이다. 너희가 저질렀고 현재도 저지르고 있는 짓이 너희 '문

242

명'이 지금과 같은 파멸의 벼랑 끝으로 몰려오도록 일조했다. 그런 '인쇄된 병病'을 배포하는 너희에게, 그리고 그것을 보고 혼자서 흥분하는 이들에게는 청산의 날이 오리니, 믿어도 좋다.

서구세계의 너희들은 그 퇴폐적인 어리석음으로써 동양인들의 경멸을 자초했다. 스스로 뿌린 것을 너희는 피하지 못할 것이다.

그리고 동양의 너희들은 너희의 귀한 아들딸을 낳고 길러주는 여성을 비정하게 대한 어리석음의 과보를 피하지 못할 것이다.

너희 중 일부는 진실에 대한 무지로, 자신의 이기적인 목적과 이익을 위해 **무함마드가 말한 진실을 비웃었다!**

너희들은 너희 여성들에게 무거운 옷을 둘러쓰게 하여 그들이 다른 사람들 가운데로 나아갈 때 활동의 자유와 알라의 신선한 대기를 숨 쉴 자유를 막았다.

너희의 터무니없고 에고중심적인 믿음과 행동이 어떤 남자에게서 공감을 얻겠는가? 여성에 대해 우호적인 감정이라곤 가지고 있지 않은 남자들뿐일 것이다. 너희의 예언자 무함마드가 땅위에 살았을 때 그를 따랐던 이들이 그런 자들이었는가? 결코 아니다. 가장 영적인 마음을 지닌 사람들만이 그에게 귀를 기울였다.

너희는 너희 예언자에 대한 어떤 허구와 공상을 세상에 퍼뜨리고 있는가?

내 말하노니, 여성의 신분이 천하다는 망상에 정신 나간 남자와, 여자를 남자의 소유물로 여기는 남자는 세상으로부터 격리되어 가둬질 것이다.

행복해지고자 하는 여성의 진정한 요구를 모르는 남자, 노예처럼 종속된 여성의 불행을 알지 못하는 남자 말이다.

이런 남자는 이슬람의 선지자 무함마드와는 아무런 관계도 없다.

선지자는 땅위에 있을 때 여성을 존중하여 받들어 모셨다.

그가 깨달음을 향한 자신의 영적 행로에서 앞으로 나아갈 방도를 얻어낼 수 있었던 것은 종種들의 암컷과 여성들로부터였다. 그는 그들에게 많은 빚을 졌고, 그들이 몸은 달라도 영으로는 동등함을 알고 있었다.

실제로, 그가 박탈당하고 궁핍한 상태로 이 땅에 와서 지극한 덕과 물질적 부와 영적 통찰력을 갖춘 여성을 만나고, 그가 준비되었을 때 그녀의 도움을 받아 선지자로 성장하게 된 것은 우연이 아니었다.

그것은 무함마드가 이 땅에 온 배후의 목적이었다. 여성을 합당한 위치로 ─ 세상을 지배하고 있는 남자의 동등한 반려자로 ─ 복권시키는 것 말이다.

244

이것을 깊이 숙고하라. 깨달음 이후에 예수라는 인격 속의 나는 스스로 선택하여 독신이 되었다. 하지만 이것은 나에게 필요한 것들을 돌봐준 여성들에 대한 나의 사랑을 어떤 식으로도 훼방하지 않았다.

그러나 무함마드는 깨달음 이후에 많은 여성들을 '알았고' 그의 사역은 평등심과 사랑으로써 여성을 대하고 살아가는 법을 배우도록 소명받은 이의 사역이었다.

나의 추종자들이 나의 행적과 가르침을 자기들의 목적을 위해 자기들 편한 대로 선별적으로 전했듯이, 영적 눈이 먼 일부 사람들의 이기심이 무함마드의 원래의 가르침을 무함마드가 의도한 적 없는 무수한 덧붙임과 해석으로 왜곡시켰다. 이런 식으로 모든 위대한 **영적 스승들의 작업**이 인간의 생각에 의해 오도되고 **진실**은 오류에 뒤덮여서, 사람들로 하여금 깊은 미혹에 빠져서 무지 속에서 죄를 저지르게까지 만들었다.

너희나 다른 어떤 종교들은 에덴동산에서 행복하게 살도록 창조된 아담과 이브가, 이브가 뱀의 꼬임에 넘어가는 바람에 은총에서 떨어져 나가고 또 아담까지 유혹했다는 식의 믿음을 굳게 붙들고 있었기 때문에, 남자로 하여금 여자를 유혹자로 인식하도록 부추겨왔다.

인류의 기원에 대한 이 상상은 사실이 아니라 단지 비유일 뿐이다.

여자가 남자를 유혹하는 존재라는 것도 사실이 아니다.

내시는 여자에게 끌리지 않는다. 왜 그럴까? 남자를 여자와 자고 싶게 만드는 그것이 제거되었기 때문이다. 그렇다면 유혹은 누구 안에 있는가? 남성 자체 안에 있는가, — 그리고 그것은 그에게서 제거될 수 있다 — 아니면 이 모든 와중에도 자신으로 남아 있는 여성의 내부에 있는가?

남자는 분명히 씨앗을 심게끔 만들어졌다. 그러므로 남자는 — 어디서든 기회만 생기면 — 씨앗을 심어야 한다.

여자는 씨앗을 받아들이게끔 만들어졌다. 20세기 이전의 시대에는 남자가 건드릴 때까지 여성은 성적으로 잠들어 있었다. 그렇다면 천성은 어디에 있는가? 발동하여 유혹하는 남자에게 있는가, 아니면 유혹받아서 발동하는 여자에게 있는가?

남자는 동정이라는 이름하에 자신의 남성성을 피해 숨어 있다가 자신이 타락한 책임을 여자에게로 돌려왔다. 이것이 신성한 행위인가? 가치 있는 행위인가? 이것이 계속 이어져야 할까?

무슬림 신앙을 고백하는 너희에게 [우리]가 말한다. 너희는 너희의 여자들을 두꺼운 옷으로 감싸서 너희를 유혹으로부터 보호하고, 너희의 '소유물'을 다른 남자들이 보지 못하게 했으므로 너희는 '죄 없고' '마음이 순수하다'고 믿는다. 너희는 자신의 욕정에 스스로 얼마나 깊이 오도되고 있는지를 알고 있는가?

그들은 인간적인 욕망에 휘둘리지 않도록 보호받으려다가 오히려 그 욕망이 악랄하고 짐승적인 형태로 폭발하도록 키워놓는다.

나는 ─ 우리는 ─ 세상의 남녀에게 말한다. 진정한 순결은 온갖 종류의 유혹에 둘러싸여서도 욕망에 휘둘리지 않고 세속적인 정념에 흔들리지 않으며 지상의 육욕에 오염되지 않으며 소유하고자 하는 갈망으로부터 초연할 때만 얻어진다.

모든 형태의 순결은 지상의 모든 육적인 갈망을 초월한다. 순결이란 유혹을 있는 그대로의 그것으로 ─ 남자와 여자의 감각에 덫을 놓아 부정한 짓을 저지르게 만드는 거친 생각과 감정으로 ─ 바라보는 능력이다. 진실로 순결한 사람은 오로지 영적인 사랑과 삶의 모든 측면에서 자신을 아름답게 표현하고자 하는 내면의 열망에 어울리는 깨끗하고 정직한 환경만을 원한다.

하지만 먼저 오랜 세월의 유혹을 견뎌내지 않고는 진정한 순결을 얻을 수가 없다. 이것은 영적 성장에 필수적인 과정이니, 때로 깊은 유혹에 빠졌다가 결국은 가야 할 더 높은 길, 자기부정의 길, 선한 여성에 대한 진정한 관심과 배려의 길이 있음을 깨닫지 않고는 진정한 순결의 상태를 이룰 수가 없다.

너희는 욕망의 노예가 되어 내적 갈등의 끊이지 않는 혼란 속에 휘말릴 것이다.

그러니 여자의 몸을 덮어 가리면서 인위적인 사이비 순결을 표방하고
사는 것으로 유혹을 피하려 하지 말라. 남녀들이여, 차라리 옷을 벗고
서로의 몸을 내면의 [신성의식]이 눈앞에 드러내 보여주는 아름다운
외면적 형체로 받들어 모시고 진정한 영적 순결이 너희 앞에 가져다
풀어놓는 그것을 **경험하라.**

쓰라린 유혹을 겪어내고 그것을 넘어서라! 너희의 갈등을 **신성의식**에
게로 데려다놓고 그 **권능**이 육신의 갈망을 극복하도록 도움을 주기를
빌라. 오로지 이 방법만이 너희가 오매불망 구하는 마음의 평화와 자
유를 얻게 할 것이다.

만일 너희가 지금 자신의 갈망에 굴복하여 그 갈망을 풀어놓음으로써
거기서 놓여나려고 한다면 그것은 자유도 해방도 아니다. 때가 되면
똑같은 갈망이 되돌아올 것이다. 그리고 너희는 다시 한 번 욕정의 갈
등에 시달릴 것이다. 거기서 다시 굴복하면 더 깊은 갈등이 '신성의식
의 권능 속에서 흔들리지 않으리라'는 너희의 결심을 기다릴 것이다.
모든 육적 형체의 내부와 배후에 놓여 있는 **실재,** 그 신성한 아름다움
을 자각함으로써 갈망이 마침내 정복될 때까지 말이다.

이성 간의 가장 높은 영성은 남녀가 함께 나체로, 서로의 영혼과 마음
과 가슴과 몸을 받들어 모시면서 평화롭게 있을 수 있는 때다.

이 같은 영성 속에서는 서로에 대한 느낌이란 오로지 상대방의 행복을 위하는 사랑과 배려뿐이다. 그와 같은 [사랑]과 자비에 찬 부드러운 [애정]으로부터 경험하기 힘든 황홀한 존재의 합일이 찾아올 것이다. — 그리고, 의도했다면, 더할 나위 없이 아름다운 몸과 마음을 지닌 아이가 잉태될 것이다.

앞으로 올 세기에 사람들이 인간성의 모든 차원에서 영적으로 진화해 가기 시작하면, 연인들 사이의 그와 같은 사랑은 일반적인 것이 될 것이다. — 그리고 지금의 사람들이 빠져 있는 것처럼 육체적 만족만을 추구하는 이기적인 섹스는 강간만큼이나 혐오스러운, 천박하기 짝이 없는 행위로 여겨질 것이다.

현재로서는 섹스와 관련하여 따라야 할 가장 높은 영적 길은 다음을 인식하고 거기에 머무는 것이다:

남자와 여자는 그들 배후의 본성에 어울리는 특별한 임무를 삶 속에서 수행하도록 창조되었다.

남자는 여자를 임신시킨다. 여자의 선한 의지와 도움 없이는 남자는 자신의 성姓을 이어받을 사람도 없이 무자식으로 생을 마감할 것이다.

그러니 남자는 여자를, 다른 임무를 띠고 태어났지만 전적으로 동등한 존재로 대해야 한다. 그는 — 언제나 — 그녀에게 최고의 존경과 사랑과 배려를 바쳐 그녀가 자신의 짐을 수월히 지고 갈 수 있게 해야 한다. 그녀야말로 마음속에서 처음 잉태된 그것에다 눈에 보이는 형체를 부여하는 존재이므로.

여자가 난자와 합쳐질 정자를 자신의 몸 깊숙이 받아들일 때, 남자인 너희는 ― 너희가 받는 보상인 ― 환희의 순간에 정자를 내보내는 것 외에는 아무런 일손도 보탤 수 없는, 그런 기적이 일어난다.

너희는 너희가 생명을 준 그 '기적'이 동반자의 몸속에서 계속 정상적으로 건강하게 발달해가도록, 빈틈없이 배려하는 사랑으로써 모든 감정적, 외부적 해를 막아 그녀의 행복과 건강을 돌보는 것밖에는 아무것도 할 수 없다. 이것이 남자인 너희의 책임이다.

너희는 오직 이로써만 그녀의 아이의 아버지로서 그녀 곁에 머물 자격을 갖는다.

이것을 하지 못한다면 너희는 아이의 아버지로서 아무런 값어치가 없다. ― 그리고 육적인 삶 속에서 너희의 영적인 '신성의식 아버지'를 표현하도록 태어난 남자인 너희 자신에게도 아무런 값어치가 없다.

아이를 안고 있는 여자를 괴롭히고 모욕하고, 거칠고 잔인한 언사와 행동으로 대하는 남자는 남녀가 동등한 **신성한 존재**로서 하나가 되어야 한다는 가장 기본적인 **존재의 법칙**을 위배하고 있는 것이다.

존중과 사랑과 보호를 받고 있는 여자는 그 동반자에게 그와 동일한 존중과 사랑을 주고 영육의 양식을 제공하여 자신을 그녀에게 바칠 수 있는 그의 능력을 키워주어야 한다. 부드러운 배려와 사랑으로써 동반자를 부양하지 않는 여자는 남자에게 외부세계에서 맞닥뜨릴 어려움 앞에서 그것을 견뎌낼 남성적 기상과 의지를 주지 못한다.

그는 다른 것 ─ 남자든 여자든 ─ 술이든 마약이든 ─ 에서 위안을 구하거나, 가정에서 자신을 고립시켜 동반자에게도 자녀에게도 쓸모없는 존재가 될 것이다. 그러니 남녀는 공히 서로를 아끼고 사랑할 책임이 있다.

남자가 가족과 직장을 향하여 날마다 신성의식의 '아버지의 측면'을 표현하는 통로가 되기를 배워야만 하듯이, 여자는 나날의 생활 속에서 신성의식의 '어머니의 측면'을 표현하기를 배워야만 한다.

이 진실을 부인하는 이는 그 영적 인식을 높이고 자신의 태도를 신심信心으로써 변화시키기 전에는 천국에 가까이 갈 수 없을 것이다. '남과 여'에 대한 인간의 세속적 인식 위로 ─ 그리고 세속적 욕망과 에고의 충동 위로 ─ 시야를 높이어 자신의 '존재'가 비롯된 근원인 실재의 차원으로 고양시켰을 때만 그들은 윤회의 쳇바퀴를 벗어나 궁극의 환희와 영광에 드는 문을 발견할 수 있을 것이다.

문화적 관습 속에서 여성이 단지 하나의 '소유물', 남자의 욕망의 대상으로만 인식되고 남자와 절대적으로 동등한 한 사람의 여성으로 대접받지 못한다면 그 문화는 남자의 진정한 본질과 여자의 진정한 본질을 이해하지 못한 것이다.

남자와 여자는 하나의 온전한 실체의 동등한 반쪽이다.

혼자인 남자는 자신의 [존재의 근원]의 한 측면밖에 표현하지 못한다. 그리고 여자가 혼자서 살 때는 그녀 또한 자신의 [존재의 근원]의 한 측면밖에 표현하지 못한다.

[우주의식]의 [신성한 의도]는, [그 자신]의 동등하게 균형 잡힌 두 측면을 각각 육적 형상으로 개체화하여 창조하고, 그 둘을 다시 육적 형체로서 만나서 합하게 하여 처음에 그들의 개체성이 비롯되었던 근원인 [신성의식]의 일체성과 온전성을 경험하게 함으로써 [그것]의 온전한 모습과 성질을 표현하는 것이었다.

그들이 사랑과 영육의 일체성 속에서 만나면 그들은 **평형상태 속에서** [우주의식]의 환희와 황홀경을 발견한다.

(이 전체 과정이 **다섯 번째와 일곱 번째 편지**에 명확하게 상술되어 있다.)

그러므로 남자의 남성성과 여자의 여성성의 결합은 [존재의 근원]으로부터 '온전한 것'을 끌어내는 데에 필수적이다. 이 결합으로부터 온전한 아기가 만들어진다.

팔레스타인의 광야에 있을 때 나는 먼저 [우주의식]의 창조성, 우리의 [존재의 근원]의 압도적인 본성은 [의도]임을 깨달았다.

창조해내고 계획하고 설계하고 — 그리고는 용의주도하게 먹여 키우고 치유하고 보호하고 그것의 낱낱의 요구를 충족시켜줌으로써 그 설계를 실현시키는 의도 말이다.

경험을 위해서, 남성과 여성이 그 육적 형체와 의식으로 진화되었다.

[의도], 그리고 그들의 삶 속에서 가능한 모든 방법으로 그 의도를 표현하는 것. — 이것이 창조성의 최초의 작용이다.

[의도] 없이는 [창조]도 없을 것이다.

[의도]는 온 존재의 기원이며 온 존재 속에 스며들어 있다.

[의도]가 행위의 성질 — 사랑하든가 파괴하든가 — 을 규정한다.

남성과 여성은 그들의 삶 속에서 [의도]를 형상화하고 경험하기 위해서 개체화되었다. 이것이 창조성의 최초의 충동이다.

남성과 여성은 또한 [의지력]을 경험하고 표현하기 위해서 개체화되었다.

[남성] 속의 [의지력]은 주로 **활동**으로서 경험되고 표현된다. 그 원시적 형태로는 — 그는 자신의 의도를 만족시키기 위해 주변 환경 속으로 나가서 돌아다닌다. 그래서 그는 지도자와 탐구자의 복장을 걸친다. 그는 감정의 장애물 없이 자신의 목적을 달성시키기 위해서 생각하고 일하도록 개체화되었다.

여성에게 [의지력]은 주로 **느낌**으로서 일어나고 경험된다. 정성으로써 보살피고 먹이고 입히고 바로잡고 가르치고 보호하는 과정을 통해 **본래의 [의도]가 온전히 열매를 맺도록 양육해야 할 필요성**에 대한 **느낌** 말이다.

[목적]은 [의도]와는 전혀 다르다. [목적]은 [의도]의 정신적 차원으로부터 내려와서 감정적 추동력, 곧 '의도된 목표를 실현시킬 수단'을 구체화하고자 하는 하나의 욕구가 되기 때문이다.

'무엇을 하고자 하는 강력한 [의도]'가 지속적 존재 배후의 [목적]이 된다. 이처럼 창조의 작업을 수행하기 위하여 생각과 느낌이 짝을 짓는 것이다.

남성은 자신에게 삶의 목적을 부여하기 위해 자신의 의도를 충족시킬 새로운 아이디어, 새로운 방법들을 끊임없이 찾아 헤맨다.

여성의 의도는 사랑하는 이를 위해 희생할 준비가 된, 감수성 깊고 안정된 '인격화된 목적'이다.

그러므로 [존재의 근원] 내부의 이 두 가지 기본적 [추동력] — 육적인 형태로는 남성과 여성으로 표현되는 — 은 상호의존적이다. 상대방이 없이 한쪽만으로는 살아남을 수가 없다. 창조의 지속을 위해서는 양쪽이 다 필요하다.

남성은 자신의 남성적인 활동성과 지도자가 되고 싶어하는 욕구 때문에 자신이 여성보다 우월하다고 여겼다. 여성은 남성을 위해 안전한 환경을 만들어내며 안정적으로 머물러 있기 때문이다. 하지만 여성의 욕구는 조건 없는 사랑의 욕구로서, 그녀로 하여금 평화로운 마음과 기쁨으로써 집안에 건재하면서 자신의 생래의 목적을 수행할 수 있게 해주는, 가장 높은 존중과 배려를 받아 마땅한 욕구다.

남자의 역할은 가족의 생존을 위한 물리적 안정과 물질적 수단을 제공하는 것이다.

여자의 역할은 집안에서의 개인적 충족과 기쁨을 위한 정서적 안정과 정서적 수단을 제공하는 것이다.

과거에는 동서를 막론하고 남자가 집안에서 여자를 자신의 뜻에 복종하고 봉사하게 만드는 지배자의 역할을 행사했다. 그 과정에서 그는 신성의식의 에너지를 왜곡시켜 뒤틀리게 하고, 그것을 자신의 마음과 가슴을 통해 왜곡된 문명 속으로 흘려보냈다.

그는 또한 여성들로 하여금 견뎌야만 한다는 것이 온당치 않게 느껴

지는 자신의 복종적인 역할에 대한 깊은 분개의 감정을 품게 함으로
써 여성의 의식을 뒤틀리게 만들었다.

그러니 남자는 자신과 동반자의 몫으로 비천하고 품격을 떨어뜨리는
삶의 방식을 만들어낸 것이다. 그것은 그의 [존재의 근원]의 [본성]에
전적으로 위배된다.

여성이 사회에서 자신의 존재의 동등성을 표현하고 온당한 존중심
을 얻어내기 위해서는 자신의 남성적인 공격성을 발휘해야만 했다
는 사실은 너희의 문명이 전적으로 불안정하고 불건강해졌음을 의
미한다. 여성은 필사적으로 남성의 역할을 빼앗아 가지지만, 그것
은 곧 창조의 배후에 감춰진 의도를 패퇴시키는 것이다.

남성과 여성은 자신의 길을 완전히 잃어버렸다. 저개발국가들에서는
사람들이 남녀 간의 분열을 충동적인 섹스로써 해결하려고 애쓰면서
반은 죽은 듯이 살아가고 있다. 그 결과 남성과 여성은 갈수록 더 거리
가 멀어지고 불만족해한다. 한 지붕 아래 살면서도 집안의 갈등이 스
트레스와 불행과 분열을 일으킨다.

'선진국'에서는 자신이 누구인지, 삶의 목적이 뭔지를 모르겠다고 하
는 불행한 사람들과 아이들로 심리치료 상담실이 북적거린다. 그들은
답을 모르기는 마찬가지인 '전문가'들을 찾아 헤맨다.

남성이든 여성이든 모든 사람은 오직 자신이 속한 성 — 그리고 인종

256

— 으로부터만 얻을 수 있는 삶의 교훈을 터득해야만 한다는 사실을 명심해야 한다. 그러므로 여성은 삶에서 동반자와 자녀들에게 정서적 사랑과 안정을 공급하는 자로서의 자신의 역할을 받아들이고, 자신의 존엄성을 스스로 존중하면서 최대한의 능력을 발휘하여 그것을 수행해야 한다. 여성은 주변에 정서적 안정을 제공하는 것이 사회적으로 절대적으로 중요한 역할임을 인식해야 한다. 여성은 가족과 도시와 국가를 하나로 뭉치게 하는 사랑과 행복의 '접착제'를 제공한다. 여성이 사회에서 자신의 진정한 위치와 목표를 이해하고 그것을 가능한 한 가장 높은 방식으로 행하고 이루면 그녀는 개인적 만족과 행복이라는 최고의 보상을 얻으면서 동시에 조건 없는 사랑의 길을 빠르게 나아가고 있는 것이다. 그녀는 또한 의식의 한층 더 높은 단계로 옮겨갈 것이다. — 어쩌면 다음 생에는 인류를 크게 이롭게 할 남성으로 말이다.

마찬가지로 영적으로 진화한 남성은 — 심지어 영적 스승도 — 사랑 깊은 여성이 되어 지상의 삶으로 돌아와서 자신의 높은 존재의 원칙들을 나날의 삶 속에서 낱낱이 실천하면서 진정한 겸손을 배운다. 그녀가 제공할 수 있는 것을 필요로 하는 모든 사람을 지혜롭게 품어 기르는 어머니로서 말이다.

너희의 한정된 지성과 시야를 넓혀서, 불평등은 있을 수 없음을 — 지상에서 이룰 수 있는 최고의 행복을 얻기 위하여 너희 남녀 각자가 **신성의식**으로부터 얻어온 모든 것을 가장 영적인 방식으로 표현하고자 하는 공유된 [의도]밖에는 있을 수 없음을 — 분명히 깨달으라.

남자와 여자가 영적으로 진화해 있을 다가올 미래에는, 의도가 엇갈 릴 때 그들은 함께 각자의 **의도**를 ['아버지-어머니-신성의식']에게로 가져가 이렇게 물어볼 것이다: "우리의 상황에서는 무엇을 창조해야 할까요? 우리가 나아가야 할 최선의 길은 무엇인가요?"

응답을 받으면 그들은 그것을 사랑 깊은 가슴으로 받아들여 함께 추 구해갈 것이다. 의견의 차이가 일어난다면 그것을 존중하여 다시금 **신성의식**에게로 가져가서 진정한 합의에 도달할 때까지 동일한 물음 을 던질 것이다.

남자와 여자는 함께 돌아가서 **신성의식**에게 물을 것이다: "우리의 목 적을 어떻게 하면 가장 잘 성취할 수 있을까요?" 그리고 그들은 다시 금 그 응답들을 취합하고 계속 질문하여 마침내 인간의 머릿속만이 아니라 창조성의 가장 높은 차원인 **신성의식** 속에 품어져 있는 실천 계획에 도달한다.

이렇게 함께 일함으로써 그들은 마침내 영혼과 마음과 가슴과 몸이 진정으로 하나가 되는 '지복'을 경험하게 될 것이다.

마침내 남성은 어느 정도의 여성적 욕구도 함께 경험하고 표현하지 않고는 편안히 존재할 수 없게 될 것이다. 아내와 자녀와 다른 사람들 ─ 학교 동창과 직장 동료와 동업자와 친구들 ─ 과 유대관계를 가지 려면 감정이 필요하다. 따뜻한 온정이 없다면 그는 냉혈의 괴물이 될 것이다.

오래된 영혼이라면 그는 종종 여자였던 전생으로부터 따뜻한 마음과 애정을 듬뿍 담아 가져온다. 영적으로 더 진화할수록 그의 천성 속에는 양성의 추동력이 균형을 이루어 동등하게 자리 잡고 있다.

이것은 여성에게도 마찬가지다.

여성도 똑같이 어느 정도의 남성적 욕구 없이는 편안히 존재할 수 없게 될 것이다. 일들을 지적으로 계획하는 능력이 없다면 그녀의 집안은 재난구역이 되어버릴 것이다. 그녀는 전생에 강한 남자였을 수도 있어서 타인을 위해 자신을 희생해야 하는 여성의 역할이 불편하게 느껴질 가능성도 있다. 그런 여성이라면 **신성의식**에 자문하여 인간애가 없는 지도력이란 위험한 무기임을 깨닫도록 시야를 맑게 밝혀야 한다.

남자와 여자가 자신의 내면에서 남성성과 여성성의 균형점에 접근해 가면 그들의 삶의 과제는, 모든 인간에 대한 조건 없는 사랑을 이뤄냄으로써 자신의 성적 욕구를 초월하고, 그 욕구 자체를 예술 활동과 같은 순수한 창조성에 쏟아 붓는 것이다. 이런 사람들이 곧 만들어진 '마스터(達人)', 자신의 마스터, 창조의 마스터, 인간의식의 마스터, '물질'의 마스터이다.

유감스럽게도, 하나인 자신의 본성 속에서 '남성성/여성성'의 균형점에 다가가고 있는 이 시대의 남녀에게는 자신의 진정한 목표가 어떤 것이 되어야 하는지를 알려줄 길잡이가 없다. 그들은 어찌할 바를 모르고 영적 성취보다는 육체적 차원의 기능에 관심을 빼앗김으로써 자신이 추구하는 기쁨과 개인적 만족을 부정해버리는 겉치레 사회를 그들 사이에 만들어내었다. 그들은 '자신이 진정 누구인지'에 관한 진실을 깨달을 때까지 갈등에 휩싸여 불행해하는 사람들로 남아 있을 것이다.

삶에서 여성의 역할을 언급할 때, 너희 선진국의 많은 현대여성들이 지난 세기에 남성적 욕구를 고도로 성취했다는 사실도 빼놓으면 안 된다.

그들은 삶에서 우선순위를 용의주도하게 매겨야만 한다. 그들은 정체된 채 무료하게 집안에 앉아 있을 필요가 없다. 그들은 자신의 지성과 능력을 온 가족을 위해 새롭고 건설적인 삶의 방식을 만들어내는 데로 돌리면 더 행복해지고 더 만족하는 사람이 될 것이다. 당장은 그들도 그것을 어떻게 해야 할지를 모르겠지만, 그들의 지도력과 재능을 만인의 행복을 위해 사용할 최선의 방법은 명상 속에서 영감으로 떠오를 것이다.

여성뿐만 아니라 동성인 남성에 대해서도 더 큰 공감능력을 키운 남자들 또한 명상과 그에 따른 영적 통찰을 통해 자신의 일에서 지도력을 발휘하고 표현할 더 차원 높은 방법을 깨달아 타인들에게 행복을 가져다줄 것이다.

나 — 우리 — 는 왜 성에 관한 문제를 이토록 깊이 이야기했을까?

이것은 동서양을 막론하고 남녀의 대립과 다툼이 지상에 불건강한 환경을 만들어내고 있기 때문에 절대적으로 필요했다. 성의 대결은 공격성을 부추겨 분노와 적의의 상처가 곪게 한다.

성해방은 세상에 에이즈의 창궐에 의한 절멸의 위기를 불러왔다. 모든 바이러스는 파괴적인 의식의 힘에 의해 만들어진다.

너희는 인간이 바이러스를 스스로 만들어냈다는 사실을 이해해야 한다! 모든 바이러스는 파괴적인, 살아 있는 의식의 추동력이 가시화된 것이다. 그것은 바이러스가 형체를 띠는 순간에 파괴적인 의식의 충동이 겨냥하고 있었던 것을 표적으로 삼는다.

내가 예수라는 인격으로서 지상에 머물 때, 나는 존재의 이 측면에 대해 아주 분명히 깨달았다. 유대인들은 물을 마시기 전에 컵을 씻는 엄격한 전통을 지켰다. 나는 그들에게 입에 들어가는 것에 대해서는 염려할 필요가 없음을 분명히 일러주었다. 그들은 자신의 마음과 가슴에서 나오는 것 ― 그리하여 결국 입을 통해 나오는 그것에 관심을 가져야만 했다. 그 당시에는 바이러스의 존재가 과학적으로 밝혀지지 않았지만 사람들은 질병이 더러운 그릇에 담긴 것을 먹고 마심으로 해서 온다고 여기고 있었다. 하지만 나는 질병이 원래 야만적인 분노에 찬 사람들의 마음과 가슴으로부터 생겨나는 것임을 알고 있었다. 그런 다음에 그것은 세포의 분열에 의해 전염되는데, 그것은 그 안에 그것이 최초로 존재하게 한 본능과 의식을 영구히 품고 있다.

에이즈는 결코 우연히 생겨난 것이 아니다. 그것은 섹스를 하는 두 사람 사이에 자기탐닉과 파괴적인 감정의 반응을 일으키는 의식의 힘으로부터 생겨났다. 잠재된 증오심과 분노는 사람들을 성행위에 빠지게 하여 몸과 마음과 감정 속에 병의 잔류물을 남겨놓는다.

감정적 동조가 언제나 남녀 간의 성행위를 촉발하지는 않았기 때문에 그들은 깊은 실망과 욕망의 불만족을 경험했다. 이런 일이 일어나면 남성의 성 에너지는 시들어버린다. 그것은 성도착적인 이미지를 통해 다시 불을 붙여야만 했다.

그 결과 어떤 나라에서는 포르노 사진이 '대박 사업'이 되었다. 그것은 육체적 본능만을 파고든다. 포르노 사진으로 인해서 여성에 대한 존중심이 사라지고 감정 없는 기계적인 성행위가 만연하고, 이와 더불어 강간과 아동 성추행이 급격히 번져갔다. 이런 추행과 타락한 잔혹행위에 빠져든 사람들은 이번 생에서든 다음 생에서든 반드시 그 업보를 받아야만 할 것이다.

그러니 이슬람교도들이 서양인들의 해이한 성도덕과 도착증을 꾸짖는 것도 그것이 지구환경을 불건전하게 타락시킨다는 점에서는 타당한 생각이다.

이런 불건전한 상태는 '알라'가 보낸 것이 아니라 그들이 [존재의 법칙]을 위배한 데서 오는 당연한 결말이다. 마찬가지로 이슬람교도들도 [존재의 법칙]을 위배하고 있다. 왜냐하면 그들도 유대인들과 마찬가지로 눈에는 눈으로 갚는다는 전통적 관습을 지키고, '성전聖戰' 같은 것이 있다고 믿기 때문이다. '성전' 따위는 없다. 오로지 원수든 친구든 너희의 '형제'를 사랑과 이해로써 대하는 **거룩한 용서, 거룩한 화해**라는 *실재*밖에 없다.

어느 누구도 [존재의 법칙]을 위배하고서는 천국이나 낙원에 들어가기를 기대할 수 없다. 너희가 지금 스스로에게 가하고 있는 것과 같은 그런 행패를 부리는 한, 다른 어디에도 발붙일 곳이 없다.

[우리]는 너희가 마음 깊이 유념하여 나날의 삶에 잘 적용하길 바라는 이 생각을 남겨둘 것이다. [우리]는 너희가 종교적 신념과 상관없이 작은 그룹으로 한 데 모여서 이 **편지**를 일상생활의 지침으로서 함께 적용하기를 강력히 권한다. 할 수 있다면 각자의 프로그램을 벗어나서, 자신이 진정한 영성에 대해 무지함을 기꺼이 인정하면서 자신의 삶을 영적으로 향상시킬 방법을 배우기를 강렬히 열망하는 그런 겸허한 마음으로, 서로 모여서 함께하라.

너희 중 많은 사람이 알고 있듯이, 너희 세계의 역사는 새로운 국면으로 접어들고 있다. 그 과정에서 사람들은 부자와 가난한 자 사이의 그 큰 격차가 더 이상은 존재할 수 없음을 깨닫게 될 것이다.

그 큰 격차는 **의식** 속에 존재할 것이다. 그 격차란, 높은 영적 의식으로 진입하여 모든 이 — 친구든 원수든 — 에게 포용과 사랑을 방사하는, 그리고 나날의 삶의 모든 단면 속으로 **신성의식**을 방사하기를 원으로 삼는 이들과, 약한 자 위에 군림하고자 하는 에고의 충동 속에 갇힌 채 남아 있는 자들 사이의 격차가 될 것이다. 그들은 잠시 동안은 성공한 것처럼 보일지 모르지만 결국은 실패하고, 그들이 스스로 만들어낸 암흑 속의 고통은 클 것이다.

이 편지들은 너희를 어둠으로부터 [빛] 속으로 벗어나오게 할 도구가 될 것이다.

모든 이에게 조건 없이 사랑을 방사함으로써 자신의 영적 의식의 주파수를 높이고자 노력해가는 동안 너희의 [의식]은 서서히 [상승]을 경험할 것이고, 그것은 너희의 신체적 건강과 지상의 존재상태에 극적인 변화를 가져올 것이다.

너희 중 용감한 이들의 손에 세계의식의 고양과 상승이 달려 있다. 너희는 닥쳐올 강력하고 목적이 담긴 갈등상황을 초월하여 새로운 형태의 세계의식 건설에 착수하게 될 것이다. 너희는 다가올 수백 년 동안 이어질 영적, 기술적, 경제적 발전과 세계평화의 기원을 열게 될 것이다.

[나], [그리스도] — [우리] — [마스터 형제들] — 은 기독교인들과 회교도들과 불교도들과 유대교인들과 힌두교인들과 수피들, 그리고 세계의 온갖 종교적 신앙을 가진 모든 이들에게 말했다. 너희는 모두가 우리의 사랑의 품 안에 있다. 이것을 믿으라. — 이것은 진실이므로.

다섯 번째 편지

나, [그리스도]는 감춰진 실재를 분명히 정의하기 위해서 이 **다섯 번째 편지**를 쓴다. 너희는 비록 한 '개인'이지만, *[너희에게 '존재'와 '개체성'을 부여한 그것]은 [그 자체]가 시작도 끝도 없이 영원하고-보편적이고-무한하고-편재함을* 이해할 수 있게끔 너희의 마음이 확장되도록 돕기 위해서, 나는 이 감춰진 실재를 *['우주적']*이고 *['신성한'] 존재*란 말로도 일컬을 것이다.

나의 삶과 내가 지상에서 전했던 진정한 가르침을 설명한 이전의 **편지들**을 읽기 전에 이 **다섯 번째 편지**를 읽기를 택한 이들을 위해서, 나의 진정한 '예수' [그리스도] 자아를 신약성서에 기록된 '예수'와 어떤 식으로도 혼동하지 말 것을 부연해서 말해두고자 한다.

나의 원래의 가르침이 네 복음서라는 형태로 세상에 배포되면서 제멋대로 곡해되었기 때문에, 나는 복음서에 인용된 바 내가 원래 사용했던 용어들의 진정한 의미를 설명함으로써 [존재의 진실]에 대한 가르침을 시작하겠다. 이것은 내가 지상에 살았던 이래로 영적 구도자들에게 대대로 잘못 전해져 내려온 오해를 사람들의 의식에서 일소하여 뿌리 뽑기 위해서 꼭 필요한 일이다.

지상에 있을 때, 나는 존재의 배후와 내면에 있는 **실재**를 설명하기 위해 '하나님'을 가리킬 때 의도적으로 '아버지'라는 말을 썼다. 여기에는 두 가지 이유가 있다.

첫째, 첫 번째 편지에서 설명한 것처럼, 광야에서 깨달음을 얻었을 때 나는 유대교 선지자들에게 '계시'되었다는 우주의 창조자를 묘사하는 개념들이 완전히 그릇된 것임을 깨달을 수 있었다.

둘째, 창조자의 진정한 본성이 내게 확연히 계시되었고 그것을 온전히 이해할 수 있게 되었는데, 나는 그것이 부모의 본성 — 피조물의 요구를 구체적으로 확실히 충족시켜주는 — 임을 깨달았다. 그것은 아버지-어머니의 본성과 동의어다. 실제로 나는 살아 있는 모든 창조물 속에 들어 있는 부성/모성의 추동력은 창조자로부터 곧바로 물려받은 것이며, 모든 사랑과 부성/모성의 추동력의 근원은 또한 생명과 존재 자체의 근원임을 보았다.

나는 또 창조계는 **있음**(Being)의 우주적 창조 충동이 **가시화되어 나타난 것**이고, 그러므로 인류는 창조자의 후손이라고 말할 수 있음을 '보았다'.

이런 이유로, 나에게는 창조자를 '**아버지**'라고 부르는 것이 너무나 자연스러웠다. 나에게는 이것이야말로 모든 면에서 창조자의 진정한 정체이기 때문이다. — 더 정확히는 '아버지-어머니'이지만 유대인들은 그들의 일상생활에서 여성이 종속적인 위치를 지켜야 한다고 생각한다는 점을 감안해서 나는 유대인들의 저항을 피하여 새로운 용어를 받아들이게끔 하기 위해서 '아버지'라고만 불렀다.

나는 또한 유대인들로 하여금 여호와에 대한 그들의 관념과 경직된 유대교 율법이 완전히 잘못된 것임을 깨닫도록 돕기 위해서 '아버지'라는 말을 만들어냈다. 또한 존재의 내부와 배후에 있는 창조자 — **창조적 추동력** — 를 묘사하는 새로운 용어 — '아버지' — 를 씀으로써 내가, 특정 백성들을 배척하여 그들에게 재앙의 징벌을 내리는 '하나님'에 대한 기존의 신앙에 반하는, 전적으로 새로운 가르침을 전하러 온 것임을 분명히 했다.

너희의 신약성서에는 내가 구약성서의 가르침에 완전히 반하는 가르침을 가지고 왔다는 사실이 어디에도 명시되어 있지 않다는 점과, 따라서 신약성서를 나의 삶과 가르침을 제대로 기록한 책으로 받아들여서도 믿어서도 안 된다는 것을 너희가 온전히 알기를 바란다.

나의 인격과 깨달은 본성과 감정적인 태도와 가르침 자체를 진실하고 정확하게 기록한 책이라면 거기에는 나의 깨달음에서 나온 가르침이 유대교와 같은 낡은 종교와 모든 면에서 정면으로 부딪혔다는 사실이 너무나 분명히 밝혀져 있었을 것이다.

유대인들의 종교는 극도로 물질주의적인 관념의 종교다. 물론 영적 깨달음을 얻은 유대인들이 우리 [존재의 근원]에 대한 신비적 인식을 얻어낸, 그리고 계속 얻어내고 있는 원전들도 있다.

그들은 그 초월적 마음상태로 해서 높이 추앙되고 존경받아 마땅하다.

그러나 그 선지자들의 글이 평범한 남녀들에게 전해졌을 때 그들의 글은 또 다른 내용의 압제적인 메시지로 전달되었고, 그것은 순전히 인간적이고 그릇된 것이었다. '높은 곳의 하나님'으로부터는 '선'과 '악'에 대한 그 어떤 간섭도 행해지지 않았다. 만일 간섭했다면 세상이 이토록 충격적일 정도로 비참하고 혼란한 상태에 빠지지는 않았을 것이다.

나는 오로지 사람들로 하여금

[모든 창조물을 눈에 보이도록 현상화한 '그것']의

초월적 본성뿐만 아니라 보편성과 사랑 — 내재된 본성 — 을 깨닫 게끔 하기 위한 새로운 가르침을 가지고 왔다.

나의 목적은 진실을 추구하는 이들로 하여금, 내가 유대교 선지자들의 오랜 계보 속의 또 한 사람에 지나지 않고, 그래서 자신의 피조물에 대해 이중적인 감정을 가지고 있는 전지전능한 여호와라는 그들의 케케묵은 개념을 내가 이어받아서 설했다는 믿음의 잔재를 스스로 뿌리 뽑을 수 있게 하기 위해서, 이 사실을 분명히 밝히는 것이다.

두려움에 싸인 정통 유대교인들은 자신들이 대중에게 말해주기로 정한 나에 대한 이야기 틀과 동일한 맥락 속에다 나의 제자들도 가둬 넣었다. 그들은 유대인들을 기독교의 새로운 신도가 되게 하려면 구약성서를 폐기해야만 하게 될까봐 두려웠다. 왜냐하면 구약성서야 말로 수백 년의 세월 동안 유대인들을 하나로 뭉치게 해온 구심점이 기 때문이다. 그래서 그들은 나의 가르침에서 옛 신앙과 어울리는 것 만을 제멋대로 가져오고 첨삭했다. 내가 다윗 왕의 후손임을 유대인 들에게 확신시키기 위해서 나의 족보도 열거했다. 내가 오래된 유대 가문의 혈통을 지녔고, 그러므로 메시아가 될 수 있음을 밝히려는 목 적이 아니라면 그들이 왜 그런 성가신 짓을 했겠는가?

만일 그들이 내가 지상에 와서 하려고 했던 일 — 과거를 청산하고 장 차의 완전히 새로운 이해와 행동을 위한 터를 닦는 일 — 을 진정으로 이해했다면 그들은 죽음의 날까지 나를 몰고 갔던 그 진정한 목적을 사람들에게 분명히 이해시키기 위해서 온갖 영웅적인 노력을 다 쏟아 부었을 것이다.

그러나 그들은 그렇게 하지 않았다. 그들은 내가 가르치고자 했던 것 을 대부분 덮어 감춰버렸다.

나의 용감한 제자 스테파노는 나의 진정한 가르침에 대해 이야기하기를 크게 겁내지 않았다. 그마저도 윤색되기는 했지만, 그럼에도 불구하고 그는 돌에 맞아 죽었다.

내 제자들이 위태로운 삶을 살았고, 따라서 나의 진정한 가르침이 대중의 입맛에 맞도록 전통적인 사고방식으로 각색된 것은 전혀 놀라울 것 없는 일임을 알아야 한다.

그렇다고 치더라도 내가 기독교는 내가 한 말의 일부와, 유대교 가르침과 너무 어긋나지 않는 치유사례밖에 기록해 보여주지 못하고 있다고 말하면 사람들은 치열한 논쟁을 벌일 것이다. 기독교란 나의 초기 제자들과 안티옥 수임受任 이후의 바울이 유대인들을 최대한 한데 뭉쳐 있게 하고 이방의 개종자들을 이쪽 편으로 끌어들이기 위한 목적으로 만들어낸 종교다.

이것이 지상에서의 내 삶과 죽음에 대한 진실이다. 사람들은 자신의 신념을 애지중지 붙들고 있어서, 가장 소중한 물건을 잃어버렸을 때와 같은 고통을 경험하면서야 그것을 내려놓을 수 있다. 하지만 아무리 애지중지하더라도 신념은 그저 **신념**일 뿐이다.

그것은 그 위에 새로운 생애들을 지어 올릴 수 있을 만큼 든든한 터가 아니다.

이제 내가 이 **편지**라는 매개체를 통해 너희에게 돌아오고 있는바, 나는 다시금 가능한 모든 노력을 다하여 — 너희 인간적인 인식의 변수

안에서 — 너희를 위해 *우주와 존재 자체를 있게 한 실재* — *너희 존재의 근원* — 를 설명해주고 있다.

2천 년 전과 정확히 똑같이, 이제 나는 이 편지를 매개로, 다음 천 년 동안에 일어날 장차의 영적 진화를 위한 초석을 놓고자 이곳에 왔다. 너희의 영적 발전은 오로지 존재의 법칙과 [너희를 존재하게 한 그것]에 대한 한층 더 깊은 인식과 이해로부터만 일어날 수 있다.

너희가 확연히 **인식하는** 그것이 너희가 살아갈 조건을 만들어내므로.

인류는 자신의 영적 근원을 알지 못함으로 해서 끊임없는 전쟁에 시달리고, 인간의 의식을 바닥으로 끌어내려서 온갖 고난을 낳는 근원인 지상의 상황을 만들어냈다.

이런 이유로 나는 너희가 배운, 혹은 전통이 너희에게 전해준 그 그릇된 믿음을 계속 붙들고 있도록 놔두지 않고 너희로 하여금 '**실로 있는 그대로의 진실**'에 대한 깨달음과 새로운 인식을 쌓아올릴 수 있게끔, [존재의 진실]을 이해 가능한 현대적 언어로 너희에게 전해주기 위해 [나의 그리스도 의식을 온통 쏟아보내고] — [방사하고] — 있다.

여기에 사용되는 용어들은 너희가 그것을 사용하고 이해함에 따라 이전에 '신'이라는 말을 사용할 때 느꼈던 것과 동일한 — 혹은 **더 큰** — 존경심과 사랑과 영적 통찰을 불러일으키게 될 것이다. 우주적인 의미로 충전된 좀더 적절한 용어들은 너희가 그 말을 사용하면서 그 의미를 심상화해가면 마침내는 너희를 영적 권능으로 충만해지게 할 것이다.

나는 너희가 에고의 욕망에 휩쓸리는 거친 인간적 생각과 느낌들로 물든 의식을 정화하고 꾸준히 명상하여 의식을 **우주적 차원으로** 고양시키면 영적 권능이 너희의 마음으로, 그리고 마침내는 온몸으로 밀려오는 것을 느끼기 시작하게 될 것임을 말해주러 왔다.

그러니 나의 가르침은 오로지 너희가 새로운 생명과 활기와 영적 권능에 의식을 열어 제약되고 불만족스러운 낡은 삶의 방식을 버리고, 모든 필요를 충족시켜주는 내면의 환희의 새로운 근원을 발견하게끔 도울 수 있도록 **집중적으로** 조율되어 있다.

이 말을 생각해보라. 나는 너희에게 '해야 한다'느니, '하지 말아야 한다'느니 하는, 너희 자신이 스스로에게 지우고 싶어하지 않는 갑갑한 제약을 너희에게 가하러 온 것이 아니다. 나는 분명히, 너희의 '의식체'(consciousness form)가 그 안에 생명을 지니고 있고, 결국은 너희의 세계에서 현실화된다는 사실을 말해주러 왔다. 하지만 나는 창조의 진정한 본질을 깨달을 때 기쁨과 만족으로 이끌어줄 올바른 길과 건전한 생각과 자애로운 행동을 선택하는 것은 너희의 훌륭한 감각의 몫으로 맡긴다.

나는 또한 너희가 너희와 [너희를 존재하게 한 '그것'] 사이에는 오직 **존재의 법칙**에 대한 무지를 통해 너희 스스로가 만들어낸 장애물밖에는 아무런 장애물도 없음을 깨닫도록 돕고자 나의 모든 그리스도적 권능을 가지고 왔다.

나는 너희가 현재의 무지를 깨우쳐서 장애물을 제거하도록 돕기 위해서, 그리고 너희가 의식 — 너희의 온 존재 — 을 열어 [너희를 존재하게 한 그것]이 흘러들게 할 방법을 가르치기 위해서 왔다.

그러므로 내 [다시 말하노니]: 결국 나의 가르침은 오로지 너희가 의식을 새로운 생명과 활기와 영적 권능 앞에 열려 있게 함으로써 한정되고 불만족스러운 낡은 삶의 방식을 버리고 내적 환희의 새로운 근원과 나날의 필요의 충족을 찾도록 돕는 데에만 주력하고 있다. 나는 너희가 다음 차원계로 건너가기 전에 이 지고의 존재상태에 이르기를, 너희의 건너감이 고통 없이 이루어지기를, 너희의 건너감이 장엄한 것이 되기를 신성한 사랑으로써 열망한다.

이것이 이 편지들 배후의 유일한 동기요 목적이다.

위의 말은 내가 땅에 있을 때 했던 말: "먼저 천국을 찾으라. 그러면 모든 좋은 것들이 거기에 더하여 너희에게 주어지리라"는 말을 더욱 강력하게 촉구하는 표현이다.

나는 사람들에게 '선해지도록' 부추기기 위해 이 말을 하는 것이 아니다. 나는 단지 존재의 한 가지 사실을 말하는 것일 뿐이다.

너희는 또한 너희가 '하나님'이라 부르고 내가 '**우주적 존재**'라고 일컫는 ['그것']에게는 많은 종교들이 덧붙여놓은 인간적인 속성이 전혀 없다는 사실을 온전히, 분명히 이해해야만 한다.

예컨대 분노와 위협과 처벌 등의 인간적 속성은 오직 인간의 상황에만 어울리는 것이다.

다시금 되풀이하노니: 나, 그리스도는 특별히 이전에 선지자들이 그린 '인간의 언어로 그린 그림'으로부터 사람들의 마음을 거둬들이기 위하여 이 편지를 받아 적게 하러 왔다. 나의 확고한 의도는, 눈에 보이는 우주와, 너희가 아직은 인식하지도 이해하지도 못하는 다른 모든 차원계들을 실제로 만들어내고 그 안에서 움직이고 지탱시키는 [우주의식] — [권능] — 에 대한 나의 묘사로써 그 그림을 대치하는 것이다.

나는 또한 이 편지에 개술된 지식이 흡수되어 너희 개체적 의식의 밑바탕을 이루면 이 다른 우주들, 혹은 차원계들이 너희의 의식 앞에 열리어 다가갈 수 있게 될 것임을 말해주러 왔다.

그리하여 죽음은 존재의 한정된 차원계로부터 더 밝고 더 강력한 차원계로 넘어가는 행복한 여행을 의미하게 될 것이다. 너희가 영적으로 어느 정도 정화되어 육신의 껍질을 벗어날 때가 되면 너희는 이곳을 떠나서 육체적 제약에서 해방되어 사랑과 아름다움과 경이로운 존재감을 누리는 세계로 진입할 것이다.

274

너희는 죽음을, 깨달은 영혼들에게는 하나의 사실인 가능성, — 찬란한 영광의 천이遷移 — 더 큰 생명, 더 위대한 창조의 선물이요 여태껏 꿈꿔보지 못했던 '황홀한 존재'의 경험으로 인식하게 될 것이다.

나는 또한 너무나 많은 사람들이 '긍정적 사고'를 가르치는 온갖 선생들을 따르면 보람 있고 만족스러운 삶을 살 수 있다고 믿고 있는 작금의 현실을 분명히 지적하고자 한다. 그들은 의식을 변화시키면 삶도 변화한다고 말한다. 이것은 한정된 범위 내에서는 사실이지만, 영적으로 진화해가는 구도자들에게는 그런 정도의 의식변화로는 영적인 메마름이 해소되지 않아서 자꾸 뭔가를 더 갈망하게 만든다.

영혼이 갈망하는 그 '뭔가 더'는, [존재의 근원]과의 진정한 만남과 재합일이다. 너희는 오직 선함과 진실함과 사랑 깊음만을 보는 길을 따름으로써 어느 정도의 영적 성장은 가져왔을 수 있지만, **영원무한한 우주적 존재의 도움**은 얻지 못한 채 지상에 매인 너희만의 세계를 홀로 영위하는 존재로서 남아 있다. **우주적 존재의 본성**을 깨닫고 그것과 진정한 만남을 이루는 일에 주의를 돌리면 너희는 자신이 더 이상 혼자가 아님을 — 우주를 지탱하는 *실재*로부터 뒷받침을 받고 있는 자신을 — 깨닫기 시작한다.

그리고 내가 '그것과 진정한 만남을 이룬다'고 말할 때, 그것은 이러저러한 은혜를 간구하는 기도는 너희 [존재의 근원]과의 진정한 만남을 이루는 것이 아님을 뜻한다.

너희의 기도는 물론 **존재의 근원**에게 받아들여지고 종종 신속한 응답을 얻어서, 심지어는 너희가 바란 그대로 요구가 충족되기도 한다. 그러나 **너희 존재의 근원**과의 진정한 만남은 너희가 의식으로부터 거친 인간적 에고의 욕구를 충분히 닦아내고, 일정시간 이상 명상을 하여 영을 접함으로써 존재를 새롭게 충전시키도록 애쓰면서 근원에 '가닿기를' 의식 속의 **강력한 느낌으로써** 규칙적으로 염원할 때만 경험된다.

이것이 존재 배후의 진정한 목적이다. **만유의 근원과 피조물 사이의 끊임없는 호혜적 교류** 말이다.

지상에서 살던 때, 나는 유대인들에게, '나 혼자서는 아무것도 할 수 없다'는 말을 날마다 기회 있을 때마다 분명히 말하곤 했다는 사실을 여기서 너희에게 상기시키고자 한다.

나는 끊임없이, "일을 하는 것은 '내'가 아니라 '아버지'다"라고 말했다.

나는 너희가 지상에 묶인 인간의 의식으로부터 자신이 마침내 **존재의 진실을 알게 되었음을 아는,** 깨달음의 상태로 건너갈 수 있도록 해주기 위해서 이번에 이렇게 왔다.

말할 것 없이, 종교에 깊이 귀의한 사람들 — 유대교든 기독교든 회교든 힌두교든 기타 어떤 종교적 신앙에 속한 교리든 간에 지울 수 없도록 깊이 교의 주입된 사람들 — 은 처음에는 이 **편지**를 받아들이고 적용하는 것이 어렵다는 것을 ― 심지어는 고통스럽다는 것을 ― 발견할 것이다. 조건으로 프로그램된 마음은 마치 콘크리트와도 같기 때문이다. 위기의 순간에 힘을 주는 정서적 뒷받침과 확증으로서 부적처럼 사용되는 소중한 신념들은 잠재의식 속에 정서적으로 각인되어 있는데, 거기에는 대개 그보다 더 높은 진실로 움직여가려고 할 때 '공격해오는 하나님'에 대한 두려움이 함께 섞여 있다. 전통적인 신념 대신 [존재의 진실]을 알고자 하는 진지한 열망이 없다면 마음과 감정에서 이런 정신적 각인을 지워내기란 거의 불가능해서, 그것들이 진정한 영적 진보를 가로막는다.

나는 이것을 하고자 하는 사람들, 이런 장애물들을 넘어서 진정한 깨달음으로 가고자 하는 사람들을 도우러 특별히 왔다. 그러니 너희가 만일 이 글들이 [진실]임을 직관적으로 느껴서 마음이 끌린다면 자신이 이 편지에 개술된 영적 여행을 시작할 준비가 됐으며, 너희가 목표 ― 진정한 영적 깨달음, 새로운 생명, 의지의 힘, 그리고 내가 '천국'이라 부르는 것의 발견 ― 에 다다를 때까지 그것을 추구할 용기를 주기 위해 내가 곁에 있음을 확신하라.

날마다의 진지한 명상과 기도는 마음에 정화가 일어나게 하여, 한때 너희에게 너무나 소중했던 해묵은 신화는 [진실과 이해]로 서서히 대체될 것이다.

다음의 가르침을 시작하기 전에 [나], [그리스도]는 너희의 우주가 견고한 우주가 아님을 상기시켜야겠다. 아마 알고 있겠지만, 너희 과학자들의 말에 의하면 세상의 가시적 질료인 견고한 '물질'은 사실 에너지의 알갱이들로 이뤄져 있다.

너희 지상세계의 [존재의 진실]은 창조의 이 근본적 실상 위에 놓여 있다.

존재의 진실에 관한 나의 가르침을 이해하려면 너희 창조계 만물의 배후에 있는 이 근본적인 '외견상의 공空함'(seeming emptiness)을 이해하는 것이 필수적이다.

너희의 대부분은 이 존재의 실상에 대한 이야기를 머리로는 안다. 하지만 그것은 아직 너희 의식의 필터를 뚫고 들어가지 못했기 때문에 너희에게 우주와 존재 자체에 대한 새로운 전망을 주지 못한다. 너희는 수천 년 동안 해왔던 짓을 계속한다. 곧, 우주는 견고하여 몸과 그 밖의 모든 외부적 현상들은 너희가 마음대로 할 수 있는 것이 아니라고 생각한다. 너희는 자신이 존재의 희생양이라고 믿는다. 그러나 오히려 그 반대가 진실이다. 너희의 나날의 삶은 믿음의 반영이다. 그러니 나로서 너희가 더 높은 진실을 깨닫도록 도우러 돌아오는 이 일은 절대적으로 필요한 일이다.

첫 번째 편지에서 말했듯이, 나는 광야에서 깨달음을 얻은 후에 팔레스타인 마을과 도시들의 내 세계로 돌아온 즉시, 궁핍하고 고통받는 사람들을 도와야 할 필요가 발견될 때마다 어디서든지 '물질 원소'를 제어하기 시작했다.

나는 내가 정확히 어떻게 그런 일을 할 수 있었는지를 너희에게 보여 주고자 왔다.

첫 번째 편지에서 밝혔듯이 내가 광야에서 완전한 계시를 받았을 때, '물질'은 실제로 견고하지 않다는 것이 내 눈에 보였다. 내가 '티끌들의 아물거림'이라고 표현했던 하전 입자들이 정확히 어떻게 가시적인 '물질'의 형상을 취하게 되는지에 대해서는 이해가 주어지지 않았다. 나는 단지 이 '티끌'들이 ['하나님 마음(God Mind)'] 속에서 빠른 속도로 진동하고 있으며, 그러므로 ['하나님 마음']은 보편적, 우주적이라는 것만을 알았다.

나는 ['하나님 마음']은 창조계 자체 내의 만물의 창조자이자 동시에 질료임을 깨달았다. 이것은 내게 절대적으로 확실했다.

나는 또 인간의 생각이 확신이나 감정으로 충만할 때는 그것이 이 가시적 형상의 구현과정에 근본적인 영향을 미치는 것을 '보았다'.

그러므로 인간의 마음은 ['하나님 마음']의 진정한 의도에 끼어들 수 있었고, 실제로 그랬다.

그것은 고양되고 짜릿한 깨달음이었다. 왜냐하면 유대교 랍비들이 나에게 가르쳐준 신화는 분명히 그릇된 것이었고, 그것이 내 마음속에서 즉시 청소되었기 때문이다. 나는 흥분 속에서 그 진실을 맞이해 들였다. 왜냐하면 나는 이제야 사람들이 왜 불행과 고통을 겪고 있는지를 깨달았기 때문이다. 그것은 그들 자신의 사고과정으로부터 비롯된 것이었다.

내 시야에는 또 모든 생명체 속에서 기능하는, 과학이 '세포'라 부르는 **'살아 있는 입자들의 공동체'**가 '계시됐다'. 나는 크고 작은 모든 생명체와 식물의 몸체의 다양한 부위들을 부지런히 만들어내고 유지보수하고 있는 세포들의 작용을 제어하는 **신성한 하모니**를 의식했다. 내가 주로 시골로만 다니면서 식물이나 새들과 같은 미천한 야생 속에도 '아버지'가 내재하여 역사함을 본보기로 보여주었던 것도 바로 이 때문이다.

첫 번째에서 세 번째까지의 편지에서 분명히 설명했듯이, 나는 ['하나님 마음']의 진정한 본질을 '볼' ― 계시할 ― 수 있게 되었기 때문에 그 ['하나님 마음']을 **'아버지'**로 불렀다. 나는 팔레스타인의 사람들에게로 돌아가서 내가 받은 계시를 이야기해주면 그들도 랍비들이 그들의 의식 속에 심어놓은 신념들이 완전히 잘못된 것이었음을 깨닫게 되리라고 확신했다.

나는 ['하나님 마음']의 진정한 본질은 신성한 사랑의 매우 높은 형태이며, 그것이 살아 있는 모든 것 속에서 일관적으로 작용하고 있는 모습을 목격할 수 있다는 사실을 깨달았다.

말했듯이, 나는 적절하고 필요하다고 느낄 때는 이 지식으로부터 '기적'을 행하여 물질원소들을 제어할 수 있었다.

내가 팔레스타인 유대인들의 마음을 사로잡고 있는 신화들을 파괴하기를 열망했던 것만큼이나 강렬하게, 나는 너희 과학자들이 제시하는 많은 이론들이 지난 세월 동안의 교회의 교조와 교리에 대한 강한 반응으로부터 비롯된 것임을 너희에게 보여주기를 열망한다.

이 말을 이해하려면 너희는 다양한 기독교 교파들이 사람들의 마음을 지배해오는 동안, 사람들이 다윈 시대 이전까지는 이 우주가 정확히 구약성경 창세기에 씌진 그대로 창조된 것으로 받아들였다는 사실을 깨달아야만 한다.

과학자들이 자신들의 발견과 이론을 선포하려고 했을 때, 그들은 엄청난 종교적 반대 앞에서 자신들의 새로운 믿음을 설명해야만 하게 되었다. 그래서 그들은 자신들의 정신적 에너지를 선지자들의 선언이 그릇된 것이었음을 입증하는 데에만 온통 쏟아 붓지 않을 수 없었다. 그 과정에서 그들의 그런 전략은 명료한 시야와 전망을 잃어버리게 만들어 그들 또한 에고의 충동에 놀아나게 되었다. 그 이래로 과학계에서는 누군가가 어떤 **직관적 깨달음**을 제시하면 다른 과학자들이 곧장 그것을 조롱하며 배척하고 나서게 되었다. 이 같은 분위기 속에서는 '진실'을 탐구하는 진동추는 이성과 논리에 대한 확고한 믿음 쪽으로만 기울어 있어서, 생명과 존재의 기원에 대한 답을 찾는 인간의 지성은 물질주의의 감옥에 갇혀버렸다.

그러니 나로서는 일부 '과학이론'이 기독교 교리의 소위 '진리'라는 것만큼이나 그릇된 것임을 그들에게 반박하여 보여줄 필요성이 너무나 절실하다. 과학자들이나 기독교 지도자들이나 다 마찬가지로, 이런 일부 '이론'들에 이르는 과정에서 지상의 마음만으로는 여태껏 대답할 수 없었던 의문들에 답하기 위해서는, 증명되지 않은 터무니없는 가정의 세계에 발을 담가야만 했다.

물질세계의 질료가 본질적으로 '공간' 속을 빠른 속도로 요동하는 하전 입자라고 설명한 너희의 과학은 정작 그런 '에너지 알갱이'가 '왜' 밀도와 '물질'의 형태를 띠는지에 대해서는 우연히 원소를 만들어내게 된 융합력을 언급하는 것 외에는 설명하지 못한다.

과학은 입자를 원소 형태로 변화시키는 '**원동력**'이 무엇인지를 말해주지 못한다.

그런 에너지 알갱이가 애초에 어디서 나왔는지에 대해서도 과학은, 창조에 최초의 추진력을 주었다고 믿는 대폭발이 일어나는 동안에 입자가 생겨났다는 것 외에는 할 말이 없다.

갑자기 폭발이라니 왜? — 무엇이? 그 배후의 원동력은 무엇이었을까?

과학은 전자기력을 언급하지만 생겨났다 사라지곤 하는 그런 에너지가 어디서 나왔는지는 말해주지 못한다. 그것은 어디로 사라질까? 그것은 왜 돌아올까? 인간의 눈으로 볼 때 그 현상의 배후에든 그 안에든 간에, 거기에는 그 어떤 이해할 수 있는 작용도 보이지 않는다.

과학은 전자기력이 '그저 있다'고 ─ 그것이 존재한다는 단순한 사실을 ─ 말한다. 하지만 전자기력은 너희의 우주를 이루는 무수한 재료의 형체를 띠고 고도로 의도적이고 지적인 일들을 벌인다. 이런 일이 어떻게 일어나는 것일까?

전자기력이 가시적인 존재로 화하게 한 것들 중에서, 인간의 마음이 어떤 목적성이나 의미가 없는 것으로 간주할 수 있는 것은 없다.

과학은 이처럼 창조의 가장 기본적이고 중요한 측면을 무시해버린다. 이 의문에 대한 대답 없이는, 전자기력의 쌍둥이 에너지의 작용에 의해서 가시적 현상으로 나타나는 모든 것이 **왜** 어김없이 목적성을 띠고 있으며, 순리적이고 성공적인지에 대한 답이 없이는, 너희의 기원에 대한 탐구에서 **가치 있는** 것은 아무것도 발견되지 않을 것이다.

'가시적 존재'의 하전 입자들을 지탱시키는 '**공간**'을 탐구하여 그 '**실체**'를 밝혀낼 때까지, 과학은 물질주의의 잠긴 문 뒤에 영원히 남아 있을 것이다. 과학은 영원한 진실과 우주적 지혜에 다가가지 못하고 뇌세포의 한정된 작용의 소산에 지나지 않는 이성의 감옥 속에만 갇혀 있을 것이다.

내가 너희에게 알려주고자 하는 것은 [공간]의 *진정한 본질*이다. ─ 그러나 그 전에, 그와 관련된 매우 중요한 의문들에 먼저 주목해보아야 한다.

전자기력이 벌이는 많은 작용들이 예로부터 생명체의 마음과 시각과 촉각에는 어김없이 견고하고 영속성 있는 것으로만 보였다. 금속, 나무, 바위, 생명체들은 모두 견고하고 생명 없거나 혹은 살아 있는 '물질'로 이루어져 있는 것으로 믿어진다. 이처럼 우주를 견고한 것으로 믿는 한 그 옛날의 선지자들이 우주의 온갖 견고한 것들을 창조해내는 엄청난 힘을 지닌 '전능한 존재'를 상상했을 것은 너무나 당연한 일이다. 그들이 그처럼 '전능한 존재'를 그려낼 때, 그것을 말썽 많은 사회를 만들어낸 인간들의 행태를 발견하면 벌을 내리는 성정을 지닌, 우주를 지배하는 '왕과 같은' 인물로 그려내었을 것도 너무나 자연스러운 일이다.

그 옛날의 선지자들도 오늘날의 과학도, 존재의 진실에는 다가가지 못했다.

양쪽 다 진실을 완전히 놓쳐버렸다.

과학은 어떤 설명할 수 없는 방식에 의해 **적당한** 화학반응이 조합되고, 그것이 부가적인 화학반응을 촉발시킴으로써 자신을 복제할 수 있는 분자를 만들어낸 데서부터 생명이 발생했다고 말한다.

[생명력]의 그 엄청난 복잡다단함과 능력을 '**자신을 복제할 수 있는**' **성질로써 식별해낼 수 있다**고 하는 것은 그런 이론을 만들어낸 과학적 인식과 사고의 기초가 얼마나 빈약한지를 보여준다!

게다가, '생명 없는' 화학물질들의 그 같은 조합이 특정한 방식으로 —
우연히 — 쌓여서 '자기복제'와 같은 놀라운 결과를 일으켰다는 주장
은 과학계의 의심도 사지 않은 채 건재하고 있다.

그것은 아무리 과학적이라고 하더라도 한정된 인간의 마음은 '자기
복제'라는 그처럼 기이한 우발적 현상을 설명할 능력이 없기 때문
이다. 그것은 과학자로서는 조롱받게 될까봐 두려워서 감히 상상조
차 못하는 마법 같은 사건의 개입 — 상상할 수 없는 근원으로부터
의 어떤 개입 — 을 너무나 뚜렷이 암시한다.

이 '양들의 침묵' 속의 동의가 과학이 스스로 세워놓은 물질주의적 법
칙의 벽을 넘는 '영감에 찬' 이론을 제시하는 것보다 더 과학적인 것으
로 여겨지고 있다. 미래과학의 발전을 가로막고 있는 이 벽은, 마침내
어떤 깨달은 과학자가 종래의 관습을 타파하고 '보이는 것과 보이지
않는 것' 사이의 경계선을 용감히 가로지를 때까지 남아서 과학이 마
음과 영의 세계를 제대로 탐사하지 못하도록 훼방할 것이다.

옛날의 선지자들이라면 분자의 자기복제 이론을 들으면 그런 '마법적
현상' 앞에서도 서슴없이 '하나님'이 화학반응의 조합을 일으켜서 거
기에 생명을 불어넣은 것이라고 말할 것이다. 하지만 그것도 올바른
설명이 되지 않는다.

과학자들로 하여금 영적으로 더 깨인 사색으로 나아가지 못하게 가로
막고 있는 것이 바로 이 '높은 곳에 계신 하나님'이 '원격으로 세상을

창조한다'는 케케묵은 종교적 관념이다. 그러니 해묵은 교조로부터 해방된 것처럼 보이는 과학도 여전히 19세기식의 반론에 대한 두려움에 정신적으로 얽매이고 가로막혀 있다. 과학은 살아 있는 분자들의 내부와 배후에 놓여 있는 *존재의 근원*의 '*실상*'을 아직 보지 못했기 때문에 그 같은 우스꽝스러운 이론을 채택하고 있는 것이다.

과학은 그 창조설화를 이렇게 이어나간다. 자신을 복제할 수 있는 살아 있는 분자들이 '자신을 제조하기' 시작한 이래로, 그들은 자신을 살아 있는 세포(너무나 작아서 육안으로는 보이지 않는)로 형성시켰고, 그것이 식물과 곤충과 파충류와 새들과 동물과 인간 자신을 포함한 모든 복잡다단한 생명체를 지어내는 벽돌이 되었다는 것이다. 그러니까 모든 생명체는 공통의 조상 — 최초의 살아 있는 분자 — 을 갖고 있는 것이다.

과학은 자기복제하는 분자들이 왜 자신들을 조합하여 살아 있는 세포가 되었는지를 설명하지 못한다. 그것은 오늘날까지 과학의 신비로 남아 있다.

너희의 과학은 말한다. 살아 있는 세포는 무수히 다양한 형태로 끝없이 자신을 복제한다. 그것은 가시적 우주의 기본 벽돌이다. 그것은 어떤 메커니즘으로 그렇게 될 수 있을까? 어떤 **동인**이 그런 복제를 충동질할까? 과학은 대답하지 못한다. 자신의 무명에 갇힌 채, 과학은 사람들을 물질주의의 암흑 속으로 끌고 들어간다.

그런데 그 최초의 살아 있는 세포야말로 영적 차원과 '존재의 실체'를 진지하게 탐구하는 이라면 누구나 주목해야 할 가치가 있다. 왜냐하면 최초의 살아 있는 분자와 최초의 살아 있는 세포야말로 '물질' 속에서 — 우주 속에서 — 작용하는 모종의 **지성**에 대한 최초의 증거이기 때문이다.

그 이성과 감성을 보여주는 으뜸가는 특징은, 세포를 감싸서 세포를 보호하고 개체성을 부여해주는 세포막의 기능이다. 이 '기적적인' 현상을 잘 생각해보라.

세포는 세포막을 통해서 오직 선별된 영양소만을 환경으로부터 받아들인다.

세포는 적합한 영양소만을 받아들일 뿐만 아니라 — 그것을 잘 활용한 후에는 — 투과성 있는 세포막을 통해서 그 찌꺼기를 내보내어 제거한다.

눈에 보이지도 않는 '순전히 물리적인' 세포의 막이 어떻게 자신의 건강을 향상시켜줄 적절한 영양소를 '식별하여 선택할' 수 있는지, 그리고 불필요한 독성물질에 대한 식별력을 제대로 발휘하여 그것을 제거할 수 있는지를 너희는 자문해봐야 한다.

이 모든 작용 속에 고도의 **목적성**이 보이지 않는가? 이 같은 목적성이 우연에 의해 일어나는 것이라고 너희는 믿을 수 있는가?

그리고 [목적]이야말로 지성의 보증 마크가 아닌가?

이뿐만 아니라 세포의 막은 온갖 다양한 종과 환경 속에서, 생존과 관련된 무수히 다양한 상황과 조건 속에서 영양소를 선별하고 그 찌꺼기를 버리는 이 일을 해낸다. 이것이야말로 곤충이든 식물이든 파충류든 새든 동물이든 인간이든 간에 그 모든 종의 그 모든 행동 하나하나 속에서 내비치는 [목적성]의 증거가 아닌가?

그러니 이 우주를 눈에 보이는 '물질' 세계 속에서 가시화된 일관적이고 흔들림 없는 [목적성]의 [추동]으로 묘사하지 않을 수 있겠는가?

[목적성]을 지닌다는 것은 물리적인 요소인가, 아니면 '의식'의 요소인가?

[목적성]이 [존재] 배후의 부인할 수 없는 창조적 추동력임을 받아들일 수 있다면 너희 우주에 대한 그다음의 인식으로 넘어가서, 우주란 살아 있는 '물질' 속에서 확연히 보이는 '원인과 결과에 대한 [지적 인식]'이 가시적으로 현상화한 것이라고 할 수 있는가? 왜냐하면 — 살아 있는 세포가 적합한 영양소를 선별할 수 있고 **또한 독성 배출물을 제거할 수 있다면** — 이 단순한 작용은 소화의 필요성을 알고 있고, 또한 그 결과로 인한 독성물질의 축적을 예상하고, 세포가 건강을 유지하도록 그런 찌꺼기를 제거해야 할 필요성을 내다보는 능력을 보여주고 있기 때문이다. 이야말로 '원인과 결과'를 [지적으로 인식]하는 능력을 보여주는 확실한 징표가 아닌가?

게다가 과학은 세포가 인간의 뇌에 비유할 수 있는 '세포핵'을 가지고 있다고 말한다. 왜냐하면 세포핵은 메시지를 전달하고, 그 가장 중요한 기능은 정보를 저장하는 — 하나의 세포에 관련된 것만이 아니라 그것이 몸담고 있는 신체 전체에 관련된 상세한 정보를 담고 있는 — '도서관'의 기능이기 때문이다!

사실 과학적으로 살펴본다면 세포 자체가 목적이 뚜렷하고 지적이고 이해할 수 있는 방식으로 전해지는 하나의 화학적 '메시지' 체계임이 드러날 것이다. 세포 분자의 *기원*이 단지 생명 없는 화학 원소였다면 어떻게 이런 일이 일어날 수 있겠는가? '전할 메시지를 품고 있는 모든 메신저'의 배후에 지적인 생각이나 의식이 존재한다는 사실을 너희는 반박하겠는가? 그리고 특정한 종이 수백만 년의 세월에 걸쳐 정확히 복제될 수 있도록 세포에서 세포로 메시지가 얼마나 정확하게 전달되고 있는지를 보라.

그렇다면 창조의 어느 시점에 '의식'이 생명체 속으로 슬그머니 들어온 것일까? 그리고 헤아리고 결정하는 지적 사고력이 어떻게 생명 없는 물질의 무의식의 장 속으로 들어온 것일까?

의식이 애초에 내재하지 않았다면 어떻게 그토록 많은 정보를 주고받는 활동이 육안에 보이지도 않는 하나의 세포 속에서 일어날 수 있겠는가? 그러한 활동은 **아무리 축소해서 바라보더라도 '지적' 생명의 존재를 증언하는 의식의 산물**이 아닌가?

그뿐 아니라, 박테리아의 형태를 띤 단세포 생물조차도 저 혼자의 힘으로 다니면서 환경 속에서 자신만의 독특하고 종종 흥미진진한 삶을 살아가고 있다. 혹은 생명체 속의 특정 목표를 치명적으로 공격하는 전문적인 작업을 펼치는 바이러스를 보라. 다른 한 편으로 세포는 한 생명체 안에 고정되어 있으면서 특정 장기를 만들어내고 유지 보수하는 자기만의 고도로 중요한 임무를 수행할 수도 있다. 그러한 작업은 그 세포가 일하는 장기에 정확히 알맞은 ─ 그리고 필요한 ─ '살아 있는 재료'를 만들어낸다. 예컨대 인간의 발가락과 비장, 혹은 동물의 털과 어금니, 혹은 물고기의 비늘과 새의 깃털, 혹은 나무의 껍질과 가지의 잎새들, 혹은 꽃잎과 줄기, 혹은 나비의 더듬이와 망사 같은 날개, 그리고 악어의 울퉁불퉁한 가죽과 이빨, 오징어의 눈과, 위장이 필요할 때 색깔이 바뀌는 피부 등등, 인체든 동식물의 어떤 부위든 간에 말이다. 너무나 다양하고 서로 무관한 물리적 현상처럼 보이는 이 낱낱의 현상들이 수십억의 똑같은 살아 있는 세포들의 개체화되고 전문화된 기능에 의해 일어난다.

육안에 보이지도 않는 단순한 생체세포가 이뤄내는 일이 이토록 엄청나게 다양하다는 사실을 숙고해본다면 너희는 이 우주가 하나의 기계와 같다는 말을 믿을 수 있겠는가?

그 세포들이 생산한 '물질'이 논리성 없고 배후에 그럴듯한 목적도 감추고 있지 않고 그것이 존재하는 이유도 보여주지 않는다면 ─ 개체적 의식을 찾아볼 수가 없다면 ─ 그 말을 믿을 수도 있으리라.

하지만 그렇지 않다. 이 똑같은 살아 있는 세포들은 인간이나 짐승의 몸속에서 조화롭게 협동하여 체내의 다양한 임무를 수행하는 **간을 만들어내고**, 존재가 그 환경을 지적으로 직접 접할 수 있게 하는 특별한 목적을 띤 **정교한 눈을 만들어내고**, 근육과 힘줄과 연계하여 존재가 마음대로 유연하게 움직일 수 있도록 정교하고 특수하게 설계된 **튼튼한 골격을 만들어낸다**.

게다가 세포들은 서로의 작업을 방해하는 법이 없다.

신장을 만들다가 갑자기 귀를 만들지 않는다.

머리카락을 만들다가 갑자기 살갗을 만들기 시작하지 않는다. 세포들은 두피를 만들어내고, 동일한 세포들이 또 머리카락을 만들어낸다. 피부 세포와 머리카락 세포의 유일한 차이점은 각자가 평생의 매 순간 해내고 있는 일뿐이다. 왜일까?

그것을 부추겨 '동력을 공급하는 요인'은 무엇일까? 우연?

그 어떤 조직적 **지성**이 '공간' 속을 떠도는 하전 입자로부터 단순한 원소를 형성시키는 가장 밑바탕 수준으로부터 시작하여,

원소를 조합하여 화학물질을 형성시키고

특정한 화학물질을 적절히 조합하여 살아 있는 분자를 형성시키고

살아 있는 분자들을 적절히 조합하여 스스로 양분을 섭취할 줄 아는 살아 있는 세포를 만들어내고

노폐물을 배출하고, 정확한 설계에 따라 건설하고, 돌아다니고, 수십억 년에 걸쳐 이 엄청난 창조계를 변함없이 유지시키는 전체 창조과정을 가동시키고 있는 것일까?

이뿐이랴, 식물의 것이든 곤충과 파충류와 조류와 동물과 인간의 것이든 간에 온갖 종류의 씨앗들을 수정시키는 무수히 다양한 방식들을 설계해냄으로써 각각의 기후조건과 식생에 맞는 지능적인 생식체계를 생체 내부에서 진화시켜서 성공적으로 생존하고 진화해오게 한 그 **'원동력'**은 또 무엇일까?

이 같은 [생존능력] 또한 지적이고 목적성 있는 작용의 증거가 아닌가?

너희는 또, 이 위대한 창조의 묘기를 성공시킨 데 더하여 모든 생명 종들이 어떻게 후손이 저 혼자서 [생존]할 수 있을 때까지 최대한 키우고 돌봐주는 저마다의 방식을 보유하고 있을 수 있는지를 의아해해야 하지 않겠는가? 이것이야말로 [창조물에 대한 사랑]의 가장 높은 형태가 아닌가?

너희는 그것이 식물이든 아기이든 간에, 생명체 전체의 '설계도'를 담고 있다는 '너무나 중차대한 DNA 분자'를 언급하지 않고는 생명과

창조의 기원에 관해 인간의 지능이 하는 말에 대한 이 분석으로부터 더 나아갈 수가 없다. 게다가 이 DNA 분자는 씨앗에 들어 있는 염색체가 지시하는 대로 생체를 만들어내도록 세포에게 정보를 제공해준다.

그렇다. 아닌 게 아니라 과학은 물질로 이뤄진 보잘것없는 세포, 아니 온 창조계가 생존을 위해 의지해야 할 너희 존재의 근원, 너희의 최고 지도자, 너희 창조의 지휘자로서 **지성** 대신에 DNA 분자를 추대했다. DNA — 영광스런 **너희의 창조주**를 보라!

DNA 세포는 그 **지성적인 지휘능력**을 어디서 얻어온 것일까?

과학은 이제 온갖 종류의 다양한 종들이 그토록 정확하고 일관되게 자신을 복제할 수 있는 이유를 만족스럽게 설명할 수 있게 된 데에 꽤나 만족해한다. **과학은 너희를 우연한 돌연변이와 '적자생존'에 의해 진화해가는, 순전히 기계적인 우주에서 살고 있다고 믿게끔 만들려고 한다.**

창조계의 다양한 생명체들, 관련 종들의 복잡다단한 활동을 잘 들여다보고서도 정말 그런 터무니없는 물질주의적 관념을 믿을 수가 있겠는가?

오늘날 너희가 창조계 배후의 광대한 **지성**을 발견할 수 있게끔 창조적인 사람들이 무수히 나타나서 야생 동식물들의 서식지를 찾아 탐사하고 그 습성을 사진 찍는 등의 다양한 탐사여행에 나선 것도 결코 우연히 그렇게 된 일이 아니었다. 너희는 너희 우주의 **경이**를 담은 사진과 사실들의 잔치를 즐기고 — 그리고 거기서 배우고 — 있다.

내가 지상에서 살았던 시절에는 유대인들에게 **존재의 우주적 진실**을 가르치기 위해 참고하게 할 수 있는 그런 놀라운 기술이 없었다. 모든 생명체 속에 분명히 드러나 있는 놀라운 창조성과 지성과 **의식**을 가리켜 보여줄 본보기로 삼을 것이라고는 지역의 동물들과 새들밖에 없었다. 유대교 지도자들은 언제나 그랬지만, 높고 전능하신 여호와를 내가 창조자로 지칭했다고는 복음서의 한 군데도 기록된 바가 없다.

그것은 당연하다. 나는 시골의 꽃과 새들에게 눈을 돌려 내 이웃 시골 사람들에게 자신들이 놀랍고 기적적인 창조에 둘러싸여 있음을 깨닫게 해주려고 애썼다. 너희 세계의 2천 년 전 당시에는 그들 주변 모든 곳에서 일어나고 있는, 내가 '**아버지**'라 부른 것의 작용을 지적으로 관찰하고 설명해줄 수 있는 현대과학의 배경 자료가 없었다.

너희의 [**존재의 근원**]을 발견하려면 내 너희에게 권하노니, 펭귄과 돼지에게서 너무나 확연히 드러나는, 상상할 수 없고 형언할 수 없을 정도로 복잡하고 다양한 의도적 작용들을 들여다보라.

예컨대 소화에 필요한 효소와 호르몬을 신속히 불러내는, 소화계의 가장 기본적인 작용을 인간의 마음이 흉내 낼 수 있는가?

본능적 지식이 지휘하는 진정한 창조과정을 명료하게 인식할 능력이 없는 유한한 마음이 어떻게 창조의 진정한 기원과 창조가 일어나게 한 힘을 이해하노라고 분명히 말할 — 그리고 반론을 잠재울 — 꿈이나 꿀 수 있겠는가?

이 얼마나 교만한 짓인가! 이 사람들은 자신의 눈이 말해주는 것에 따라서밖에는 사고할 줄을 모른다.

나는 애정 어린 자비와 일말의 흥미를 가지고, 그리고 그들의 부푼 자만심에 바람을 빼주고 싶은 넘치는 열망으로 작금의 과학의 무지를 바라본다. 누군가가 그들의 자기만족과 자신에게는 오류가 있을 수 없다는 식의 태도를 꿰뚫어줄 수 있게 되기 전에는 영원한 진실과 인간의 과학지식 사이의 진정한 만남은 결코 일어날 수 없기 때문이다. 어쨌든 그 일은 반드시 일어나야만 한다. 그러지 않으면 인간의 영적 진화는 제자리걸음을 하고 있을 것이므로.

과학적 마음은 '틀에 박힌' 형식의 책 속의 학문과 공인된 공식과 방정식, 그리고 동료들의 인정을 받아야 한다는 요구조건 등으로 너무나 꽉 차 있어서 높은 지성이 신비적인 방식으로 뚫고 들어가는 것을 허용하지 않는다.

이 편지를 읽는 이들에게 권하노니, 나를 대신하여 협회를 만들어 '물질우주 진화의 어느 시점에서 최초로 [의식]이 탐지되는지', 과학계에 도전의 질문을 던져보라.

다시금 진정으로 말하건대, '물질우주 진화의 어느 시점에서 최초로 [의식]이 탐지되는지를' 과학계에 물어보라. 살아 있는 세포 속에서? 만일 그렇다고 한다면 서로 조합하여 세포를 만들어내고 그토록 지능적으로 설계된 세포막 속에다 자신을 감싸고, 선택된 음식의 흡수와 독성 폐기물의 배출만을 허용하는 살아 있는 분자들 속에서는 의식이 탐지되지 않는지를 물어보라. 그것은 독성 폐기물을 어떻게 인식하는가? 그리고 살아 있는 분자 속에 의식이 존재할 수 있음을 인정하지 않을 수 없게 된다면, 스스로 생명을 탄생시키는 조합을 형성하여 살아 있는 분자를 만들어낸 화학작용의 성질 자체는 과연 '의식'을 지니고 있지 않은 것인지를 물어보아야 하지 않겠는가? 그리고 존재의 기원 속으로 그만큼 — 화학작용의 성질까지 — 거슬러 올라갔다고 해도 여전히 너희는 '의식'이 왜 화학물질 속에만 있어야 하는지를 따져야 한다. — 개체성이 최초로 형성되었던 원소 속에는 있을 수 없는지를 말이다. 그리고 원소 속에 있을 수 있다면 다름 아닌 '의식'이 하전입자들을 부추겨 원소를 형성하게 했다는 것은 왜 부인되어야만 하는지를 물어봐야 한다. 그 가능성을 부인하는 것은 합리적일까?

그리고 그런 가능성에 이르렀다면 한 걸음 더 나아가서 전자기력은 어디서 나오는지를 물어봐야 하지 않겠는가? 전기의 '실체'란 지금의 과학이 광자와 전자로 일컫는 강렬한 광선이 아니면 무엇인가?

그리고 자기력의 '실상'이란 '인력과 척력'이라는 양면의 에너지 — 카오스 속에 안정과 질서를 가져다준 추동력 — 가 아니면 무엇이겠는가?

과학계에 물어보라: "상상할 수 없도록 복잡하고 다양하면서도 질서 정연한 우주가 창조되는 과정에서 가장 기초적인 단계에 관여하고 있는 전자기력은 어디서 나오는 것인가?"라고.

나는 이제 너희의 말 속에다, 모든 말의 너머에 있고 특히 모든 '개체들의 세속적 이해' 너머에 있는 [그것]을 더하고자 한다. 그러니 지성은 내가 너희 앞에 제시하는 영적 실재를 너희의 두뇌가 지적으로 이해하도록 도와주기는 하지만 동시에 진정한 영적 앎과 경험을 방해하는 장애물을 만들어낸다.

그러니 [우주의 궁극적 차원]에 대한 다음의 언급들을 단지 하나의 지침으로 삼으라. — 너희 우주의 내부에 있고 배후에 놓여 있는 [실재]의 '그림자 의식체', 곧 [실재]에 대한 생각들 말이다. ((각 [생각들]을 — 하나씩 하나씩 — 명상 속으로 가져가라))

내가 설명하려고 하는 것은 오로지 변수도 경계도 없는 [의식] 속에 있고, 의식에 속한 것이다. 너희가 말을 넘어서 거기까지 나를 따라올 정도로 영적으로 충분히 진화되었다면 내가 말해주고자 하고 있는 모든 것을 '영적으로' 이해하기 시작하게 될 것이다. 그 말들은 너희를 '존재에 대한 새로운 전망'으로 데리고 가서 그것을 열어 젖혀줄 것이다.

인내하라! [빛]이 — 아마도 눈치채지 못할 정도로 — 서서히 너희의 마음을 관통하고, 너희는 통찰의 눈이 얼핏 열리는 것을 경험할 것이다.

'통찰의 눈이 얼핏 열리는' 것을 경험한 이들이 많이 있다. '신성의식'의 건드림을 잠시 느끼고는 그 같은 초월적 인식의 순간을 과감히 계속 믿지 못하고 그 '신성의식'의 작은 유입을 의심하기 시작하여 결국은 그것을 쫓아내버린 이들이 많이 있다. 너희 또한 이렇게 하지 않도록 경계하라. 불신은 너희를 움츠러들게 하여 너희를 존재의 물질적 차원에 상상 이상으로 깊이 가둬놓을 것이다.

너희에게 주어진 것, 받을 수 있는 것이 무엇이든 그것을 꼭 붙들고 의심하지 말라.

의심은 꾸준한 발전을 훼방한다. 왜냐하면 그것은 그 자신의 '의식체'를 만들어내고, 그것은 너희가 전에 얻었던 통찰을 억누르고 심지어는 뿌리 뽑아버릴 것이기 때문이다.

그러니 너희가 선택하는 생각 ─ 믿음이든 불신이든, 의심이든 신뢰든 ─ 이 [진실]을 찾아가는 너희의 길을 닦아주든가, 아니면 망가뜨릴 것이다.

부인否認은 너희가 이전에 이룩한 진보를 너희의 의식으로부터 지워버린다.

게다가 영적 진실로 더 높이 올라갈수록 너희의 생각은 더욱 힘이 강해진다.

그러니 자기만의 영적 동기를 세워서 꼭 붙들고, 아무도 그 동기를 훼방하고 침식하지 못하게 하라. 이전의 인식을 확고히 붙들라. 의심이 지배할 때는 긍정적인 생각을 나침반 삼아 항해하라. 이전에 너희 의식의 진동주파수가 높았을 때 받았던 영적 인도를 붙들고 깨달음의 확언을 이용하라. 의지력을 발휘하여 영적 진실의 '금괴'가 담긴 확언을 택하여 높은 의식차원으로 다시금 다시금 돌아가라. 정신적인 게으름으로 영적 의식 에너지의 밀물과 썰물에 자신을 완전히 내맡김으로써 영적인 '시소'가 되어버리지 말라.

이 자기훼방의 위험은 아무리 강조해도 지나치지 않으니, 이것을 용의주도하게 경계하라.

너희가 나의 팔레스타인 생애에 대해 안다면 나 또한 영적 의식의 조수현상에 시달려서, 기도와 명상으로 내 영적 힘을 새롭게 충전하기 위해서 홀로 산에 머물고 싶은 필요를 느꼈었다는 사실을 기억할 것이다.

그러니 이런 '가뭄'의 시기를 이해하되, 너희의 태도와 정신적/감정적 패턴에 바람직하지 않은 변화가 와도 수동적으로 휩쓸려서 떠내려가지 않도록 하라. 의식의 주파수를 높여 새로운 힘을 얻기 위해 성실히 너희 **존재의 근원**에게로 다가가면 이런 부정적인 시기도 크게 줄어들고 그 힘이 약해질 것이다.

다시 말하노니, 너희가 자신의 마음을 어떻게 사용하고 있는지를 늘 알아차리라! 너희의 마음이 언제나 건설적으로 작동하여, 너희의 영적 성장을 끊임없이 훼방하는 것이 아니라 성장하도록 기여하게 하라.

****

지금까지의 이야기를 다 하고 **편지의** 나머지 부분을 불러주니 **내 말의 기록자**는 이 편지를 대중이 어떻게 받아들일지를 의문스러워하기 시작했다. 왜냐하면 그녀에게는 내용이 너무 실용주의적으로 보여서, 우주를 탄생시킨 뭔가 엄청난 권능이나 존재, 혹은 '전혀 다른' 무엇을 상상하는 데 익숙해진 사람들은 관심을 가지지 않을 것 같기 때문이라는 것이다.

사실 나는 만물이 존재하게 한 무한한 권능을 묘사하려고 무척 애를 썼지만, 말한 것처럼 너희 [존재의 근원]의 *실상*을 인간의 언어로 묘사하기란 나로서는 불가능하다.

신성의식이 가볍게 주입되는 경험을 한 적이 있는 영적으로 진화된 영혼들은 그 체험이 너무나 아름답고 영광스러워서 결코 잊을 수가 없지만 그것을 인간의 언어로 온전히 형언하기는 불가능하다고 보고한다. 이 신비로운 체험은 마음의 진동주파수가 이미 높아져 있어서 의식 전체가 신성의식의 광선으로 채워질 때 가능해진다. 그것은 지능이나 뇌세포보다는 '느낌'과 관계된 어떤 상태다.

내가 기록자의 마음과 뇌세포 속에 너희의 [존재의 근원]의 *실상*에 대한 묘사를 주입해야 하고, 그녀는 그것을 언어로 옮겨야 하는 이 경우에는 내가 기록자의 뇌세포가 일하고 있는 그 의식 진동주파수에 너무 일방적으로 끼어들지 않도록 조심해야만 한다. 더 이상 진행하기가 위험해서 내가 그녀의 컴퓨터 전원공급을 끊어 작동이 멈추게 한 적도 몇 번 있었다.

너희가 다음 페이지들을 공부하고 명상하여 받아들이기를 시작하기 전에, 이 편지를 읽는 모든 이들에게 분명히 밝히고자 하노니, 내가 이 편지들을 통해 이곳에 온 목적은 첫째, 무엇보다도 나의 인격과 가르침을 둘러싼 신화들을 몰아내는 것이다. 종교적 교리와 교조는 결국 전 세계적으로 자연사하게 해야만 한다는 것이 나의 뜻이다. ─ 솔로몬 성전에 올리는 희생양처럼 완전히 죽도록 말이다.

둘째, 나는 또한 교회들이 '하나님'과 '죄'라는 케케묵은 개념을 버리도록 돕고자 왔다. 각자가 자신의 삶이 전개되는 방식에 책임을 져야 한다는 분명한 깨달음이 일어나기 전에는 진정한 영적 진보가 불가능하다.

셋째, 나는 너희의 마음에서 착한 사람에게 상을 주고 '사악한' 자를 벌하는 거룩하고 장엄하고 무한한 힘을 지닌 '전능한 하나님'의 이미지를 지워주러 왔다. 이런 믿음은 위안을 주기는 하나 완전히 잘못된 것이다.

넷째, 나는 우주와, 그 안에 상대적으로 짧은 시간 동안 존재하는 만물을 창조했다는, 천국의 높은 어딘가에 앉아 있는 케케묵은 '하나님'의 개념을 최종적으로 몰아내기 위해서 존재의 진실을 너희에게 설명해주고 있다.

다섯째, 나는 특히 과학이 [우주의식]과 하전 입자의 출현 사이의 간극에 다리를 놓을 수 있도록 도와주러 왔다. 보이지 않는 영적 세계와 눈에 보이는 '물질' 세계 사이에 이 다리가 없으면 과학은 인류의 발전을 위해 새로운 영적/과학적 영역의 탐구로 나아가지 못하고 낡은 관념과 생각 속에 마냥 주저앉아 있을 것이다.

나는 또한 [너희를 존재하게 한] — 너희에게 [개체성]을 부여한 — [그것]의 [진정한 본질]을 너희에게 알려주려고 왔다. 너희의 '이원적이면서도 완전히 상호연결된 존재'의, '영이자 몸'인 '본성'을 밝혀줄 이 지식이 없이는 너희 또한 지금의 의식수준에 그대로 갇힌 채 남아 있게 될 것이기 때문이다.

나는 다음을 명명백백히 밝히고자 한다:

'무로부터는 아무것도 나오지 않는다.'

이것은 너희에게 잘 알려진 말이다. 그리고 이것은 완벽한 진실이다.

하지만 영원무한하고 일관된 [존재성(Beingness)]의 [밑바탕]이 존재하고, 나는 [이것을] 너희에게 밝히고자 한다.

너희는 '창조된' 것이 아니다. — 너희는 [그것]으로부터 너희의 '존재 (being)'를 얻어낸 것이다.

물론 너희가 너희 자신의 의식과 전혀 다른 무엇으로부터 나왔을 수는 없다. 나는 내 기록자에게 이것을 이해할 수 있는 지상의 예를 골라보라고 부탁하고 있다:

과일 파이에 넣을 당밀 통에서 저민 고기를 발견할 수는 없다.

오렌지 즙을 짜서 생강맥주를 만들 수는 없다.

풍선에 바람을 불어넣고 나서 터뜨렸는데 꿀이 흘러나올 수는 없다.

내 기록자가 고른 위의 보기들은 모두가 논리적인 예들이다.

나는 너희의 온 우주가 논리의 현현이며 관련된 인과로부터 일어나는 일관적인 논리의 산물임을 너희가 깨닫기를 바란다.

너희의 우주는 가시화된 [인과因果]이다.

이것은 존재의 부동의 원리다. 초상현상의 경험이나 즉석치유와 같은 비일상적인 일이 일어나면 보통 사람들은 놀라서 비명을 지르고, 과학은 그런 일이 일어날 수 있다고 믿으려 들지 않는다. 나의 설명이 깊어져가면 너희는 결국 그런 비일상적인 일이 일어나는 이치를 논리적으로, 실질적으로 이해하게 될 것이다. 달리 말해서, 이런 비일상적인 일들은 자연의 영적 법칙에 의해 일어나고, 언제나 특정한 목적을 위해 일어난다. 창조계에는 — 심지어 개미나 모기에게도 — 아무런 의미 없는 일은 일어나지 않는다. — 그것의 마음에 태생적인 결함이나 손상이 있지 않은 한은 말이다.

그러니 분명한 사실은, 너희는 '물질' 자체의 창조과정 속에서, 그리고 식물로부터 인간에 이르는 모든 개체의 물리적 신체 속에서 고도의 지성과 의도적 작용을 드러내는 물리적 우주에서 살고 영위해가고 있다는 것이다. 유감스럽게도, 이 고도의

[지성]과 [의도적 돌봄]은 식물로부터 인간에 이르는 피조물 자체가 드러내는 의식 속에서는 최소한으로밖에 발휘되지 않는다.

달리 말하자면, 너희가 그 안에서 삶을 영위하고, 마음에 닿는 것을 무엇이든 생각하고 느끼고 행하는 그 [신체]는 그 장기와 활동부위들 내부에서 너희 인간적인 의식보다 훨씬 더 질서정연한 지성과 배려 깊은 의도성을 발휘한다.

인간의 관심사는 대부분 나날의 개인적 생존 문제와 쾌락의 추구와 정서적/육체적 만족의 추구에 빠져 있다.

이런 목적을 이루기 위해 대부분의 사람들은 '물질'로 만들어진 일용품들만을 이용한다. 심지어 과학자들의 마음조차 지상의 존재의 감

쳐진 비밀을 제대로 밝혀내지 못하여 그들의 온갖 전문 과학지식에도 불구하고 아무것도 배우지 못한 사람들과 마찬가지로, 변덕스러운 존재의 운명 앞에서 어쩔 줄 모르고 혼란스러워한다.

그러니 논리적으로 귀결되는 결론을 말하자면, 너희가 육적 존재를 **얻어낸** 근원인 '**그것**'은 [광대하고 무한한] 무엇이다. 단지 크기로만이 아니라 그 [**의지력**] — 자기표현과 창조의 의지 — 의 [**무한함**]에 있어서도 말이다.

잠시 이것을 심상화해보라. — 물질우주의 크기, [태양]과 그것의 열기, 달, 지구와 태양계, 별들의 은하계, 그리고 이 모든 눈에 보이는 것들이 서로가 서로에게 전적으로 의지하며, 또한 천체들의 운동에 영향을 받고, 그 일관적인 운동과 역할을 지배하는 우주적 법칙을 따른다는 사실을. 이 광대한 우주는 **너희** [**존재의 근원**] 속에 그 기원을 두고 있고 — 또한 그로부터 나왔고 — 우주의 모든 [*생명력/에너지*] 역시 동일한 [**존재의 근원**]으로부터 나왔다.

그러니 내가 너희를 위해 [**너희 존재의 근원의 영적 구성요소**]를 분석해줄 때 너희가 이 요소들이 무엇인지를 깨닫고, 너희 자신은 이와 동일한 의식의 영적 구성요소를 아주아주 미미하게밖에 가지고 있지 못함을 깨닫게 되더라도 실망하지 말라.

너희는 너희의 — 영적, 정신적, 정서적, 육체적인 — 모든 것을 너희 [**존재의 근원**]으로부터 얻어왔다.

이것을 설명해주기 전에, 너희의 마음이 너희 존재가 나왔던 광대무변한 ..... ['그것'] ..... 을 받아들일 수 있도록 도와줄 몇 가지 단계를 너희가 밟기를 바란다.

다음 페이지로부터 이 편지의 끝까지 읽은 후에는 이 각각의 문장을 명상하고 심상화하라. 왜냐하면 오직 이 방법을 통해서만 '말'이 깨달음 속에서 자라나기 시작하여 그 진정한 의미의 영적 실체를 띠게 될 것이기 때문이다.

[모든 것](영적인 것, 보이는/보이지 않는/상상된 것)은
[의식(Consciousness)/자각의식(Awareness)]이다.

[의식] 본연의 포괄적 본성은
[자각의식]이다.

자각의식 없이는
의식을 지닐 수 없다.

너희가 보고 만지고 듣고 느끼고 아는 모든 것은
가시화된
[의식/자각의식]이다.

이 우주에서, *가시화된* [의식/자각의식]이 <u>아닌</u> 것은 아무것도 없다.

[의식/자각의식]은 무한하고 영원하다.

너희 존재의 세속적 차원 ─ 무거운 '물질', '견고한 형체'의 차원 ─
의 내부와 그 너머,
양쪽 모두에 [의식의 두 차원]이 있다.

개체화된 영은
[의식/자각의식]의 [궁극의 우주적 차원]을
결코 진정으로, 온전히 알 수 없다.

[그것은 접근불가능하다. 그것은 평형상태에 있다.]

[그것]은 모든 [권능, 지혜, 사랑, 지성]의 [유일한 근원]이다.

평형상태 속의 [의식/자각의식]의 [우주적 차원]은
[침묵과 고요]의 상태다.

가시적 우주의
소리, 색, 개체화된 형체, 그리고 모든 가시적 창조가
그로부터 나온다.

평형상태 속의
[의식/자각의식]의 [궁극의 우주적 차원]으로부터

모든 창조물
— [우주적 차원계]의 관문으로부터
생명 없는 지상의 물체들의 가장 무거운 진동주파수에 이르기까지,
그리고 그 너머,
반反진실로 전도된 의식의 형언 못할 공포와 전율에 이르기까지,
영성의 단계를 따라 하강하는 존재의
온갖 보이지 않는 차원들이 나왔다.

[의식/자각의식]의 이 [궁극의 우주적 차원]은
공간 속에 있을 뿐 아니라
[그것 자체가 온통 공간]이다.

[그것]은 감지되지 않는 가운데 모든 곳에 있다.

원자의 관점에서 생각하는 사람에게는
[그것]은 곧 원자 속의 [공간]이라고 말할 수 있다.

그러니 [그것]은 모든 원소와 '물질'의 '공간' 속의
'고요와 평형상태 속에' 있다.

[우주의식]의 [본성]은
활동하지 않는, 평형상태에 있는 [의도]이다.

그러니 우주의식은 무한하고 영원하고 끝도 경계도 없는

원시의, 순수하고 아름다운 [강력한 의도]의 상태다.

이 [의도]란
그 [본성]을 [표현]하는 것이다.

[우주의식의 본성]
[의도]는
늘 서로를 꽉 '껴안고' 있는
[의지]와 [목적]의 [완전성(allness)]이다.

우주의 의지는:
나서서 움직여 창조하는 것이다.

우주의 목적은:
창조물에 개체적 형체를 부여하고 그것을 경험하는 것이다.

[의식/자각의식]의 [궁극의 우주적 차원]에서
[우주의 의지]와 [우주의 목적]은
서로가 서로를 구속하는 상태에 있다.
둘 다 [침묵과 고요] 속에서
완벽한 평형상태를 유지하면서.

우주의 의지는 우주적 지성이다

우주의 목적은 우주적 사랑이다

이 둘은 우주적 평형상태에서 ― 서로를 구속하고,
눈에 보이고 안 보이는 만물과 인간의 추동력이
그로부터 형체를 얻었다.

[우주적 실제]를 오롯이 너희 자신 속으로 받아들일 수 있다면
너희는 [그것]의 폭발적인 힘에 의해 분해되어
형상 없는 의식/자각의식 속으로 녹아 없어져버릴 것이다.

[그것]은 태양의 열기와 빛이
어둠 속에서 깜박이는 반딧불이의 빛보다
수십억 배 더 강력한 만큼이나 까마득하게
개체적 인간성을 초월한다.

....

지상에 있었을 때, 나는 '하늘에 있는 너희의 아버지'와
'너희 안에 있는 너희의 아버지'를 구별했다.

내가 '하늘에 있는 너희의 [아버지]'라고 말했을 때
나는 [우주적 지성]을 의미했다.

유대인들이 여자를 대하는 태도 때문에

나는 [우주의식]의 이 측면만을 언급했다.

이제 성의 평등을 자각한 너희에게는
[우주적 의식/자각의식] 속에서 평형상태를 이룬
'아버지-어머니-의식'
에 대해 이야기하노니,

'아버지 의식은 우주적 지성이고'
'어머니 의식은 우주적 사랑이다.'

'아버지 의식'의 창조 에너지의 [도구]인
전기는
'어머니 의식'의 창조 에너지의 [도구]인
자기와
서로를 구속하는 평형상태에 있다.
왜냐하면 ['아버지-어머니'] 도구: 전자기력은
[우주의식] 안에서
평형을 이루고 있기 때문이다.

[그것]을 찾아 과학자들이 공간을 아무리 들여다보더라도
그것은 결코 [공간] 속에서 탐지되지 않을 것이다.

'아버지 의식 [의지]'의 [추동력]은
[지성적 작용]으로서,

[생존을 위한 양육]인
'어머니 의식 [목적]'의 [추동력]과
평형을 이루고 있다.

['아버지-어머니 의식']은
강력한 비인격적 [힘(Force)]이나,
너희에게 [그것]은 너희가 [그것]에 접하기를 추구하기도 이전부터
인격적인 [힘]이다.

영적으로 진화해감에 따라 너희는 [그것]을 느끼게 될 것이다.
[그것]이야말로 [존재의 실체]이므로.

[그것은 모든 곳에 있고 만물의 내면에 있다.]

[아버지 의식]은 [지성을 품은 사랑]으로서,
복잡다단한 형체의 세계에 지성을 띤 에너지와 동력을 부여한다.
— 그것은 물리적으로는 전기로 표현된다.

[어머니 목적]은 [사랑을 품은 지성]으로서,
복잡다단하게 개체화된 형체에 목적과 생존의 추동력을 부여한다.
— 그것은 자기 — 인력과 척력 — 로 표현된다.

이것이 너희 [존재의 근원] — [지성-사랑]인
[우주의식]의

[만유의 원초적인 우주적 추동력]이다.

[평형상태] 속의 [의식/자각의식]
이것이 창조 이전의 [있음의 상태(State of Being)]다.

나는 너희가 의식이 평형을 이룬 내면상태로 다시 옮겨가기를 바란
다. 거기서는 모든 생각이 멈추어서 마음은 고요 속에 머문다. 너희는
내면의 통제력을 가지고 있고 사고와 감정은 더 이상 활동과 느낌 속
으로 갈래갈래 빠져들지 않는다. 내면에서 권능이 솟아나고 힘과 평
화와 만족감을 느낀다. 이것이 너희 안에 개체적 형태로 표현된 것이
[있음의 상태]이며, 이로부터 창조가 비롯되었다.

생각이 끼어드는 순간 평형상태는 존재할 수 없어진다는 사실을 주목
하기 바란다.

[우주적 차원]은 형상 없는 [추동력]의 [차원]임을 [깨닫기] 바란다.
거기에는 창조의 청사진이 없다. 그것은 [분화되지 않은 형태]의 상
태에 있다.

평형상태 — '돌아다니고자 하는' 추동력과 '묶여 있고자 하는' 상반
되는 [추동력] 간의 구속 — 가 무한한 나선을 그리는 독자적 에너지
를 만들어낸다. [서로를 구속하는 독자적 에너지]란 개체로서는 상상
조차 할 수 없는 저 너머의 무엇이다.

앞서 말했듯이, 개체가 '움직임과 묶임'이라는 [서로를 구속하는 두 추동력]의 [우주적 차원]에 들어갈 수 있다고 한다면 그 개체는 즉시 해체되어 녹아서 [우주의식]의 평형상태로 돌아가버릴 것이다. [우주의식] 속의 [쌍둥이 추동력]의 [상호구속력] 속에 담겨 있는 상상불가능의 엄청난 힘을 생각해보라. 그것은 근본적으로

[의식/자각의식],

[의도],

[의지]〉〉〈〈[목적]

[지성] [사랑]으로서,

지성을 품은 사랑과 사랑을 품은 지성

추동력: 움직임 인력-척력

[전기].........평형상태.........[자기]

의 형태로 짝을 짓는다.

이상은 [빅뱅] 이전의 [한정 없는 우주적 차원]을 묘사한다!

이제 너희는 아버지-어머니 창조 과정과 물리적 창조의 도구가 모두 우주적 차원에서 평형상태에 있음을 안다. 하지만 이제 그 평형상태는 바야흐로

[개체적 형체]를

탄생시키기 위해 폭발할 것이다. 너희는 또한, 무한하고 영원한 두 [추동력]이 서로를 붙들고 있는 상태로 있는 것이므로 이 두 [추동력]은 상상할 수 없이 강력한 에너지임을 안다. 이에 비하면 하나의 원자가 쪼개지면서 방출하는 너희의 원자력 따위는 하나의 보푸라기와도 같이 미미하기 짝이 없다.

이제까지의 모든 이야기를 너희가 온전히 실감하기를 바란다. 빅뱅 시에 어떤 일이 일어났는지를 실감해야만 개체적 형체의 창조가 일어나게 하기 위해서 [우주의식]에 분리가 일어났을 당시에 무슨 일이 일어났는지를 어렴풋이나마 알 수 있기 때문이다.

[우주의식]은 둘로 나뉘었다!

[의지]와 [목적]

'아버지' [지성]과 '어머니' [돌보는 사랑]은
독립적으로, 또한 협력하여 일하기 위해 파열했다.

그들의 '도구'는 각각
전기와 자기였다.

[평형상태]의 이 폭발로부터
[자기표현]이라는 [큰 의도]가 나왔다.

'[있음(Being)]의 우주적 자각의식(Awareness)'은
자기표현을 요구하는 개체화된 '나'를 자각하는
의식의 추동력으로 변했다.

'물질' 차원에서는 [생명]과 '나'라는 개념이 동의어다.

그들은 '물질'의 의식이 되었다.

[생명]의 의식은 무엇일까?
그것은 아버지-지성과   어머니-사랑이다.
         움직임의 추동력과   목적-양육-생존의 추동력이다.
         [물질] 속의 전기와   자기로 나타난다.

이제는 [의식]과 [자각의식]의 폭발을 상상할 수 있겠는가?

빅뱅의 순간에 일어난 일을 단편적으로나마 떠올릴 수 있으려면 너희가 의식 속의 폭발을 경험했던 순간을 떠올려보라.

이것은 너희가 아주 중요한 어떤 목표를 성취하는 데에 너희의 온 '존재'를 투신할 때 일어난다.

너희의 계획을 실행하려고 하는 흥분된 기대상태에 어떤 사소한 상황이나 조심성 없는 사람이 끼어들어 너희의 '가슴 깊은' 목적의 실현을 훼방한다. 어떤 느낌인가?

너희의 **집중상태**는 분열되어 폭발할 것이다. 이 대목에서도 나는 내 기록자에게 내가 의미하는 바를 인간의 눈높이의 보기로써 예를 들어 보라고 부탁해야만 했다. '지상의 아무리 미미한 의식'도 [우주의식] 으로부터 비롯한 것이므로.

뜻하지 않았던 해외여행 휴가를 떠나게 되어서 흥분된 마음으로 공항에 도착했다. 발권 데스크에 갔는데, **신용카드로 모든 금액을 이미 결재했건만** 항공편도 숙소도 예약된 기록도 표도 문서도 없다는 사실을 발견한다. 어떤 기분이겠는가?

너희는 **수백만 달러짜리의 큰 사업계약을 성사시키기 위해** 중요한 고객을 접대하려고 값비싼 의상을 차려입고 만찬 장소에 와있다. 그런데 웨이터가 너희의 머리 위에서 음식 접시를 쏟아버렸다. 어떤 기분이겠는가?

쇼핑하러 갔다가 주차장으로 돌아왔는데 너희 자동차의 문짝과 바퀴가 사라져버렸다. ― 그것도 백주 대낮에!

구걸하는 꼽추 거지가 불쌍해서 잔돈을 다 주려고 지갑을 여는데 거지가 갑자기 허리를 꼿꼿이 펴더니 지갑을 잡아채고는 육상선수처럼 잽싸게 달아난다. 어떤 기분이겠는가?

이런 모든 상황에서 너희는 마음의 최전방에 강렬한 **의식적 계획**을 품고 있을 것이다. 너희의 머릿속은 상황에 대처하여 일정한 목표를 이룰 뭔가를 — 평화롭게 — 행할 계획으로 가득 차 있을 것이다. 너희의 의도는 너희의 목적과 맞물릴 — 따라서 평형상태가 될 — 것이지만, 너희가 목표에 다가가는 동안 기대감으로 인한 긴장이 산처럼 쌓여간다는 점에 주목하라. 그 긴장이 클수록 폭발도 커진다. 사실 너희는 다음과 같은 상태가 된다.

너희가 이루고자 하는 계획에 존재와 형체를 부여할

[우주적 의식/자각의식]

[의도]

‘어머니’[목적]과 평형을 이룬

‘아버지’[지성]

폭발이 일어나고 나면 — 그에 뒤따를 정신적/감정적 혼돈, 제대로 사고할 능력의 상실, 뒤죽박죽 올라오는 그럴듯하지도 논리적이지도 않은 온갖 생각들을 상상할 수 있는가?

[너희] — 개체화된 형체 — 는 대우주의 축도인 소우주임을 깨닫도록 애쓰라.

생각 없이 고요히 명상에 들어 평형상태가 되었을 때든, 생각하고 느끼고 계획하고 무엇을 지어내느라고 의식이 분주할 때든 간에 너희는 언제나 [우주적 의식/자각의식]을 표현하고 있는 하나의 작은 점이다.

그러니 너희 의식 속의 그 자그마한 폭발을 ‘천계들’의 폭발에 연관지어볼 수 있다면 너희는 [우주적 차원계] 속에서 **순간적으로**, 그리고 동시에 그 뒤를 이어 아직 형체를 띠지 못한 '물질' 차원의 갓 창조된 시공간 속의 영겁의 시간 동안 일어났을 혼돈상태가 어떠했을지를 조금이나마 느껴볼 수 있을 것이다.

그러니 너희 중 많은 사람이 창조에 대한 자신의 생각을 완전히 재정립해야만 할 것이다.

그것은 완전한 혼돈상태로부터 시작됐다. [우주적 추동력]이 갈라졌다. 개체성의 시발을 지휘하거나 통제할 청사진 같은 것은 없었다. [추동력]은 아직 '의식적 형태'나 방향성을 지니지 못했다. 그것은 [의식] 속에서 뚜렷한 어떤 추동의 기능을 수행할 [자연적인 추동력]이었지만 어떤 특별한 움직임이나 묶임을 향해 높은 차원으로부터 **지휘하는 힘**의 지성적인 지휘를 받지 않고 있었다. 그 힘들은 각자가 제 홀로였다. 인상을 받아들일 수 있는 [의식/자각의식]의 분리되고 방향성 없는 [추동력] — 하지만 — 전기의 '움직임-활동'과 자기의 '인력-척력'이라는 내부의 카오스의 인상밖에는 받아들일 것이 없었다.

그리고 이 [의식의 혼돈]은 창조계에서는 입자들의 혼돈으로 나타났다.

하지만 하전 입자들의 이 혼돈의 공간 속에는 그것을 압도하는 '**나**'라는 자각의식이 있었다.

그 혼돈이야 무엇이었든 간에, 돌아다니고 통제하고 창조하고자 하는 '아버지'의 의도 속에 '나'의 느낌이 나타났다.

그 '나'라는 느낌은 양전하陽電荷의 에너지 속에서 그 최초의 형태를 취했다.

그것은 음전하를 띤 위성을 가진 양성자로서, 지배적인 '나'라는 힘이 되었다. 그리고 양전하가 음전하를 만나는 상황에서는 음전하에서 결합시키는 '어머니' 목적이 가동되었다.

그것들은 생물 종에서 진화한 암컷과 수컷에 대해 표현할 만한 말로, '서로를 따랐다'. ─ 그리고 결합했다.

두 개의 양전하나 두 개의 음전하가 만날 듯한 상황에서 부정적으로 반응할 때는 밀어내는 '어머니' 목적도 가동했다. ─ 그녀가 끼어들어서 그들을 떼놓았다. 그보다 더 진화한 인간의 여성인 어머니가, 두 망나니가 성이 차올라 으르렁거리며 서로 싸우려들 때 그들을 떼어놓듯이 말이다.

아주 오랜 세월 동안 ─ 물질 자체의 세계에서는 시간이란 것이 중요하지 않으므로 ─ 이것만이 혼돈상태 속에 존재한 유일한 형태의 의식 자각의식(consciousness awareness)이었다. 시간은 오직 전기 부하들 사이에서 의식적 자각(conscious awareness)의 충돌이 일어나서 결합이나 배척, 곧 전기 부하들이 서로 접근하여 사건이 일어나고 목적이 성취되는 일련의 작용이 진행되는 결과를 가져올 때만 중요성을 띠게 된다. 그 외에는 시간은 의미를 가지지 않는다.

창조란 [원초적 추동력]이 개체적으로, 그리고 함께 작용한 — 상대방에게 인상을 주어 의식 속에 각인되어 내장되어 있던 요구를 충족시킨 — 산물이다. 이 요구란 처음에는 분리와 분화를 통해 자기표현을 늘리고 경험하고자 하는 요구이고, 그다음에는 — 내적 안정과 평안을 회복하기 위해 — [우주의식]의 조화 속에서 재합일하고자 하는 요구다. 재합일한 존재의 조화로운 느낌을 좇는 이 욕구의 충동으로부터 영혼의 의식 속에 묻혀 있는 지복감을 회복시켜주는 재합일을 추구하는 남녀의 욕구가 비롯되었다.

위 문장의 내용을 아침에 일하러 나갔다가 저녁에 돌아오는 아버지의 습관적 일과에 비유할 수 있다. 아버지는 다음날 아침에 세상과 다시 전쟁을 치르러 나갈 기운을 회복하기 위한 곳인 집으로, 가족과 재합일하여 위안을 얻을 저녁시간을 기대하며 돌아온다.

그리하여

[우주적 자기표현]이라는

창조 과정이 시간 속에서 이뤄지는 데에 수십억 년이 걸렸다.

빅뱅이 일어난 후에 *아버지-어머니-창조과정*은 두 가지의 다른 에너지로 나뉘어졌다. 그것은 따로, 그리고 함께 끊임없이 작용하며 일했다. 각자가 고유한 성격 내지는 '본성'과, 서로 다른 기능을 가지고 있어서 서로 독립적이면서도 함께 일하도록 서로를 붙들고 있었다. 그러므로 그들이 맡은 일은 달랐지만 — 그리고 다르지만 — 그럼에도 나눌 수 없었다.

너희는 우주적 차원의 **평형상태** 속의 '*아버지*'의 '본성'과 '*어머니*'의 '본성'을 이미 알고 있고, 명상 과정을 통해서도 그것을 충분히 이해하고 있어야만 한다.

간단히 말해서, '*아버지*'의 '본성'은 활동적이고 창조적이어서 창조 작업을 행한다.

그것은 또한 개체화된 존재의 '나'라는 느낌이다. 말벌로부터 하마에 이르기까지 살아 있는 모든 생명체는 강한 '나'의 느낌과, 그 '나'를 보호하고자 하는 욕구를 가지고 있다.

'*어머니*'의 '본성'은 하전 입자들을 서로 결합시킴으로써 '*아버지 지성*'이 짜낸 전기적 의식의 '계획'에 형체를 부여하는 것이다.

'*아버지*'와 '*어머니*' 의식 — [원초적 추동력] — 은 둘 다 평형상태에 있고, [우주적 차원의 본성]을 지니고 있어서 **개체적 형체를 창조하므로 그들은 [우주적 차원의 본성]의 작업을 수행한다. 그것은 곧 법칙과 질서라는 일관된 시스템 내에서의 *성장-양분공급-양육-치유-*

322

보호-요구의 만족....... [*생존*]이다.

'*아버지*'와 '*어머니*' 의식 에너지는 둘 다 [우주적 차원] 안에 묶여 있
는 [추동력]으로서 **평형상태**로부터 풀려나면 창조 작업을 강력히 수
행한다. 그뿐인가, 세상의 창조물들 속에서 그들이 벌이고 있는 엄청
난 일들을 생각해보라. '아버지/어머니'의 추동력은 원소와 살아 있는
분자와 세포의 형성에서부터 거대한 맘모스에 이르기까지 창조의 모
든 수준을 촉발한다. 두 에너지는 또한 아버지와 어머니로 하여금 결
합하여 후세를 잉태하고 뱃속에서 기르고 낳아서 양육하도록 자극하
기 위하여 그들 내부의 본능으로도 작용한다.

어떤 아버지들은 알이든 새끼이든 아기이든, 후손이 태어나면 떠나버
린다. 이런 아버지들은 '*나*'의 느낌이 그들 내면의 부성 본능보다 더
강하다.

이제는 너희가 [추동력]의 의미를 온전히 깨달아야만 할 때다.

너희는 이것이 매우 '모호한 형태의 창조성'처럼 보인다고 생각할 수
도 있지만 잠시만 숙고해보면 '의식'의 내적인 강제 — '**추동력**' — 가
없이는 어떤 인간도 동물도 곤충도, 심지어는 식물도 물질 차원에서
그 어떤 활동도 수행하지 못한다는 사실을 결국은 깨닫게 될 것이다.
그것은 햇빛을 향해 얼굴을 돌리는 것일 수도 있고, 먹는 것, 일하는
것, 잠자는 것, 장 보러 가는 것, 혹은 아기를 갖는 것일 수도 있다. 눈
까풀을 깜박거리는 데조차 언제나 '추동력'이 활동에 선행한다.

다섯 번째 편지   323

뿐만 아니라 어떤 목적을 지향하지 않는 활동을 재촉하는 추동력은 존재하지 않는다.

식물은 성장을 위한 태양광선을 받기 위해 꽃잎과 잎사귀의 방향을 돌려 조정한다. 사람들은 건강을 위해 달리고, 허기를 채우기 위해 먹고, 돈을 벌기 위해 일하고, 긴장을 벗어나고 기운을 회복하기 위해 잠자고, 음식물을 사기 위해 시장에 간다. — 이 모두가 생존과 개인의 평안을 지향한다.

그러므로 [추동력]은 곧 모든 창조물의 배후와 내부에 존재하는 *[실체]*다.

모든 물질이 하전 입자라는 애초의 형태로 돌아간다고 해도 우주적 **추동력**은 고스란히 남아 있을 것이고, 마침내는 또 다른 어떤 창조물에 형체를 부여하게 될 것이다. [추동력]은 영원하다. 하지만 살아 있는 '물질' 내부의 하전 입자들은 오늘은 여기에 있다가도 내일은 사라지고 없다. — 그러나 영혼은 계속 움직여간다.

너희는 뇌 속의 전기적 추동력을 통해 **사고한다**. 너희는 신경계 속의 자기적 추동력을 통해 **느낀다**. 이들은 전기적 추동력을 중심에 모아 결합시켜서 응집력을 지닌 하나의 전체로 만든다.

너희 시스템 내에 '자기적 결합'이 없다면 너희는 아무것도 모르는 채 좌충우돌만 일삼을 것이다.

이제 너희를 내가 **첫 번째 편지**에서 이야기했던 광야의 경험으로 다시 데려갈 때가 왔다.

요단강으로 요한의 세례를 받으러 가던 당시의 나는 반항아였고, 나의 인상은 여호와가 인간의 죄를 징벌한다는 유대교의 가르침에 반발하여 찌그러져 있었다는 것을 너희는 기억할 것이다.

나는 유대교의 그러한 가르침이 그릇되고 잔인한 관념이라는 것을 직관적으로 느끼고 거부했다.

창조에 관한 진실을 계시받은 후에, 나는 왜 **완벽한 의식**이 *그 창조자의 지성과 사랑의 이미지를 닮게 빚어진* 완벽한 존재를 창조하지 않았는지를 이해할 수가 없었다.

나는 창조자 — '우주의식' — 에게 인간은 왜 그토록 많은 고통과 악에 시달리고 있느냐고 물었다.

그러자 인간이 경험하고 있는 모든 문제는 자아의 '**중심점**'(이제 과학은 이것을 '에고'라 부른다)으로부터 비롯된 것이라는 사실이 확연히 계시되었다.

그것은 '인격' 속에서 자신을 드러냈다.
자신을 비판이나 감정적/신체적 공격으로부터 방어하고자 하는 [욕구],

그리고 삶의 경쟁 속에서 선두주자가 되기 위해 다른 사람들을 밀쳐 내고자 하는 유사한 [욕구]로서 말이다.

그것은 또 '인격' 속에서

다른 사람들의 반대를 무릅쓰고 자신에게 가장 좋은 것을 모두 차지 하고자 하는 [욕구], 그리고 모든 반대를 무릅쓰고 그것이 친척이든 친구든 물질이든 성취든 간에 자신이 가진 것을 사수하고자 하는 유사한 [욕구]로서 자신을 드러냈다.

나는 또 이 두 가지의 근본적이고 영원 부동不動한 '창조적 존재의 추동력'이 없이는 창조가 있을 수 없으리라는 사실을 이해하게 되었다.

이것이 창조의 비밀 ─ 그리고 존재의 비밀, 그리고 '개체적 존재'의 비밀이다.

가시적 세계에서 각기 따로, 그러나 불가분하게 하나의 팀이 되어 함께 작용하는 이 쌍둥이 추동력을 통해 '물질'의 질료가 장대한 ['우주의식']으로부터 창조되었다.

창조성의 한 추동력은: [활동]의 주체(‘I’ness of Activity)다.

이 활동의 추동력은 보편적, 우주적이어서 오로지 하나의 근원으로부터 나온다.

'활동'은 [의식] 속의 한 움직임이요, 움직임 속의 [의식]이다.

창조성의 또 한 추동력은 (시각적으로 말하자면) 서로 반대 방향을 바라보고 있는 두 개의 얼굴을 가지고 있다. 그것은,

[결합] - [배척]으로서
끌어당기고〉〉〉〉〉〉〉자아(the self)〈〈〈〈〈〈〈밀어낸다

달리는,
[의식] 속에서
끌어당기고〉〉〉〉〉〉〉〉 [자아(The Self)] 〈〈〈〈〈〈〈 밀어내는
[인력] - [척력]
으로 알려져 있다.

이것이 지상의 모든 것이 존재하게 한 [유일한] 수단이다.

온 우주가 다 '물질'과 개체적 형상들을 창조해내는
[물리적 존재(physical body)]의 이 쌍둥이 추동력
속에서 작용하고 있는 '창조적 권능'의 현현이다.

이것이 우주의 근본 '비밀' 중 하나다.

나는 '인격'의 '핵', 곧 지금의 이름으로 '에고'가
['인격의 수호자']로서

창조되고, 또한

[사생활]과 [생존]의 보장을 위해

자기적 추동력을 통해 불가항력적으로 각인되는 것을 보았다.

이 일은 개체적인 '나'(I'ness)를 보호하기 위하여,

개체성을 보장하는 존재의 두 번째 추동력의 두 얼굴인

[결합] - [배척]의 힘

을 동원함으로써 성취되었다.

[결합]의 얼굴은 그것이 갈구하는 사람이나 소유물들을 끌어들이고, 끌어오고, 끌어당기고, 요구하고, 당기고, 사고, 쥐고, 붙잡고, 매달린다. 이 [추동력]은 끌어모으고 소유함으로써 안전이라는 환영을 만들어낸다. 그것은 가족과 사회와 국가를 형성하도록 부추기는, ['어머니 의식']의 도구다. 그것은 아름다움과 기쁨과 조화와 사랑을 낳을 수 있다. 동시에, 그것이 '에고'에 휘둘리면 삶을 피폐해지게 하고 사회를 파멸시킬 수도 있다.

[배척]의 얼굴은 원하지 않는 모든 것 ─ 사람과 동물과 소유물들 ─ 에 반발하고 배척하고 밀어내고 피한다. 그리하여 [배척의 추동력]은 사생활과 안전이라는 환영을 만들어낸다.

가족과 인간관계와 사회와 국가에 불화를 불러오는 것이 이 [추동력]이다. 그것은 목숨을 구하고 사생활과 보호를 보장해주도록 가동된 것이지만 '에고'에 휘둘리면 그것은 파괴적인 힘이 된다.

이 [존재의 쌍둥이 추동력]이 없다면 만물은 '평형 상태의 [우주적 창조 권능]'의 시간 없는 영원 속에서 서로가 서로의 속으로 녹아들어 하나가 된 채로 영원히 남아 있을 것이다.

이 [쌍둥이 추동력]이 없다면 인간의 온갖 경험을 만들어내는 데 필요한 '주고받고' '밀고 당기고' 하는 상호작용도 없을 것이고, 그로부터 '인격'이 성장하고 진화해갈 일도 없을 것이다.

그러니 모든 생명체와 인류가 겪는 '인격'과 '에고의 욕구'의 문제는 창조의 돌이킬 수 없는 불가피한 현실이었고, 현실이다. 이 밖의 다른 설명은 순전히 신화일 뿐이다.

나는 인간이 ['죄']라고 일컫는 그것은 인간의 본성 속에 있는 **결합-배척의 추동력**이 상호작용한 직접적인 결과임을 깨달았다.

결합-배척의 추동력이 새와 동물을 포함하여 창조된 모든 개체적 존재들이 덮어쓰고 있는 감정적/정신적 가면을 이루고 있었다. 우리는 이 추동력이 자연계의 모든 곳에서 — 심지어 식물의 삶 속에서도 — 작용하고 있는 것을 본다.

결합-배척의 추동력이 창조계의 모든 존재들의 생존을 향한 태도를 정해주고 있었고, 정해주고 있다.

결합-배척의 추동력을 벗어날 길은 없었다.

이 쌍둥이 추동력이 모든 '세속적' 위안과 쾌락과 '행복'의 덧없는 근원이었다. — 그리고 동시에 그것은 세상의 모든 질병과 불행과 궁핍의 근원이기도 했다.

그러나 이에 더하여 — 그 모든 것을 초월하는, 모든 것의 배후에 있고 관통해 있는 것이 있었고, 있으니,

바로 지상地上의 의식의 근본이자 근원인
[우주의식]의 [폭발]로부터 태어난 [생명]이다.

그러니 '아버지-어머니' 의식이 창조력을 지닌 것과 같이
인간의 [사고] 또한 창조력을 지니고 있다.
인간의 '생각과 느낌'은 모두가
'아버지-어머니' 의식의 쌍둥이 도구가
지닌 힘의 발휘와 결합이므로.

그러므로 개체적 인격 속의 이 **결합-배척**의 추동력은 또한
'원하는 것'과 '싫어하는 것'의
'의식체'(consciousness forms)를 확정한다는
— 그리고 **가시화한다는** — 점에서
고도로 창조적이다.

이것이 우주의 두 번째 근본적 '비밀'이다.

나는 ['죄']라는 것이 타인에게 고통을 유발하는 인간의 모든 행위를 가리키는, 인간이 편의상 만들어낸 **인위적인 개념**임을 깨달았다. 다른 사람으로부터 무엇을 '잡아챈다'는, 그리고 삶에서 원하는 것을 얻기 위해 그들을 무례히 내친다는 행위의 본질상, 모든 인간이 언젠가는 다른 인간들에게 어떤 형태로든 고통과 걱정거리를 일으키지 않을 수가 없었다. 그러나 타인을 해치는 이런 인간 본연의 성향이 유대교와 '그리스도'교가 말하듯이 [우주의식](하나님)에게 '공격'을 가한 것은 결코 아니었다.

오로지 인류와 '인류에게 종속된 모든 창조물'만이 인간의 '인격' 속에서 작용하는 **결합-배척**이라는 두 가지 근본적인 [개체성의 추동력]에 의해 야기되는 고통과 궁핍과 불행을 알기라도 하므로, 오직 인류만이 '죄'라는 말의 의미를 이해했다.

자신의 개체성을 보호하고자 하는 인간에 내재한 추동력은 인간으로 하여금 인간 사회에 법과 규율을 제정하게끔 만들었다. '우주적 창조 권능' — [사랑] — 은 인간에게 법의 한정과 제약과 심판을 가하는 일과는 아무런 관계도 없었다.

나는 또한:
'아버지-어머니-창조적 권능' — [생명] — 이 온 우주를 관통하여 끊임없이 흐르고, 또 그것이 내 마음속에서 생각과 느낌이라는 쌍둥이 추동력을 부려 사용하는 생명임을 보았다.

그러니 모든 강력한 '불완전한 생각과 느낌'은 피조물들의 '[의식] 패턴'
에 혼란과 변동을 일으킬 수 있었다.

거꾸로 말하자면,

나의 '사고'가 '에고'의 쌍둥이 추동력으로부터 완전히 자유로워지고
'아버지-어머니-창조적 권능'을 온전히 받아들일 수 있게 되면
[지성/사랑]이
[완벽한 '지성을 지닌 사랑']의
상태를 회복할 것이다.

그러므로 이전에 '불완전한 생각'의 결과로서 빚어진 불완전한 상태는
에고의 태도와 생각을 [조건 없는 사랑]의 태도와 생각으로 바꿈으로써
다시금 '온전한' 상태로 회복시킬 수 있다.

나의 마음은 [우주]에서 일어나는
그 모든 창조 과정의 '도구'였다.

이러한 사실을 ─ 영적으로, 지적으로, 정서적으로 ─ 알았으니, 나
는 이제 이전까지 내 마음을 지배하고 있었던 [에고]의 [쌍둥이 추동
력]을 극복하여 내 마음과 뇌로 하여금 [신성한 실재]를 온전히 받아
들이게 하기 위해 필요한 단계적 조치를 취할 수 있고, 취해야 함을 깨
달았다.

광야에서 깨달음의 체험을 한 후 내가 강렬한 유혹에 흔들리던 동안에, 인간적으로 구축되어 있던 나의 에고와 나의 '아버지-어머니-의식' 사이에 갈등이 일어났던 것도 바로 이 때문이다. 내 의식 속에서 일어난 그 주도권 다툼에 '사탄'은 아무런 관련도 없었다.

싸움은

[개체성의 쌍둥이 추동력]인 결합-배척과

[지성을 지닌 사랑-생명]으로서 [그 자신]을 내게 드러낸 [신성한 실재]

사이에서 일어났다. [지성을 지닌 사랑-생명]은 초월적이면서도 내 안에 있었고, 내가 지속적으로 명상해갈수록 점점 더 광범위하게 나의 **개체성**을 점령하여 내 의식에서 이기적인 충동을 지워버릴 것이었다.

이것이 내가 나자렛으로 품고 돌아왔던 강력한 지식에 대한 설명이다.

그러니 내 어머니께서 나를 돌보아 건강을 회복시켜주는 동안 어머니와 함께했던 육체적 치유의 시간은 또한 기도와 명상의 시간이었고, 그로부터 나는 [신성], 혹은 [우주적 실재]의 [본질]을 의식적이고 성실하게 **삶으로 체화할** 힘과 영감을 얻어냈다.

너희도 알다시피 [신성], 혹은 [우주적 실재]의 [본질]은 [생명]이다.

[그것]이 창조물 속에서, — 혹은 이렇게도 말할 수 있지만 — 창조물
의 '개체성' 속에서 활동할 때, [그것]은 창조된 모든 것을 기르고 돌
보고 영양을 공급해주고 갱생시키고 치유하고 보호하고 생존을 보
장해주고 요구를 충족시켜준다. — 이 모든 것이 완벽한 조화와 협
동과 법칙과 질서를 갖춘 시스템 속에서 행해진다. 이것이 [생명]의
'본성'이다. 창조물 내부에서 그것이 벌이는 모든 일은 [우주적 본
성] — 살아 있는 모든 것의 최고의 선을 북돋우는 — 을 따라 행해
진다.

이 말을 이해할 수 있다면 너희는 내가 왜 광야에서 돌아왔는지를 깨
달을 것이다. 환희에 찬 사내, 세상의 아름다움에 새로이 눈뜨고 절대
적인 확신에 차서 '물질'의 겉모습을 제어하는 것이 가능함을 [아는] 사
내가 말이다. 이제는 유대인들에게 '하늘나라'가 그들 가운데 있다는
영광스러운 복음을 전해줄 수 있게 된 나의 의기충천해진 기분을 너
희도 함께 느낄 수 있을 것이다. 그들이 해야 할 일은 단지 나의 도움
을 받아 그것을 '발견하기만' 하면 되는 것이었다. 그러면 그들의 삶은
영원히 바뀔 것이었다.

나는 너희가 온전히 이해하고 기도하는 마음으로 사용하기만 하면 너
희 삶을 바꿔놓을 수 있는, 바로 그 동일한 지식을 너희에게 남긴다.

읽어가는 동안 너희의 의식은 고양될 것이며, 너희가 영감을 구한다

면 그것은 올 것이다.

나는 너희가 이해하고 열망하고 성장하고, 그리하여 이루어내기를 고대한다. 읽고 숙고하고 명상하고 기도하는 동안 나의 [빛] 속에서 편안히 쉬라. 너희는 나의 [그리스도 의식] 속으로 이끌렸고, 이 신성한 지식 속에서 진화해가는 동안 그것은 너희에게 더욱더 확연해질 것이다.

성숙해가는 너희의 지혜에 대한 나의 신뢰와 사랑이 너희를 감싼다.

여섯 번째 편지

이 편지는 시대를 통틀어 사람들이 알기를 희구했지만 그들의 세속적인 과학지식이 충분치 못하여 이해하지 못했던 그 지식을 제시한다. 내가 팔레스타인에서 '예수'라는 인격으로 있을 때도 마찬가지였다. 나는 [우주적 존재의 진실]을 온갖 방법으로 다시금 다시금 설명했지만 아무도 이해하지 못했다.

너희 대부분이 깨달았겠지만 내가 이번에는 새로운 종교나, 더 나은 도덕률, 혹은 숭배할 새로운 '하나님'을 너희에게 가져다주려고 온 것이 [아니다]. 또한 너희의 사상가들처럼 '긍정적 사고'를 설하러 온 것도 아니다. 너희의 인간적인 요구나 욕망을 부추겨서 그 야망을 충족시키는 방법을 가르치는 인간의 '긍정적 사고'는 단지 너희 에고의 욕구를 더욱 강화시켜놓을 뿐이다.

온 우주가 에고의 작용을 통해 물질적 형체를 취하여 가시화된 초월적 [우주의식]임을 깨달아가는 동안, 그 풍성한 축복으로서 모든 것이 너희와 너희 삶 속에 실현될 것이다.

336

너희의 영적 여행의 진정한 목적은 에고의 속박에서 해방되어 [신성의식]과의 더욱더 순수한 접속을 이루어내는 것이다. [그것]이 너희 자신의 내부와 일상생활을 관통하여 편재함을 깨닫는 것이 너희의 종국적 운명이다.

너희의 가장 높은 영적 목표는, 너희의 인간적 마음과 그 욕망은 덧없고 — 그러므로 결코 행복과 충족을 가져다주지 못한다는 사실을 마침내 깨닫는, 그 영적으로 고양된 순간에 도달하는 것이다. 그것은 너희가 자신의 이기적 자아를 내려놓고 [신성의식]에게로 와서 오로지 더 높은 길, 더 풍요로운 삶, 그리고 지상의 조건에 놓여 있는 너희만이 이룰 수 있는 진정한 영적 [목적]만을 간구할 때 경험하게 될 것이다.

너희가 이 같은 깨달음의 경지에 이르도록 돕기 위해, [에고]의 기원과 기능에 대해 상술하고자 한다.

내가 너희의 세상을 명상할 때면 [에고의 힘]이 통제하고 있는 하나의 차원계가 보인다.

너희 영혼 없는 거대한 도시의 [퇴폐한 사회 속의] 모든 사악한 것들은 에고의 힘으로부터 나온 것이다. 그것이 너희 행성에서 현재 일어나고 있는 모든 사악하고 거짓되고 도착된 행위들의 근원이다. 그것이 대중매체와 TV와 너희 가족과 국가를 통제한다. 그것이 지구의 구석구석에서 전쟁을 일으킨다. 그것이 높은 영적 존재들이 지각할 수 있는 — 하지만 생각하기조차 끔찍한 — 저급한 의식 에너지의 부정한 독기를 만들어낸다.

너희의 현재의식이 소유에 대한 갈애와, 타인과 나누지 못하고 타인의 노고를 통해 부자가 되는 방법만 연구하여 남의 것을 훔치려는 마음으로 꽉 차 있으면, 자신의 일을 양심적으로 하지 못하고 돈만 중히 여겨 움켜쥐고 으르렁거리고, 남을 비판하고 비꼬고 심판하고 배척하고 모욕하고 반목하고 불관용하여 증오하고 시기하고 공격하고 폭력을 행하고 도둑질하고 기만하고 뒷거래하고 모함한다면, 너희는 에고의 욕망에 놀아나고 있는 것이다. 에고가 판을 지배하고 있어서 너희는 에고 의식의 늪을 헤어나 실상을 목도하기가 어려움을 깨닫게 될 것이다.

이러한 이유로, 너희의 현 조건 — 한 세기 전만 해도 그 끔찍한 실상을 인간의 마음으로는 상상하기가 불가능했던 — 속에서 정확히 무엇이 너희를 이 아래에 붙잡아 매어두고 있는지를 너희가 이해하도록 돕기 위해서, 이 [편지]라는 매개체를 통해 [내가] 왔다.

이제 나는

[에고]에 대해

더 자세히 설명하고자 한다. 성교를 통하여 [너희가 잉태되던 당시에], 너희 아버지의 의식이 고양되어 척추를 타고 머리끝까지 올라오고 그 절정을 향해 긴장이 최고조가 되었을 때, 아버지의 의식은 짧은 순간 [신성의식]을 접하여 하나의 작은 폭발인 섬광의 광점을 만들어 냈다. 그것을 그는 오르가즘으로 경험하고, 그로부터

[신성의식]이

그의 정자 속에 주입되어 어머니의 난자에 생명을 주었다.

여성과 합일하는 순간, 오르가즘의 순간에 남성에게 일어나는 긴장의 폭발은 빅뱅의 순간을 재현한다. 빅뱅으로 '아버지-어머니-의식'이 합일하는 순간 그것은 폭발하여 분리된 에너지가 되고 최초의 하전 입자와 임의의 '물질'이 형체를 취했다. '아버지 의식'은 '움직임과 활동'의 에너지를 공급했고 '어머니 의식'은 결합력을 제공하여 하전 입자들에 질료를 공급하고 형상을 부여했다.

이것이 남녀에게 생명과 형상을 부여하는 [원초적 추동력]이다.

창조란 의식이 스며든 '물질'의 창조가 아니라는 것을 이해하기를 바란다.

창조물은 [원초적 추동력]의 가시화된 형체다. 추동력들은 서로 끌어당기고 결합하여 개체적인 형상과 존재를 형성한다. 그리하여 그것들은 모두가 무수한 방식으로 이 [원초적 추동력]의 다양한 단면과 조합들을 표현하고 있다. 그러므로 [원초적 추동력]이야말로 실체다. 너

희의 눈과 귀와 코와 촉각은 그것을 단단한 '물질'이라고 말하지만, 사실 그것은 지적으로 이해되고 정서적으로 음미되어 경험되기 위해 개체화된 [의식의 추동력]이다.

수태 시 정자가 난자와 결합하여 짝짓기가 일어날 때, 남성 의식의 염색체가 여성 의식의 염색체와 결합한다. 이것은 신성으로부터 기운을 받은 아버지의 정자 의식과 어머니의 난자 의식의 물리적 결합이다. 그래서 남성과 여성 의식의 염색체들은 부모 양쪽으로부터 DNA 유전자 정보를 전달한다. 정자와 난자가 물리적으로 결합하는 순간은 창조의 두 가지 차원에서 일어난다.

주입된 신성 의식은 정자와 난자를 통해 합일한 인간 의식 속에 유형화하여 너희의 영혼이 되었다. 아버지-어머니-생명 의식에 의해 물질성이 창조되고, 기운을 얻었다. 아버지-어머니-생명 의식은 의식 있는 세포의 활동과 결합을 제어하여 너희의 육신이 서서히 자라고 발달해가게 한다. ─ 이것은 사실 너희 존재의 모든 차원에서 눈에 보이도록 가시화된 의식일 뿐, 그 밖의 아무것도 아니다.

너희의 영혼은 '아버지-어머니-[생명]'의 꺼지지 않는 '불꽃'(비유)으로서,

[활동] - [결합/배척]

이라는 물리적 추동력 속에 깊이 연루되어 남게 되었다.

340

이것이 너희 지상의 개체성과 인격이 되었다.

'신성한 아버지-어머니 의식'의 초월적인 [생명의 추동력] 속에 합체
된 이 의식의 추동력은 이제 너희의 육체적 의식의 창조과정을 떠맡
아 너희 인격 배후의 추동력이 되었다. '활동-결합력'은 함께 일하여,
의식의 DNA 분자에 담긴 설계 명세에 따른 의식을 지닌 세포들을 낱
낱이 만들어냈다. 인격과 몸은 모두가 인간의 이 '활동-결합/배척' 추
동력의 산물이다. [우주 의식]이 공간 속의 영원한 평형상태 속에 ―
그래서 감지되지 않는 상태로 ― 남아 있는 동안, 바로 그 공간 속에
서, 진동주파수들 속에서, 너희의 오감에 감지되는 가시적 세계 속에
서, '활동-결합/배척'이라는 원초적 추동력은 전자기의 형태로 함께 작
용한다.

[우주 의식]과 너희의 영혼은 모두 공간 속 평형상태의 고요와 정적
속에 흔들림 없이 남아 있다. 지상의 의식의 창조성은 공간과 시간과
물질화된 의식의 다양한 진동수의 진동 속에서 발현된다.

그리하여 너희는 살아 있는 형체를 띠고 두 차원계에서 존속한다. 한
세계는 보이지 않는 [신성의식]이고, 또 한 세계, 보이는 세계는 살아
있는 인간이 감지하거나 이해할 수 있는 모든 것이다. 영적 성장과정
이 인간 의식의 진동수를 영적 차원으로 끌어올려서, 마침내 그 지상
地上의 의식 속으로 이해가 가물가물 떠오르기 전까지는 말이다. 이
점진적인 깨달음의 과정이 펼쳐지는 동안 고양된 인간 의식은 보이지
않는 세계와 보이는 세계 양쪽 모두에서 의식적으로 일한다.

개체화된 의식의 진동수가 높을수록 마음속에서 창조된 것의 형상들도 더 차원 높고 완벽해진다. ― 진동수가 낮을수록 에고의 욕구에 완전히 휘말린 개체화된 마음속에서 창조된 형상들은 **사랑의 우주적 완성**으로부터 거리가 멀어진다.

[에고]는 정자와 난자가 결합하는 순간부터 발달해가는 태아를 장악해간다. 이 작은 새로운 존재는 자신의 편안하거나 불편한 감각이나, 엄마에게 일어나는 일에 따라 자궁 속에서 즉각 만족과 불만족을 느끼는 하나의 '나'가 되었다.

태어나는 순간, 너희 몸 낱낱의 세포 속에 묻혀 있는 '피조물 의식'에 대한 심층의 원초적 앎으로 각인된 너희의 생존본능은 너희를 숨 쉬도록 재촉하는 한편, 포근한 자궁 속에서 나와야만 하게 된 박탈감과 정서적 공허를 느끼게 된다. 이것은 곧 신체적 공허감과 영양분에 대한 요구로 느껴진다.

너희 에고의 비명悲鳴은 이렇게 태어났다.

너희가 울면 엄마가 영양분을 주었고, 그것은 신체적, 정서적으로 모두 깊은 만족감을 주었다. 요구가 충족되고 나면 너희는 잠속의 평형상태로 다시 미끄러져 들어갈 수 있었다.

평형상태에서 깨어나면 너희는 뭔가 불안감을 느꼈고(평형상태는 이제 정신적/감정적 자각의식으로 나뉘어졌다) 엄마와 젖이 그 허전한 불안감을 충족시켜주었던 것을 기억해내고 다시 울었다. 너희의 요구는 그렇게 충족되었다.

너희 에고의 욕구는 이렇게 발달했다.

어떤 때는 너희가 울었는데도 아직 수유시간이 멀었다고 인간적으로 판단되어, 너희는 한동안 방치된 채로 울고 있었다. 이것은 요구가 언제나 즉각 만족되는 것은 아니어서 너희가 거기에 적응해야만 한다는 자각을 형성시켰다. 너희는 분노하여 더 크게 울든가, 아니면 상황을 받아들이기를 선택하든가 해야만 했다. 반응에 대한 너희의 선택은 탄생 순간에 너희 의식에 각인된 '에고의 욕구'의 성질에 따라 정해졌다.

에고의 욕구는 어느 쪽이든 나무라거나 심판할 것이 아니었다. 그것은 [개체성]이 보장되게 하는 에고의 **창조적 요인**으로 인한 자연스러운 결과였다.

지난번 **편지**에서 설명했듯이, 에고는

[개체성의 수호자]다.

너희가 자신을 행복하게 해주는 것을 얻고자 '울거나' 자신을 슬프게 하는 것을 거부하는 내재된 충동을 지니고 있지 않았다면 너희는 아무것도 없는 망각의 구렁텅이에 빠져 있을 것이다.

위험 앞에서 도망치거나 도움을 요청하지 않았다면 너희는 죽었을 것이다.

태어났을 때 울지 — 먹을 것을 '요구하지' — 않았다면 너희는 굶어 죽었을 것이다.

엄마의 젖을 반겨 가슴에 코를 비비지 않았다면 너희는 엄마와 그토록 친밀한 관계를 형성시키지 못했을 것이다.

[에고의 욕구]가 없이는 창조도, 개체성도, 요구의 충족도, 보호도, 따뜻한 반응도, 인간적인 사랑도 존재하지 않았을 것이다.

[에고의 욕구]가 없이는 자기방어도 자기보호도, 생존도 없었을 것이다.

하지만 [에고의 욕구] — 주로 개인의 '나' — 는 오직 [자기만족]과 [생존]을 위한 필요와 함께 각인된다.

유아기에 에고의 '나'는 좋아함과 싫어함, 원함과 원치 않음, 그리고 느낌의 끊임없는 반복에 의해 형성된 습관의 지배를 받는다. 주변 환경이나 개인적 경험에 대한 용인할 수 없는 에고의 반응이 나쁜 습관으로 형성되고, 이것은 다시 무의식 — 혹은 잠재의식적 마음 — 속에 감춰져 남아 있게 된다. 그러나 그것은 이전의 상황이나 행동방식에 대한 '기억'이 부지불식간에 마음에 떠오를 때 습관적인 행태로 다시 나타난다.

이제는 잠재의식적 마음과 의식적 마음이 함께 작용하여 인격을 형성한다. 많은 행동들이 '조건화된 행동'이 되어서 그것을 깨기가 매우 힘들어진다. 무의식중에 자기중심적인 에고의 생각과 행동의 강한 습관으로 프로그램되면 — 그리고 타인들과 조화롭게 살기가 힘들다는 것을 발견하게 되면 — 그는 정신적/감정적으로 복잡하게 얽힌 그 문제를 파헤치도록 도와줄 심리학자를 찾아간다.

나의 **존재의 진실**을 온전히 이해하여 그 생명의 원리를 삶의 경험에 대한 새로운 반응과 생각의 습관을 형성시키는 일관된 지침이 되게 하기 전에는, 에고의 욕구에 무지하게 빠져 듦으로 인해서 일어나는 고통과 불행은 끈질기게 남아 있을 것이다.

교회는 이러한 인간의 문제를 사탄의 '유혹'이라고 말한다. 그것은 그런 것이 아니다. 그것은 에고의 욕구가 부추기는, **삶에 대한 제어되지 않은 반응**이 초래한 자연스러운 과정이다. 에고의 유일한 목적은 **개인의 행복과 만족과 요구의 충족 — 혹은 — 사생활 보장, 독립성, 안전, 평화 등... 오로지 [생존]을 도모하는** 이런 것들을 가져오는 것이다.

에고의 욕구 그 자체에는 사악하달 것이 아무것도 없음을 이해해야만 한다. **그것은 창조에 필요한 도구다.** 타인에 대한 배려 없이 자신의 인간성을 에고의 욕구에 완전히 맡겨버림으로써 삶에 불균형을 초래하는 것은 각 개인들 자신이다.

이 또한 심판하거나 비난할 대상이 아니다. 왜냐하면 에고의 욕구에 사로잡힌 사람은 이 지상계에서 달리 생각하거나 행동할 방법을 알 도리가 없기 때문이다.

아이들은 부모나 학교 선생님이 가르쳐준 것 외에는 자기제어에 대해 아무것도 모른다.

그러니 아이들이 삶과 그 기복에 반응하여 저지르는 실수는 부모나 선생이 선의로 품어줄 수밖에 없다. 아이들은 무엇이 자신을 그렇게 몰아가는지조차 이해하지 못하기 때문이다.

아이가 뭔가를 원하게 되면 그는 즉석에서 그것을 가지기를 [원하며], 왜 그것을 가져서는 안 되는지를 의아해한다. 그의 마음에는 이 생각밖에는 아무것도 없다. 그는 자신이 좋아하는 그것을 보고, 그것을 원한다.

아이에게 "안 돼, 넌 그걸 가질 수 없어"라고 말하는 것은 잔인한 짓이다. 그러면 그의 온 존재가 모욕과 공격을 받는다. 아기 때부터 논리적인 설득과, 확신을 심어주는 위로로써 단련시키는 과정이 시작돼야 한다. ― 자신의 주변 환경 속에서 안전함을 느낄 권리를 확인받게 해 주어야 하는 것이다. 자신의 소원을 표현할 올바른 방식을 설명해 줌으로써 안정된 정서가 개발되게 해야 한다. [사랑]으로써 ― 짜증

346

이나 분노가 아니라 — 적절한 단어를 선택하여 아이에게 그가 왜 원하는 것을 가질 수 없는지를 말해줘야 한다. 사랑으로 말하면 아이는 그 뜻을 알아들을 것이다. 화를 내면서 말하면 그것은 그의 가장 심층에 있는 에고의 욕구를 부추겨 일으켜서 그것이 분개 — 노골적이거나 감춰진 깊은 불만 — 의 형태를 띠기 시작하고, 그것은 에고를 오염되게 하여 자신의 가치에 대한 아이의 본능적 평가를 위축시킨다. 아이들은 자신의 개인적 가치에 대한 긍지를 지닐 필요가 있고, 그것이 억압받거나 손상되어서는 안 된다.

부모나 선생은 아이에게 세상의 다른 사람들도 똑같이 자신의 요구와 소유물에 대한 권리와 평화와 안락에 대한 욕망을 가지고 있다는 점을 아주 명확히 짚어줄 필요가 있다. 누구도, 아이도, 어른도 자신의 만족을 위해서 타인을 해칠 권리는 없다!

다른 아이가 와서 아이를 때려서 울게 만들었다면 에고의 욕구가 거기에 반격을 가하려 나서는 것은 너무나 당연하다. — 그는 다른 아이의 공격으로부터 자신을 방어하도록 프로그램되어 있다.

부모와 선생은 '앙갚음', 갈등에 대한 복수의 연쇄고리는 갈수록 **고조되기만** 해서 양쪽에 다 더 많은 고통을 초래할 뿐이니 '앙갚음'은 전적으로 헛된 짓임을 지적해줘야 한다.

그보다는 너털웃음을 웃고 돌아서는 편이 낫다. 그리고 마음의 혼란과 상처가 이어지도록 놔두기보다는 기도 속에서 그 문제를 [신성의식]에게로 가져가서 의식의 상처가 사라지기를 간구하고 화해의 방법을 찾는 편이 훨씬 낫다.

아이는 또한 자신이나 상대방 아이나 모두가 똑같이 **신성한 순간**에 태어났음을 이해할 시간을 가지도록 가르침을 받아야 한다. 아이가 영적 감수성이 있어서 자신이 다른 아이들이나 모든 생명체와 영적으로 동족임을, 그리고 '나의 권리와 타인의 권리가 동등함'을 인식하는 이 과정을 소화하여 습관으로 만들 수만 있다면 그는 있을 수 있는 가장 큰 영적 선물을 받게 될 것이다. 이런 방법을 통해 영적 사랑을 나날이 실천하면 에고의 욕구는 약해지는 반면에 아이의 중심의 '나'의 느낌은 자기에 대한 확신으로 강하게 남아 있게 된다.

아이들은 나중의 편지에서 내가 설명할 웃음의 이로움을 배워야 한다.

그러므로 아이들이 다른 사람들의 권리 — [자신의 권리와 동등한] — 를 존중할 줄 알도록 인도하려면 신중하고 통찰력 있는 가르침이 절대적으로 필요하다.

이것이 가정과 교실을 지배해야 할 영적인 법칙이다.

상황을 판단하기에는 이 밖의 그 어떤 법칙도
결함이 있고 균형감이 부족하다.

최선의 가르침은 어떤 상황에서나 선생의 의지 — 내가 그렇다고 말했으니까' 하는 식의 태도 — 가 아니라 '형제애'와 타인들의 동등한 권리를 살피게 하는 체계적인 룰에 의거해야 한다.

동시에 아이들에게 '자기희생' 정신을 주입시키지는 말아야 한다. 그런 종류의 **사랑과 배려**는 오로지 각 개인의 영적 인식과 영적 목표로부터 우러나오는 자발적인 의지에 의한 것이어야만 하기 때문이다.

자기희생은 영적 깨달음, 가야 할 더 높은 길, **신성의식**의 보편성에 자신을 조율시키지 못하도록 훼방하는 에고의 장애물을 제거하기 위한 소아부정小我否定의 행行으로부터 나온다. 진정한 깨달음으로부터 나오는 자기희생은 영적 의식을 환희의 극치로 데려다준다. 거기에는 그 어떤 형태의 상실감도 존재하지 않는다.

영혼과 에고의 실체를 좀더 잘 설명하기 위해서, 양손을 옴폭하게 만들어 마주 모아서 양 손가락과 손목이 서로 마주치게 하여 그 사이에 빈 공간이 만들어지게 해보라.

너희의 그 손은 한 사람의 **'인간의식이라는 껍질'** — 에고 — 을 상징한다.

옴폭한 손바닥이 만들어낸 [공간]은 바로 잉태의 순간에 **'아버지-어머니-의식 생명'**으로부터 나온 [영혼]을 상징한다. 인간의 감각에는 그것이 '무無'인 것처럼 보이지만 그것은 사실 창조된 만물에 형체를 부여한 [신성의식의 모든 것이자 전체]의 한 분지分枝이다. 빈 공간을 품은 너희의 손은 '나'를 상징한다.

너희의 오른손과 왼손은 자기磁氣적인 에고의 욕구가 지닌 두 잠재력을 상징한다. 그것은 '결합-배척'의 힘을 상징하지만 동시에 과학에게는 자력 — '인력과 척력' — 으로 알려진 물리적 에너지를 잘 상징해준다.

오른손을 반대로 빼내어서, 너희가 이 오른손을 '삶에서 원하는 것을 얻어내기 위해' 사용하는 것을 심상화해보라. 이것은 또한 너희 인간의 의식이, 삶에 대한 '움켜쥐려는' 태도로 인식하는 그것을 상징한다.

이 연습을 한동안 해보면서 오른손이 자연 속에 온통 분명히 드러나 있는 자기적 인력, 결합력, 끌어당김, 중력을 상징함을 온전히 깨달으라. 그것은 모든 '원함'과 '욕망'의 근원이다. 그것은 삶에서 필요하거나 매우 탐나거나 즐김직한 것을 획득하는 데에만 언제나 조준되어 있는 **자기적 추동력**이다. 이 **자기적 추동력**은 건설적인 목적을 향해 조준되도록 '**영적으로 의도되어**' 있다. 얻고, 붙잡고, 쌓아서 이루도록.

이 세상에 다른 사람들이나 생명체가 없다면 이 자기적 추동력은 아무런 해도 끼치지 않고 한 인격 속에서 온전히 발휘될 수 있을 것이다.

다른 모든 생명체의 요구와 평등하게 균형이 잡히지 않고 제어되지 않은 '**자기적 추동력**' — 끌어당기고 빼내어서 결합하고 붙들어 소유하려는 — 이 그 인격의 병病이 되는 것은 오직 '다른 사람들'이나 생명체들, 혹은 다른 사람들의 인격이나 소유물을 고려해야만 하는 경우이다.

손을 제자리로 가져와서 다시 왼손과 함께 공간을 만들게 하라.

이제 왼손을 빼내어서 그 손이 거부하고 밀어내고 때려서 너희의 소유물을 함부로 침식해오거나, 너희의 인격이나 가족이나 일에 공격을 가하는 세력으로부터 자신을 방어하는 '자기적 추동력'을 상징하는 모습을 상상해보라. 이 왼손은 너희의 사생활을 확보하고 생명을 구하도록 '영적으로 의도된' '배척하는 자기적 추동력'을 상징한다. 그것은 너희의 신체적, 정서적 생존이 위협받을 때 정당하게 사용할 수 있는 무기다. — 단, 너희의 모든 행위는 결국 유사한 형태의 공격으로 외부화하여 자신에게로 반사되어 돌아오는, 의식에 새겨진 전자기적 결합/배척 작용의 청사진임을 늘 명심한다면 말이다.

그 불쾌한 일은 너희의 부모나 선생이나 고용자의 비판일 수도 있다. 너희의 마음속에 떠올라서 입으로 뱉어져 나오는 자기방어의 언어는 오로지 자기방어를 위해 주어지는 에고의 언어로서, 배척하여 밀어내는 자기磁氣적 욕구의 표현이다. 그리고 너희 에고의 공격적인 언어가 분노한 언사로 너울거리면 상대방의 에고도 마찬가지로 위협을 느끼고, 속에서 너희에 대한 자기방어의 말이 튀어나온다. '잘못을 지적하고 더 나은 방법을 말하려는' 필요하고도 성인다운 행위로서 시작되었을 말도 종종 자기중심적인 예민한 에고에게는 곧장 개인적인 공격으로 받아들여지는 것이다. 성장의 순간이 되었어야 할 것이 갈등과 분노와, 때로는 눈물과 이어지는 원한과 서로에 대한 적의의 **세월**로 발전해버린다.

갈등은 마음속에서 이처럼 뜻하지 않게 빠르고 불필요한 방식으로 일어나서 말로 — 심지어는 행동으로 — 표현되고 원한과 증오로 굳어진다.

마음의 모든 작용 — 끌어당기고 밀어내는 이 모든 생각과 감정적 반응 — 이 **창조적 본성을 지닌 의식의 에너지**임을 명심하라. 이런 의식의 에너지는 불쾌한 반향을 일으킬 뿐만 아니라 성격을 한쪽으로 편향시켜서 전반적인 인간관계와 주변 환경과의 관계에까지도 영향을 미친다. 그리고 그것은 신체의 생명력을 약화시켜서 즉석에서 몸이 으스스해지게 하거나 바이러스에 감염되게 하여 장기적인 병으로까지 발전한다.

어떤 종류의 공격하에서든 더 차원 높은 — 건설적인 반향만 돌려받는 — 방법은, 그 자리에서 즉시 [신성의식]을 불러올 수 있다는 사실을 상기하는 것이다. 그러면 너희는 그 신성의식으로부터 어떤 상황에서든 즉각적인 보호를 끌어낼 수 있다. 하지만 이것은 너희가 [신성의식이 모든 요구를 충족시켜준다는 완벽한 확신으로써 '저항하는 에고의 자기적 욕구'를 넘어설 수 있는 경우에만 가능한 일이다.

이제 왼손을 다시 오른손과 함께 제자리로 가져오라.

352

이 연습을 하는 동안 양손 사이의 [공간]은 언제나 [공간]으로 남아 있었다는 사실을 인식하라.

그것은 손의 어떤 작용에도 개입하지 않았다. 에고가 시시각각 언제나, 그리고 영원히 너희의 요구를 성취하고 모든 불쾌한 일로부터 너희를 지키려고 분주히 움직이고 있을 때, 너희의 [영혼] 또한 이 공간과 마찬가지다. 너희 [영혼]의 [신성의식]은 언제나 너희 안에 있으면서도 보이지 않게 숨어 있다.

지상에 있을 때, 나는 사람들에게 '하늘나라'에 대해 이야기했다. 나는 그것이 너희 안에 있다고 말했다. 실로 그렇다. 그것은 너희의 영혼이다. 그것은 너희에게 남자나 여자로서의 존재를 부여한 [신성의식]의 평형상태의 하늘이다.

나는 너희가 너희의 기원 — 너희가 온 곳 — 을 좀더 분명히 볼 수 있도록 너희 [존재의 근원]에 대한 넓은 관점을 너희의 마음속에 심어줄 수 있기를 깊이 열망한다.

너희는 또 내가 [실로 알 수 없는 그것]을 묘사하는 말을 할 때는 내가 — 나 자신이 — 만물이 그로부터 존재를 얻고 형상을 취한 [우주적 대평형상태]에 맞닿은 가장 높은, 무한주파수의 진동 속에 있다는 것을 늘 알아야 한다.

내가 어떤 산에 대해 이야기하면 너희의 마음속에는 산의 모습이 떠오를 것이다. 하지만 너희는 그 산의 엄청난 규모나, 그 바위들이 겪은 풍상이나, 그 골짜기와 동굴과 꼭대기나, 사시사철 눈에 덮인 정상이나, 빙하가 녹을 때면 폭포로 떨어져 웅덩이를 이루는 물에 대해서는 모를 것이다. 그 산의 장엄한 풍광을 너희가 어렴풋이나마 짐작하게 하려면 내가 그 구석구석과 틈새를 자세히 이야기해줘야만 할 것이다. 심지어 그것을 말로써 아무리 자세히 이야기해주더라도 너희는 단지 그것을 상상 속에서 그려볼 수 있을 뿐이다. 그래도 너희는 그 산을 [알지] 못한다.

내가 허리케인에 관해 이야기한다면 너희의 마음속에 엄청난 바람에 땅바닥으로 엎드린 나무와 무너진 담과 부서진 서까래와 벽돌과 날아간 지붕과 산산조각난 창문들과 뒤집힌 자동차와 뿌리 뽑힌 거목들의 모습을 그려줄 수는 있겠지만 그래도 너희는 그 바람의 위력과 무시무시한 소리와 떨어지는 돌의 충격과 그것을 겪는 사람들의 마음속에 일어나는 공포를 너희가 몸소 겪어보기 전에는 결코 알지 못할 것이다. 내가 [모든 창조물이 존재하게 한 '그것']을 묘사하려고 애쓸 때도 마찬가지다. 너희는 단지 추측할 수만 있을 뿐, [알지는] 못한다.

내가 말해주려고 애쓰는 것에 대해 조금씩 감을 잡기 시작하는 것은 오직 내가 이야기한 모든 것을 너희가 — 몸소 — 경험해본 다음부터만일 것이다. 그러니 나의 **편지**를 읽는 누구도 그것을 두고 다른 사람과 논쟁을 하거나 내가 가르치는 것의 진실성을 부정하거나 내 말에 이의를 제기하지 못하게 하라. 내 진실로 말하노니, 너희가 스스로 경험해보지 않은 것은 온전히 알 수 없기 때문이다.

나를 믿고 받아들이고 날마다 명상하여 의식을 정화하며 나를 따름
으로써 깨달음을 열렬히 간구하는 이만이 마침내, 창조물이 몸소 다
가갈 수 있는 그것을 — [신성의식]에 대한 갈수록 뚜렷해지는 일별을
— 그리하여 경험을 — 얻게 될 것이다.

너희는 우주의식과 신성의식의 차이가 뭐냐고 물을지도 모른다.

[우주의식]은 평형상태와 독자적인 에너지 상태로 있기 때문에 아
무도 들어가거나 가까이 갈 수 없는, [공간의 우주적 영역]이다.

[신성의식]은 [빅뱅]의 순간에 창조의 작용이자, 동시에 그 질료가
되기 위해 풀려났던, [우주의식] 속의 원초적 쌍둥이 추동력의 재합
일이다.

이 [추동력]은 폭발적으로 분열하여 결국은 서로를 구속하는 상태
로 다시 만났다. 그들은 또 피조세계에서 에너지로 나타나서 독자
적으로 영원히 작용하도록, 혹은 평형상태에서 함께 서로를 구속하
고 있도록 운명지어져 있다. 과학이 지나갈 수 있는 영역은 오직 이
[신성의식]의 영역이다.

다음 말들이 아마도 이것을 더 확실히 설명해줄 것이다.

우주적 쌍둥이 추동력의

화현인

우주의식

서로를 구속하고 있는

창조의지의 추동력과　　그 자신을 경험하고자 하는 목적의 추동력

지성　　　　　　　　　　　사랑

지성을 지닌 의지의 추동력

평형상태

사랑 넘치는 목적의 추동력

[우주의식]을 지적인 언어로 아무리 설명해도 너희는 그 권능의 지고
한 장려함이나, 너희 세계 너머의 색깔과 소리에 담긴 아름다움과 기
쁨과 조화와 황홀함을 한 방울도 맛볼 수 없을 것이다. 진정한 잠재
능력에 대한 자각의 환희를, 그것을 이루려고 발버둥치지도 않고
경험하고 방사하는 것은 — 개인의 완성을 이루는 경이로운 환희를
'손가락 끝도 까닥하지 않고' 경험하고 방사하는 것은 — [우주의식]
의 평형상태의 관문, 바로 경계에까지 의식의 진동주파수가 상승한
우리만이 할 수 있다.

개인의 완성이라는 말은 비유적인 표현이다. 왜냐하면 나는 개체성을
존속시키고는 있으나 오직 **의식** 속에서만 활동하며 더 이상 그 어떤
식으로도 육체 차원에 있지 않고, 십자가에서 죽은 이후 다른 차원계
에서 영적으로 계속 상승해온 이래로도 쭉 그러했기 때문이다.

너희는 평형상태 속에 어떻게 그처럼 엄청난 [우주적 추동력]이 있을 수 있을까 하고 의아해할지도 모른다. 결합하고 양육하는 [사랑의 추동력]이 창조적이고 활동적인 [의지]를 붙잡아 묶어 통제함으로써 이 힘들은 동등한 힘으로 서로를 구속하는 상태에 있다.

나로서는 이 현상을 단순한 말로 다음처럼 설명할 수 있을 뿐이다.

손가락 끝이 다른 손의 손목에 닿도록 양 손바닥을 서로 마주 대고, 두 손을 일자로 편 상태를 유지한 채로 손바닥이 떨어지게 하려고 애써보라. 그러면 '평형상태'나 '서로를 구속하는' 상태가 어떤 것인지 감을 잡을 수 있을 것이다.

그뿐 아니라, 너희에게는 양손이 하나의 물리적 현상을 표현하고 있는 것처럼 보이지만 사실은 너희의 두뇌에서 방사되는 [추동력(Impulse)]을 표현하고 있고, 그것에 지배받고 있다는 사실을 깨달아야 한다. 게다가 너희의 두뇌는 의식의 생각들 — 추동력들 — 을 표현하는 수단인지도 모른다. 하지만 사실 [추동력]이야말로 모든 종류의 모든 움직임의 실체다. 그런 추동력을 표현하는 도구일 뿐인 육신의 두뇌는 움직임의 실체가 아니다.

나는 너희에게 단지 [우주의식]에 대한 지적인 설명을 해주었을 뿐이다. 그 실체가 품고 있는 권능과 그 장엄함과 환희와 황홀과 지극한 자족의 경지와 평화와 조화를 내가 너희에게 어떻게 다 묘사해줄 수 있겠는가?

이 [광대무변한 의식]으로부터 온 우주가 생명과 형체를 얻었음을 명상하여 깨달을 수 있다고 할지라도 너희는 [우주의식]의 그 광대하고 헤아릴 수 없고 환희로운 실체를 한 알의 티끌만큼도 알 수가 없다.

에고는 왜 그와 같이 작용하는지, 창조물들은 왜 그런 충동을 느끼는지 등, 창조의 본질을 온전히 이해하려면 [우주의식]의 [본질]과 [품성]은 [찬란히 빛나는 환희-충만-행복]임을 이해해야만 한다.

[이것이 내가 '너희 안 — 너희 영혼 속 — 너희 심령의 가장 깊은 속 — 의 천국'이라고 말했던 그것이다.] 그것은 너희 영혼의 빛과 에고의 그림자 자아 사이의 중간지점이다.

이 영광스럽고 아름답고 행복하고 조화로운 초월적 존재 상태로 돌아가는 것이야말로 너희 영혼의 가장 깊은 열망이다!

심령(psyche)을 통해 [에고]로 하여금 너희를 위하여 주변 환경을 통제하게끔 재촉하는 것은 바로 이 지칠 줄 모르는 열망, 평형상태와 평화와 환희와 조화에 대한 무의식 속에 내장된 기억이다. 그것의 일관된 목적은 너희의 영혼과 존재와 형체의 근원인 본래의 영광스러운 황홀경으로 너희를 다시 데려가는 것이다.

그러나 에고는 오직 자기磁氣적/감정적 '결합-배척' 추동력의 수단으로밖에 너희가 원하는 기쁨과 즐거움을 가져다줄 수 없다. 이 추동력들은 너희에게 개체성을 부여하기 위한, 물질화된 추동력에 지나지 않는다.

그러므로 [존재의 근원]과 하나가 되고자 하는 내재된 열망은 이전에 너희에게 즐김직한 느낌을 주었던 그것을 '좀더, 좀더, 좀더' 하는 생각과 느낌의 전자기적 변수 속에서만 경험된다. 더 많은 친구들, 더 큰 집, 더 좋은 자동차와 옷.. 하는 느낌 말이다. '더 많은' 것이 이뤄질 때마다 약간의 만족이 반짝 하지만 — 아마도 행복감을 높이기 위해 이웃에게 보여주는 표정(그들보다 우월해질 때 한 번 더 반짝하는)이겠지만 — 그 새로움은 이내 사그라져서 새로운 소유물은 속된 것이 되고 감각은 다시 시들어서(평형상태로) 지겨운 느낌이 마음에 자리 잡아, 반복적인 일과가 따분하고 재미없어진다. 에고는 거기에 흥분과 쾌락으로 활기를 불어넣기 위해 성취할 또 다른 목표를 찾아낸다. 그리하여 인생은 온갖 종류의 개인적 만족을 좇는 끝없는 각축장이 되고, 거기에는 불만족하고 허기진 채 여전히 '더 많은' 것을 갈구하는 감춰진 영혼만이 남아 있다. 너희는 필사적으로 이렇게 묻는다. — 그런데 내 가장 깊은 곳의 자아가 갈구하고 있는 건 대체 무엇일까?

그 공허감과 '이전에 날 행복하게 해줬던 것을 더 많이' 가지려는 끝없는 내적 갈구의 진정한 근원을 마침내 이해하고 [자신을 존재하게 한 '그것']에 접속하기 위해 명상을 시작하면 인간의 의식 속으로 신성한 평형상태가 한 방울 스며들어온다. 공허감이 물러나기 시작한다.

그런 사람이 [영원하고] 진정한 삶의 목표를 마침내 제대로 깨달으면 더 많은 것에 대한 갈구는 드디어 자연사를 맞이할 것이다. '더 많은' 소유물에 대한 욕망은 이미 가지고 있는 것에 대한 감사와 변함없는 만족감으로 서서히 대치된다. 일상생활 속에서 [신성의식]의 기적적인 중재나 작용을 경험하면 인간의 의식은 크게 고양되고, 자신의 일용할 것들이 최선의 방식으로 충족된다는 사실을 깨우친다. 갈수록 믿음은 깊어지고 기쁨은 커진다.

내가, 너희가 원하고 필요로 하는 것들을 너희 수중으로 끌어오는 긍정적 사고를 가르치러 온 것이 아니라고 말했던 이유가 바로 이것이다. 나는 오로지 너희를 천국으로 다시 돌아가도록 인도하러 왔다.

하지만 너희의 영혼이 그 낮은 곳의 은밀한 거처에 발 묶여 있는 이유는 더 많은 소유물을 욕망하기 위한 것뿐만이 아니다. 에고는 너희의 개체성과 사생활과 안전을 확보하기 위해 '척력-배척'의 자기적, 감정적 욕구도 사용한다. 이 추동력은 너희에게 우월감과 엘리트 의식을 느끼게 해주기 위해, 혹은 너희가 탐탁지 않게 여기거나 너희보다 사회적 지위가 낮은 사람들로부터 너희를 보호하기 위해 온갖 형태를 다 띠고 나타난다. 이 에고의 욕구는 지속적으로 훈습되고, 심지어 교회까지도 그것을 너무나 당연한 것으로 여겼다. 진실을 말하자면, 영혼이 에고의 욕구를 조금이나마 제어할 힘을 얻기 시작한다면 그것은 이기적이고 배타적인 인간의 인격을 꾸짖을 것이다. 영혼은 마음으로 하여금 조건 없는 사랑을 받아들이고, 누구든 상관하지 않고 모든 사람의 일체성과 보편성을 믿도록 촉구할 것이다.

아마 이제는 너희도 에고를 매개로 한 개체성의 창조가 어떻게, 왜 커다란 '물리적 추동력'의 캡슐을 형성시켜서 너희의 인간적 의식을 만들어내고 그 안에 가두었는지를 — 그리하여 너희의 물리적 형체와 인간적 인격을 만들어냈는지를 — 좀더 쉽게 이해할 수 있으리라. 그 것은 너희의 마음과 감정과 생각과 느낌을 지배하고 있으면서 너희가 **너희 [생명의 근원]**과 **[영혼]**을 접촉하지 못하도록 가로막는다.

너희 삶의 [진정한 목적]은, [너희가 창조의 배후에 있는 것으로 느끼는 그것]에 생각과 느낌으로써 가닿아 깨닫기를 끊임없이 간구함으로써 너희 에고에 대한 완전한 통제권을 얻는 것이다.

이것이 한 사람이 [신성]을 만나고, 그다음에는 에고의 욕구를 끊임없이 씻어냄으로써 앞으로 나아가는 그런 영광스러운 순간을 맞이하기 위해 밟아야 하는 첫걸음이다. 그리하여 그로부터 너희 영혼이 태어나고 그 개체성을 얻었던 바로 그 '천국의 상태'로 다시 들어가기 위해서 말이다.

이 [창조]와 [개체성]은 어떻게 일어나고 생겨난 것일까?

앞서 말했듯이, **[우주의식]**은 서로 간의 구속이 극에 이르러 폭발이 일어나면서

***

[사랑 넘치는 목적의 추동력]으로부터 [창조적 의지의 추동력]을
떼어놓았고, 그것은 따로 떨어져 나와 창조물 속에서
전기 : 자기 '결합-배척'으로 보이는
아버지 지성 : 어머니 사랑으로서
작용하게 되었다.

!

생명

!

평형상태 속에서
[신성의식]으로서
재합일한

!

[생명]

그러므로 가시적인 세계란 견고하고 계량가능한 '물질'과는 거리가 멀
고, 사실은:

언제나 감정적/자기적 결합-배척 — '끌어당김-결합'(attractionbonding)으로도 알려진 — 과 연계하여 일하는 마음/활동이다.

아버지 지성: 물리적 전기
그리고
어머니 사랑: 물리적 자기적 '결합-배척'
둘이 함께 아이 — [에고] — 를 낳았다.

!

이 [개체성]의 [추동력]은

창조 에너지 속에서 태어나서 변함없는 일관적 형태를 취했다. 과학이 흥분 속에서 발견해낸 양성자와 전자와 그 밖의 '입자군##' 등으로 표현되는 다양한 전기력이 먼 '무형상의 차원' 속으로 증발해버리지 않고 어머니 사랑의 자기적 '결합-배척' [추동력]에 의해 구속되고 통제받아서 현상화한 형체를 만들어내게끔 말이다.

과학은 '결합 에너지'에 온갖 용어를 다 갖다 붙이면서 다양한 '결합 과정'을 설명하려고 무진 애를 써왔기 때문에 앞의 말에 반론을 가할지도 모른다.

과학은 '결합 에너지, 혹은 끌어당기는 에너지'를 어떤 이름으로 부르든 다 환영한다. 그러나 이 에너지들이 원초의 장대한 [어머니 사랑의 추동력] — 그 [원초적 의식]의 기능은 개체성에 형체를 부여하는 것인 - 으로부터 형태를 취했다는 사실은 변함없다.

'아버지 지성적 생명'의 [추동력]은 창조물에 전기적 힘을 부여한다.

'어머니 사랑 넘치는 목적성'의 [추동력]은 전기력을 구속하여 개체
성 안에서 통제되게끔 하기 위해 '결합력'을 부여한다.
'어머니 사랑 넘치는 목적성'의 [추동력]은 개체성이 살아남도록 '척
력-배척'의 추동력을 부여해준다.

이것이 창조의 과정이다.

과학은 오직 구경꾼으로서만 창조물에 접근할 수 있다. 과학의 사절
使節은 인간이어서 자신의 삶을 몸소 경험하지만, 인간의 마음은 오직
창조된 것을 관찰할 줄밖에 모른다. 인간의 마음은 '물질'의 내부와 가
장 밑바탕의 에너지 장 속에 숨겨져 있는 창조의 내밀한 과정 속으로
들어가지 못한다.

과학은 결코 개체적 형체의 창조를 제어하는 에너지들이 생겨나게 하
는 [미지의 동인]이 무엇인지를 꼭 집어내지 못할 것이다.

과학이 창조에 관해서 하는 말은 개체로서의 너희에게는 별 의미가
없다.

과학은 너희의 생활방식이나 건강이나 환경이나 개인적 느낌이나 성

취에 티끌만큼의 변화도 가져다주지 못할 것이다.

너희가 알아야 할 것은 — 그리고 내가 특별히 와서 말해주고자 하는 것은 — 너희가 개체성을 유지하며 생존하도록, 그리고 모든 창조물의 [생명]의 기원인 그 기쁨과 행복으로 돌아가고자 하는 너희 안에 내재된 열망을 이루도록, [에고]가 너희에게 부여했던 이기적인 **소유-보호 욕구**를 벗어나는 방법이다.

이것은 너희에게 내가 왜 애초에 지상에 왔으며 또 이 시대에 너희에게 와서 과학자들이 한 적이 없는 일 — 너희 영혼이 에고의 욕구의 감옥을 나와서 잉태의 순간에 너희와 모든 인류에게 주입되었던 '아버지-어머니-의식-생명'을 그대로 꽃피워줄 '생각-감정-삶'의 새로운 프로그램을 시작하도록 돕는 일 — 을 하려고 하는지, 그 이유를 알려준다.

에고 자체가 활동성-창조성의 전기적 힘과 '결합-배척'의 감정적 자기적 추동력을 보유하고 있으므로 그 생각과 느낌과 작용에 의해 '에고의 욕구'로부터 나온 것은 무엇이든지 물리적 전자기적 생명으로 충전되어 있고, 그것은 그것을 닮은 생명체를 복제해내고, 결국 그 에고-창조자의 삶 속에 물질적으로 화현할 것이다.

이 창조된 형체들은 결국 경험으로 화현하기만 하는 것이 아니라 그 창조자의 신체 시스템을 교란시키기도 해서, 신체적 불편이나 감염이나 병의 근원이 된다.

그러니 영혼이 그것을 가두고 있던 인간 의식을 빠져나오는 것은 큰 기쁨의 원천이다. 상승하는 영적 의식은 그 의식 속에 깃들어 있는 조화롭고 생명 넘치는 분위기를 조성해낼 것이기 때문이다. 그에 반해 인간의 의식이 에고의 손아귀에 멋대로 휘둘려서 삶의 경험과 신체적 상태 자체에 문제와 고난과 혼란을 일으키는 것은 슬픔의 근원이다.

그러니 나는 너희에게 말한다: 너희 세상이 마음에 들지 않는다면 너희가 있는 바로 그 자리에서 너희 '존재의 조건'을 바꿔놓을 수 있는 힘이 너희에게 있다. — 너희가 믿음과, 그렇게 할 일관된 의지만 가지고 있다면 말이다.

너희의 주목을 끌기 위해 이것을 다른 방식으로 되풀이해서 말하겠다:

현재 수준의 인간의 기능과 생각을 계속 이어간다면 너희는 현재 수준의 인간 존재만을 경험하게 될 뿐이다.

너희는 구차한 생계를 위해 뼈빠지게 일하고, 궁핍과 불건강과 중독과, 두려워 힘을 잃고 꼼짝없이 온갖 종류의 악의적인 공격을 당하는 등 온갖 문제에 부딪혀서도 속수무책이 될 것이다. 너희는 그것을 변화시킬 방법을 이해하게 될 때까지 현재의 짐을 지고 가야 할 것이다.

이것은 너희의 생각과 감정 — **너희의 전기적, 자기적 추동력** — 너희 미래 경험의 청사진 — 을 다스림으로써 너희 삶의 통제력을 획득

할 수 있는, 전에 없었던 황금 같은 기회다.

너희는 너희가 사용하는 그릇들을 날마다 흙으로 빚어내는 도공과도 같기 때문이다.

[의식]이 흙, ― 너희가 삶을 빚어내는 재료 ― 그리고 거기에 관련된 모든 조건이다. 오로지 너희만이 너희 삶을 너희가 경험하는 형태로 빚어낸다.

너희는 너희의 생각으로써 자신의 미래를 바꿔놓을 수 있다. 단지 나의 말을 유념하기만 하면, 너희의 진정한 근원을 이해하기만 하면, 그것을 믿고 이 지식을 일상 속에 적용하기만 하면 말이다.

너희는 주변 환경과 집과 가족과 직장과 어울리는 사람들과, 심지어는 식물과 동물과 기후에까지도 영향을 미칠 수 있다.

마음속에 굳건히 품고 있는 것은 무엇이든 외부의 현실로 나타난다.

그러니 내가 가르쳐주고 있는 모든 것을 온전히 이해하는 것이 너희의 영적, 개인적 발전을 위해 매우 중요하다.

너희에게 제시된 이 편지를 이해하기가 너무 어렵다고 생각하여 행복을 찾는 좀더 쉬운 길로 건너가버리지 말라.

나를 믿으라. 너희가 찾고 있는 평형상태와 행복을 더 쉽게 찾을 수 있는 [진정한] 길은 없다. 왜냐하면 나의 말은 너희가 그것을 가지고 너희 삶을 일으켜 세우거나 파괴하고 있는, [존재의 우주적 진실]과 [생명]을 설명해주고 있기 때문이다.

동시에 장담하노니, 너희는 과거에 자신이 [왜], 그리고 [어떻게] 파괴적이고 부정적인 상황을 만들어내고 있었는지를 깨닫기 전까지는 결코 자신을 위해 새로운 상황을 만들어내지 못할 것이다.

너희가 현재 경험하고 있는 모든 것은 과거의 생각과 말과 행동으로써 촉발시켜 지어낸 것이다. 그러니 현재의 상황을 한탄하지 말라. 현재 상황의 원인이 되는 모든 것은 너희 자신이 저지른 짓이니까.

그러니 현명해지라. 그리고 이 편지를 읽어서, 여태껏 너희 삶을 망치도록 (이전의 무지로써) 스스로 사용해온 방법들을 깨닫는 데에 너희의 모든 힘과 의지를 바치라.

그리고 너희의 의식을 정화하는 데 필요한 모든 조치를 행하라.

너희는 물을 것이다: 의식을 왜 정화해야 합니까?

말하노니, — [너희도] 먼저 쟁기로 밭을 갈아 흙을 잘게 부수고 비료를 뿌린 다음이 아니면 결코 옥수수를 심지 않는다. 농사법을 몰라서 딱딱하고 잡초가 우거진 땅에 비료도 안 뿌리고 옥수수를 심을 수도 있겠지만 너희의 수확은 보잘것없을 것이다. 너희가 속세의 자기중심적인 생각 속을 헤매면서 자신의 인간적인 지식과 힘과 의지에 전적으로 의지해서 살아간다면 마찬가지로 너희의 수확은 보잘것없을 것이다. 너희는 너희 자신의 모든 행위에 의해 한정된다. 그리고 너희는 부지불식간에 너희 노력의 수확을 한정하는 바로 그 조건을 스스로 일궈낸다.

너희가 진정 어디서 왔는지를 깨닫는 순간,

　너희 삶의 낱낱의 일을 성취하기 위해 의지할 권능을 찾으라.

　　그리고 잡초를 뽑는 급한 일부터 하라.

　　　그렇게 너희 의식의 토양을 정화하면

　　　　너희 나날의 경험과 활동 속에 스며들어 번영을 가져다줄

　　　　　[권능]을 얻을 것이다.

너희는 [권능]이란 곧 너희의 비료라고 말할지 몰라도, 그것은 완전히 부정확하고 틀린 말이다.

비료는 식물의 양식인 생명 없는 화합물이다. ― 이에 반해 너희가 나날의 명상을 통해 얻어낼 수 있는 [권능]은 너희가 지금 믿고 있는 바

를 까마득히 초월하여 너희의 온 존재, 너희의 삶, 심지어는 식물과 너희 집의 벽돌과 너희가 사용하는 장비들에 활기를 불어넣어주는 [생명]이다. 이 진실을 체화하는 데 자신의 모든 의지력을 쏟은 사람들은 자신의 삶에서 부인할 수 없는 결과를 목격하고, 그 '목격'이 그들의 믿음과 결심을 더욱더 확고해지게 한다. 그리하여 그들은 축복의 순환 사이클로 들어선다. 그들은 이처럼 영적, 세속적 조화 속에서 살 수 있는데도 다른 사람들은 어떻게 이 진실을 거부하고 그 바깥에 남아 있기를 선택할 수 있는지를 못내 의아해한다.

다음의 이야기를 귀담아듣고 그것을 숙고하고 명상할 준비를 갖추면 *너희는 태초로부터 감춰져 있던 그것을 이해하기 시작하게 될 것이다.*

[의식의 정화]

정신적/감정적 정화라는 필요불가결한 모든 작업을 하는 동안 [**너희와 모든 세계를 눈에 보이는 존재로 만들어준 그것**]을 묘사하는 다음 페이지의 내 말들을 이용하여 [그것의] 강력한 [신성의식]에 대한 자각과 접촉을 쌓아가라. 그 접촉으로부터 정화를 더욱 빠르게 이룰 수 있는 영감과 힘이 나온다. 정화가 일어나는 동안 너희는 삶의 구석구석에서 새롭게 발견되는 행복과 충만감을 경험할 것이다.

너희는 또 명상 중에, 혹은 평온한 마음으로 어떤 세속적인 문제에 대해 생각하고 있는 중에 영감으로, 혹은 마음속에 빛줄기가 비쳐들듯이, 일상생활에 관한 지침들을 얻게 될 것이다. 이 지침들을 하찮은 것으로 여기거나 무시해버리지 않고 잘 ― 신심을 가지고 용의주도하게 ― 따른다면 너희는 결국 자신의 환경 속에서 창조적 발상을 심고 수확하는 성공인이 될 첫 단계를 밟게 될 것이다. 너희와 관계된 모든 일들이 꽃을 활짝 피우고 풍성한 열매를 맺을 것이다. 모든 것이 새로워진 삶으로써 너희에게 응답하고 축복을 가져다줄 것이다.

흔들림 없는 헌신으로써 날마다 명상하기를 게을리하지 않으면 너희는 마침내 *[너희에게 존재를 부여한 그것]*이 응답하여 너희 안으로 흘러듦을 느끼기 시작할 것이며, 너희가 사용하는 말들은 새로운 의미를 갖게 될 것이다. 그 말들에는 *[우주적 생명]*이 담겨 있을 것이다.

그러면 너희는 권능이 너희 마음과 삶 속에 살아서 작용하고 있음을 *[알게]* 될 것이므로 항상 기쁨에 차서 너무나 흥거워할 것이다.

너희는 자신의 일들 속에서 드러나기 시작하는 권능을 점점 더 확신하고 거기에 모든 것을 내맡기게 될 것이다. **다른 사람들이 그것을 알아차리고 그에 대해 물어오게 될 것이므로 너희는 다른 이들도 너희의 축복받은 조화로운 경지로 이끌어주기를 원하게 될 것이다. 그뿐 아니라 너희는 새로운 종류의 형제애를 경험하면서, 너희를 행복하게 하는 그것을 다른 이들과 나누고 싶어하게 될 것이다.**

이 진실, 명상의 이 필요성은 아무리 강조해도 지나치지 않다. 너무나 많은 사람들이 자신의 의식을 온전히 정화하여 [우주의식] ― 너희 존재의 근원과 완벽하게 만나기 위해 필요한 내적 정화의 상태에 도달하기도 전에 날마다 진실을 추구하고 경청하는 수행을 포기해버리기 때문이다.

마침내 너희가 우주의식을 접하게 되면 기적처럼 보이는 일들이 일어난다! 이것은 너희의 영혼과 몸과 마음과 가슴과 환경 속에서 **우주적 권능**이 형체를 띠고 드러나기 시작하는 시발점이다.

내가 진실로 너희에게 말하노니 — 나의 말을 무조건 믿어도 좋다 — 이것을 꾸준히 행하기만 하면 우주의식과의 접촉을 실제로 느끼고, 만남이 이루어졌음을 알게 되는 순간이 올 것이다.

그러면 너희는 영적/인간적 발전에 가장 중요한 순간에 이른 것이다!

너무나 많은 영혼들이 몇 시간 동안 고양되고 환희에 찬 체험을 하지만 그다음 순간 나날의 걱정거리들이 마음에 끼어들고, 그러면 그들은 그 체험을 머리로만 받아들이고 넘겨버린다. 그것을 인간적인 관점으로 해석하고 지나쳐버리는 것이다.

그러지 말라. — 그러면 너희에게 주어진 것을 잃어버리는 것이다!

그러면 너희의 영적 발전은 크게 지연될 것이다.

이 글을 읽고 그것을 믿기를 저어하거나, 아니면 그것이 어리석은 짓이라고 믿거나, 그런 것을 믿는 것이 위신이 서지 않는 일이라고 느낀다면 너희는 너희가 이 편지에 대해 애초에 가졌을지도 모르는 모든 긍정적인 반응을 상쇄시키는 창조물을 의식 속에 만들어내고 있는 것이다.

그러니 말하건대, 너희의 믿음의 순간을 소중히 여기라. **[너희에게 존재를 부여한 '그것']**을 만난 특별한 시간을 소중히 간직하라. 그것을 믿으라. 그것을 의식 속에 단단히 품고 있으면 너희는 '영적' 의식의 높은 경지 ― 크나큰 환희와 통찰 ― 를 향해 서서히 나아가게 될 것이다.

다시금 말하노니, 이 편지를 구석에 밀쳐두지 말라. 이 편지를 늘 마음에 품고 그 말들을 수시로 상기할 필요성에 대해서는 아무리 강조해도 지나치지 않다. 그 내용이 기억나지 않는다면 다시 돌아와 다시금 다시금, 또 다시금 읽어보라. 그것이 너희 의식 속에 완전히 스며들 때까지.

날마다 그에 대해 명상할수록 그것은 너희의 마음속에서 더욱 분명해지고 더욱더 깊은 의미를 지니게 될 것이다. 너희는 결국 그것이 마치 물과 음식과 같아서 너희의 현 상황을 더 조화롭고 더 크게 성장한, 풍요롭고 평화로운 상태로 바꿔놓을 수 있도록 너희의 각오와 사기를 북돋아준다는 것을 깨닫게 될 것이다.

'너희에게 존재를 부여한 그것'의 무한함은 너희가 꿈꾸고 상상할 수 있는 현재의 능력을 넘어선 빛나고 환희롭고 황홀한 권능임을 깨닫게 될 때, 크나큰 영감과 희열이 너희의 것이 될 것이다. ─ 그것은 현실이다.

[그것]은 [존재의 근원]이다. ─ 너희가 살아 있는 자연의 세계에서 보는 모든 것, 그리고 너희가 현재 거주하고 있는 세계 너머의 무수한 존재차원의 모든 것의 [근원] 말이다.

우주의식을 너희 마음과 너희 자신과 너희 존재의 모든 단면 속으로 충만하게 받아들이면 너희는 엄청난 변화를 목격하기 시작하게 될 것이다. 너희는 억눌리고 불행했던 시절을 되돌아보고 너희 삶의 제약들이 점차 깊어지는 축복 속으로 녹아드는 것을 목격할 것이다. 그것은 너희 삶 속에서 늘 이어지는 과정이 된다.

선한 가슴을 지니라. ─ 이 편지를 매개로 [너희]와 세상에게 가 닿고 있는 것은 진실로 나, 그리스도이다.

너희의 사고를 더 높은 의식수준으로 올리기 위해, 나는 너희가 첫 페이지에 언급된 부정적 성향들을 제거하여 의식을 고양시킬 때 얻을 수 있는 이로움을 묘사했다. 내가 의도적으로 사용한 이 방식이 너희의 마음에 특별히 각인되기를 바라마지 않는다.

나는 오로지 지금 너희의 마음을 좌지우지하고 있는 에고의 바람직하지 못한 생각과 감정들을 제거하도록 돕기 위하여 온 것임을 너희가 온전히 깨닫기를 바란다. 나는 또한 특히 너희가 사랑에 바탕을 둔 모든 생각과 감정을 마음과 가슴 속에 일궈내어 우주의식과 조화를 이루도록 너희를 부추기고 '돕기' 위해 — 그렇다, 너희를 '돕기' 위하여 — 여기에 있다. 너희가 현재 머물고 있는 존재의 우울한 그늘 밑으로부터, 에고의 욕망을 정복하고 영혼과 '아버지-어머니-생명'과 하나가 되어 만유에 대한 조건 없는 사랑의 조화 속으로 옮겨올 때 기다리고 있을 영적 깨달음의 '햇볕' 속으로 너희를 데려나오는 것이 나의 가장 간절하고 사랑에 찬 소망이다.

그러니 내가 첫째 페이지에서 열거했던 부정적인 성향들을 다시 되풀이하여 열거하겠다. 이것을 천천히 읽어보는 동안 자신의 반응과 느낌을 잘 살펴보기를 바란다. 비판, 빈정거림, 심판, 배척, 모욕, 적의, 불관용, 증오, 질투, 공격, 파괴적 충동, 도둑질, 거짓, 속임수, 모함 —

자신의 의식의 일부로 여겨지는 이런 것들을 어떻게 하면 뽑아내기에 착수할 수 있을까?

이런 것들을 대면하기를 너무 수치스러워하지 말라. 너희는 인간이어서 에고의 이런 성질의 영향하에 태어났다. 그러니 이런 것을 대면하여 지나치게 두려워하거나 풀이 죽지 말라. 너희의 모든 정직성을 총동원하여 그 첫 번째 단계로서 그것들을 적어 내려가라.

두 번째 단계는 바닥에 누워서 그 종이를 가슴에다 올려놓는 것이다. 눈을 감고 생각 속에서 **너희 존재의 근원인 신성한 실재**에 가닿으

라. 이제 너희는 그것이 너희의 사랑 넘치는 어버이 — 너희의 '영적인 아버지-어머니' — 임을 깨달아야 한다. 그것은 한정도 변함도 없이 늘 빛나는 [부모의 무조건적 사랑]이다.

자신의 의식 너머로 움직여가고 있는 것이 느껴질 때까지, 시간을 두고 마음을 고요히 가라앉히라.

그리고 완전한 믿음으로써 앞으로의 나날에 그릇되고 불필요한 에고의 배척 욕구를 제거하고 해소하여 극복하도록 도와주기를 간구하고, 즉각적인 응답을 기대하라. 너희는 의식 속에서 영위하고 있으니.

너희의 '영적 아버지', 곧 '신성한 실재' — 또한 그러므로 너희 자신 — 에게, 더 이상 이 에고의 부정성이 의식 속에 남아 있기를 너희가 바라지 않음을 느낌 속에서 분명히 전하라. 오늘로부터 그것을 피하고 부정하려는 모든 노력에 영감과 힘을 달라고 간구하라.

이 같은 행동절차를 따름으로써 너희는 이제부터 현재의식 속으로 스며들어서 그것을 점령하기 시작할 [새로운 의식체]를 만들어내고 있는 것이다.

[너희의 의도]는
이제 너희의 현실이 된다.

종이에 적어서 너희의 '영적 아버지'에게로 가져간 이전의 부정적 성향들은 이제 너희 의식의 거부구역에 있다. 이 의식적 거부는 거부된 성향들로부터 일어날 수 있는 모든 충동을 버리기를 잊지 않고자 하는 너희의 결심을 강화하도록 도와줄 신성한 권능을 너희 의식 속으로 끌어오는 방법이기도 하다.

그러니 너희도 어쩌면 알 수 있을 테지만, 내맡김과 명상은 보이지 않는 작용이 의식 속에서 촉발되게 했다. 훗날 에고의 성향들이 어느새 사라져버렸다는 사실을 깨닫게 될 때까지는 알아차리지 못할지도 모르지만 말이다.

종이에 적은 성향들을 가지고 몇 번 명상하기를 간절히 촉구한다. 그렇게 할 때마다 너희는 바람직하지 못한 의식체와 힘을 제거하고 극복하는 목적에 '아버지-어머니-의식 생명'의 권능이 더욱 주입되게끔 하는 것이다.

그것이 해체되고 나면 그것들은 더 이상 이전에 너희를 괴롭히던 부정적이고 불행한 그늘을 너희의 삶 속으로 끌고 들어오지 않을 것이다. 너희는 자유를 향한 높은 길을 가고 있게 될 것이다.

이렇게 나아갈수록 너희는 마음과 가슴 속에서 이전에는 그릇된 것으로 보이지 않던 사소한 의식의 허물을 알아차릴 수 있게 될 것이다. 그럴 때마다 다시 그것을 종이에 적어서 전적인 믿음으로써 '영적 아버지'에게로 데려가는 동일한 절차를 행해야 한다.

너희의 의식을 새로이 지어 올리는 이 일을 마치기 위해 해야 할 일이 하나 더 있다.

비판, 빈정거림, 심판, 배척, 모욕, 적의, 불관용, 증오, 질투, 공격, 파괴적 충동, 도둑질, 거짓, 속임수, 모함 대신에 ―

너희가 장차 지니고자 ― 그리고 표현하고자 ― 하는 **신성의식**의 황금과 같은 품성을 종이에 적어야 한다. 그런 품성들의 아름답게 빛나는 느낌을 표현하도록 가능하다면 금색 글씨로 쓰라.

'*신성한 실재*' ― 너희의 '*영적 아버지*' ― 와 완벽한 조화를 이루기 위하여 각각의 품성은 조건 없는 사랑 위에 기초할 것이며 다른 이들에게도 최고의 선을 북돋울 것이다.

너희는 더 이상 자신이 더 확신 있고 위대하다고 느끼기 위해 남들을 낮추려고 애쓰지 않을 것이기 때문이다. 너희는 타인들을 긍정하고 모든 것을 너희의 궤도 안에 지어 올리는 데에 의식을 온통 기울이게 될 것이다. 너희는 영양을 주어 양육하고 가르치고 보호하고 유지하여 타인들의 요구를 충족시켜주기를 애쓸 것이고 무심한 행위들이 일으키는 혼돈으로부터 사랑 넘치는 질서를 이룩하기를 애쓰게 될 것이다.

너희의 황금빛 열망을 종이에 적었으면 다시 누워서 너희의 '**신성한 실재**'를 향해 아름다운 추동력 ― **신성의 본성** ― 이 너희 마음과 가슴을 통해 점차 퍼져서 그것이 너희 자신의 의식이 되기를 간구하라.

이런 일이 일어날 때 너희의 영혼은 마치 경이로운 큰 세계로 나가서 — 새끼와의 재회를 참을성 있게 기다리고 있는 — 어미닭과 함께하기 위해 알껍질을 쪼고 또 쪼는 병아리와 같을 것이다. 나나, 그리스도가 된 다른 모든 영혼들의 입장도 다 어미닭과 같다. 우리는 제 영혼이 공허한 원인을 밝혀내기를 열망하여 세속적인 집착을 초월하기를 가슴으로 맹세한 이들, 삶의 더 높은 목적에 마음이 이끌린 이들, 자신의 영혼과 자신의 [존재의 신성한 근원]과 완벽히 하나가 되기를 열망하는 그런 이들을 지켜보면서 기다리고, 돕는다. 우리는 이 영적 여행자들이 상상하는 것보다 훨씬 더 깊은 사랑으로써, 그들을 만나기를 갈망한다. 그러니까 우리는 바로 이 편지를 읽고 있는 너희를 만나게 되기를 사랑으로써 갈구하고 있다는 말이다.

존재의 근원과 다시 하나가 될 때, 너희는 지상의 진정한 목적을 성취한 것이다. 너희는 너희의 영원하고 진정한 사명을 이루게 될 것이다. 그리고 이제부터 — 너희의 [진정한 삶]이 펼쳐지게 하라! 너희는 천국에 들어서 있을 것이다!

너희가 새로운 의식을 위해 어떤 품성을 적어야 할지를 내가 말해주지는 않겠다. — 이것은 너희의 현재의, 지고지선의 인식으로부터 나와야만 한다. 내가 광야에서 그토록 확연히 보고 첫 번째 편지에서 묘사했던 신성의식의 신성한 본성을 다시 살펴보라.

이 신성한 본성이 너희 자신의 본성이 되게 하라.

너희가 진정한 마음으로 이 여정을 나설 때, 그 모든 순간을 내가 너희 곁에서 함께하리라는 사실을 너희가 알기 바란다. 내가 너희와 함께하면서 너희의 *'신성한 실재'*와 하나가 되고자 하는 너희의 추구에 힘을 보내며 후원하고 있음을 너희가 알게 되는 것이야말로 나의 가장 깊고 간절한 소망이다.

['기독교'에 대하여]

이제부터는 좀더 세속적인 문제에 대해 이야기하고자 하니 다음 페이지들을 읽는 동안 너희의 안온한 기분이나 느낌에 어떤 변화가 일어나는지를 잘 살펴보기 바란다.

이것도 너희의 생각이 변화하고 새로운 언어를 접하는 동안에 너희의 의식에 어떤 일이 일어나는지를 알아차리기 위한 하나의 훈련이다.

너희가 기독교 신앙을 가지고 있든 그렇지 않든 간에, 건너뛰고 싶은 유혹이 강하게 일어나더라도 다음 페이지들을 주의 깊게 읽어보라. 너희의 반응과 생각과 느낌 — 특히 의기소침해지거나 즐거워지거나 하는 느낌의 변화를 적어보라.

이 말들이 너희의 기분을 가벼워지게 하거나 평화와 행복의 높은 차원으로 고양시켜주기 시작한다면 그 페이지 수를 적어놓으라.

이것은 가장 중요한 연습 중의 하나다. 왜냐하면 이렇게 하지 않으

면 너희가 영원히 '의식'에 대해 읽는다고 하더라도 그것이 어떻게 너희 존재의, '물질'의, 너희 몸과 환경의, 삶 속의 사건들의, 너희의 [기분]과 영적 열망의, 근본이 되는 에너지라고 할 수 있는지에 대한 깊은 이해에는 결코 도달하지 못할 것이기 때문이다.

'생각이나 소견'이 어떻게 너희 의식의 진동주파수를 높여주거나 낮출 수 있는지를 알아차리기 전에는 [의식]이 너희 존재와 경험의 모든 것임을 깨닫기는 시작조차 못할 것이다.

나는 너희가 일상생활 속에서 사용하는 언어들을 의식하게 되기를 바란다. 그것이 조장하는 너희 삶의 질, 그리고 그것이 다른 사람들에게 끼치는 영향 ─ 그것이 그들의 기분을 평화와 기쁨으로 고양시켜주든지 의기소침해지고 고갈되게 만들든지 간에 ─ 을 말이다.

나아가서, 현재 기독교 신앙을 가지고 있고 과거나 현재의 종교적 교리와 갈등을 겪으면서, 더 높은 영적 지식의 섬세한 진동주파수 속에서 자유롭게 운신할 수 있도록 자신의 인식을 도그마에서 해방시키는 데에 어려움을 느끼는 이들에게 다가가고자 하는 것이 나의 간절한 뜻이다.

너희는 이 글을 읽는 것조차 비난받게 될까봐 두려울 테지만, 그럼에도 그것은 너희를 끌어당기는 힘을 가지고 있어서, 너희는 자신이 읽고 있는 이것이 목사들이 가르쳐주지 않은 [존재의 진실]임을 직관적으로 느낄지도 모른다. 너희는 진실을 알고자 하는 강한 욕구와, 너희 인식 속의 그 '하나님'이 노여워하시지 않을까 하는 두려움 사이에서 갈등을 겪고 있다.

* [나], [그리스도]는 이 편지들이 많은 진지한 사람들의 마음속에 일으키고 있는 번민을 잘 알고 있고, 너희를 불안과 동요를 지나서 완벽한 마음의 평화와 환희로 데려다주기를 열망한다.

이런 이유로, 우주의 '본질'과 인간 자신의 본질에 관한 더 깊은 진실을 계속하여 가르치기 이전에 너희의 현재의 믿음과 기독교 교리의 기원을 분석하는 것이 절대적으로 우선되어야만 한다.

기독교 교리의 기원을 제대로 이해하려면 유대교가 형성되기 시작했던 시대로 돌아가서, 직관적인 느낌에 존재의 근원처럼 여겨지는 그것을 인간의 마음이 말로써 정의하려고 애쓰며 '이성적으로 소화해온' 과정을 파헤쳐보아야만 한다.

너희 중에 과거의 신화와 그릇된 믿음으로부터 자신을 해방시키려고 애써온 이들은 이제 스스로 '교회의 신앙'과 내가 지금 설명하려고 애쓰고 있는 [존재의 진실] 사이의 근본적인 차이점을 확연히 인식할 — 그리고 이해할 — 수 있어야 한다.

'너희의 현재의 믿음의 기원과 형태'를 명확히 깨닫기 전까지는 과거에 교회에서 주입받은 조건화의 환영으로부터 자신을 완전히 해방시킬 수가 없을 것이다. 너희는 — 위태롭게도 — '두 곳에 양다리를 걸

처놓고' 있게 될 것이다. 이런 마음상태는 마음에 큰 갈등을 일으켜서 탐구를 그만두고 손때 묻은, 편안하고 정서적으로 안전한 느낌을 주지만 아무 데도 데려다주지는 못하는 그 종교로 되돌아가게 만들 것이다. 그러니 이것을 알아차려서, '하나님'을 노여워하게 만든다는 두려움이나 비난에 위협을 느껴서 자신이 흔들리도록 내버려두지 말라.

['지극히 개체적인 신'에 대한 믿음의 기원]

그러니 우리는 인류에게 매우 다양한 것을 의미해온 '신'이라는 이름에 대한 믿음의 기원을 설명하는 데서부터 시작할 것이다. 이 믿음은 고대 히브리인들이 사막과 광야를 걸으면서 창조의 기원에 대한 의문을 품었을 때부터 비롯됐다. 어찌 됐든 그들은 [창조의 근원]이란 이 땅이나 인간을 까마득히 초월하여 보이지 않는 '초인간적인 인간-신'일 것이 틀림없다고 상상했다. 고대 선지자들 중의 일부는 신비한 경로로 창조의 근원은 ― 어떻게든 ― 창조계 전체에 널리 편재해 있으며 동시에 영원한 차원에 존재함을 알았지만 이 신비주의적 지식은 평균적인 인류에게 알려지지 않았다.

또, 성경으로부터 비롯된 그와 같은 '하나님'에 대한 현재의 '외견상의 사실'(너희 마음속에 있는)에도 불구하고, 아마도 '불타는 덤불나무' 속에서 자신을 '나는 나인 그것이다'라고 말하는 그를 보았다고 주장한 모세 외에는 그런 '초인간적인 인간-신'을 그 어떤 형태로도 본 자가 없다는 사실을 알아야만 한다.

그와 같은 초인간적인 '하나님'에 대해 사람들이 아는 것은 모두가 선지자들이 지상에 머무는 동안에 남겼던 '신'에 대한 다채로운 묘사를 읽은 데서부터 나온 것이다. 이야말로 종교적 믿음이 얼마나 환영과 같은 것인지를 말해주는 증거여서, 종교가들은 '신'이 실로 영원히 실재하는 존재라서 너희 시대의 사람들에게도 똑같이 말을 걸 수 있다는 사실을 믿지 못하기 때문에 오로지 자신들의 '진리'를 찾아 고대인들의 말에 의지할 수밖에 없는 것이다.

너희의 목사들은 옛날의 믿음의 틀에 맞지 않는 그 어떤 믿음도 끔찍이 두려워한다. 그들은 어쩌면 지상세계의 영적 지식은 진화해가는(!) 것인지도 모른다는 사실을 결코 고려하려 들지 않는다. ─ 아니면 고려하기를 두려워한다.

'믿음이라는 직조물', 곧 합리화와 믿음의 혼합물은 사람들의 마음과 가슴을 잡아서 가둬놓을 정신적/정서적 안전의 그물을 만들기 위해 날조된 것임을 너희는 '깨달아야' 한다. 기독교 교리 속에서 사람들이 배우는 것은 모두가 나의 지상의 생애와 죽음에 관한 초기의 보고로부터 비롯된 '소문'에서 나온 것들이고 감정에 호소하는 내용이다.

기독교인들은 이렇게 배운다: '하나님은 사랑이시다. ─ 그리고 하나님은 너희의 죄를 알고 벌하고, 율법을 내려 선행자에게는 상을 주고 악행자에게는 불행을 주신다.' 이것은 정확히 인간 수준의 행위와 의식을 묘사한 것이다!

기독교인들은 또 이렇게 배운다: 예수라는 인격의 [나], [그리스도]는 '세상의 죄를 위해 죽었다'.

내가 '인간의 죄악의 대가를 치르기 위해 희생된 하나님의 순결한 양'이었다는 것이다. 나는 시대를 걸쳐 '죗값을 치르는' 이 이상한 묘기를 연출해내기 위해 나 자신을 사상최대의 희생양으로 만든 것이다.

나는 십자가에서 죽은 후에 다시 몸으로 들어갔고, 슬퍼하는 제자들을 위로하고 가르치기 위해 여러 번 **육신으로** 나타났다고 한다. 나는 그들에게 나타났을 때 음식을 먹기까지 했다고 한다.

40일이 지난 후에 나는 제자들의 눈에서 사라져 내 몸을 '천국'으로 상승시켰다고 한다.

나는 **세 번째 편지**에서 물었다. ― 내가 '천국' ― 저 너머의 삶 ― 에서 인간의 몸을 가지고 무엇을 하겠는가?

내가 제자들과 나눴던 최후의 만찬에서 빵을 돌려서 나눠 먹고 같은 잔의 포도주를 돌려 마심으로써 나와의 최후의 만찬을 기억해야 한다고 말하고, 그들에게 **존재의 진실**을 전하기 위해 내 몸이 십자가에 매달리고 내 피가 나눠졌음을 기억해야 한다고 말했다는 이유로 해서, 이 사건은 내 몸을 신도들이 온통 경외심을 품은 채 삼켜야 하는 전병으로 둔갑시키는 제단 앞의 허례허식을 만들어낸 괴이한 신앙으로 변질돼버렸다.

나의 육신이라! 성찬예식을 받는 사람에게 나의 '육신'이 — 성화된 육신이든 뭐든 — 무슨 이로움을 주겠는가?

궁전에서 살면서 엄청난 부와 세속적 허례허식 속의 특권을 누리는 교황과 추기경의 거대한 위계조직이 뒷받침한다는 이유만으로 2천 년간이나 말도 안 되는 신앙을 받아들이도록 마음을 프로그램할 수 있었다는 사실을 이제 알겠는가?

나는 너희가 나의 최후의 만찬이라 부르는 그 운명의 밤에 관한 진실을 알기 바란다.

고통스럽긴 하지만 사리를 분명히 밝히기 위해서, 나는 제자들과 최후의 만찬을 나눴던 때의 생각과 느낌을 기억하는 의식의 진동주파수 차원으로 나의 의식을 끌어내렸었다.

나는 피할 수 없는 — 피하고 싶지 않은 — 운명을 타고났음을 분명히 아는, 깨달음을 얻은 강인한 사람이었음에도 불구하고, 그 유월절의 식사를 시작했을 때 깊은 슬픔을 느꼈다. 나의 제자들은 나의 친구들이었고 어려운 상황에서도 나와 함께했다. 나는 그들을 떠나는 것이 슬펐고 그들의 안위가 염려됐다.

나의 인도와 보호 없이 홀로 남겨진 것을 깨달을 때 그들에게 어떤 일이 일어날까? 그들은 스스로 아는 것보다 훨씬 더 깊이 나에게 의지하고 있었다.

나는 사람들을 가르쳤던 시간들을 떠올렸다. 내가 광야에서 돌아오던 당시를 떠올리니 깊은 아이러니가 느껴졌다. ― 더럽고 남루한 몰골이었지만 나는 오로지 내 이웃들 생각에 말 그대로 온통 희열에 사로잡혀 있었다. 이제 나는 그들이 올바른 길에 발을 딛게 하고, 그들의 마음에 존재에 관한 진실을 심어주고, 그들에게 두려움과 질병과 궁핍과 불행을 극복할 방법을 가르쳐줄 수 있으리라는 기대에 너무나 흥분해 있었다. 나는 곧 세상을 정복할 것이었다!

그런데 그 모든 일이 이토록 판이하게 일어나다니! 내일이면 나는 십자가에 매달릴 것이었다!

그러나 내가 많은 성공을 거둔 것은 사실이었다. 나는 내가 사람들을 치유해주었던 일과, 사람들이 '사랑 넘치는 아버지'를 기쁘게 받아들였던 일을 감개무량하게 추억했다. 나는 대제사장들과 원로회의가 나를 왜 증오하는지를 이해할 수 있었다. 나는 두려움과 벌과 제물로 바치는 동물들 대신에 사람들에게 '아버지 사랑'의 실체를 보여주고, 치명적인 병을 치유함으로써 그것을 증명했다.

나는 음식을 먹으며 이야기를 나누고 있는 제자들에게로 다시 주의를 돌렸다. 그들은 나를 기다리고 있는 벅찬 운명 ― 십자가형 ― 을 아직도 인식하지 못하고 있었다. 내가 거듭하여 경고했음에도 불구하고 그들은 그것을 진실로 받아들이려고 하지 않았다. 그들은 내가 제사장에게 겁을 먹고 있다고 생각하고, 왜 그러는지를 의아해했다.

나는 이전에 위협적인 상황에서 나 자신을 구출해낸 일이 몇 번 있었기 때문이다.

유월절이면 으레 그러듯이, 그들은 이스라엘 사람들이 이집트를 탈출할 때 일어났던 일에 대해 이야기하고 있었다. 상상력이 풍부한 요한이 그들에게 그 상황을 생생히 이야기해주고 있었다. 모세가 이스라엘 사람들을 모아놓고 마침내 노예생활을 청산하고 이집트를 탈출하여 광야에서 자유롭게 살게 되리라고 말하던 장면이었다! 모세는 각 집의 가장들에게 순결한 양을 잡아서 그 피를 약초에 묻혀서 집의 문설주에다 칠하도록 지시했다. 모세는 밤중에 천사들이 이집트로 날아와서 모든 이집트인들의 장남과 가축들을 죽이고 오로지 이스라엘인들의 장남만 남겨두리라고 했다. 그들은 문설주에 바른 피 때문에 살아남으리라는 것이었다.

나는 그들이 미소를 띠고 고개를 끄덕이면서 듣고 있는 이 '놀라운 일'에 귀를 기울이다가, 이들이 아직도 내가 설명해준 '하늘의 아버지'에 대해 얼마나 몰이해한지를 고통스럽게 깨달았다. 나는 요한이 피, 피, 피 — 순결한 양의 피, 문설주에 바른 피, 이집트인들의 장남과 가축의 피에 대해 말하는 것을 들었다. 늘 그랬지만, 나는 피에 집착하는 수세기에 걸쳐 내려오는 유대인들의 관습을 기이하게 생각했다. 그리고 아브라함이, 하나님이 그렇게 시켰다고 믿고는 자신의 하나뿐인 아들을 죽여서 제물로 바치려고 마음먹었던 일을 잠시 떠올렸다. 그리고 성전에서 날마다 바쳐지는 희생양과 동물들을 생각했다! 나로서는 '죄'에 대한 대가로서 '피를 흘린다'는 관념 자체가 역겹기 그지없었다.

하지만 나는 입을 다물고 그들을 논박하지 않았다. 나는 그들의 마음이 이 전통에 찌들어 있어서 마치 바위처럼 단단하고 오래가는 것임을 느꼈다. 이것은 우리가 함께하는 마지막 저녁, 모두가 한 식탁에 앉아서 먹는 최후의 식사였다. 그것은 우리 사이에 평화와 사랑이 넘치는 이별의 시간이 되어야 했다.

내 제자들에게는 그것이 갑절로 의미 있는 시간이었다. 왜냐하면 그들의 유대인 정서에는 유월절이 너무나 신성한 날이었기 때문이다. 그리고 나는 이것을 사랑과 이해의 마음으로 받아들여야만 했다.

이전에 나는 유월절의 전통이 역겨웠기 때문에 그날을 기념하지 않았다. 나에게는 제자들이 가족과 함께 음식을 나눠 먹으며 유월절을 지내는 동안 차라리 산으로 가서 조용히 명상하는 편이 더 나았다.

그런 이전의 태도 때문에 제자들은 지금도 내가 말없이 있는 것을 의아해하지 않았다.

하지만 지금은 반쯤 누운 자세로 앉아 있는데도 평소처럼 편안한 마음을 유지할 수가 없었다. ─ 긴장되고 짜증이 난 가운데도 제자들에 대한 연민의 정을 느꼈지만 반쯤은 화가 나 있었다.

나는 혼란에 빠져서 정신이 없는 이 추종자들의 가슴에 잊히지 않게 각인해놓을 만한 것이 무엇이 있을지를 궁리했다. ― 그들의 흐리멍 덩해진 마음에 내가 가르치려고 애썼던 모든 것을 다시 떠올려줄 어떤 의식 말이다. 나는 그들을 흔들어 그 피비린내 나는 생각에서 벗어나오게 하고 싶었다.

모세의 온갖 기사이적에 관한 그들의 이야기를 듣고 있던 중에, 그들이 그토록 피에 집착하고 있으니 그렇다면 그들이 나를 떠올리게 할 수단으로서 피의 상징을 주어야겠다는 생각이 떠올랐다.

나는 한 덩어리의 빵을 집어서 몇 조각으로 나누고 사뭇 투박하게 말했다: "나는 너희 유월절의 희생양과 같다. 이것을 돌려 각자 자기 몫을 떼어서 먹으라. 그리고 세상이 들어본 유일하고 진정한 [진실]을 전하러 온 나를 기념하기 위해 이것을 행하라."

"이 빵을 십자가 위에서 조각날 내 몸의 상징으로 삼으라."

그들은 말을 멈추고 나를 바라봤다. "어서 먹으라!" 내가 그들에게 말했다.

그들은 마치 꿈속인 것처럼 말없이 빵을 돌리며 한 조각씩을 씹었다.

그다음 나는 포도주가 담긴 큰 잔을 들어 그것을 그들에게 돌려 마시게 했다.

"이 포도주는 내 피의 상징이다. 나는 [진실], 신에 관한 진실 — 생명에 관한 진실을 너희에게 전해주려고 왔다. 그러나 나는 배척당했다. 너희를 위해서 나의 피가 흐를 것이다."

다시금 그들은 말없이 잔에 든 포도주를 마시고 다음 사람에게로 돌렸다. 그들은 표정이 굳어진 채 아무 말도 하지 않았다. 모든 사람이 나의 말에 깜짝 놀라고 기분이 좋지 않은 것이 분명했다.

나는 유다가 적당한 때에 제사장의 병사들에게 누가 나인지를 알려주도록 미리 돈을 받은 사실을 알고 있었다. 그리고 유월절의 밤이 바로 그날 밤인 것도 알고 있었다. 나는 유다에게 말했다:

"빨리 가서 네가 해야 할 일을 해라."

유다가 오랫동안 나를 쳐다보았다. 나는 그의 눈빛 속에서 고통과 망설임을 보았다. 그는 다른 궁리를 하고 있었지만 나의 때가 당도했고 나는 그것을 빨리 겪어내고 싶었다.

"가라." 나는 매몰차게 말했다. 유다가 일어나서 방을 나갔다.

제자들은 나의 말투에 놀라서 그가 무슨 일을 할 작정인지를 물었다.

"그는 제사장에게로 가서 내가 어디에 있는지를 일러줄 것이다."

"그들이 나를 십자가에 매달 것이다. — 내가 말했던 그대로다."

나는 그들의 얼굴에서 의심과 놀람과 공포와 약간의 고통에 찬 냉소 등의 다양한 표정을 보았다. 그다음엔 원망에 찬 질문들이 쏟아졌다. 그들에겐 어떤 일이 일어날까? 그들은 나를 위해 가족과 집을 떠나왔다. 만일 내가 보통 악인들처럼 십자가형을 당한다면 그들은 자유롭고 안전한 삶을 빼앗기게 될 것이다.

나는 그들이 나를 버리리라고 말했다. 그들은 그런 일은 없을 것이라고 격렬히 부인했다. — 하지만 그들은 실제로 그랬다.

나는 그들과 말싸움을 할 기력이 없었다. 그리고 나는 '아버지'가 언제나 내 안에 계시다는 앎이 너무나 강하고 확고해졌으므로 그들의 불충을 용서할 수 있었다.

게다가 결국 나는 육신으로부터 해방되어서 빛의 세계로 올라갈 수 있게 될 것이었다. 그 빛의 세계는 자주 느끼기는 했지만 육안으로 보는 것과 같은 광경으로는 한 번도 온전히 보지 못했다. 그에 대한 생각은 나를 깊은 위안과 기대에 찬 행복감에 젖어들게 했다.

그래서 나는 그들을 바라보고 미소를 띠며 말했다: "너희가 나를 — 그리고 다가올 나의 죽음을 — 기려서 하도록 내가 시킨 일을 했으니 다행이다. 앞으로도 빵을 나눠 먹고 포도주를 돌려 마시기를 계속하라. 내가 언제나 너희를 사랑했음을, 그리고 내가 가는 그곳에서 너희가 나와 합류하게 될 그날까지 내가 영 안에서 너희와 함께 할 것임을 기억하라. 두려워 말라. 너희는 인도받을 것이고 영감을 얻을 것이며 강인해져서 분명하고 확고한 목소리로 말하게 될 것이다."

"내가 경고하는 유일한 것은 이것이다. 장차 내가 너희에게 가르친 많은 것들이 잊혀져버릴 것이다. 내가 너희에게 말해준 많은 것들이 인간의 사고방식으로 합리화되고 인간의 신화에 의해 왜곡될 것이다."

그러자 경악한 가운데서 한 제자가 외쳤다: "그런 일이 어떻게 일어날까요?"

나는 웃으며 손을 들었다. "먼 미래에 일어날 일을 말한 것이다."

"어쨌든, 내가 가르친 모든 것에 대해 진실해지고 내가 한 말을 한 마디도 의심하지 말아라."

이제 제사장의 병사들이 나를 찾을 장소인 올리브 밭으로 갈 때가 왔다.

제자들은 나에게 더 많은 것을 물어보고 싶어했지만 사람들과의 대화는 이제 끝이 났다. 나는 오로지 장차 맞이하게 될 고난에 대비하여 완전한 침묵 속에서 영이 되어서 '아버지'와의 확고하고 일관된 동조와 통교 상태에 머물기만을 원했다.

우리는 올리브 밭으로 걸어갔고 나는 내가 좋아하는 바위로 갔다. 나는 바람이 가려진 쪽에 앉아서 외투를 몸에 둘러서 여몄다. 눈을 감자 나는 자신이 서서히 내면의 깊은 고요와 강력한 침묵 속으로 빠져드는 것을 느꼈다. 그러자 권능 자체가 내려와서 나를 압도하고 내 마음과 가슴을 사로잡았다. 그것은 나를 지고한 사랑으로 가득 채워서, 나는 내가 사랑으로써 뒷받침받고 지탱되고 있음을, 그리고 나에게 그 어떤 일이 일어나더라도 만인에 대한 나의 사랑을 잃지 않고 지닐 수 있음을 알았다.

나의 때를 맞은 지금, 오로지 그것만이 중요한 모든 것이었다.

이것이 나와, 나의 생애와 가르침을 기려서 빵을 떼어먹고 포도주를 마시는 행위의 배후에 감춰진 진실이다. 그리고 이 편지를 읽고 있는 너희도 알듯이, '아버지'께서 내 지상에서의 마지막 날 밤에 대해 내게 알려준 모든 일이 닥쳐왔다.

내가 '아버지'와 '아들'과 '성령'에 대해 말했기 때문에 교회는 니케아 공의회에서 내가 '세 사람이 하나임'을 가리킨 것으로 확정해버렸다. 따라서 사람들은 자신의 유익을 '아버지(성부)'께 빌고 영적인 가르침을 달라고 '성령'께 탄원하고 자신을 죄악에서 구원해달라고 '아들(성자)'에게 기도한다.

이제 이 믿음이 얼마나 '세속적이고 인간적인 발상'인지를 '깨달을' 수 있겠는가?

그리고 그것이 얼마나 '감정에 근거한' 짓인지를 알 수 있겠는가?

이런 감정주의와 '구원자의 발꿈치에 매달려 공짜로 천국 간다'는 식의 약속 덕분에 이 신앙은 지상의 제국들 — 로마, 오스트리아, 스페인 — 안에서 교회라는 제국을 받들어 모시는, 인간적인 발상에서 기원한 하나의 종교체제가 되었다. 이 신앙이 국교를 믿지 않는 자들을 무차별로 고문하고 화형하고 목을 베는 좋은 구실이 되었다. 이 신앙이 나라들 사이에 전쟁을 불러일으켰다.

하지만 그런 신앙의 일부로부터 비롯된 '영적 인식'과 '창조성'은 지난 2천 년 동안 존재에 큰 기여를 하기도 했다.

이 신앙이 성당과 교회와 수도원을 짓는 이유가 되어 사람들에게 안정된 목적과 자신의 예술적 재능을 표현하는 능력을 부여하고, 재능이 적은 사람들에게는 일거리를 제공했다. 이 신앙은 또 무수한 사람들의 의식을 사랑과 아름다운 생각의 높은 세계를 향하게 했다. 그것은 심지어 영적인 영혼들이 믿음에 가려져 있던 *실재*를 깨달을 때는 신비주의와 깨달음 배후의 동력이 되어주기도 했다.

그런 한편으로 이 신앙은 또 엄청난 부와 위용과 종교적 우월감으로 무장한 거대한 조직이 발달할 기반도 마련해주었다. 이것은 인간적인 발상에서 비롯된 '에고의 충동'의 성채여서, 영적인 관점에서 보자면 그것은 순전한 거짓의 덩어리일 뿐이다.

['죄']에 관한 [진실]

오랜 세월 동안 사람들이, 인간의 행동의 일부는 타인의 행복에 해로운 것으로 인식해온 사실 또한 이해해야만 한다. 그들은 남의 아내나 물건을 훔치거나 사람을 죽이는 일들을 목격해왔다. 그것은 사회에 많은 고통과 슬픔을 일으켰고, 그로 해서 삶은 힘들고 때로는 견딜 수가 없어졌다. 이런 행동은 그들이 말하는 소위 '하나님'의 뜻과는 반대되는 것이 틀림없는 것으로 여겨졌다. 그들은 이런 행동에 '죄'라는 이름을 붙이고, 그것을 '악하다'고 일컬었다. 급기야 그들의 선지자들은 그런 정도를 벗어난 행동은 '하나님'에 반하는 '사악한' 힘으로부터 나오는 것이 틀림없다고 생각하고, 그것을 '사탄'이라고 불렀다.

그들은 '죄'는 사악한 것이며 그들의 '하나님'은 인간이 인간에게 나쁜 짓을 하면 그를 징벌할 것이라는 믿음으로써 서로를 겁주고, 서로를 벌했다. 이런 행위는 오늘날까지 교회에서 행해져오고 있다. 목사들은 신도들을 두려움으로써 통제하려고 한다.

여호와, 곧 영원하고 무한하고 전능한 창조자에 반하는 **['죄'라는 개념]**은 사람들을 통제하기에는 아주 강력하고 영리한 수단이었다!

교회의 신앙은 내가 팔레스타인에서 사람들에게 가르치고자 애썼던 모든 것의 비극적인 모조품이다.

모세는 '죄'와 '벌'에 대한 믿음을 십계명이라는 형식 속에다 최초로 모셔서 받들게 했다.

모세는 그것이 '하나님'이 내리신 것이므로 이스라엘 사람들이 그것을 어기면 형벌을 받을 것이라고 말했다. — 이것은 경우에 따라 돌에 맞아 죽는 것을 의미했다. 그들은 이스라엘 사람들은 율법을 어기면 그들의 '하나님'을 거역하여 죄를 짓는 것이라고 교육받았다.

정확한 진실을 말하자면, 모세는 제멋대로인 이스라엘인들을 통제할 방법을 찾기 위해 산으로 가서 기도를 올렸다. 이 기도에 대한 응답으로서 열 가지 계명이 영감을 통해 주어졌다. 그것은 그가 이스라엘인들을 인도하여 광야를 지나서 안전하게 가나안 땅에 당도하는 사명을 큰 말썽 없이 완수할 수 있도록 도와줄 것이었다.

신학자들은 모세로 하여금 '약속받은 땅'을 정복할 때 공격적인 방법으로 사람들을 무차별 학살하도록 교사했다고 하는 '하나님'을 기꺼이 받아들이고 성심을 다 바쳐 믿는다. 그 아름답고 풍요로운 땅은 열심히 일하다가 학살당한 무수한 사람들로부터 무자비하게 강탈한 것이다. '하나님'이 그들에게 정착할 아름다운 땅을 약속했으므로 이것은 올바른 행위로 간주되었다. 오늘날까지도 신학자들은 모세는 '하나님'의 음성을 들었으므로 이어진 살육을 명한 것은 '하나님'이 틀림없다고 믿고 있다. 너희의 성경에는 이와 유사한 방식으로 허용된 — 정의

롭고 정당한 것으로 간주되는 — 전쟁과 살육의 끔찍한 묘사가 무수히 나온다. — '하나님'이 그들에게 이방인들을 상대로 싸우도록 일렀다고 믿었기 때문이다.

비난을 면하기 위해서는 심지어 '하나님'조차 '이용해 먹는', 유대 역사 속을 날뛰는 이 광포한 [에고의 야욕]을 너희는 이래도 보지 못하겠는가? 자신을 강화하려는 순간에는 십계명을 무시하고 무차별 학살에 열중하는 것도 허락받은 **정당한** 행위가 되었다.

그들은 '하나님'이 명한 것이므로 그 살인에는 죄가 적용되지 않는다고 믿었다. 얼마나 대단한 '하나님'이신가!

너희는 또한 내가 왜 팔레스타인에 태어나서 유대인들과 섞여 살면서 실로 그들에게 존재를 부여한 [신성의식]의 본성에 정면으로 반하는 그들의 전통적 믿음과 관습을 깨우쳐주려고 애써야만 했는지를 깨닫지 못하겠는가?

그 이래로 오랜 세월 동안 인간은 '죄'라는 관념과 싸워왔다. 그리고 '하나님'을 거역해놓고 용서를 비는 그들의 행태를 많은 진실한 사람들이 슬퍼했다. 오래전 예루살렘 성전에서는 사람들이 무수한 동물들을 제물로 바치며 '하나님'의 환심을 사서 자신의 죄의 대가를 면하고자 했다. 그 이래로 그 주제와 관련하여 인간 영혼의 현실에 슬픔과 경악을 표하는 무수한 책들이 나왔다. 그 책들은 그런 사람들의 행동을 변화시킬 방법을 구하여, 자신을 채찍으로 때리고 몸을 고문하여 생각과 말과 행위의 비행에 대한 대가를 치르게 하기도 했다. 그리고 이런 많은 책들이 유럽 전역의 '기독교인'들로부터 찬양받으면서 종교기관들의 문서보관소에 간직됐다.

그들은 십자가의 죽음으로써 '인간의 죄와 벌로부터의 구원'을 설하는 케케묵은 '예수'의 모습에다 사람들을 묶어놓는다. 내가 다른 곳에서 설명했듯이, 이런 믿음은 물리적으로 불가능하고 창조의 사실에 반한다. 그 어떤 높은 '신'도 '죄'의 대가를 감해주지 못한다. 이것은 전적으로 인간의 관념이다. ─ 게다가 이단적이다. 종교적 의식의 목적으로 묘사되는 그 어떤 피흘림도 모두가 이교도의 우상숭배다. 기독교 교회는 그 신도들에게 다름 아니라 '영적으로 미화된 이단행위'를 제시해온 것이다.

사람이 어떤 방식으로든 다른 사람을 불행하게 만들면 그들은 자신의 미래에 갚아야 할 '빚'을 지어내고 있는 것이다. 천벌로서가 아니라 '의식적 창조행위'로서 말이다.

그러니 '죄'와 '십자가 죽음에 의한 구원'에 대한 이런 믿음을 이 편지를 통한 영적 이해로써 강력히 물리치는 ─ 그리고 대치하는 ─ 것이야말로 한시가 급한 일이다.

기독교 교리에 관한 이 이야기를 마치기 전에, 시대를 걸쳐서 기독교 교회의 일부 영적 구도자들은 의식을 충분히 정화하여 그들이 '하나님'이라 부른 '권능'을 확연히 인식할 수 있게 되었고 '존재의 근원'이 교회가 가르치는 것과 같은 그런 것이 아님을 깨달았다는 사실을 분명히 밝히고자 한다. 그러나 단지 소수의 사람들만이 영적으로 충분히 진화하여 종교적 신앙의 변수를 초월하여 '권능'이 흘러들어오는 것을 온전히 느낄 수 있었다. 대부분의 사람들은 오직 세속적인 관점 내에서만 진실을 이해할 수 있었기 때문이다.

[나], [그리스도]는 오늘날에 이르기까지 그 모든 가톨릭 '성인'들 중 어느 하나도 내가 지금 너희에게 보여주는 것과 같은 창조의 실상이나 인간 행태 배후의 진실을 힐끗이라도 본 사람이 없음을 말해야겠다.

이제 '죄'와 인간의 행태, 그리고 사람들이 세상과 자신을 향해 지금도 저지르고 있는 짓들에 관련된 진실을 들어야만 할 때가 분명히 왔다. — 너희가 케케묵은 종교적 교리의 신화를 몽땅 다 버리고 당장 존재의 진실 앞에 열심히, 수용적인 태도로 기꺼이, 그리고 온전히 가슴을 연다면 말이다. 이렇게 되지 않으면 내가 하는 말은 너희에게 아무런 의미도 지니지 못할 것이다.

나를 믿으라. — 너희의 그 케케묵은 신앙은 **존재의** 진실과 한 데 섞일 수가 없다. 만약 그것을 한 데 섞는다면 너희는 **진실**을 보는 것이 아니라 너희가 이 편지에서 얻었다고 믿는 그것에 대한 너희 자신의 해석만을 보고 있는 것이다.

너희가 존재의 진실을 계속 탐구하면서도 확신이 나뉜 상태에 머물러 있다면 너희는 그 큰 대가를 치르고서 기껏 우유부단과 두려움과 새로운 가르침의 진정한 의미를 자각하지 못하는 무능에 빠진 너희 자신만을 계속 탐색하고 있게 될 것이다. 깨어나던 지각은 너희 의식과 무의식 속에 주입된 케케묵은 조건화로부터 일어나는 '메시지'들에 의해 부분적으로 흐려진다. 지금은 너희가 그런 문제의 심각성을 깨닫지 못하겠지만, 그것은 엄청나게 심각한 문제다. 왜냐하면 현재의 뿌리 깊은 믿음이야말로 너희가 그 위에 나날의 삶을 쌓아올리는 현재의 진실이기 때문이다. 그것은 *너희의* 현실이다. 너희의 확신과 확고한 신앙이 순전히 환영에 지나지 않을지라도 너희가 그것을 잠재의식 속에서 온전히 믿으면 그것이 너희에게는 절대적인 현실이 된다. 너희의 믿음에 반하는 어떤 새로운 개념에 아무리 주의가 쏠리더라도 너희의 의식은 분열되어 너희에게 엄청난 불편감을 — 심지어 고통과 번민을 — 줄 것이다.

명심하라. — 너희의 의식은 너희가 삶을 지어내는 밑감이다.

이 의식이라는 밑감이야말로 너희의 정신적, 정서적, 육체적 삶 속에서 일어나는 낱낱의 일에 대한 너희의 낱낱의 반응의 바탕이다. *너희의* 의식이 *너희의* 현실이다.

이 말은 두 가지 방식으로 표현될 수 있고, 양쪽이 다 너희 존재의 진실이다.

너희 지상의 삶의 실제 사실이 무엇인지와는 상관없이, **너희의** 의식이 **너희의** 현실을 만들어낸다. 사람들이 지구가 평평하다고 믿었을 때는 배가 낭떠러지에서 떨어질까봐 바다에서 너무 멀리 나가려고 하지 않았다. 지구가 평평하다고 믿은 사람들은 그 믿음을 따라서 살았다.

갈릴레오가 지구는 둥글다고 말했을 때 그는 이단자로 간주됐지만 '지구가 둥글다'고 본 그의 인식은 항해가들로 하여금 세상을 새로이 바라보고 대양의 저 너머에 놓여 있는 것을 발견하러 출범하게끔 만들었다. 이런 일이 실제로 일어나기까지는 그들이 자신의 믿음을 바꿔야만 했다.

너희도 이 편지와 관련하여 이와 비슷한 입장에 놓여 있다. 이 편지를 폄하하고 조롱하는 사람들은 지구가 평평하다고 믿고 자신들이 알고 있는 세계로부터 동으로든 서로든 너무 멀리 가면 낭떠러지에 떨어질 것을 두려워했던 사람들과도 같다. 그들 세계의 지평선은 스스로의 그릇된 믿음에 의해 비좁게 한정되어 있었다.

이 세계가 견고하다고 믿는 사람들의 지평선 또한 심히 한정되어 있다.

그들은 날마다 이 세상에 드리워지는 불행을 한탄하고 슬퍼한다. 거기서 벗어날 길이 없다고 믿기 때문이다.

그러나 내가 지금 세상에 제시하고 있는 의식의 진실(Truth of Consciousness)을 환영하고 이해할 수 있는 사람들은, 항해에 나서고자 하는 의지만 있다면 바닷길은 모든 방향으로 끝없이 열려 있음을 깨달은 사람들과도 같다.

그러니 너희가 삶에서 가장 중요하게 고려해야만 할 요소는 인간관계나 소유물이나 지위가 아니라 너희 의식의 상태다. 너희의 의식을 돌보면 그에 따라 너희 삶의 모든 측면에 축복이 쏟아질 것이다.

빈민가의 뒷골목에 있더라도 너희는 의식으로써 내면의 사랑과 조화와 기쁨과 아름다움으로 자신을 먹여 살린다.

그러한 의식을 지니면 너희는 빈민가의 뒷골목으로부터 그 내면의 자아에게 어울리는 환경으로 몰려나가는 자신을 발견하게 될 것이다. 그러니 그 유쾌하지 못한 환경을 벗어나 올라가라.

지금까지의 이야기를 통해 이제 너희 내면세계의 '질'을 창조하는 것은 오로지 너희 자신뿐임을 깨달을 수 있어야 한다. 외면적으로는 너희가 감옥에 있든지 전함의 노예가 되어 있든지 간에 말이다! 너희는 너희의 사고에 생명을 불어넣어주는 생명력을 주변에 방사함으로써 상황을 호전시킬 수 있다.

다시금 강조하건대, 너희의 남편이나 아내, 자식, 집, 정원, 소유물, 자격증, 직장, 친구가 너희의 현실이 아니라, 너희의 **의식**이 너희의 현실이다. 너희의 의식 속에서 사람들과 소유물이 어떤 — 좋은, 혹은 나쁜 — 자리를 차지하고 있든 간에 그 '자리'란 단지 그에 대한 너희의 개인적 인식일 뿐이다. 그 사람들의 '실상實相'은 그 누구에게도 진실로 알려져 있지 않다. 겉보기에 부정적인 성격 속에 감춰진 선량한 속내에는 아무도 다가가지 못한다. 반대로 겉보기에 인품 좋은 사람이 감추고 있는 욕망과 충동은 아무도 의심하지 않는다.

너희의 외면적 삶은 너희 의식에 물결처럼 부딪혀올 뿐, 너희의 의식적 반응을 만들어내거나 결정하지는 않는 — 못한 — 다. 너희의 반응의 '창조자'는 너희 자신이다. 그 창조의 유형은 오로지 존재에 대한 너희 심층의 인식과 믿음에 전적으로 달려 있다.

그뿐 아니라 외부의 '대상들' — 사람들과 소유물들 — 은 똑같이 남아 있더라도 너희는 그 어떤 순간이든 과거의 내면세계를 조금씩 해체해가면서 사랑과 생명력과 기쁨이 넘치는 더 조화로운 내면세계를 창조해내기를 선택할 수 있다. '너희 의식의 밑감'의 영적 힘이 외부로 방사되어 주변의 사람들과 식물들과 벽돌과 시멘트에 흡수될 것이다. 너희의 궤도권 안에 들어오는 모든 것에 뚜렷한 변화와 호전이 일어날 것이다. 이와 같은 온전하고 완전한 깨달음에 도달하는 것이 너희의 이 생의 — 혹은 미래 생의 — 운명이다. 그렇게 되면 너희는 자기통달의 길에 들어서게 되고, [신성의식]이 관통하여 돕고 있는 너희 인간 의식세계의 진정한 달인이 될 때까지 단계적으로 나아가게 될 것이다.

[나], [그리스도]는 너희에게 이 편지를 권한다. 나는 창조의 중요한 일부 사실들을 너희가 온전히 보유할 수 있게 했다. 그것은 너희로 하여금 에고 — 너희 개체성의 수호자 — 를 초월하여 진실로 너희가 난 곳인 [존재의 우주적 근원]으로 돌아갈 수 있게 해줄 것이다. 너희는 조건 없는 **사랑**과 기쁨과 **인격의 완성**으로 갈 수 있는 방법을 손에 쥐

고 있다.

내가 영적 여행자들이 앞으로 나아가기만을 열망한다고 말했던 것을 기억하라. 내가 일러준 그 길을 나아가다 보면, 내가 실로 그 여정을 너희와 함께하고 있음을 확신하게 되는 때가 있을 것이다. 너희는 그것을 볼 것이니 — 거기에 너희의 믿음을 두라.

내가 항상 너희를 신성한 사랑 속으로 떠받치리니, 나는 살아 움직이는 신성한 사랑이기 때문이다. 이것을 믿고 너희를 감싸 안고 있는 나의 의식 속에서 안식을 찾으라.

일곱 번째 편지에 덧붙임

기록자: 다음 편지에는 이상한 — 기적적인 — 일이 연루되었다.
일곱 번째 편지가 완성되었을 때, 기록자는 마태복음 13장 3절을 첫 문장으로 사용하라는 말을 분명히 들었다.

잠시 후에, 두 번째 쪽에다 ** 표시와 함께 한 문단을 덧붙이라는 말이 뚜렷하게 들렸다.

일곱 번째 편지가 인쇄되었을 때, 그녀는 인쇄된 종이를 간추리다가 놀랐다, 아니 혼비백산했다. 첫 쪽의 반이 다음 말로 채워져 있었던 것이다:

나는 [생명]이요, [진실]이요, [길]이다.

이 말은 컴퓨터에 입력된 적이 없었다.

그것은 그 페이지의 꼬리말처럼 보였다. 하지만 그런 '꼬리말'은 '꼬리말'을 만들겠다는 구체적이고 정확한 워드프로세서 지시어를 사용해야만 입력할 수 있는 것이다.

게다가 '꼬리말'로는 단 두 줄밖에 배정되지 않는다. 반쪽이나 차지하는 것은 '꼬리말'이 아니다!

이 사건에 놀란 기록자는 혹시 자신이 언젠가 그런 꼬리말을 사용하고는 잊어버렸는지 컴퓨터의 모든 파일을 뒤져 찾아보았지만 아무것도 발견되지 않았다.

컴퓨터 기술자를 불러서 컴퓨터와 프린터의 텍스트를 보여줬지만 그는 그런 일이 어떻게 일어날 수 있는지를 설명하지 못했다. 지금까지도 아무도 그것을 설명해내지 못했다.

잘 모르는 이들을 위해 설명하자면, **나는 [생명]이요, [진실]이요, [길]이다**'라는 이 말은 [예수 그리스도]가 팔레스타인에서 가르침을 펼 당시에 자신을 가리켜 한 말이다.

이 말은 **일곱 번째 편지**의 424쪽에서 **그리스도**에 의해 이미 인용되고 설명되었었다. 하지만 그는 그 말을 순서를 바꿔서 사용했다.

** 표시된 문단을 앞쪽의 '꼬리말'과 연결해서 읽어보면 그것은 의심의 여지 없이 새로운 의미를 띨 것이다. 왜냐하면 그 말들은 분명히 연결되어 있기 때문이다.

무엇보다도 ** 표시된 문장은 또박또박 불려져서 컴퓨터에 입력되었고, 언제인지는 몰라도 바로 그다음에 '꼬리말'이 첫 쪽 아래에 덧붙여진 것이다.

또 다른 수수께끼가 있다! 인쇄되고 있던 당시에는 어떻게 이 '꼬리말'이 눈에 띄지 않았을까?

기록자는 혼자서 산다. 달리 컴퓨터를 건드릴 사람은 아무도 없다.

기록자는 워드프로세서의 메커니즘을 위반하는 이 개입을 **그가 이 땅에 살았다면 보여주었음직한 [그리스도]의 개인적인 서명**으로 여긴다.

일곱 번째 편지

다시, 이 편지를 통해 나의 말을 받아들일 수 있는 모든 이에게 찾아온 [나], [그리스도]가 말한다.

다음의 우화는 2001년 전 유대 땅에서 그랬던 것처럼 현대에도 적용된다. 나는 이 편지를 읽는 너희에게 이 이야기에 담긴 진실을 음미해 보기를 권한다.

"농부가 씨를 뿌리러 나갔다. 그가 씨를 뿌렸을 때, 어떤 씨앗은 길가에 떨어져 새들이 와서 쪼아 먹었다. 또 어떤 씨앗은 흙이 적은 돌밭에 떨어져 곧 싹이 났지만 뿌리를 내리지 못하고 해가 뜨자 그 볕에 말라 버렸다. 또 다른 씨앗은 가시덤불 위에 떨어졌는데 덤불이 자라나 씨앗의 기운을 막았다. 다른 씨앗은 좋은 땅에 떨어져 어떤 것은 100배, 어떤 것은 60배, 어떤 것은 30배의 열매를 맺었다. 들을 귀 있는 자는 들으라..."

나는 [생명]이요, [진실]이요, [길]이다.

"자, 씨 뿌리는 농부 우화의 의미를 들어보라."

"누구든 천국에 관한 가르침을 듣고 그것을 이해하지 못하면 사악한 자(이기심)가 그의 가슴에 뿌려진 씨앗을 낚아챈다. 이것이 길가에 떨어진 씨앗이다."

"돌밭에 뿌려진 씨앗이란, 가르침을 듣고 즉시 기뻐하며 받아들이지만 그의 안에 뿌리를 내리지 못하여, 잠시 남아 있기는 하나 가르침이 시련과 박해를 당하면 금방 떨어져나가는 자이다. 가시덤불에 떨어진 씨앗이란, 가르침을 듣지만 속세와 물질의 즐거움에 마음을 빼앗겨 가르침이 그 속에 묻혀서 결실을 맺지 못하는 자이다. 좋은 땅에 떨어진 씨앗이란, 가르침을 듣고 받아들이고 그것을 이해하는 자이다. 그는 실제로 결실을 맺어 수확을 거둔다. 어떤 때는 100배, 어떤 때는 60배, 어떤 때는 30배로." 마태:13장3절

** 내가 이 **편지**에서 **존재의 진실**에 대한 이 지식을 이야기해주는 목적은, 너희로 하여금 의식이 진화해가는 매 순간 영적 사랑과 지혜 속에서 성장하여 그 같은 영적 사랑과 지혜의 열매와 축복을 거둘 수 있게 하려는 것이다. 나는 너희가 **넘치도록** 늘 기쁘기를 바란다.

그러니 나의 도움을 받아 우리 함께 너희 의식이라는 인간의 땅을 갈아엎어 절망의 자갈을 골라내고, 깊어지는 지혜로써 몰이해의 흙덩어리를 부수고, 너희의 부정적인 정신적/감정적 습관의 잡초를 뽑아내고, 끝없이 깊어지는 믿음으로써 너희 의식의 땅에 거름을 주자. 그런

후에 너희의 진화해가는 영적 인식과 조건 없는 사랑에서 나온 아름답기 그지없는 씨앗을 뿌리자. 이 일을 할 때 나의 기쁨은 곧 너희의 기쁨이 되리라. 그리고 너희의 기쁨은 나의 기쁨을 더해주리라. 이와 같은 목적과 성취의 일치 속에서 너희는 마침내 자신이 나의 영에 속함을 느끼고, 나의 영이 너희 안으로 쏟아 부어짐을 느낄 것이다. 이리하여 우리는 우리에게 개체성을 부여한 근원인 [그것]의 일체성을 경험할 것이다. 나의 생각은 곧 너희의 생각이 되리니, 너희 예전의 에고 의식에 의해 때 묻지 않으리라. **

나는 너희가 가장 숭고하고 완벽한 가슴의 소망을 이루기 위해 걷게 될 과정 — 길 — 을 이야기했다.

그리고 말하건대, 처음에는 받아들이기가 어려워서 제대로 이해하는 데 시간과 노력이 필요하더라도, 이 편지는 너희의 의식과 나의 의식을 연결해주는 든든한 연결고리다.

내가 육신을 입고 땅에 돌아온다면 너희는 나를 눈으로 보고 귀로 들을 수 있겠지만 존재의 진실에 대한 너희의 이해는 한정될 것이다. 그러나 나의 초월적인 상태에서는 너희가 나를 부를 때 내가 너희를 위해 그보다 더한 일을 해줄 수 있다.

이런 식으로 너희의 의식과 접촉할 때, 그러한 접촉의 전제조건만 잘 갖춰진다면 너희는 나를 마음과 가슴 속으로 곧바로 받아들일 수 있다.

내 진실로 너희에게 말하노니, 이 **편지**를 더 오랜 시간 명상할수록 너희는 나로부터 높은 가르침과 영감을 더 많이 받아들일 수 있을 것이다. 왜냐하면 이 **편지**를 읽을 때마다 너희 의식의 진동수는 나의 영적 의식의 진동수를 향해 올라갈 것이요, 그리하여 마침내 우리는 의식의 진정한 만남의 자리에 도달할 수 있을 것이기 때문이다. 그러면 너희 삶의 결실은 풍요로워질 것이다.

왜 그렇게 되는지를 설명하자면, 나의 *의식*은 도움과 영감을 구하는 이들의 요구에 맞추기 위해 여러 다양한 의식 진동수 차원을 지나 하강한다는 사실을 말해야만 하겠다. 나의 *의식*이 지나는 온갖 다양한 의식차원들은 서로가 저마다 다르다.

의식 진동수의 각 수준들은 저마다 **다양한 존재의 상태를 창조하여 현상화한다.** 의식의 최고/최저 진동수는 의식의 최고/최저 영적/정신적/감정적 형태, 곧 패턴으로부터 나오기 때문이다. 높거나 낮은 패턴이란, **신성의식의 의도**(Divine Consciousness Intent)와 가깝거나 먼 것을 뜻한다.

너희도 알다시피, 음파의 각 주파수들은 각각 고유한 높이의 소리를 낸다. 마찬가지로 습관적인 정신적/감정적 사념체들은 의식 속에서 제각기 고유한 진동수를 만들어내고, 그것은 다시 그 의식이 머물 외부적 조건과 상태를 만들어낸다.

의식의 진동주파수가 높을수록 그 진동수 안에 거하는 이들의 삶은

412

더욱 아름답고 조화롭고 환희롭고 충만하다. 진동수가 낮으면 거기에 공명하는 이들의 삶은 그만큼 더 고생스럽고 씁쓸하고 신산하고 비참하다. 그들의 삶은 재앙과 궁핍 속에서 비참하게 끝난다.

의식의 진동주파수가 높을수록 그것은 [우주의식]의 차원에 더욱 가까이 상승하여 주파수가 높아진 나머지 진폭이 평평해져서 강력한 평형상태 — [우주의식의 전능한 힘] — 모든 존재의 근원 — *[사랑]* — 에 들어서므로, 생각과 창조적 상상과 이상과 색채와 생명체가 영적으로 더욱 아름답고 사랑에 차 있게 된다.

너희에게는 외부적 환경이 **육신**이 거하는 곳처럼 보일지 모르지만 그 실상은 외부적 환경을 경험하고 반응하며 그 속에 거하는 것은 **의식**이다. 육신은 인간의 의식이 타인의 눈에 보이게 하는 수단일 뿐이다. 그리고 그 수단인 육신 자체의 상태는 그 안에 거하는 영적/정신적/정서적 의식의 수준이 표현된 것이다.

그러므로 앞서 말했듯이, 나의 **의식**은 개인들의 요구를 살피고 도움의 요청에 응답하여, 의식의 다양한 존재 차원을 지나 하강하여 간절한 기도자에게 도달한다. 기도에 응답하기 위해서는 먼저 요구를 들어야 하기 때문이다. 그리고 두 번째 페이지에서 내가 말했듯이, 이 **편지**들은 하나의 연결고리, 너희가 나의 **의식**과 통교하는 수단이다.

그것은 너희로 하여금, 너희를 영적 의식의 사다리 높은 곳으로, [그리스도 의식]의 궁극의 경지로 데려가기 위해 내가 나눠주고 싶어하는 모든 지식에 영적으로 이끌리고 수용적으로 다가갈 ─ 그리고 그것을 깊이 이해하고 적용할 ─ 수 있게끔 해줄 것이다.

나 자신은 거의 완벽한 평형상태에 있으므로 나는 [우주의식]의 영적 권능을 거의 완벽하게 지니고 있다. 나는 우주의식의 본성에 물들어 있다.

그러므로 나의 온 의식은 다른 사람들의 나에 대한 생각이나 말이나, 믿음이나 믿음 아닌 것이나, 사랑이나 증오나, 수용이나 배척에 상관없이 순수하고 무조건적인 [사랑]으로 남아 있다.

나의 의식은 결코 머뭇거리거나 바뀌지 않는다. 나의 태도는 초지일관 순수한 사랑과 배려와 자비로 차 있다. 나는 그것을 고양시키고 치유하고 번영하게 하고자 하는 깊은 열망으로서 경험한다. 그러므로 의식의 진동주파수에 충분히 예민한 사람들은 나를 좀더 알기를, 혹은 영적으로 진화하기를 의식적으로 열망하고 추구하고 기도하는 의식상태에 있을 때 나의 임재나 사랑이나 특별한 생명력을 얼마든지 감지할 수 있다.

내가 지상에 말썽을 일으키는 낮은 진동주파수의 의식에 대해 이야기할 때, 너희는 그에 대한 나의 전적으로 자비에 찬 수용의 태도를 느낄 것이다. 왜냐하면 그것은 단지 사람들이 자신의 [존재의 근원]의 [빛]을 향해 가는 길을 찾기 위해 애쓰는 가운데 고통스럽게 겪는 고난과 몸부림이 겉으로 나타난 것일 뿐이기 때문이다. 나는 사람들을 ― 나무라기 위해서가 아니라 ― 고양시키고 힘을 북돋아주기 위해서 와 있다.

너희가 나의 도움을 구할 때, 나는 내 마음속에서 너희의 이름과 영적 형체를 수신하여 품음으로써 나의 *그리스도 의식*을 너희에게 방사한다. 그러면 너희의 수용성과 자기적인 '결합-배척' 추동력으로부터의 자유도에 따라 너희 현재의식의 진동주파수를 통해 존재의 신성한 본성이 얼마간 흡수되고, 그러면 그것은 의식이 강력히 고양되는 느낌으로 경험된다.

그러니 너희가 신성한 사랑의 조화를 벗어나는 것으로 여겨지는 감정적 생각의 패턴을 정신적/감정적으로 물리침으로써 너희의 세속적인 의식으로부터 감정적 속박을 내려놓을수록, 너희의 마음속으로 ― 심지어 태양신경총 속으로 ― 높은 차원의 영감이 밀려 들어오는 것을 더욱더 확연히 느끼게 될 것이다. 그러면 그것이 너희가 골치 아픈 상황에 처하여 어찌할 바를 몰라 쩔쩔매거나 에고의 감정적인 생각을 벗어나지 못하고 있을 때 적절한 인도를 줄 것이다. 너희는 나의 도움과 함께 두 가지 차원계에서 살 수 있다. ― 너희에게 경험을 가져다주는, 육신이 거하는 물리적 세계와, 에고의 사고방식을 초월하여 내가 '천국'이라 부르는 존재 상태로부터 너희의 상황 속으로 생각과 느낌을 방사할 수 있게 해줄 그리스도 의식의 더 높은 세계 말이다.

나는 혼자서 이 일을 하고 있는 것이 아니다. 그리스도 의식의 세계를 자유자재로 드나들 수 있는 차원 높고 초월적이고 영적이고 아름답고 사랑과 지성에 찬 무수한 영혼들이 나와 함께 인간을 돕고 있다. 우리는 그리스도 의식 차원에 있으면서도 모두가 개체성을 지니고 있다. 우리는 서로의 복제물이 아니다. 우리는 저마다 다른 방식으로 그리스도 의식을 장려하게 표현한다. — 각자의 활동은 창조성의 저마다 다른 단면들을 드러낸다. 우리는 강력한 상상력으로써 우리의 차원계속에 가시적인 개체적 형상을 지어낼 수 있다. 그것은 너희의 현재의 이해력을 까마득히 넘어선 무엇이다.

너희는 전 세계로부터 사람들이 그리스도의 임재를 느끼고 영감을 받고 있다는 소식을 들을 것이다. 이번에 세상으로 방사되는 나의 영감은 다양한 마음과 다양한 본성들에게 전해지고 있다. 그들의 과거의 정신적 조건화에 따라 이 영감은 사람들을 저마다 다른 길로 이끌어 갈 것이다. 내가 그들의 의식 속으로 넣어줄 수 있는 메시지들은 다양한 얼굴을 지닐 것이다. 경우에 따라서는 이 메시지가 심령적으로 예민하지만 오랜 세월의 틀에 박힌 종교적 궤도를 고수하는 *정통주의적 사고방식*의 소유자에 의해 거칠게 왜곡되기도 할 것이다. 모든 메시지는 기득권을 가진 신념에 따라 해석된다. 기존의 신념에 반하는 메시지가 들어오면 그것은 이내 마음에서 밀려 나오고 그 메시지는 사탄으로부터 온 것으로 간주된다. 이런 이유로 그것은 전통적인 가르침보다는 진실을 추구하는 열려 있는 마음에게만 가닿을 수 있었다. 하지만 나의 개인적 메시지는 언제나 사람들을 일깨워 온갖 도그마와 제도권 종교의 한정적이고 그릇된 교의를 벗어나는 것이 무엇보다도 시급한 일임을 깨닫게 한다는 것을 확신해도 좋다. 나의 메시지는 의식의 통로를 열어 영적 인식의 성숙으로 이끌 것이다.

그것은 사람들을 이끌어 지상의 물질주의적 관념들을 떠나, 갈수록 차원 높아지는 천상계의 사념으로 데려갈 것이다. 그것은 너희가 지금 살고 있는 우주와 너희 존재의 근원의 진정한 본질에 대한 더욱 생생한 인식을 전해줄 것이다.

나는 지상에 있을 때, 내가 '동서로 하늘을 가로지르는 번갯불(lightening flashes)'로서 재림하는 때가 오리라고 예언했다. 그것은 내가 지금 하고 있는 일의 방식을 회화적으로 묘사한 것이다. 앞의 말을 듣고 나면 너희는 아마도 그 '번개(lightening)'가 나의 재림을 열렬히 소망하고 있는 이들에게 다다를 수 있는 형태로 온 세계에 널리 퍼져 있음을 인정할 수 있을 것이다. 나의 진실은 사람들을 불행의 온갖 원인과 행성 파괴의 미래로부터 일깨우고자 하는 이들의 마음을 고양시키고 밝혀주기 위한 것이다. '오래된' 무수한 영혼들이 자신의 모든 에너지와 시간을 바치고 지상의 신분을 바쳐서 사람들의 고통을 덜어주기 위해 애쓰고, 자연에 대한 사랑을 고취하여 동물을 보호하고, 지구의 앞날의 건강을 돌보는 등, 다양한 방식으로 사심 없이 활동하고 있다. 이 사랑스러운 영혼들이 스스로 자각하지는 못하더라도, 이러한 배려는 오로지 이기적인 요구에만 맞춰져 있는 세속적인 인간의 생각으로부터 나온 것이 아니라 살아 있는 모든 것을 '만유의 근원'의 사랑/지성의 표현으로 여기는 그리스도 의식의 차원으로부터 나온 것이다.

나는 내가 이 사회 모든 계층의 수용적인 사람들이 ─ 노동자로부터 장군에 이르기까지, 서기로부터 대통령에 이르기까지 ─ 오로지 [사랑]의 태도로써 일하도록 돕기 위하여 이 글을 매체로 왔음을 이 편지에서 분명히 설명하고자 한다.

사람들로 하여금 자신의 모든 행동과 반응이 조건 없는 [사랑] — [신성의식] — 에 완벽히 조율되고 조화되도록 모든 정신적, 정서적 에너지와 감수성을 쏟아 붓게 만드는 것이 왜 절대적으로 필요한지에 대해서는 영적/과학적/물질적인 이유가 있다.

지금 이 순간 존재하는 것과 같은 세상의 일반적 의식상태에 머문다는 것은 곧, 무수한 질병과 불행과 재난과 깊은 고통 속으로 계속 추락하는 미끄럼판 위에 머무는 것이다.

너희 세계의 남녀는 존재의 두 가지 차원에서 살 수 있다. — 인간의 나날의 경험을 이루는 모든 일상적 현상들 배후와 내부의 조종자인 에고의 충동 수준에서만 영위하거나, — 아니면 — 육신은 지상에서 살고 있지만 정신적/정서적으로 신성의식 속에서 균형을 잡고 머물러 있을 수 있는 것이다.

에고 의식의 열매는 불화와 분열과 이상기후와 기후격변과 전쟁과 온갖 종류의 중독과 빈곤과 질병과 살인과 강도와 거짓과 사기와 중상모략, 시기와 분노와 비천한 생각들과 악의적인 놀림과 비난과 심판, 빈정댐과 따돌림 등등이다.

이러한 의식의 주파수는 '거울 속의 반영'과 같은 감정적 반응과 상황들을 끝없이 불러와서 이런 열매들을 맺게 한다. ─ 그리고 그것은 기대의 만족과 좌절이라는 '조증'과 '울증'에 늘 휘둘리면서 행복과 불행 사이를 오간다.

기도와 명상과 결심과 자기규율을 통해 자신의 에고 의식을 정화하여 다른 개인들과 세상을 향해 갈수록 더욱더 사랑 넘치는 사념을 일궈 내는 이들은 **신성의식의 영역** ─ **천국** ─ 으로 의식의 진동주파수가 점차 상승하여, **존재의 우주적 법칙**에 따라 평온하고 편안하게 살아 간다.

영적인 진동주파수에 머물러 있는 한, 그런 사람들은 주변 세상에서 어떤 소란과 난리가 일어나더라도 상관없이 영양분을 얻고 치유되고 보호와 돌봄을 받으면서 마음의 완전한 평화를 유지할 수 있다.

그들이 이기적인 다툼이나 에고의 속성이 개입된 부정적인 인간조건 속으로 끌려 내려가도록 자신을 방치한다면, 평화는 어느새 사라져버리고 주변 사람들의 비슷한 진동주파수의 의식으로부터 에너지를 얻는 의식주파수에 갇혀 있는 자신을 발견하게 될 것이다.

그들은 거미줄에 걸린 파리와도 같아서, 일단 걸리고 나면 그 낮은 의식 진동주파수로부터 사고를 해방시키기 위한 싸움은 고통스럽고 진이 빠지는 일이 될 수 있다.

그럴 때는 끊임없는 명상과 기도, 그리고 '올바른 감정적 태도'를 회

복하기 위한 도움과 힘과 인도를 요청하는 것만이 영적 여행자가 그 낮은 에너지장의 함정으로부터 자신의 길로, 천국의 의식 진동 주파수의 조화로운 상태로 돌아올 수 있는 유일한 방법이다.

너희는 이 말이 너무 이해하기 어렵고 너희의 영적 고양을 위한 탐구에는 불필요하다고 생각할 수도 있다. 그러나 그와 반대로 의식의 본성에 대한 이런 이해야말로 지극히 중요하다. 만일 너희의 의식이 낮은 진동주파수로 떨어져서 '지금 느끼고 있는 것'과 '느껴야 할, 혹은 느끼고 싶은 것'으로 알고 있는 것 사이에서 갈등을 겪고 있는 자신을 발견하게 된다면 ─ 너희가 스스로 평소에 자신의 영적 의식 진동주파수가 떨어지도록 방치했기 때문에 고통을 겪고 있는 것임을 깨달아야만 자제력이 회복되는 것을 경험할 수 있다. 그 정확한 이유를 파악하여 그것을 신성의식에게로 데려가서 내적 갈등이 해소되게 하라. 때가 되면 너희의 기도에 응답하여 올바른 태도를 회복시켜주는 인도와, 문제해결의 실마리가 곧 주어질 것이다.

그뿐 아니라 '의식의 주파수'를 고양시켜가면, 너희는 내적으로 정신력과 생명력이 강해짐을 발견할 것이다. ─ 그리고 개인적인 일로 해서 낮은 주파수의 생각으로 내려가거나, 부정적이거나 에고 중심적인 사람과의 통교를 통해 감정적으로 이끌려서 낮은 의식 주파수에 빠져 있는 자신을 발견한다면 이와 반대가 된다. 이럴 때는 에너지가 빼앗기는 것을 경험하게 될 것이다. 이 같은 에너지 상실은 체세포의 에너지 고갈을 초래한다.

그러니 의도적으로 영적 여행에 나설 때는 스스로 택한 목적지로 가는 열차에 탑승하는 여행자와 같은 자신의 모습을 심상화해야 한다. 만일 여행 중에 창 밖의 짙푸른 계곡이나 온갖 쾌락을 제공하는 활기찬 도시 풍경에 끌려 내려서 애초에 목적했던 여행으로부터 멀리 벗어난 고속도로나 샛길을 방황한다면 그 애초의 여행길로 돌아가는 것은 무척 힘 드는 일임을 깨닫게 될 것이다. 무엇보다도, 흥미에 끌려 들어섰던 곳에서 흡수한 낮은 의식 에너지를 정화해야만 할 것이다. 이것은 오랜 시간이 걸릴 수 있고, 의식을 정화하기 위해서 또 다른 고통스러운 경험을 겪어야만 할 수도 있다. 너희가 삶에서 하는 모든 행위는 너희를 영적으로 진보시켜주는 것이거나, 아니면 더 높은 영적 의식으로 향하는 너희의 탐구와 여행에 해로운 의식세계로 들어서는 것, 둘 중의 하나다. 너희는 결코 의식의 작용으로부터도, **존재의 법칙**의 냉엄한 작용으로부터도 벗어날 수 없다. 아무도 모를 테니 문제 없으리라고 여겨지는 약간의 방종을 즐기려고 잠시 샛길로 다녀오는 동안에도 너희의 삶을 붙들어 매어둘 수는 없다. 너희가 하는 모든 행위는 **의식의** 행위여서 어떤 것이든 — 너희의 행복을 키워주는 것이든 최고의 선에 반하는 것이든 — 비슷한 성질의 반동을 불러온다.

너희 삶의 모든 것은 의식의 다른 어떤 활동과 관련된다. 그 어떤 것도 나머지 모든 것으로부터 고립되어 있지 않다. 사람들은 자신이 오늘 하는 일은 일종의 칸막이 속에서 일어난다고 생각한다. 그들은 '오늘'이 어제가 되어 과거로 흘러가버리면 그것은 '오늘'과 아무런 관계도 가질 수 없다고 생각한다. 그러나 — 그들에게는 유감스럽게도 — 그들은 여섯 달 후든 1년, 아니면 심지어 10년 후든 간에 '수확기' —

의식의 에너지가 그것을 가시화하는 데 필요한 것들을 끌어당기는 때 — 가 오면 그것이 자신의 경험 속에서 열매로서 수확되는 것을 발견하게 될 것이다. 그러면 사람들은 의아해한다. — 나에게 왜 이런 일이 일어나지? 왜 나냐구?

영적 여행에 나설 때는 자신이 의식의 진동을 높은 수준으로 올려줄 길에 발을 디디고 있음을 알아야만 한다. 일관적이지 못한 부주의한 태도는 너희를 진동주파수가 오르락내리락하는 상태로 이끌어간다. 이 불안정한 시기는 잠정적 고통으로 가득 찬다. 그렇게 흔들리는 동안 이전에 너희의 영적 전망을 고양시켜주었던 영적 에너지의 애초의 힘은 사그라져버려서, 결국 너희는 기도와 명상으로 돌아가기가 힘들다고 울상을 짓는다. 그 즐거운 나들이 덕분에 의식의 주파수가 떨어져서, 이전에는 **신성의식**을 접촉할 수 있었는데 이제는 그것이 어려워져버렸다. 강렬한 충동(impulse)에 이렇게 넘어가버리면 너희는 스스로 자신의 삶을 힘들게 만들어 돌투성이의 길을 걷게 된다.

한편으로, 의식 속의 이러한 충동은 너희 인간적 의식의 특정 영역이 정화되어야 함을 가리켜 일러준다. 그 충동은 너희에게 어떤 중요한 교훈을 얻게 해주는 데 필요한 수단이다. 사실, 감춰진 충동의 열매를 철저히 맛보지 않고는 아무도 '천국'으로 가는 좁은 길을 일탈 없이 곧바로 지나갈 수 없다. 에고의 충동이 제공하는 모든 것을 온전히 경험함으로써, 사람들은 마침내 그것이 거짓 — 영적인 길로 되돌아갈 때 요구될 엄청난 노력과 고통을 무릅쓸 가치가 없는 — 미끼였음을 확실히 깨닫기에 이른다. 깊이 각인된 충동에 탐닉하여 그 결과가 의식에 각인된 후에야 더 높은 영적 수준의 삶을 살겠노라는 정신적, 감정적으로 확고한 결단을 내릴 수 있게 된다. 이 마지막 결단이 긍정적으로 확고히 내려지고 나면 이전의 충동은 의식에서 지워진다.

그러나 더 높은 영적 차원의 삶을 살겠노라는 결단을 내린다고 해서 문제가 반드시 종식되는 것은 아니라는 점을 말해둬야만 하겠다. 더 높은 영성 속에서 무엇이 참이고 무엇이 거짓인지를 모르면 너희는 너희를 또다시 끝없는 광야로 이끄는 또 다른 이교異敎에 현혹되는 자신을 발견하게 될 것이다.

[나], [그리스도]는 이 편지를 통해 너희가 이 지구 '열차' 여행에서 인간 존재의 가장 높은 목표와 궁극의 진정한 목적지를 택하는 법을 보여주러 왔다.

영적 탐구의 길에서, 너희는 온갖 사치와 쾌락을 누리며 편안히 휴식하고 기운을 충전할 수 있는 다양한 이국의 휴양지를 소개하는 알록달록 다채로운 여행안내 팜플렛들을 앞에 놓고 있는 사람들과도 같다. 어떤 영적 스승은 특정한 목적지 — 특정한 정신적/감정적 문제의 해결 — 로 데려다주는 여행을 선전하는 미끼를 들고 있다. 또 다른 스승은 또 다른 목적지와 여정을 제시한다. 이 각각의 스승들은 자신이 과거에 스스로 경험하고 극복했던 어떤 인간적 고통과 고난을 덜어줄 해결책을 제시한다. 그들은 저마다 자신의 고유한 방법으로 마침내 해결책을 찾은 것이다. 그들은 모두가 삶의 문제에 시달리며 자신의 고된 존재에 위로와 도움을 찾아 어디를 향해야 할지를 모르고 헤매는 사람들에게 나눠주고 싶은 이런저런 가치 있는 메시지를 가지고 있는 것이 틀림없다.

하지만 나는 영적, 우주적 존재의 가장 높은 관점으로부터 왔다. 이 메시지를 받을 준비가 된 사람들에게 그것을 전해줄, 용의주도하게 정화되고 영적 삶으로 충만하여 이 일에 투신한 한 마음을 통해서 말이다.

나는 너희 개체성의 가장 내밀하고 깊은 곳에서 너희가 진정 누구인지를... 그리고 너희가 누구, 그리고 무엇이 될 수 있는지를 보여주기 위해서 왔다.

이와 똑같이 중요한 것은, 나는 인간 의식으로부터 높은 세계의 영적 의식으로 옮겨갈 수 있는 방법을 보여주기 위해서 왔다.

지상에 있을 때 나는 이렇게 말했다:　　　"나는 진실 이요
　　　　　　　　　　　　　　　　　　생명 이요
　　　　　　　　　　　　　　　　　　길 이다."

　　　그리고 나는 그러했다. ─ 그리고 그러하다.

이 편지에서 나는 너희에게　　　　　　진실 을 전하고 있고,
　　　　　　　　　　　풍요로운 생명 을 얻도록
　　　　　　　　　　　　　　그 길 을 보여주고 있다.

영혼이 영적 버팀목으로서 다른 존재를 필요로 하는 것은 자신을 약화시키는 일이므로 나에게 의지하는 것조차도 일시적인 수단으로만 여겨야 한다. 이런 이유로 나는 너희로 하여금 너희의 진정한 후원자이자 대들보인 *['생명과 존재의 근원']*은 평형상태의 우주의식이라는 전능한 차원으로부터 직접 오는 것임을 깨닫게 하기 위해서 기록자를 통해 온갖 노력을 다하고 있다.

나는 너희가 **한층 더 풍요로운** [생명]과, 내가 지상에 있을 때 **천국**이라 부른 것을 발견하도록 도와주기 위해서 너희 — 이 **편지**를 읽고 있는 너희 — 에게로 왔다.

이 말은 인간의 관점에서는 무엇을 의미했을까? **'한층 더 풍요로운 생명'**이라고 말했을 때 나는 무엇을 뜻했을까?

이 말뜻을 2천 년 전의 사람들에게 명쾌하게 전하는 것보다는 2001년의 너희에게 설명하는 것이 나로서는 더 수월하다. 하지만 내면의 영적 지각이 아직 열리지 않은 많은 사람들에게는 내가 하려는 말이 환상처럼 여겨지리라는 것을 나도 알고 있다.

그러니 나는 — 너희의 이해를 돕기 위해 — 너희가 의식을 지닌 육신이 아님을 상기시키고 그것을 온전히 *깨닫기*를 촉구해야만 한다. — 너희는:

분리된 '의식적 존재'로 개체화된 '신성의식'으로서, 서로 끌어당기고 결합하여 원소를 형성하고 물리적 장의 패턴에 따라 생명체의 가시적 형상을 빚어내는 하전 입자들을 통해 너희의 땅 위에 가시화되어 나타난다.

존재의 진실과 너희의 물질성의 기원을 이해하려면 너희의 육신이 전적으로 ─ 그리고 오로지 ─ 불변의 물리적/과학적 법칙에 따라 그 '존재'를 부여받고 잉태되고 자라난다고 여기는 너희 땅에 속한 한정된 인식을 제거하기 위해 날마다 부단히 노력해야만 한다.

너희는 인간의 케케묵은 한정된 신념 대신, 너희 '개인의 실체' ─ 너희의 영혼 ─ 는 만유의 실체 ─ [존재의 근원] ─ 로부터 직접 나온 것이라는 확고한 깨달음을 얻기 위해 날마다 부단히 노력해야만 한다.

너희의 육신 또한 잉태의 순간에 만유의 실체로부터 생명을 얻는다. 하지만 그것은 또 육신이 잉태된 당시의 '의식 진동주파수' 차원에 맞추어 조율된다. 그것은 해가 갈수록 인간의 의식을 제어하는 자기적 감정적 '결합-배척'의 추동력에 의해 더욱 강하게 한정되어 틀 속에 갇힌다.

이것은 무슨 뜻일까?

내가 하고자 하는 이야기는 미래의 인류에게 엄청난 의미를 시사한다. ─ 너희 중 그렇게 할 수 있는 이들이 이것을 이해하기 위해 모든 노력을 기울인다면 말이다.

사실 너희가 이 편지들을 대하는 방식이 장차의 삶의 경로를 결정할 것이다. 그것은 너희에게, 현재의 의식 진동주파수 변수에 갇혀서 남아 있든가, 아니면 너희 스스로가 더 높은 의식 차원으로 점차 움직여가서 내가 전해주고자 하는 지식을 실천한 혜택을 누리게 될 자녀를 낳든가 하는 차이를 의미하게 될 것이다.

내가 지상에 있을 때 종종 되풀이해서 말했지만 전혀 이해되지 못한 말이 있다:

"육에서 난 것은 육이요 영에서 난 것은 영이다." (요한:3장6절)

이 말의 뜻은 이것이다: 어떤 사람들은 천성적으로 *자신이 잉태되었던 본래의 영적-정서적 의식의 주파수로 돌아가는 영적 능력을 지니고 있다.* — 그리고 훗날 그들은 잉태되었을 당시와 동일한 영적 진동주파수에서 새로운 영적 정신적 자각의식을 지니게 됨으로써 거듭날 수 있다. 그리고 그 이후로는 그 새로운 자각의식으로써 살면서 삶을 영위하고 진화해갈 수 있다.

본래의, 잉태 시의 영적-정서적 의식의 주파수는 그 아이의 영적 여정에 승강대와 같은 역할을 할 것이다.

'음란한 색욕'으로만 잉태된 아이들은 그들의 귀와 눈과 촉감과 냄새 너머에 있는 '진실'을 잘 인식하지 못한다.

이 말이 의심스럽다면 잠시 멈춰서 다음의 어김없는 존재의 법칙을 숙고해보라:

[모든 창조물]은 가시화된 [의식]이다.

모든 생명체는 오로지 자신이 머무는 그 영적 의식, 혹은 에고 의식의 수준으로부터 사고하고 행동한다.

수태되기 전에, 정자에는 미래의 아버지인 남성의 전체 의식이 스며들어 있고, 난자에는 미래의 어머니인 여성의 전체 의식이 스며들어 있다.

섹스를 하는 동안에는 남녀의 정신적/감정적 의식에 변화가 일어난다. 그들은 더욱 깊어진 사랑과 배려와 더욱 깊은 영적 조화에 대한 열망을 표하고자 하는 욕구를 느끼게 될 수도 있다. ― 이것이 진정한 영적/육체적 합일이다. 이와는 달리 그들의 하나가 되고자 하는 욕구가 자기만족을 구하는 욕망으로 변질되어 한껏 부풀어 오르면 이것은 에고의 활동이 되어 오직 에고의 반응만을 일으킨다. 하지만 교합하는 사람들의 의식상태가 어떻든 간에, 궁극의 절정에 도달하고자 하는 욕망으로 가득한 의식은 신체기관을 리드미컬하게 움직이도록 몰아붙이고, 그러면 심령적/육체적 에너지가 일어나서 뇌 쪽으로 점차 상승하면서 갈수록 높아지는 진동 에너지의 동력을 만들어내고 거의 황홀의 극치에 도달하여 순간적인 황홀경과 찬란한 충만의 상태로 폭발한다. ― 그런 후에는 긴장이 풀려서 점차 인간적인 의식상태로 다시 내려온다.

그 황홀경의 순간에 인간의 의식은 상승하여 [신성한 생명력]에 가닿고, 그것이 남성의 정자와 여성의 난자에 흥분을 촉발한다. 수태가 일어나지 않고 정자와 난자가 평소의 육체적 의식으로 돌아올 수도 있다.

수태가 일어나면 정자는 난자를 뚫고 들어가서 [신성한 생명]의 가장 높은 진동 속에서 영적/물질적으로 융합하여 하나가 된다. 하나가 된 의식 속에서 정자와 난자 또한 그들만의 고유한 평형상태와 환희의 순간으로 상승하여 [신성한 생명] 자체와 인간적 아버지/어머니 의식 안에서 하나가 되는 것이다.

이 '의식 합일'의 순간은 신성한 생명 의식의 매우 높은 차원에서 일어나는데, 그것은 남성과 여성이라는 두 요소가 다시 결합하여 평형상태 속으로 녹아들어 하나가 되어 한 아이를 만들어내는, 상상할 수 없는 환희와 기쁨의 순간이다. 이 합일의 순간은 한 사람이 우주적 평형상태의 신성의식의 형언할 수 없이 찬란한 황홀경으로 복귀하는 순간이다.

두 남녀가 온 가슴으로 느끼는 순수한 사랑 속에서 섹스를 하게 되면 하나가 된 인간의 의식은 교합한 동안에 점점 더 높은 '의식의 진동주파수'로 상승하여 신성한 지성/사랑 의식의 진동수에 사로잡힌다. 그런 상태에서 잉태된 아이가 영에서 난 아이다.

연인들은 서로가 진정으로 사랑하여 순수한 부드러움과 사랑 속에서 만날 때 그 느낌을 직감한다. 그러한 성적 교합은 마음과 감정과 몸이 하나가 되는 순간이어서 그 상태는 그 이후에도 그들의 의식 속에 머물러 있으면서 그들로 하여금 서로에게서 떨어지기 어렵게 만든다. 그들은 그 초월적인 아름다움, 포만감이 아닌 정서적 사랑의 회복과 소생, 그리고 모든 것을 아울러 품는 조화로움을 안다. 이러한 남녀는 **신성의식**에 의해 결합된다.

슬프게도, 결국은 그들 각자의 [에고-의식]이 서로에게서 느꼈었던 사랑을 얼룩으로 물들이면서 점차 자리를 차지하고 들어앉아서 그들을 정서적/육체적으로 약화시켜 서로 떨어진 채 슬퍼하게 만들 수 있다. 그들은 그토록 아름답게 고양되었던 사랑이 어떻게 그처럼 사그라져서 죽어버릴 수 있는지를 의아해한다.

이 편지는 그들로 하여금 에고의 충동을 극복하여 이전의 사랑을 더 높고 더 영적인 차원에서 재발견하게 하는 도구가 될 수 있다. 그럴 경우에 남녀는 이전의 어느 때보다도 더 온전해질 것이다. 그들의 의식상태 여하에 따라 ― 그들의 의식상태가 육체적 합일의 욕망을 초월했는지 어떤지에 따라 ― 이것은 다른 모든 것을 초월하는 새로운 성적 매력으로써 그들을 결합시킬 수도 있고, 그러지 않을 수도 있다.

그 밖의 다른 어떤 감정에 의해 일어난 육체적 결합은 '육이 육으로 들어가는' 상황을 불러와서, 세속적인 ― 종종 부정적인 ― 진동주파수의 교환을 통해 그러한 짝들과 비슷한 수준의 마음을 가진 후손을 낳을 뿐이다. 아기가 잉태되지 않더라도 그런 교합은 양쪽 모두에게 이롭지 못하다. 왜냐하면 그들은 서로의 의식 에너지를 교환하여 몸속으로 받아들이는데, 그것이 부정적인 — 적대적이거나 비판적인 — 것이라면 서로에게 해로울 수 있기 때문이다. '의식 에너지'는 '아버지-지성'과 '어머니-사랑-자기력'의 조합임을 명심하라.

섹스 파트너 사이에 교환되는 에너지는 신체를 형성하는 정신적/전기적 장과 감정적/자기적 장의 에너지와 동일한 에너지다. 모든 것이 의식이다. 그러므로 체액 속의 의식 에너지나 정신적/감정적 태도와 생각들이 교환되어 흡수되면 너희는 서로가 상대방의 정신적/감정적/육체적 상태에 영향을 끼치고 있는 것이다.

섹스가 건강하고 생명을 주는 것이 되려면 나의 이익보다 상대방의 이익이 더 중요해지는, 진정으로 우러나오는 사랑 속에서만 이뤄져야 한다.

그것을 감정적인 불화나 상처를 치유하는 데에 사용해서는 안 된다.

의견충돌이 있었거나 서로에게 화가 나 있었다가 서로를 진심으로 용서하여 관계가 온전히 회복된 — 서로에 대한 사랑이 새로워진 — 후에 섹스를 하면 그것은 환희로운 행위가 될 수 있다. 하지만 상처를 덮어두고 감정이 무마된 듯한 가짜 느낌을 주려는 목적으로 섹스를 한다면 그것은 결코 그렇게 될 수 없다.

물론 그런 섹스도 의식 에너지의 진동주파수를 고양시켜주므로 일시적인 행복감과 선의가 담긴 느낌을 가져다줄 것이다. ― 그러나 이것은 [그들의 개인적 의식이 일시적으로 고양되는 것일 뿐이다].

두 사람이 아직도 상대방에 대한 원망이나 비난의 마음을 감춘 채 섹스를 하면 그 부정적인 의식체가 상대방의 전자기장 속으로 전해져서 상대방이 온전히 자각하지 못하는 가운데 내적으로 교란된 느낌을 느끼게 한다. 그리하여 그들의 관계는 두 사람 다 그런 일이 일어나고 있는지를 자각하지 못하는 가운데 서서히 무너져가고 있는 것이다. 연인 사이의 육체적 끌림이 결국 사그라져 죽어버리게 하는 것은 바로 이것이다. 그것은 존재의 모든 수준에서 서서히, 서로를 깊이 침식해오는 감춰진 부정적, 비판적 생각과 느낌에 의해 파괴된다.

진동주파수가 떨어져가면 그들은 이전에 자신을 다른 사람들과의 말다툼으로 몰아갔던 그런 생각과 느낌들 속으로 빠져드는 자신을 발견하게 된다. 그리하여 문제는 날이면 날마다 하염없이 반복된다. 사람들이 섹스를 만병통치약으로 이용하면 그것은 욕구불만으로 이어져 서로에 대한 존중과 사랑을 잃고 환멸감만 느끼게 된다.

그러니 말다툼과 싸움은 사랑의 느낌을 압도하는 각자의 감춰진 에고-의식의 충동으로부터 일어나며, 두 사람이 새로운 차원에서 서로에 대한 이해와 배려와 변함없는 사랑에 이르려면 에고의 충동을 먼저 치유해야만 한다는 사실을 깨닫는 것이 무엇보다도 중요하다.

이뿐만 아니라 각자의 의식상태가 결국은 그들 나날의 삶 속에서 주변 환경과 생활조건과 일의 성패를 좌우한다. 그것은 또한 자녀에게도 영향을 미쳐서 정신적/정서적으로 건강한 마음으로 화기애애한 가족관계를 이루게 하든가, 아니면 어느 누구도 서로에게서 공감과 수용을 얻지 못하는 콩가루 집안이 되게 한다.

너희는 가족관계의 화불화和不和란 순전히 구성원 각자의 성격과 나날의 역할을 행하는 방식에서 오는 것이라고 여길지 모른다. 가족관계가 각자의 성격과 생활방식의 소산이라는 것은 너무나 옳은 말이다. 하지만 불화하여 파탄된 가정의 부부가 동거생활을 청산하고 별거하여 완전히 새로운 삶으로 옮겨가는 것은 그들이 성행위를 하는 동안에 흡수해온 불건강하고 비판적인 의식으로부터 자신을 분리해내는 데 성공했기 때문이라는 점을 너희도 생각해보기를 바란다. 마음이 충분히 강인하다면 그들은 '새로운 자아'를 발견해내고, 새로운 환경을 구축하여 새로운 성공을 찾아간다.

하지만 서로에 대한 진실한 사랑으로 상대방의 요구를 함께 배려하고 동등한 입장에서 균형을 맞춰가면서 필요할 때는 정서적 후원이나 자애로운 상담자(충고자가 아닌) 역할을 해주는 동반자는 서로가 상대방의 역동적인 의식 에너지를 받아들임으로써 가족관계가 더욱 돈독해진다는 사실을 깨닫게 될 것이다.

위의 글에 비춰보자면 섹스를 하기 전에 불만감이나 묻혀 있는 적의나 모욕감 같은 것이 없어야만 한다는 것을 이제는 이해할 수 있을 것이다. 그런 감정이 있다면 섹스를 재개하기 전에 완전히 해소해야만 한다. 토론과 발언의 자유가 정상적으로 인정되는 인간관계에서, 각 파트너는 서로 감응하는 사랑의 역학적 균형이 강력히 정립되고 양쪽의 의식이 **순수한 평형상태**에 도달하기 전에는 성적인 사랑 행위에 저항해야 한다.

강간의 경우, 그것은 상대방에 대한 가장 악질적인 행위로서 언젠가는 합당한 대가를 끌어올 것이다. 그것은 특히 뒤틀리고 왜곡된 에고-의식으로부터 일어난다. 그런 사람들의 의식의 진동주파수는 너무나 낮고 무거워서 그 개인에게도 파괴적인 영향을 미친다.

옛날에는 사회가 사람들을 끊임없이 설교하여 가르쳤다. 서구국가들에서는 문명화되고 인간화된 문화의 진정한 기반으로서 십계명이 당당히 제시되어 자기통제를 가르쳤고 전 세계의 모든 종교들이 그것을 받아들였다.

오락산업과 대중매체의 영향으로 인해 에고-의식이 강화된 오늘날은 에고의 욕망이 모든 것을 지배한다.

너희는 또한 의식의 에너지는 열과 소리의 에너지만큼이나 실질적으로 작용하는 **에너지**임을 이해해야만 — 그리고 받아들여야만 — 한다. 음파가 어떤 물질을 관통할 수 있듯이 한 사람의 의식의 에너지가 그 야수적인 성향을 다른 사람의 마음의 의식 에너지를 **마치 바이러스처럼 감염**시킬 수 있다. 이런 에너지가 강간범과 정확히 같은 방식으로 표현되지는 않을지 모르지만, 전염된 의식 에너지는 어김없이 때 묻지 않은 상대방의 마음속에 새로운 생각이나 느낌을 심어놓는다는 것을 명심하라. 너희의 과학자들은 텔레파시를 믿을 태세가 되어 있지 않지만 텔레파시는 삶이 지닌 한 가지 사실이다. 둔화된 의식은 그 기능이 너무나 자기지향적으로 변질돼서 다른 사람의 마음속에 새로운 무엇이 일어난 것을 알아차리지 못하지만 말이다.

이 중요한 시기에 교회와 법조계와 정부의 고위직에 있으면서 사람들에 대한 자신의 책임을 다하지 못하고 있는 이들에게 경고하는 것을 끝으로, 이 주제에 대해서는 더 이상 말하지 않겠다. 그들은 결국 자신들이 지상의 임무를 수행했을 때 도덕적 자질이 지극히 부족했음을 깨닫게 될 것이다. 그들은 자신의 도덕적 해이로 인해 상처받고 파괴된 사람들의 삶의 얼룩이 자신들의 삶에 반사되어 오는 것을 깨닫게 될 것이다. [모든] 행위는 유사한 반작용을 초래한다.

아마 이제는 너희도 현 세계의 성적 사조가 왜 전 세계에 그토록 비참하고 무서운 상황을 초래하고 있는지를 깨달았을 것이다.

내가 말하고 있는 것을 온전히 이해할 수 있도록, 나는 너희가 우주적 평형상태의 신성의식의 본질은 무한한 권능임을 [심상화하고 깨닫도록] 애쓰기를 바란다. 왜냐하면 평형상태-조화는 결속과 안정을 이루기 위해

　남성과 여성,

지성과 사랑,

경험하고자 하는 의지와 묵묵히 순종하고자 하는 의지,

활동하고자 하는 열망과 물러앉아 현상을 유지하고자 하는
열망 등의

우주적 추동력의 상호 동등한 구속력으로부터 일어나는 것이기 때문
이다.

내가 네 번째 편지에서 설명했던 이 원초적인 존재의 [추동력]들은
눈에 보이는 만물에 생명과 형체와 형상과 존재를 부여한 '실체'다.

이 차원은 아름다움, 기쁨, 조화, 황홀경, 존경, 지성, 사랑의 상태다.
그것은 지구가 보여줄 수 있는 모든 것이다.
— 단지 너희의 가장 희미한 상상력조차 넘어선 차원에서 말이다.

앞의 두 문단의 **의미**를 너희의 의식 속으로 가져와서 가만히 품어보
라. 그 의미를 이해하여 너희만의 것으로 만들면 너희의 신성한 기원,
그리고 존재 자체에 대한 너희의 관점이 송두리째 바뀔 것이다. 바로
위의 이 문단들에서 나는 정자와 난자가 하나가 되어 한 아이에게 형
상을 부여하는 순간에 그 속에서 작용하는 [생명]의 본성과 정수를 너
희에게 묘사했다.

이것이 너희의 진실이요, 너희의 실재요, 너희의 영혼이요, 심령이요 너희의 가장 깊은 존재 상태다.

너희는 본능적으로 이것을 알고 있다. 아기는 환희의 육화다. 아기가 환경과 인간관계에 대한 인식을 발달시켜가는 동안에 표현하는 환희는, 유전자의 지시에 따라 낱낱의 세포를 현재의 모습으로 길러온 신성한 [생명]의 깊은 샘으로부터 나오는 것이다.

영혼(soul)과 심령(psyche)의 차이는 무엇일까? 지금부터 나는 너희 지구의 심리학자들이 논란을 벌이는 그 차이점을 설명할 것이다. 그들의 논란이야 어떻든 간에 이것이 진실이다. 영혼은 '신성한 불꽃' ─ 수태의 순간에 개체적 존재 속으로 끌려 들어오는 **신성한 생명의 정수**를 묘사하는 데 사용되는 비유로서 ─ 이다. [생명력]은 인간의 형상을 띠고서, '전기적 활동력'의 에너지와 '결합-배척'의 자기적 추동력을 풀어내어 신체를 만들어내는 복잡정교한 작업을 개시한다.

그러니 너희는 너희 존재의 핵심에

너희의 영혼 ─ 신성한 실재를

지니고 있다.

이것은 신성한 지성/신성한 사랑이다.

그것은 완벽한 법칙과 질서를 갖춘 시스템 속에서 창조하고 기르고 영양을 공급하고 부양하고 치유하고 보호하고 모든 요구를 충족시켜주는 강력하고 신성한 추동력이다.

이것이 실재, 곧 너희의 영혼이다.

그러므로 너희가 에고의 충동을 극복하고 [영혼]이 너희 생각과 느낌 속에서 주도권을 잡도록 맞아들이면 너희는 위에 묘사된 모든 신성한 추동력을 표출하도록 가동될 것이다. 너희는 오로지 모든 생명체와 우주 자체를 가장 크게 이롭게 하고자 하는 욕구에 사로잡힐 것이다. 너희는 신성의식의 진정한 전령이 되어 존재의 모든 품성을 표현할 것이다.

영혼이 신성의식과 재합일하는 그때까지 심령은 너희 인간적 의식의 가장 깊은 뒤안에 자리 잡은 채 너희 영혼으로부터 자신의 자각의식(awareness)을 얻어낸다. 그것은 그른 것들로부터 옳은 것을 판별해내는 너희 내부의 감춰진 본능이다.

수태의 순간에 에고도 형성된다.

아기가 자라나는 동안 에고는 자신을 다른 이들에게 느껴지게끔 만들기 시작한다. 그것은 너희 인간의 자아성의 바탕으로서, 그것이 너희에게 개체성을 부여한다. 그것은 너희 인간 의식의 에너지다.

그것이 너희를 다른 모든 사람들과 구별되는 독특한 존재로 만든다.

너희의 개체성을 보존하기 위해서는 에고가 너희를 모든 종류의 외부적 공격으로부터 보호하고, 너희가 번성하고 성장하고 행복해지도록 돕는 데 필요한 것을 제공해야만 한다.

이것은 신성한 임무이니 경멸하는 태도로 대해서는 안 된다. 에고는 창조하고 발달하고 성장해가는 의식(consciousness of creation, development and growth)의 매우 긴요하고 '너무나 중요한' 핵을 이룬다.

에고는 활동하는 의식의 전기적 흐름 ― 모든 생명체, 심지어는 햇빛을 가장 잘 받기 위해 잎사귀의 방향을 조정하여 진열하는 식물들에게서도 드러나는 왕성한 추동력 ― 에 의해서만 지배된다. 이것은 식물로 하여금 태양의 온기를 즐기며 자랄 수 있게 하기 위해 식물 의식 속의 활발한 전기장과, '결합-욕망'의 감정장(emotional field) 속에서 일어나는 하나의 움직임이다. 모든 생명체 속의 에고는 '지상의 의식'만의 자리이다. 그것은 영혼을 이루는 **신성한 실재**와는 어떤 형상이나 형태로도 닮지 않았다. 에고의 욕구 ― 오로지 그 개체를 행복하게 만들고 그것의 생존을 확보하기 위해 공격으로부터 그것을 보호하는 데 소용되는 것을 얻는 데에만 기울여지며, 자신의 목적을 성취하기 위해서 다른 존재나 종을 짓밟게 하는 추동력 ― 는 오직 지상의 세계에만 속한 것이다. 이 에고의 힘은 아메바와 같은 미물로부터 막강한 권력자인 왕에 이르기까지 모든 생명체 속에서 작용한다.

이 에고의 욕구를 살아 있는 우주의 보호자요 집정자라 불러도 된다.

오늘날 너희 세계의 대부분의 사람들이 '신'의 존재 가능성에 대해 생각할 때 혼란을 겪게 되는 것은 바로 이 대목에서다. 자양분을 얻기 위해 서로 먹고 먹히는, 에고-의식에 의해 추동되는 다양한 종들의 활동을 관찰하면서 이들은 이런 '야만적 현상'이 창조자의 연출임이 틀림없다고 결론을 내린다.

그렇다면 어떻게 창조자를 '사랑의 신'이라고 할 수 있겠는가 말이다.

이것이 내가 일소하고자 하는 그릇된 견해와 믿음들 중의 하나다. 모든 사람들이 이것을 깨닫게 하는 것이 나의 목적이다: 온 우주는 만물의 핵심과 그 바탕에 **신성한 생명력**을 지니고 있어서 그것이 모든 창조물에 영감과 숨결을 불어넣어준다. 그것은 그로부터 만물이 존재와 형체와 형상을 얻은 근원인, 보이지 않으나 강력한 힘을 지니고 있는 **평형상태**이다.

그것은 '과학자들이 말하는 공간'으로서, 그 속에서 '하전 입자들의 움직임과 결합'이 일어난다. 그것은 간파할 수 없고 영원히 알 수 없는 '존재의 밑바탕'이요, 우주 만물의 모든 질료의 감추어진 근원이다.

에고는, [존재 본연의 일체성]으로부터 개체성을 빚어내는 신성한 창조의 도구다.

내가 할 이야기에 대해서는 너희의 과학자들 사이에 논란이 분분할 테지만, 그럼에도 나는 환경 속에서 일어나고 있는 일에 대해 토론하고 행동방침을 정하고 — 부분적인 이해만 가지고도 — 직관적이고 지성적으로 응대할 정도로 지성이 충분히 진화된 '지상의' 존재들의 영혼들을 향해 이야기하고자 한다. 모든 고등 생물종들 중의 이런 존재들이야말로 그 부류 중의 천재들이다. 인간이든 다른 종이든 간에 그들의 외적인 신체만을 보고 그 내적 발달정도를 판단하지 말라. 모든 생명체들은 동일한 **신성한 생명**으로부터 개체화된 것이다.

어떤 심령들은 갈수록 더욱 영성화되어가는 자신의 정신적/감정적 장에 의해 에고 의식을 들여다볼 수 있게 되어서, **신성한 실재**로부터 나온 영혼의 촉구에 의해서만 나올 수 있는 친절하고 배려 깊은 행동을 개시할 수 있다. 그러므로 모든 생명체를 최대한 존중하고 배려해야만 한다.

종들이 분명한 생각과 개념을 형성하고, 그것을 소리와 단어로 표현할 수 있을 정도로 진화했을 때 — 그리고 심령의 영적 발달이 에고 의식을 관통할 수 있게 될 때 — 심령은 이렇게 의문하기 시작한다:

"삶이란 게 이게 다란 말인가? 우리 삶의 목적은 무엇일까?" 등등.

이런 일이 일어나면 그것은 영혼이 심령에게 그 존재의 근원에 가닿아야 할 시급한 필요성을 각인시키기 시작하고 있는 것이다. 심령은 그것이 존재하며, 그것이 진정한 집이요 안식처임을 본능적으로 알고 있다. 존재의 근원과 재합일하고자 하는 영혼의 숨겨진, 그러나 그칠 줄 모르는 열망이 이제는 심령에게도 느껴진다.

삶에서 이토록 중요한 발달단계에 이르지도 못한 사람들이 있다면 그 것은 그들의 에고의 정신적/감정적 작용이 지능과 이성의 단련에만 너무나 몰두해 있어서 다른 사람들이, '생명은 어떻게 비롯되었을까?' '신은 존재할까?' '이토록 놀라운 우주가 어떻게 설계되고 만들어졌을 까?' 하는 등의 의문을 던지면 구도자도 신봉자도 아닌 사람의 에고는 자신의 전능한 힘만을 의식하여 지구에 그 형체를 부여한 더 높은 차 원계가 존재할 가능성을 부정하려 나서기 때문이다. 에고는 심령을 통해 전해지는 영혼의 목소리를 반박하여 물리치고, 그렇게 반박할 때마다 그것은 자신의 안전의 유일한 상징인 눈에 보이는 물질세계에 대한 지각 속에 자신을 더욱 깊이 매몰시킨다.

그리하여 영혼은 에고의 정신적/감정적 전기적/자기적 쇠사슬에 묶인 채 남아 있고, 인간의 마음은 영혼이란 존재하지 않아서 지상의 존재 와 육체적 생명력만이 유일한 실재라는 신념 속에 머물러 있게 된다.

만일 그런 사람들의 마음이 심령/영혼의 영감적인 속삭임을 물리치 기로 결심하면 몸은 자잘한 병에 시달리고 인간관계는 경직되고 삶 은 전반적으로 스트레스에 싸여 질병이 찾아올 수도 있다. 이것은, 그 런 사람들은 입으로 들어오는 음식에서 나오는 한정된 에너지에만 의 존하기 때문이다. 이 에너지는 화학작용으로부터 나오는 것이지 모든 생명의 근원으로부터 오는 것이 아니다.

너희는 애초에 신성한 실재로부터 생명을 얻어왔고 신성한 실재가 너희에게 존재를 부여했지만, 한편으로 너희는 또한 음식으로부터 육체적인 에너지를 얻어낸다. 소화과정은 효소를 만들어내고, 그것은 음식을 분해하여 사용가능한 형태로 쪼개고, 그것이 온몸의 신체세포들과 마음에 양식을 공급한다. 이것이 육신의 삶이다.

많은 사람들이 오로지 체내작용으로부터 얻어낸 에너지에만 의지하여 살다가 죽는다.

체내작용으로부터 얻어낸 에너지의 형태와 양은 생명체의 정신적/전기적, 감정적/자기적 장에 크게 좌우된다.

아메바로부터 코끼리와 인간에 이르기까지 모든 생명체를 감싸고 있는 이 전기적 자기적 장은, 영혼으로부터 방사되는 개인의 **생명력과**, 그 존재의 왕성한 정신적/전기적 작용과 감정적/자기적 '결합-배척' 추동력으로부터 방사되는 개인적 '의식-자각의식'의 조합이다. 이 전기적/자기적 장은 그 존재의 마음과 감정을 지나가는 모든 생각과 느낌에 깊이 영향받는다. 이 '장'은 다시 몸 자체의 체내작용에 깊은 영향을 미친다. 그러므로 장은 개인의 의식상태 ─ **신성한 지성/사랑**으로부터 방사되는 생명력에 조화된 상태이든, 아니면 자기중심적인 에고의 욕구로 인해 부조화한 상태이든 ─ 에 따라 몸의 건강상태를 좋아지게도 하고 나빠지게도 한다.

불행한 존재는 시들고 죽는다. 행복한 존재는 번성한다. 이것은 존재의 기본적 사실이다. 따져보면 결국 생명체는 자기 내면의 상태 — 만족, 혹은 불만족 — 로부터 자양분을 취한다.

아기의 신체와 의식이 발달해가는 것을 살펴보면 이 말이 참이라는 것을 알 수 있다.

만족하고 행복한 아이는 건강하게 잘 자라고 잘 웃고 기쁨에 차 있다. 사랑 많은 엄마와의 접촉은 아이의 행복감을 높여준다. 엄마가 아기에게 방사하는 만족스럽고 사랑 넘치는 기운은 아기의 의식에 빛을 주고, 그에 따라서 아기의 작은 몸도 기운으로 가득 찬다.

아이의 성장과 함께 발달하는 인격은 밝거나 어두운 의식의 힘으로써 영혼의 빛에 '색깔'을 물들이기 시작하고, 그것은 아이의 건강을 강화시키거나 악화시킨다.

심령적 감각이 예민한 사람은 사람이나 동물이 신체적으로 발병하지 않은 때에도 그 장 에너지가 감소되고 있을 때는 전자기장이 미약해진 것을 감지할 수 있다. 그것은 몸 자체가 기진상태나 질병의 형태로 의식 에너지의 고갈상태를 노출하기 시작하기 하루나 이틀 전일 수도 있다.

지상에는 이런 현상을 기록하는 장치를 개발한 사람들이 있어서 훗날에는 이것이 다가오는 병을 미리 진단하고 치료하는 방법으로서 인정받게 될 것이다. 그뿐 아니라 영성과학의 지식과 기술이 진화해가면,

육체적 고갈의 원인이 되는 정확한 정신적/감정적 상태를 먼저 최면상태에서 밝혀내고 그 진동주파수를 전자장치의 화면에 기록하게 될 것이다. 그런 다음에는 전자장비로 조사하여 비슷한 장치의 화면에 신체 다양한 부위의 진동주파수를 기록할 것이다. 여기에는 색깔의 변화도 포함된다. 왜냐하면 의식의 모든 패턴은 무엇보다도 진동주파수와 색깔로 나타나기 때문이다. 정신적/감정적 진동의 주파수를 신체 부위들의 진동주파수와 비교해보면 에너지가 고갈된 장기가 정신적/감정적 원인과 함께 정확히 파악될 것이다.

정신과 의사들은 과거의 경험을 파고들어서 조사하고 분류하여 정신적/감정적/육체적 이상의 원인으로 보이는 것에 대한 소견서를 쓰고 그에 대항하기 위하여 인간의 이론에서 나온 처방을 주는 그런 짓을 더 이상 하지 않게 될 것이다.

'내면의 인간'의 영적 상태에 관한 진실이 확연히 밝혀질 것이고, 그것은 환자가 건강과 생기와 새로운 시야와 목표 ─ 그리고 조건 없는 사랑을 위한 더 깊어진 능력 ─ 를 회복할 수 있게 하기 위해서 필요한 명상과 정신적 과제와 영적 가르침의 확실한 바탕을 마련해 줄 것이다.

자연히, 더 이상 환자의 의식 에너지를 높여주려고 약물을 사용하지는 않게 될 것이다. 왜냐하면 병의 원인은 **신성한 생명-영혼 에너지**의 고갈이기 때문이다. 환자는 이상이 있는 신체부위의 진동주파수를 의도적, 체계적으로 끌어올릴 수 있는 방법과 심리적 불편과 **영혼 에**

너지의 고갈을 초래하는 개인적 환경에 대처하는 방법을 배우게 될 것이다. 또 환자는 순수한 영적 생명의 진정한 통로 역할을 하는 사람의 손으로부터 나오는 신성한 에너지를 받음으로써 극적인 도움을 받게 될 것이다. 이런 소생술과 더불어, 새로운 인식과 에고의 충동에 대한 통제력을 갖추면 신체적 증상은 즉석이 아니면 며칠 내로 신속히 사라지게 될 것이다.

하지만 너희는 이 편지를 읽고 있는 동안에도 자신의 몸을 치유하는 일을 시작할 수 있다. 너희의 자기치유를 위해서는 존재에 힘을 공급해주는 **신성한 실재**에 관한 이 가르침과, 그것에 주파수를 동조시켜 치유작용 속으로 **신성한 생명**을 끌어들이는 올바른 방법이 무엇보다도 중요하다.

영적 탐구와 질문과 명상과 독서와 기도를 통해 **신성한 실재의 생명**을 끌어오기 시작할 때, 너희는 틀 속에 갇힌 에고-의식의 세속적 꿈으로부터 너희의 심령을 일깨워내기 시작하는 것이다. 너희는 **신성한 실재 그 자체**의 본성을 마음과 감정 속으로 끌어들인다. 너희의 마음과 감정을 지나가는 모든 것은 너희를 감싸고 있는 전자기장 속을 지나간다. 이것은 너희에게 기운을 보태준다. 너희가 **신성한 실재로부터** 끌어들이는 기운에 의해 너희의 전자기장 에너지가 활성화되면 그 기운은 또한 몸속으로 전해지고 신체 장기들이 전에 없이 건강해져서 기능의 부조도 점차 사라진다. 이런 신체적 과정과 전자기장의 작용을 잘 기억해두는 것이 중요하다. 왜냐하면 이러한 지식이 너희에게 영감을 주어 날마다 명상하여 **신성한 실재**에 자신을 동조시키도록 부추겨주기 때문이다.

너희의 진지한 탐구와 명상이 지상의 어떤 종교적 신념이나, 피상적인 사이비 '영성'이나, '기운'을 지니고 있다고 믿는 어떤 물질적 대상이 아니라 오로지 [존재의 진실]을 향해서만 초점을 맞추고 있으면 너희는 자신의 본성이 점차 변화해감을 깨닫게 될 것이고, 타인들에 대한 지각능력과 그들의 요구를 감지하는 힘이 전에 없이 커지기 시작할 것이다. 너희는 타인을 더욱더 이해하고 공감하고 배려하고 동정하고 부드럽게 대하게 된다. 실제로 이제부터는 영혼의 **신성한 생명**의 품성이 에고의 자연스러운 자기만족 및 자기방어 충동을 제어하기 시작한다.

나는 너희가 이제 새로운 역경 — 자신이 '원하는' 것을, 아마도 다른 사람들의 희생을 통해, 만족시키기만을 습관적으로 고집해온 에고의 충동과, '사랑이 곧 법'이며 타인의 권리도 자신(에고)의 권리와 동등하게 존중해야 함을 깨닫기 시작하고 있는 심령-영혼 사이의 갈등기 — 에 접어들게 되었음을 경고하려고 한다. 심령이 **영혼-신성한 실재**를 자신의 의식 속으로 더욱 흡수할수록 예의 그 에고의 욕구가 발동하여, 나날의 내면의 갈등이 갈수록 깊어진다.

이제 마음과 가슴을 통해 작용하는 심령-영혼은 자신의 요구의 당위성과 타인들의 요구의 당위성을 비교하며 균형을 맞추고 있는 자신을 발견하게 되고, 내면에서 끊임없이 일어나는 힘겨운 자기의문과 자기심판에 짓눌려 지치기 시작한다. 심령의 인식이 이 정도에 이른다면 그것은 인간적 의식의 끌어당기는 힘이 상당히 약화되어서 이제는 영혼이 신성한 실재에 가까이 다가가서 다시 하나가 되어가고 있음을 뜻한다.

영혼은 매개체인 심령을 통해서, 자신이 신성한 실재인 [신성한 사랑]을 지상의 그 무엇보다도 사랑하며 그 [존재의 근원]과 온전히 하나가 되기를 열망함을 스스로 인정한다.

심령은 마침내 신성한 실재 앞에 에고-의식의 욕구를 내맡기고, '에고'를 버릴 수 있게 — 자아의 죽음을 겪게 — 해달라고 빈다. 이것은 사람들이 실로 영적 삶의 정점에 다가갈 때 일어나고, 대개는 그 과정을 이끌어줄 영적 스승을 필요로 한다.

이 '자아의 죽음'은 더 큰 영적 통찰력을 얻기 위한 수단으로 행해져서는 결코 안 된다. 이것은 매우 위험한 짓이며 영적으로든 세속적으로든 더 위대한 삶을 성취할 수 없게 될 것이다. 때가 이르지 않으면 그것은 심령에게나 에고에게나 매우 파괴적인 일이 될 것이다.

그것은 영혼-심령-에고-육체 발달의 전 과정을 훼방할 것이다.

남보다 앞선 영적 지각력과 진리를 얻기 위해서 그런 생각을 품어서는 절대 안 된다. '의지력'을 그런 식으로 행사하는 것은 자기패퇴 행위가 될 것이다. 그것은 순전히 영적으로 더 중요한 존재가 되고자 하는 에고의 욕망에서 나온 것이기 때문이다.

에고가 제압되는 이 체험이 적당한 때에 — 올바른 방식으로 — 일어나면 '에고-의식'의 끝없는 재잘거림이 잦아들어 고요해지므로 영혼은 심령을 매개로 **신성한 실재**와 마음껏 바로 통교할 수 있다. 지상의 것들은 더 이상 압도적인 힘으로 너희를 끌어당기지 못한다. 자기중심적인 야망은 희미해지고 개인적 소유에 대한 욕망도 사라진다.

마음속에 평화가 군림한다. 이제 심령을 통해 명확하게 말하는 영혼은 다른 영혼들을 고양시키고 자양분을 공급하여 그들이 성장해가는 데에 기여하기를 열망한다. 영혼은 보상이나 자기입지 강화 따위에 대한 욕망 없이 다른 영혼들을 이해와 친절로써 가르치고 끌어올리고 살찌워주기를 열망한다.

영혼이 **신성한 실재**에 점점 더 가까이 다가가고 동조되어가면, 지상의 영혼의 유일한 목표는 자신의 번성과 만족을 위해서 필요한 것과 똑같은 배려와 관심으로써 이웃을 대하는 것이 된다. 주는 것이 숨 쉬는 것과 마찬가지로 쉬워진다. — 그리하여 결국은 다른 사람들의 최고의 선을 위해 그들과 함께 일하는 것이 하나의 특권이 된다. 이것이 살아 움직이는 **신성한 사랑**이다.

그러나 신성한 실재에 감상주의는 없다.

개체화 배후의 의도는, **신성한 실재** 자체가 그 자신의 환희롭고 창조적인 본성과 개인적 성취를 경험할 수 있게 하기 위한 것이었다.

그래서 나는 지상에 있을 때 이렇게 말함으로써 주는 것과 받는 것 사이에 매우 분명한 선을 그었다: "남이 너희에게 해주기를 바라는 대로 남에게 하라." 이 말은 뿌리는 대로 거두리라는 사랑 넘치는 경고였다. 그것은 또한 하나의 행동지침이었다. 자신이 대접받고 싶은 대로 남에게 한다면 너희는 자신이 오로지 사랑의 관점에서 행동하고 있음을 확신해도 좋다. 만일 너희가 대접받고 싶어하는 방식을 다른 사람들이 원하지 않는다면 시행착오를 통해 배우면 된다. — 너희는 진정한 사랑의 행위를 향해 한 발을 내디뎠고, 그것이 거부되었다면 앞으로는 무엇이 더 잘 받아들여질지를 찾아낼 기회를 얻은 것이다. 너희는 이런 식으로 사랑의 행위를 배워간다. 나는 또 이렇게 말했다: "너 자신을 사랑하듯이 이웃을 사랑하라." 이것은 자신의 안위와 동등하게 이웃의 안위도 염려해야 한다는 뜻이다.

그것은 또 다른 사람들을 위해서 너희가 무엇을 소망했든 간에 같은 식으로 자신을 위해 소망하면 너희도 행복해질 것이라는 뜻이다.

그것은 그들이 너희에 대해 이렇게 생각해주면 좋겠다 싶은 그런 생각을 너희도 남들에 대해 해야 한다는 뜻이다.

그것은 남들이 너희에게 어떤 해로운 짓을 하든 상관없이 남을 돌보고 배려하는 데에 너희의 의식을 온통 쏟아야 한다는 뜻이다. 모든 인간은 인간적 욕망과 목표와, 약점과 좌절과 분노와 불만의 정글 속에서 살고 있다. 이 피폐해진 의식으로부터 온갖 나약하고 분별없는 반응과 행동이 나온다.

그러니 약점을 이해하고 몰인정함을 용서하여 그것이 왔던 곳인 무無로 다시 돌아가게 하라. 너희 삶에서 유일한 [진실]이자 [실재]는 *신성의식 지성/사랑*이다. 이 깨달음을 늘 붙들어 놓치지 말라.

영혼이 신성한 실재와 조화를 이루는 곳인 천국을 찾으려면 너희의 발전단계에서 더 이상 서로를 향한 세속적인 인식과 인간적 의식에 빠져들고 싶지 않아지는 때가 와야만 한다. 너희는 완전히 뒤로 물러선 채로 너희 자신의 **신성한 실재**와의 접점을 다른 이들에게로 펼치는 데에만 노력을 쏟기를 열망한다. 그들이 영적인 길을 가고 있든 말든 간에, 너희의 영적 행로를 다른 이들에게 강요하지 않도록 경계하라.

동시에 남들이 너희의 선한 성품을 이용하도록 허용하지 않음으로써 자신의 평온을 유지해야 한다. 너희만의 옳고 그름의 경계선을 분명히 그어둠으로써 다른 이들의 이기심이 너희의 영역 안으로 침범해 들어오지 못하게 해야 마음의 평화를 뺏기지 않는다.

이를 위해서 너희의 에고-의식이 다시 주도권을 잡아야 할 필요는 없다. 평화로운 가운데 너희의 영역을 지킬 수 있다. 너희에게는 가장 높은 [사랑]으로써 이 요긴한 목적을 이룰 수 있는 지적 능력이 주어져 있다. **신성한 실재와의 접촉과, 너희 나날의 생각과 느낌과 생활의 방식으로부터 구축된 의식진동수의 영적 사원은 신성불가침한 것이어야 함을** 명심하라. 너희는 타인들의 생각과 반응의 낮은 진동수에 다시금 빠져들어 갇히지 않도록 주의하고 경계해야 한다.

지상에서 너희의 가장 높은 목적은 언제나, 다른 모든 생명체들 ─ 인간이든 저급한 동물이든 ─ 의 가장 높은 세속적, 영적 [선]을 돕고 촉진하는 것이다. 결핍된 이들의 진동수 수준으로 내려오는 것이 아니라 손을 내밀어 너희를 너희의 성소 ─ 너희 마음과 감정과 생활조건 속의 가장 거룩한 곳 ─ 로 데려다준 지혜를 나눠줌으로써 말이다. ─ 그들이 기꺼이 귀 기울여 듣고 받아들이고자 하기만 한다면. 그렇지 않으면 너희의 평화를 간직하고 있으라.

자비와 동정은 초연한 것이어야 한다. 감정이입은 너희를 인간의 진동 수준으로 끌고 내려가서 영적 의식의 진동을 혼란시킨다. 이것은 십중팔구 너희가 오로지 진심으로 고양시키고 치유코자 했던 일에 갈등을 일으킬 것이다. 이것은 너희의 기운을 소진하여 영적 목적을 좌절시킬 것이니 피하라.

순수한 [사랑]은 오로지 의식의 고양과 영적 발전과 치유와, '천국'을 이루는 데에만 관심이 있다.

신성한 [사랑]은 따스한 연민의 느낌이다. ─ 사랑하는 이가 성장하고 창조하고 양분을 얻고 남들을 부양하고, 치유받고 남들을 치유하고, 가르침을 받고 남들을 가르치고, 보호받고 남들을 보호하고, 자신의 요구를 충족하고 남들의 요구를 충족시켜주도록, 이 모든 것을 선명한 법칙과 질서의 세계 안에서 이룰 수 있게끔 해주고자 하는 열망으로 가득 차 있는 그런 느낌 말이다.

이것이 살아 움직이는 [신성한 사랑/법칙]이다.

너희의 가장 높은 목적이 **살아 움직이는 [신성한 목적]**이 되면 너희 개체성의 핵인 에고는 이제 너희의 영혼에 의해 통제된다. 에고의 욕구는 너희의 진정한 방어군이요, 개인적 평안의 진정한 보호자가 된다. — 하지만 이제 그것은 **신성한 실재**로부터 그 본성을 얻는 너희 영혼의 명령과 전적인 조화를 이루며 일한다.

거듭 말하지만, 신성한 실재에는 감상주의가 없다. 법칙과 질서를 보장하는 경계선이 철회되는 법도 없고, 이기주의자의 요구에 맞춰주는 법도 없고, 다른 사람의 고집에 나약하게 '넘어가주는' 법도 없다.

[모든 사람]이 서로를 존중해야만 한다는 사실을 마음속에 항상 명심하고 있어야 한다. 다른 사람들이 사적인 공간과 안전과 마음의 평화와 조화를 누릴 권리를 존중해야만 한다. 다툼이 발생하면 그것은 서로에 대한 존중심으로써 처리할 수 있다. 영적으로 진화되어갈수록 더욱더 너희는 — 인간들이 흔히 말하듯이 '하나님 보시기에'가 아니라 **너희 자신의 영성화된 인식으로써 보아** — **모든 존재 내면의 영혼의 근본적 평등**을 자각하고, 가장 높은 사회계층과 가장 낮은 사회계층을 동등하게 존중할 것이다.

존중과 [신성한 사랑]은 동료다. 진정한 *[사랑]*은 사랑받는 이를 높이 존중한다.

두 사람 사이에 존중심이 있으면 그것은 종종 가장 높은 형태의 사랑으로 발전한다.

이 편지가 받아들이기 어렵다고 느껴졌다면, 인간의 마음은 지상계 너머의 차원에 대한 이해에 한계를 지니고 있다는 사실을 상기하라. 에고의 논리가 영혼의 여행을 가로막도록 내버려두지 말라.

다음 편지에서는 [신성한 사랑]이라는 주제를 넓혀서 에고의 자기애를 상술함으로써 자기磁氣적인 감정들이 지금도 너희의 생각과 느낌과 삶을 어떻게 지배하고 있는지를 정확히 보여줄 것이다. 그리고 그것을 극복하여 결국은 너희의 의식에서 해체되게끔 할 수 있는 단계들을 보여줄 것이다.

나의 목적은 너희를 자기발견과 영적 진보의 길로 이끌어, 너희가 존재의 다음 차원계로 건너갈 때만이 아니라 지상에 있는 동안에도 즉시 빛 속으로 들어설 수 있게 하는 것이다.

지금 너희는 '신성의식' 속으로 들어가서 의식적으로 살면서 [그것]이 너희의 사고와 삶의 경험 속으로 배어들어 기쁨에 들뜨게 만들도록 허용하지 못하고, 그늘지고 무거운 존재상태 속에서 살고 있다.

나의 그리스도 의식이 항상 너희와 함께하고 있어서 너희가 원하기만 하면 즉시 나에게로 올 수 있음을 알라. 이것이 너희에게 위안이 ― 의지물이 아니라 ― 되게 하라. 나는 너희가 스스로를 계몽시켜 그리스도 의식 속으로 상승해가기 위해 지나가는 관문일 뿐이다.

여덟 번째 편지

―――――◈―――――

나는 너희에게

           [존재의 진정한 본질]에 대해

말해주러 다시 왔다.

존재의 진실은: 오직 물질세계만을 믿는 [너희]는 오로지 유한한 지
상의 세계에서만 살고 있다는 것이다. 너희는 너희 믿음이 실현되
는 차원 속에서 산다.

영적 지각과 삶의 진동주파수가 상승하여 영적 차원의 영적 진동주파
수와 하나가 된 이들은 자신이 두 가지 차원에서 살고 있음을 인식할
수 있게 된다. 그들은 이 진실을 잘 알고 있다. 그리고 그들은 이 진실
에 따라 살고, 존재의 더 높은 주파수로 계속 진화해간다.

그들은 더 이상 인간의 신념에 매이지 않고 자신이 한계 없는 무한의
세계에서 살고 있다는 깨달음 속에서 산다. 의식의 진동주파수가 높
아질수록 그들은 자신이 무한의 세계에서 살고 있으며, 자신이 열망

할 수 있는 것을 한정짓는 것은 자기 자신밖에 없다는 것을 더욱 확연히 알게 된다.

육신으로 있는 동안에 이렇게 지각이 높아진 이들은 실질적으로 '개체적 존재'의 세계는 오직 한 차원계밖에 없으며 그 차원계는 '**신성의식활동**'(Divine Consciousness Activity)임을 깨달았다.

그들은 또 **우주의식**의 더 높은 차원이 존재하여, 거기에는 우주(the Universal)가 완벽한 평형상태로 거하고 있으며, 그것은 아무도 관통하지 못한다는 것을 분명히 깨닫게 될지도 모른다. 왜냐하면 이 차원에서는 모든 개체성이 즉시 존재의 일체성(Unity of Being) 속으로 끌려 들어가버리기 때문이다.

한 영혼의 이해와 깨달음이 의식의 가장 높은 진동주파수 ― **그리스도 의식** ― 수준에 이르면 그 영혼은 지상 인류의 수준으로 오르내리는 진동 수준들을 굽어살펴보며, 인류가 존재의 진실, 영혼의 진정한 정체, 지상의 에고에 관한 진실에 대해서는 까마득히 무지한 채 에고의 욕구 속에 감춰진 신성의식의 낮은 진동주파수에 사로잡혀 있음을 ― 사랑과 연민으로써 ― 알 수 있게 된다. 에고는 존재 배후의 엄청난 목적에 대해서도, 자신이 언젠가는 떠나야 할 임무완수 여행에 대해서도 전혀 모르고 있다.

새로이 태어난 영혼의 과제는 그것을 싼 껍질인 심령을 도구로 이 낮은 주파수의 진동들이 제공하는 모든 것을 경험하고, 그들의 생각과 느낌으로부터 일어나는 정신적/감정적 사건과 경험들의 결과로서 성장해가는 것이다. 영혼은 시행착오를 통해, 자신을 지극히 행복하게 만들거나 슬픔과 불행으로 짐 지워 온갖 육체적 제약을 맛보게 하는 의식상태를 배워야 한다.

지상의 삶의 목적은 영원한 환희와 지복을 경험하는 방법을 발견하는 것이 아니다. 이것이 영혼들이 저마다 열망하는 바이기는 하지만 말이다.

그런 환희와 지복은 영혼이 의식의 더 높은 영적 진동으로 나아가는 것을 방해할 것이다.

안락과 비애 사이를 오가는 굴곡으로 점철된 무수한 생애를 겪고 나서야 마침내 심령은 존재의 진실에 눈을 떠서, **신성의식**에 의지하여 통찰과 이해와 지식을 얻어내고, 그 영적 의식의 진동을 건강과 행복과 보호와 내적 성장과 영적 양식의 진동으로 끌어올리고, 다른 이들에게 **신성의식** 자체의 본성을 방사할 수 있는 잠재력이 저 자신 속에 숨겨져 있었음을 깨닫게 될 것이다.

앞서 말했듯이, [의식]이 곧 [생명]이요, [생명]이 곧 [의식]이다.

[생명]이 있는 곳에는 [의식]이 있다. [의식]이 있는 곳에는 [생명]이 있다.

458

존재계 속의 [모든 것]은 의식의 진동주파수로 정의된다. 빛, 소리, 색, 생명 있거나 생명 없는 모든 물리적 현상이 다 그러하다. 소리든 색이든 공기든 액체든 신체 장기든, 그 어떤 것의 진동주파수라도 변화시킬 수 있다면 너희는 그것의 외양(appearance)을 변화시킨 것이다.

신체 장기들이 건강하지 않은 모습을 보인다면 그것은 그 장기의 정상적인 진동주파수가 저하되어 그 안의 [생명]이 고갈되었기 때문이다.

과학은 우주를 의식을 지니고 있는 '물질'이라고 말하지만, 진실은:

우주는 진동주파수가 하강한 결과 '물질'의 모습을 띠게 된 [의식]이다.

이것이 다름 아닌 존재의 진정한 실상이다.

너희의 존재는 모두가 진동주파수의 문제다. 영적인 사고를 견지하여 영적 지각력이 높아질수록 체내의 개인적 진동주파수는 더욱 빨라져서 기운이 왕성해지고, 결국 병도 사라진다.

과학계는 너희가 전적으로 은하계와 태양계의 일부를 이루는 인간의 차원계에서 살고 있다고 믿는다. 과학은 인간의 지능이 변화하는 환경과 기후조건에 반응하여 진화해온 결과 역대 최고의 지능지수에 이르렀고, 그것은 순전히 두뇌활동의 소산이라고 믿는다. 과학에 의하면 너희의 감정은 전적으로 실재하고 유효하며, 너희가 생각하고 느끼는 것은 이론의 여지가 없어서 이것들이 존재의 유일한 '현실'을 구성한다. 정상적인 상태란 사고와 행동과 환경에 대한 반응의 평균치에 의거하여 산정된다. 이것이 인간의 '현실'로 인식된다.

'평균적' 마음의 '평균적' 성과를 넘어서는 모든 재능은 비범한 정신력으로부터 생겨난 '천재'로 간주된다. '평균 이하'의 성과는 어떤 물리적 원인 ─ 유전자, 탄생 트라우마 등 ─ 으로 인한 장애 때문이라고 말한다. 과학은 물질 차원이 존재의 시작이요 끝이라고 믿는다. 과학은 자기기만적인 믿음의 가능성이 조금이라도 있으면 철저히 배격하므로, 장치와 도구에 의해 계산되고 평가되고 입증될 수만 있다면 어떤 현상이든지 '실재'하는 것으로 받아들일 것이다.

이것을 주의 깊게 생각해본다면 너희는 과학이 확고한 사실이라고 믿는 것은 기실 오감에 의거하여 이끌어낸 결론을 통해 형성된 신념일 뿐임을 깨달을 것이다.

너희 존재의 다른 모든 단면들도 마찬가지다. 너희 지상계에서는 사실(fact)은 순간순간 발생하지만 일어난 순간 그것은 기억-믿음이 되는데, 기억이 항상 정확한 것만은 아니다. 과거에 대해 너희가 가지고 있는 그 어떤 느낌이든 생각이든 그것은 사실이 아니라 관점, 신념이다. 그러므로 그것은 사실이 아니고 그 배후의 *실재*도 아니다.

이것은 너희 존재의 모든 단면에도 적용된다. *진실*은, 너희는 순전히 백 년, 천 년, 혹은 만 년 전에 일어난 것에 대한 너희의 반응으로부터 생겨난 너희의 신념들로 이루어진 차원계에서 살고 있다.

한때 사람들은 이 세계가 평평하다고 믿었다. 그래서 그들은 평평한 세계에서 살고 한 방향으로 너무 멀리 항해해가는 것을 두려워했다. 이 세계의 가장자리에서 떨어질까봐서 말이다. 고작 400년 전만 해도 그때의 사람들에게는 세계는 평평했다. 지식이 전파된 오늘날 너희의 세계는 모든 방향으로 나아갈 수 있다.

과거에는, 그리고 현재도, 사람들은 허황한 옛날이야기나 조상들의 능력에 대한 소문, 그 밖의 전설에 의거해서 자신들의 삶을 영위하고 있고, 영위해왔다. 그들은 그것을 워낙 맹목적으로 믿어서, 이런 믿음들에 의해 지워진 한정이 사람들의 행동과 활동을 제약했다.

예컨대 어떤 '기독교' 교파는 춤추는 것을 사악하고 범죄적인 짓으로 믿는다. 그리하여 춤을 춤으로써 스트레스를 풀어내고 큰 행복감을 얻을 수 있었을 많은 사람들이 이 즐거움을 그릇 배척해버렸다.

종교도 똑같다. 믿음이야말로 종교의 밑바탕이다. 그것은 믿음 외에 아무것도 아닌 그 옛날에 일어난 일들에 근거해 있다. 그 믿음은 그 시대의 일반적 정서와 일치했을 테지만 끊임없이 변화해가는 세계에서 이제는 무관해진 지가 오래됐다. 그럼에도 그것은 엄격히 고수되어서 예배와 축제와 의식과 애도의 초점이 되고 ― 더 파괴적인 것은 ― 그것이 사람으로 하여금 서로를 죽이게 하는 이유가 되어 여자와 아이들에게 끔찍한 불행을 안겨주었다.

어떤 종교는 '신은 만물의 속과 모든 곳에 있다'고 주장한다. 그러면서 한편으로는 아무도 '신의 마음'이나 사람들이 서로를 죽이는 이유는 모른다는 교리를 편다. 그것도 신의 계획일지 모른다고 그들은 말한다. 그런 비합리적인 신념들의 덩어리로 이뤄진 사고방식을 가지고 인류가 이 시대 그 어디서 아름다움과 환희와 건강과 행복과 사랑에 대한 확신을 찾을 수 있겠는가?

종교는 자신의 '뜻'으로써 생명과 치유와 죽음과 파멸을 가져올 수 있는, 그런 '신'의 개념을 제시한다.

그런 믿음 속에는 불확실성에 대한 확실성 외에는 그 무엇에 대한 확실성도 없다.

그런 믿음이라면 그 어떤 병이나 비정상적 상태도 '신의 뜻'으로 핑계 댈 수 있다. 삶이 미래에 무엇을 가져다줄 것인지에 대한 너희의 모든 기대를 조종하는 것은 너희의 [믿음]이다.

건전한 불가지론, 즉 '신'의 본성이나, 혹은 '신'이란 것이 존재하기나 하는지에 대해서는 모른다는 것을 인정하지만 깨달음이 가져다주는 확신에는 완벽하게 열려 있는 그런 사고방식이 환상 속에서 어설픈 진실이나 비진실을 믿는 것보다 차라리 낫다.

인류는 전반적으로 너무나 눈이 멀어 있다!

사람들은 자신의 청각과 후각과 지극히 제한된 시각과 촉각으로 자신들의 온 존재를 '헤아릴' 수 있다고 확신하는, 땅굴 속의 두더지와도 같다.

그렇게 생명체의 계보를 훑어 내려오면 수천의 종들이 자신들의 감각에 의해 존재가 전적으로 한정되고 규정된 채 살아가고 있는 것을 목격할 수 있다. 그들이 '실재'라고 여기는 것이 그들의 개체적 '현실', 그들 특유의 세계를 이룬다. 온갖 생명 종들이 경험하는 모든 존재의 층은 지상의 차원계 속에서 저마다 다르다. 여기에는 종교적 교리와 교조에 문자 그대로 **빙의되고** 과학이론과 수학공식에 갇혀 있는 인간의 마음도 포함된다. 인간 지성의 영역을 넘어 '*우주적 실재*'를 영감으로써 지각하는 천국의 영역으로 건너간 영적 스승들의 가르침을 설명하려는 노력으로서, 인간의 이성은 종교적 교리를 만들어냈다.

과학 개념 또한 실험을 하는 동안 인간의 눈에 보인 현상에 이름을 붙이고 해석하는 인간의 감각의 산물이다.

그러니 인간의 지성이 그런 한정된 믿음을 젖혀두고, '지식'으로 일컬어지는 '인간의 가장 높은 이성과 논리와 해석'을 뛰어넘어 '*실재*'와의 접촉으로 상승해가면 그 마음은 '**생명-의식**'의 고차원 세계에 진입한다. 그곳은 문자 그대로 '정상적인' 인간의 마음이 인식하거나 받아들이거나 이해할 수 있는 범주 너머에 있는 '**우주적 진실**'로 꽉 차 있다. 인간의 마음은 지상의 존재의 전자기적 변수의 경험과 뇌기능 너머의 것은 이해하지 못한다. — 인간의 마음과 감정과 잠재의식의 온 시스템 속에 신성의식의 깨달음이 들어찰 때까지 말이다. 그때서야 배후의 일체성과 조화가 눈앞에 드러날 것이다.

완전히 새로운 영적 인식이 종교에 세뇌된 마음에 제시되면 그것은 '사탄'으로부터 온 것이거나 정신착란이거나 아니면 순전히 공상으로 여겨진다. 이것은 자연스러운 일이다. 왜냐하면 깊은 믿음이 흔들릴 때 흔히 일어나듯이, 감정이 극도로 솟구치거나 벽에 부딪히면 에고-욕구의 자기적-감정적 **결합**-배척의 추동력이 즉각 작용하기 시작하기 때문이다. 조건화된 마음에 날카로운 정신적 불편이나 좌절이나 당혹감을 일으키는 모든 논제나 제안은 즉석에서 배척되고, 그 배척을 정당화할 '증거'의 포화가 조건화된 마음의 신념들로부터 총동원되어 쏟아질 것이다. 그러나 증거란 한갓 믿음일 뿐이다.

이것은 순전히 인간세계의, 너무나 자연스러운 정신적-감정적 작용이다.

그러니 이 **나의** [진실]이 두려움으로 프로그램되어 확고히 정착되고 그런 프로그램된 믿음을 붙들고 있으려는 인간의 의지에 의해 굳어진 사고방식을 지닌 이들에게 제시되면 그 [진실]이 사나운 감정을 일으켜 사뭇 폭력적이고 악의적인 방식으로 배척되리라는 것은 너무나 명약관화하다.

이것은 인간계의 정상적인 정신적-감정적 작용을 묘사한 것이다.

조건화된 마음은 완전히 새로운 개념을 맞닥뜨리면 너무나 불안해져서 어찌할 바를 모르고 헤매고 갈피를 못 잡게끔 되어 있으니 나무랄 일이 아니다. 이러한 인간의 성질은, 이전에 너무나 소중하고 안전하고 옳은 것으로 여겼던 것에 비해 전적으로 다른 어떤 관점이 세뇌된 마음에 도전해올 때 일어나는 일을 정확히 설명해준다.

이 편지들을 처음으로 읽을 때 너희는 스스로 자신이 정신적, 정서적으로 어디쯤에 있는지를 판단해볼 수 있다. 너희는 현재의 믿음에 단단히 집착하여 영적 발전을 스스로 가로막고 있는가? 아니면, 합당한 근거가 있다면 추론을 통해 너희가 그토록 단단히 붙들고 있는 모든 것이 그저 '믿음', 터무니없는 하나의 믿음일 뿐임을 깨달을 수 있겠는가?

영적 발전을 위해서 종국에는 너희 인간의 마음과 감정의 기능이 작용하는 이치를 온전히 이해해야만 한다는 것이 절대적인 사실이다. 너희는 자신이 그것을 이해하고 있다고 생각하지만, 전혀 이해하지 못하고 있다. 오로지 그것으로부터 완전히 빠져나와서 그것을 초월하여 더 높은 지각과 경험의 차원계로 옮겨와서 [진실 그 자체]에 발을 들여놓아야만 그것을 이해할 수 있다.

오직 그때만 너희는 너희와 세상의 다른 모든 사람들이 거의 전적으로 인간적인 '믿음' — [진실]이 아니라 — 에 의해 조종되어 살아왔음을 깨닫기 시작한다.

어떤 대상이나 경험이나, 상황에 대한 올바른 인도를 주시기를 빌면 자신의 행복을 키워줄 그 대상, 경험, 혹은 인도를 진정으로 받게 될 것임을 온 가슴으로 믿는 사람들이 많이 있다.

그들은 기도가 응답을 받을 때(응답을 받는다면!) 자신이 현재의 상황과는 관계없이 그것을 온 가슴으로 기쁘게 누리고 즉각 인도를 따를 것임을 믿는다. 왜냐하면 그것은 신으로부터 오는 것이므로 행복으로 이끌어줄 올바른 답일 수밖에 없기 때문이다.

그러나 고대했던 대상이나 경험이나 인도가 실제로 주어지는 상황에 직면하면 그 신의 은총을 받은 사람은 때로 너무나 놀라고 혼란스러워서 자신이 빌었던 바로 그대로 신성의식이 개입했다는 사실을 받아들이지 못한 나머지 그것을 어떻게 해야 할지를 몰라 한다.

자신이 빌었던 것이 실제로 뜻밖의 방식으로 주어졌을 때 당사자의 마음이 그토록 혼란스러워진다면, 자신이 모든 것을 넘치게 가지고 있다고 여겼던 그 진정한 [믿음]은 어디로 갔단 말인가? 또한 너희는 진실이 아니라 믿음이 심포니와 같은 일사불란한 움직임으로 — 물론 신성의식의 개입은 논외로 하고 — 기도에 대한 응답을 안무해내었다는 것을 보지 못하겠는가? 이 개입이야말로 전체 과정 속의 유일한 '실재'다. — 그 나머지는 믿음이요 희망사항, 곧 과거의 경험을 현재를 재는 척도로 사용하는 마음의 조련이다. 너희의 유일한 [진실]은 오로지 성장과 완성을 향해 인도해주는 신성의식이다. — 그러리라고 온전히 신뢰하기만 한다면 말이다.

여기서 멈추어 앞의 문장을 읽고 또다시 읽어보라. 왜냐하면 너희의 의식 속에서 일어나는 일이야말로 너희의 경험과 생애들의 밑바탕이기 때문이다.

그러니 스스로 물어보라. 너희는 실재가 모든 *지식과 창조성의 근원*임을 참으로 [인식하고] — [깨달아] — [이해하는가]? 아니면 신성을 그저 입발림으로, 겉으로만 지적으로 인정하는가?

너희는 [우주의식]만이 창조계에 역사하는 유일한 실재요 지고의 지성임을 시시로 각각으로 온전히 실감하고 있는가? 너희는 너무나 완벽한 그 인도에 오로지 일관된 마음으로 의지하고 있는가, 아니면 차라리 자신의 빤한 의지와 수시로 혼란에 빠지는 감정의 충동에 의지하여 살기로 마음먹고 있는가?

어떤 인도를 따르라는 직접적인 계시를 받고서 과연 그 인도가 너희가 원한다고 생각하는 그곳으로 데려다줄지 어떨지를 의심하고 있다면, 그것이 과연 지고의 지성의 권위 — 신성의식 — 에 자신을 온전히 내맡긴 것인가? 그것은 아직도 에고가 주도권을 잡고 있다는 증거가 아닌가?

이 [편지]조차도 애초의 의도대로 사람들 사이에 돌아서 전해지면 이 말들이 나온 ['있는 그대로의 그것']에 대한 순수한 영적 지각이 아니라 한갓 '믿음'이 되어버릴 것이다.

영적 깨달음을 간구한 다음 명상 속에서 이 말들의 의미를 음미해 보아야만 마침내 이 말들 배후의 영적 '실재'가 마치 마음을 비추는 빛줄기처럼 내려올 것이다.

이런 일이 일어나면 너희는 자신이 <u>안다</u>는 것을 [알게] 된다.

너희 중에 두 세계에서 살 정도로 충분히 진화한 이들, 인간의 지성을 넘어서 '*우주적 실재*'의 높은 차원으로 마음을 움직여갈 수 있는 [너희]들은 아마도 때가 되면 이 [편지]를 한갓 공상의 산물로 여겨 배척하는 많은 사람들을 만날 것이나, 낙담하지 말라.

내가 지금 하고 있는 말을 명심하라. [너희는] 두 세계를 살고 있는 주민들이지만, 영적 깨달음의 전제조건을 충족하기 전에는 아무도 '지적 차원일 뿐인' 이 세계를 건너갈 수가 없다. 그 전제조건이란 후회와 회한과 가책만을 하염없이 달고 다니는 에고와 '자아'라는 것의 어리석은 작용을 깊이 통찰하도록 이끌어주는 진정한 영적 깨어남이다. 이것만이 [유일한 길]이다.

왜냐하면 후회는 또 다시, '결합-배척'의 자기적-감정적 차원계 ― 그 나쁜 형태로는 인간이 '죄악'이라 부르는 그것 ― 에 대한 배척으로 이어지기 때문이다.

어떤 사람이 영적 세계를 관통하여 ['생명']의 품성에 젖어들면, '자아를 추구하는' 인간의 에고의 충동은 마음과 가슴과 몸과 대인관계와 나날의 경험 속으로 끊임없이 흘러들어오는 [신성한 생명]의 흐름으로부터 [영혼]을 실로 차단시켜버린다는 사실을 깨닫기 시작하여, 마침내는 [알게] 된다.

'자아를 추구하는 것'은 인간의, 세속적인 지상의 경험이다.

['아버지 생명'] 앞에 자아를 온전히, 진심으로 내맡기는 것이 영적 세계와 영혼 사이의 벽을 허물어준다. 그는 더 이상 '자아를 추구할' 필요가 없다. 이제는 [신성한 생명]인 모든 것이 그의 몸과 마음과 가슴과 경험과 인간관계 속으로 흘러든다. 그런 사람은 '본능'으로 살고, 길게 보면 언제나 완벽하게 먹혀드는 직감의 인도를 따른다.

자아의 의지를 버리고 [그것]을 향하여 필요한 모든 것을 구하기만 하면 ['신성한 생명'은 언제나 거기에 있고, 다가갈 수 있다].

나는 지금 너희가 인간의 지적 차원을 관통하여, 삶에서 원하는 것을 '지능'과 물질적 수단에 의지하여 얻고자 하는 마음을 넘어서는 그때를 가리켜 말하고 있음을 명심해야 한다. 많은 사람들이 스스로 자신이 이러한 영적 경지에 이르렀다고 생각하지만 그들은 자신을 속이고 있다.

논리를 버리고, 영감이 제시하는 목표를 성취하게 하는 내면의 인도를 전적으로 신뢰할 수 있음을 ─ 그 모든 의심을 넘어서 ─ '알면' 너희의 삶이 바뀐다. 신성의식이야말로 겉으로 보이는 삶의 배후에서 작용하는 보이지 않는 실재 — 권능 — 임을 온전히 깨달으면, 그의 경험 속으로 은혜가 흘러들어 '지적 에너지의 장'을 움직여서 필요한 모든 것을 현현시켜준다. 현실로 나타난 것을 부정하거나, 해결하려는 상황 속에 사념의 힘을 쏟아 부을 필요가 없다.

해야 할 일은 오직 자아의 의지를 내맡기고, 너희의 유한한 지성을 버리는 것이다. 그러면 *무한한 실재*가 들어와서 완전히 새로운 방식으로 너희의 삶을 정리하고, 과거를 붙잡고 늘어지는 너희의 구습을 근절시켜 일에 대한 새로운 전망을 주고 새로운 세계로 나아가 활약하게 한다. 그러나 그런 일이 일어날 때, 너희는 완전히 '내맡길' 각오가 되어 있어야만 한다.

과거의 안전한 느낌을 붙들고 있는 손을 놓고 자신의 영감을 따라갈 때 그와는 본질적으로 다른 훨씬 더 큰 안도가 너희를 기다리고 있다는 것을 알아야 한다.

이런 경지의 영적/인간적 존재상태와 조화로운 행복은 **신성한 실재**를 진정으로 접하는 그 사람의 능력에 전적으로 달려 있으므로, 에고의 욕구가 인간의 의식 속에서 끊임없이 작용하여 마음속 **신성한 생명**의 직관적 인도를 막아버리는 작동방식과 **신성한 실재** 그 자체에 대한 깊은 성찰로 다시금 다시금 돌아가야만 한다는 것이 지상의 명령이다. 지금 너희는 '**신성의식**' 속에서 의식적으로 살고 그 속으로 들어가서 [그것]이 너희의 사고와 삶의 경험 속에 스며들어 삶을 기쁘게 해주도록 받아들이는 대신, 무거운 짐에 짓눌린 음울한 존재를 꾸려가고 있다. 스스로의 의지력으로써 인간적인 신념들의 바탕을 의식적으로 해체시키고 자신의 실체가 가족이나 은행계좌가 아니라 **신성의식**임을 확연히 깨닫게 될 때까지, 너희는 전자기적 추동력의 정신적-감정적 틀 속에 갇힌 채로 남아 있다. 이 같은 통찰을 얻으면 너희는 [**빛**] 속으로 들어서고, [**빛**]이 너희 안에 거하게 될 것이다.

진화하는 영혼과 인간의 에고 — [**좋기**]보다는 '좋아 보이기'를 갈구하면서도 자신이 완전하지 않다는 생각은 견디지 못하는 — 사이의 다툼과 불편 때문에, 이 시대에는 영감을 받아서 그것을 다른 이들에게 전하는 사람들이 거의 없다. 우리의 내면을 정화시킬 필요성을 설하는 사람 말이다. 현대인들은 즉석 서비스와 즉석조명과 즉석난방과 인스턴트 음식과 음료와 옷과 오락에 길들여져서, 자기희생과 힘든 공부와 목표에 대한 헌신이 필요한 *[진실眞實]*에는 이끌리지 않는다. 그뿐 아니라 이런 스승들 중 많은 이들은 자신의 활동으로부터 짭짤한 수입을 올리고, 그래서 그들은 잘 팔리는 '진리眞理'를 내놔야만 한다!

만일 너희 현대의 스승들이 자신의 정신적 깨달음을 전함으로써 지고의 경지를 성취하는 길을 설하고 있다면, 아직 내면의 엄격한 자기검증과 '자기적 감정'의 끌어당기고 밀어내는 힘의 정화가 더 필요할 것이다.

진정으로 가장 높은 영적 경지로 올라가는 길을 가고 있다면 너희의 길은 밝고 분명한 자기점검과 자아에 대한 깨달음이 자기혐오와 수시로 교차되는 순간들로 점철될 것이다. 이 어둡고 고통스러운 느낌은 반전된 자기적 감정이다.

이전에는 에고가 자신을 사실상 다른 누구보다도 더 위대하게 바라보는 관점을 부여잡고 있었지만, 이제 에고는 자신이 약간 정도가 아니라 아주 불완전할지도 모른다는 고통스러운 사실을 일별하기 시작하고 있다. 이런 경지의 영적 단계에 이른 사람은 누구나 자신이 이제는 진정한 겸손의 길을 가고 있음을 깨닫게 된다.

이런 일이 너희에게 일어나고 있음을 깨닫는다면, 용기를 내라. 너희는 이제 자기 자신과 신기루 같은 자아에 대한 과거의 잘못된 믿음의 잔재를 쓸어내고 있는 것이다. 너희가 하고자 하는 일은 뭐든 할 수 있는 창조적 권능을 주는 것은 너희의 '의도'나 '동기'나 '확신'임을 명심하라.

너희의 자기적 감정적 패턴의 일상적 경향성을 반전시키기를 온 가슴으로 열망하는 순간, 너희는 이미 그 과정을 개시한 것이다. 너희가 이루고자 하는 목표를 분명히 설정하고 글로나 마음속으로나 그것을 늘 너희의 전망에 앞세워두고 있으면, 이내 너희는 열망했던 변화가 의식 속에서 일어나 있는 것을 발견하게 될 것이다. 이것이 일어나면 너희는 기분이 가벼워진 것을 느끼고 순수한 환희의 순간들을 경험하게 될 것이다. 너희는 [존재의 진실]이 실로 '얽매인 가슴'을 영적 삶의 완벽한 자유로 데려다줌을 보여주는 산 증인이 될 것이다.

동시에, 너희의 에고는 반드시 ─ 너희가 생존할 수 있게 하기 위해서는 반드시 ─ 너희가 자신과 다른 사람들에게 가치가 있다고 믿게끔 만들어야만 성이 찬다는 사실을 알아야 한다. 자아의 가치에 대한 외부의 심각한 도전은 무엇이든 매우 파괴적인 것이다. 절망적인 두려움과 내적 자신감의 위축은 너희가 세상에서 가치가 없는 존재라는 확신으로 이어져서, 자살이 그 자연스러운 귀결이 될 수 있다. 그러니 너희의 진전은 점진적이어야만 한다.

그 누구도 충고의 말이나 영감의 순간들에 의해 사람들이 한꺼번에 바뀌기를 기대해서는 안 된다. 성장은 오직 아주 점진적으로만 일어날 수 있다. ─ **한 번에 하나씩의 통찰을 통해서.**

진정한 영적 통찰은 한 사람의 마음에 완전히 새로운 관점이 스며들게 하여서, 그것이 그로 하여금 삶 속의 상황들에 새롭게 접근하기 시작할 수 있게 해줄 것이다. 이 통찰이 ─ 의식 속에 완전히, 영구적으로 흡수되어서 영혼의 진화의 일부가 될 때까지 ─ 그 사람의 행동을 이끌어야 한다.

예컨대 어떤 사람은 자신의 궤도권에 들어오는 사람에게 자신의 뜻을 공격적으로 강요하는 것이 삶에서 성공을 이룰 수 있는 길이라고 생각할 수 있다. 그는 소리를 크게 지르면 사람들이 자신의 말을 더 잘 들으리라고 믿는다.

그러다가 그는 아무도 자신을 좋아하지 않고 직원들과 '친구'들이 자신을 슬금슬금 피한다는 사실에 눈을 뜨게 될 수도 있다. 이제 그는 모욕을 느끼고 더욱 공격적인 태도를 취할 수도 있지만, 그게 아니라 그가 진화해가는 영혼이라면 자신의 고립된 상태에 대해서 할 수 있는 일이 무엇인지를 자문해볼 것이다. [신성한 *생명*]이 그의 의식 속으로 스며들어와 그 자신도 목소리 큰 사람들을 피한다는 사실을 깨닫게 하는 순간, 그는 섬광 같은 영감을 얻을 것이다. 그는 자신이 성공하고 행복해지려면 자신이 대접받기 원하는 식으로 남들을 대접해야 한다는 사실을 깨달을 것이다. 너희는 이런 인식이 반드시 영감을 통해서만 오는 것이 아니라 상식적인 것이어서 그러한 깨달음에 이르는 것은 그 자신의 책임이라고 반론할 수도 있다. 그러나 그것은 그렇지 않다. 에고의 생각은 전적으로 '결합-배척'의 추동력의 명령을 받지만, 모든 새로운 지혜는 ***사랑 넘치는 지성***으로부터 온다.

이것이 그에게는 평생 최후의 영감에 의한 통찰이 될 수도 있다. 그러나 그가 진정으로 영적인 길을 따르면서 가장 높은 차원의 성취를 구한다면 이처럼 '에고'를 처음으로 극복하는 것만으로는 충분하지 않다는 것을 서서히 알게 될 것이다. 그는 이전에는 의심하지 않았던 다른 이기적인 행동패턴들을 자각하기 시작할 것이다. 그는 당장은 닿지 않는 더 먼 목표를 정하지만, 기도와 명상을 통해 그 목표 역시 이내 성취하게 될 것이다. 이리하여 그의 의식의 진동주파수는 높아지고, 그는 서서히 '의식의 하늘나라' ─ '천국' ─ 를 향해 올라갈 것이다.

한편, 현 상태에 혼란이 오지만 않으면 안정감을 느끼는 여성도 있을 수 있다. 그녀는 무례한 대접을 받아도 항의하기를 두려워한다. 그처럼 온유한 사람은 말없이 숨어 지내는 것이 편하지만, 다른 한편으로는 사람들이 그녀의 수동적인 성격을 존중해주지 않는 데 대한 깊은 분개에 시달릴 것이다. 그런 사람들은 대개 종교에 귀의하여 위로와 안도를 구한다. 그리고 존재의 법칙에 대한 이해가 없는 그녀는 아마도 지상의 시간이 다하는 날까지 온유한 성격을 그대로 지니고 있을 것이다.

과연, '온유한 자는 복이 있나니, 땅을 물려받으리라'고 복음서에 적힌 나의 말로 인해 교회는 온유함을 찬양해야 한다고 가르쳤으므로, 그녀는 자신의 '온유함'이 [빛]으로 가는 길이라고 느낄 수도 있다.

그러나 만일 그 온유한 작은 여인이 자신의 '존재'에 관한 [진실]을 깨달아 '우주의식'을 접할 올바른 길을 찾는다면, 결국은 자신도 다른 모든 사람들과 영적으로 동등한 존재라는 내면의 분명한 목소리를 듣게 될 것이다. 그리하여 그녀는 영감을 받아 자신을 잘 표현하게 될 것이고, '자신의 진실'을 더 자신 있고 매력적인 방식으로 말할 수 있는 힘을 얻게 될 것이다.

사람들은 이 새로운 사람을 존중해주기 시작할 것이고, 그녀는 명상으로 보낸 시간에 얻어진 내면의 영적 발전상을 밖으로 드러내게 될 것이다.

명심하라. 교회가 그렇게 가르쳤을지도 모르나, 너희는 '하나님의 비위를 맞추기' 위해 지상에 온 것이 아니다. 너희는 '하나님'을 '표현하고', 자기적-감정적 구속으로부터 해방될 때까지 우주의식에 더욱더 가까이 다가가기 위해서 지상에 온 것이다.

나의 가르침은 복음서에 잘못 해석되어 있음을 분명히 밝혀두지 않을 수가 없다. 나는 '마음이 평화로운 자는 복이 있나니 땅을 물려받을 것이라'고 말했다. 세상에 대해 명상해보면 너희는 '평화로운 마음'을 지닌 사람들의 나라는 이웃과 조화를 이루며 번성하는 것을 볼 것이다. 격변과 대학살이 일어나는 나라의 그 같은 혼란은 그 국민들의 '의식'의 직접적인 현현이다. 그런 의식은 한 나라를 파멸시키고 궁핍과 질병을 초래한다.

때로 티벳과 같이 스스로의 고립과 영적 의식과 믿음을 숭상하는 나라는 자신의 인간적/영적 창조물의 중압에 눌려 질식의 지경에 처하게 될 수도 있다. 그런 나라의 국민들은 자신의 믿음을 시험해보기 위해 거친 바깥세상으로 쫓겨나가는 상황을 필요로 한다. 그들은 또한 '그들의 생각에 따르면 참인 것'을 삶에 대한 자기적-감정적 반응에 찌들린 다른 이들에게 전해준다. 그들은 현대사회가 겪는 고통을 덜어주는 작은 도구가 되었다.

*[빛], '신성의식'의 하늘나라*를 향한 이 여정에서 너희는 물론 진정한 목표를 이루기 전까지는 고된 시련을 겪을 것이다. 경이로운 환희의 순간들도, 가슴이 무거운 짐에 짓눌린 것 같은 순간들도 있고, 너희 자신과 **신성의식** 사이에 뚫을 수 없는 장애물이 있는 것처럼 느껴져서 감정이 이리저리 동요되어 방황할 때도 있을 것이다.

이처럼 무엇을 해야 할지, 어디로 가야 할지를 도무지 모르게 되어버리는 내적 좌절의 암흑기에 대해 너희도 들어봤을 것이다. 그러다 문득, 이런 영적 고립이 더 이상 견뎌내기 어려워져서 여행자가 자신의 내적 자아를 완전히 내맡겨버린 순간에 빛이 마음을 비추고, 그는 존재에 관한 놀랍도록 깊은 진실을 일별하여 자신의 *[존재의 근원]*을 더욱 분명하게 보게 될 것이다. 그는 환희에 충만해질 것이다. 왜냐하면 '하나님이 말씀하셨기' 때문이다.

그렇다. ['신성한 생명']이 그의 의식을 관통하여 하늘나라 ― 천국 ― 의 최고의 영적 의식을 성취하도록 그를 안전하게 들어올려 인도한 것이다.

그러니 앞으로 나아가는 길은 이 같은 심오한 계시의 순간들을 도구로 삼아서 간다. 그것은 귀히 여기고 기억해야 한다. 그러지 않으면 자아의 모든 사전작업이 수포로 돌아가고, 구도자는 탐색을 시작했던 출발점으로 계속 떠밀려 되돌아올 것이다.

믿음은 늘 확고해야만 한다. 우유부단한 망설임은 아무것도 가져다주지 않는다. 내가 너희의 세계, 곧 너희의 '의식' 차원으로 하강해올 때, 심각하게 경도된 구도자들을 보았다. 그들은 몇 시간 동안 고양된 경험을 하고는 자신들의 체험을 사람들에게 즐겁게 이야기했는데, 얼마 지나지도 않아서 이내 자신이 그토록 틀림없이 경험했다고 믿었던 그것을 의심하고 있었다. 이것은 영적 발전의 과정을 늦춘다. 이러한 의심의 시간은 부단히 저항하여 명상과 기도로써 극복해야만 한다. [의심]이란 너희가 알고 믿는 것에 대한 침식이 아니고 무엇이겠는가!

[의심]이란 _너희의 영을 높이 고양시켜주었던 바로 그 '신성한-생명'_
의 체험에 반하여 발휘되는, 부정적 창조의식의 힘이다!

너희는 자신의 내부에서 신성의식의 체험과 너희의 인간적 무지 사이
에 작은 전쟁을 만들어낸다. 너희는 아마 그 신성한 순간의 기억을 파
괴하고 그것이 너희 의식 속으로 가져다준 모든 영적 고양과 발전의
자취를 다 지워버릴 것이다. 이 같은 갈등은 너희를 기진하여 녹초가
된 느낌 속에 남겨놓을 것이다. 그리고 아마도 너희는 그토록 외롭고
기댈 데 없는 느낌을 결코 자각하지 못할 것이다. ― 너희는 이 부정적
변신을 너희 안에서 스스로 만들어냈다!

영적인 길을 가는 사람들이 흔히 스스로에게 이런 짓을 하여 자신의
영적 발전을 방해한다. 자신에게 과연 이런 자기탐닉의 발동에 빠져
퇴보할 권리가 있는지를 멈추어 물어볼 생각은 전혀 않고 말이다.

사람들은 자신의 마음을 무분별하게 사용하여 에고의 욕망에서 나오
는 생각과 말로써 자신과 다른 이들의 삶을 황폐하게 만든다. 다툼과
폭력으로 치닫게 하는 것은 오직 소란한 생각과 감정적 삶이지, 얼굴
과 몸과 사지가 아니기 때문이다. ― 그 다툼이 신체적 폭행으로 번져
가지 않는 한 말이다. 하지만 몸싸움조차도 그 근원은 마음과 감정 속
의 에고의 불만에 뿌리를 두고 있어서, 그것이 사지를 통해서 걷잡을
수 없는 분노로 표출되는 것이다.

이리하여 기쁨으로 시작되었던 결혼생활이 — 그리고 우정이 — 결국은 불행과 서로 간의 거부와 배척으로 종말을 맞는다. 사람들은 삶과 사랑을 북돋우는 자기표현법 속에 자신의 에고의 욕구를 쏟아 붓는 것이 불가능한 일임을 깨닫게 되기 때문이다.

아이들이 십대가 될 때까지는 부모와 자녀들 사이에 사랑의 표현이 오간다. 그러다가 아이들이 권위에 반항하고, 부모가 거기에 자신을 정당화하려는 폭력으로써 반응하면 증오의 감정이 끼어들어 관계를 망쳐놓는다. 하지만 여기에도 그런 갈등은 필수적인 것이 아니다. 부모들은, 젊은 세대란 자신이 어른들의 세계에 발을 딛고 있음을 깨달으면 뭐든 어른들이 하는 것보다 혁신적인 방법으로 해보려고 발버둥치게 마련이라는 사실을 분명히 깨달아야 한다. 젊은이들이 어리다는 이유로 속박당한다면 어떻게 자신을 꽃피울 수 있겠는가?

아이들이 청년이 되면 그것은 부모에게는 '성장의 기간'이다. 그들은 잠들어 있는 재능을 좀더 영감 있게 활용하는, 다음 단계의 삶을 준비해야 할 때를 맞은 것이다. 그런 다음 노년을 맞으면 지난날의 어리석음과 실수를 다 포용하고 마침내 영원한 빛 속으로 평화롭게 옮겨갈 준비를 해야 한다.

왜 다투는가? 왜 싸우는가? 에고에 온통 지배당한 사람들이 핏대를 올리며 자신의 '권리'를 역설한다.

영적으로 성숙한 사람들은 상대방과 공감하며 의논하여 문제를 해결한다.

이것은 인간의 차원에서는 무엇을 의미하는가? 그것은 특정한 상황에서 상대방이 느낀/느끼는 방식이 너희 자신의 느낌만큼이나 가치 있고 존중받을 만했다는/만하다는 말 없는 ─ 혹은 말로 표현된 ─ 인정과 함께, 상대방의 말을 경청하는 것을 뜻한다.

어느 한 쪽도 한 치라도 양보할 기미가 보이지 않는 심각한 대립에 부딪히게 되었다면, 스스로 자리를 물러나서 너희가 끼게 된 그것이 '의식의 전투'임을 깨달을 때까지 혼자만의 시간을 가지라. 그 전투는 가열된 순간에 실제로 했던 말이나 행동의 결과만으로 벌어진 것이 아니다. 실제로 일어난 일은 너희 각자가 ─ 의식 속에서 ─ 동일시하고 있는 자아가 불러온 결말이다.

여기에는 너희의 인생배경이 개입된다. 갈등은 인격 자체, 그 사람이 지닌 에고의 욕구의 유형, 옳고 그름에 대한 기본적인 인식, 각자가 다른 사람들이나 삶을 바라보는 평소의 전반적인 태도로부터 나온다. 그러니 갈등이나 대립이 일어난다면 상대방에게, '당신에게 도움이 되도록 귀를 기울일 수 있게끔 가만히 멈춰서 마음을 고요히 가라앉힐 시간을 잠시 가지겠노라'고 말하라.

그런 다음, 신성의식에게 **사랑 넘치는 의식**으로써 상황을 중재해달라고 요청하는 지혜를 발휘하라.

너희 양인이 모두 **신성의식의 빛** 속에 서 있으며, 양인이 모두 영혼의 본원에서 동등하고 운명 앞에서 동등하며, 똑같이 현실적인 존재이고 똑같이 인간이고 똑같이 고유한 개성을 지녔음을 깨닫도록 ─ 그리고 그런 모습을 심상화하도록 ─ 애쓰라.

이러한 깨달음이 ─ 이러한 마음 상태가 ─ 온전히 마음을 채우기 전에는 너희는 아직 **신성한 빛** 속에 서서 갈등과 상처받은 느낌을 자애롭게 수습할 준비가 되지 않았다.

상대방에게로 돌아가서 각자 5분 내지 10분 정도의 시간을 가지고 자신의 관점과, 상대방이 했던 말에 대한 자신의 느낌과, 싸움의 본질이 무엇인지와, 상처받은 느낌이 어떤지와, 문제를 어떻게 해결하면 좋을지에 대해서 분명하고 차분하게 서로에게 설명하도록 해보자고 제안하라.

상대방이 먼저 말하게 하고, 다시 그 상황을 **신성의식**에게 내맡기라.

만일 상대방에게서 신랄한 비난이 쏟아지고 있다면 에고를 가라앉히면서 **절대적인 침묵**과 평온 속에 남아 있도록 애쓰라.

이것은 상대방으로 하여금 자신의 말이 경청되고 있다는 느낌을 느끼게 하여 말하는 사람에 큰 도움을 줄 것이다. 너희가 상대방을 돕고 있다는 것을 이성적으로는 깨닫되, 자신이 우월하다는 생각에 부풀지 말라!

상대방의 말이 너희 자신에게 어느 만큼이나 진실한 것인지를 최선을 다해 파악하라. 만일 그것이 옳은 말이라면 그것이 무엇이든 간에 혀를 깨물고라도 받아들이라. 기뻐하라. ─ 왜냐하면 그 순간 너희는 자신의 인간적 의식을 통찰하면서, 에고의 욕구의 한 단면을 제거할 기회를 자신에게 주었기 때문이다. 에고의 욕구를 스스로 조금씩 제거할 수 있게 될 때마다 너희는 너희의 영혼에게 '숨 쉴 공간'을, 그리고 너희의 인격을 적극적으로 제어할 수 있는 여지를 조금씩 더 허용하고 있는 것이다. 너희는 또한 의식의 진동주파수가 올라가고, 내면이 한층 더 밝고 가벼워진 느낌을 느낀다.

이렇게 함으로써 너희는 심리적으로 성숙해지고, 영적으로도 성장해 간다.

상대방의 느낌에 주의를 기울이라. 너희 자신의 느낌은 억누르고 스파링 파트너의 감정에 공감하도록 애쓰라. '그의' 상한 기분, '그의' 분개, '그의' 불안과 걱정을 느끼라. **너희 자신의 감정은 한쪽에 밀어두고 그의 감정을 느끼라.** (편의상 '그의'라고 했지만 양성을 다 지칭한다.)

자신에게 물어보라. 너희가 상대방에게 한 말이나 행동을 누군가가 너희에게 했다면 너희는 어떻게 느낄까? 이것을 생각해볼 만큼 에고를 멀찌감치 밀어둘 수 있다면, 너희는 다른 어떤 것보다 '자신'을 먼저 앞세우는 바람에 상대방의 관점을 이해할 줄 모르는 그런 에고의 욕구를 눈앞에서 극복해가고 있는 것이다.

너희가 입을 열기 전에, 스파링 파트너 몫의 10분이 다 지나가도록 고요히 기다리라. — 그가 시간을 다 채우지 않고 말을 끝내서 둘 다 잠시 침묵 속에 남아 있게 된다고 하더라도 말이다.

너희가 그의 말을 잘 들었고 그가 왜 흥분을 하는지를 이해했음을 최대한 기분 좋고 편안하게 인정하라. 이 자기제어의 순간에 자신이 자신에 대한 약간의 통제력을 얻었으며, 상황을 치유시키기 위한 첫걸음을 내디뎠다는 사실을 깨달으라.

반면에 상대방이 한 말을 제대로 이해하지 못했다면 그것은 너희가 그가 하고 있는 말 중에서 듣거나 받아들이고 싶지 않은 어떤 것을 마음속으로 차단하고 있는 것이다. 그러니 이것은 다시 에고가 운전대를 잡은 것이다. 그 에고를 저지하고 상대방에게 설명을 더 해달라고 하라. 그리고 다시 자신이 그의 입장이 되도록 최선의 노력을 다하라. 그의 고통을 느끼라. 그의 분노를 이해하라.

상대방을 너희의 이해 속으로 받아들이고, 그것을 스스로 알아차리면 그의 에고의 방어도 느슨해질 것이다. 너희는 그가 긴장을 풀고 이완하는 것을 보게 될 것이다. 너희는 양쪽 다 기분이 나아진다.

차분하고 천천히 주의 깊게 이 모든 일을 했으면, 이제 너희가 그 상황에서 느꼈던 바를 마찬가지로 분명하게 설명하라. 상대방을 깎아내려서 약오르게 만들려는 속셈으로 말하지 말라. 다음을 명심하라:

a) 너희는 무조건적인 사랑의 서곡으로서, 에고를 제어하기 위한 노력을 쏟고 있다.

b) 너희는 너희 — 두 지점이 아니라 — 사이에 이해와 평화를 이뤄내기 위해 애쓰고 있다.

c) 그를 더 흥분하게 하는 말을 씀으로써 너희의 응대가 갈등을 더 깊어지게 만들도록 놔두지 말라. 만일 실제로 그렇게 되었다면 에고가 **너희를 상대로** 한 판을 이긴 것이다. 너희의 심령이 진 것이다.

너희가 양쪽 모두 영적인 의식의 주파수에서 살고 있다면 상대방도 당연히 너희가 그에게 준 것과 똑같은 경청과 사려와 너희 입장에 대한 인정으로써 화답할 것이다. 그러나 상대방이 순전히 세속적인 의식의 주파수에서 살고 있다면 너희는 어려움에 부딪힐 것이다. 그는 너희가 '거룩하거나' '우월하거나' 뭔가 '더 커' 보임으로써 점수를 따려고 애쓰고 있다고 느낄지도 모른다. 그의 마음을 다독여주고 너희 사이에 갈등이 일어나서 고통스럽다는 것을 말하라. 너희는 단지, 상처받은 기분이 마음과 가슴과 몸에 남아 곪고 있을 때 서로의 말을 잘 귀담아 들어줌으로써 피상적인 화해가 아니라 진정으로 서로를 용서하는 화해에 이를 수 있게 하는 방법을 연습해보고 있는 것일 뿐이다.

서로에게 동의되지 않는 부분을 부드러운 말로써 — 동의하지 않는 그럴 만한 이유와 함께 — 표현할 권리를 부여해야 한다. 너희도 인간으로서 언제나 옳을 수는 없다는 것을 인정할 용기를 자기 안에서 찾아보라. 너희도 다른 모든 사람들과 마찬가지로 '승자'의 자리를 차지하고는 그것을 지키려고 사납게 구는 에고의 욕구의 지배하에 태어났기 때문이다. 너희가 자신을 '승자'라고 믿을 때 상대방도 똑같이 자신이 '승자'라고 믿는다는 사실을 상기하라. 인간적으로, 그는 자신이 우월하지는 못하더라도 최소한 너희와 같은 수준은 된다고 믿는다. 그의 에고가 그로 하여금 그 자신이나 자신의 관점에 대해서 어떻게 생각하게 만들든 간에, 너희의 에고도 너희로 하여금 자신의 소견이나 생각에 대해 그와 똑같이 생각하게 만든다.

너희 인간적 의식의 무대 속으로 신성의식을 가져올 수 있게 될 때, 너희는 서로가 상대방의 인간적 현실을 문자 그대로 받아들이고, 너희 사이의 부정성을 녹여 없애고, 의식의 진동주파수를 높인 것이다. 그리하여 더 가볍고 힘찬 느낌을 느낀다. 이것은 더 이상의 불화가 없는 완전한 평화를 가져다주므로 너희의 안위에 지극히 요긴하다.

하지만 너희가 상대방의 '진실'을 경청하여 공감하고 자애롭게 용서하여 받아들이기를 거부하면 그 거부는 감정적 '자기적 배척' 에너지를 일으키고, 그것은 너희 온 시스템의 의식전자기장(consciousness electromagnetic field) 속 배척 에너지의 다른 찌꺼기들과 합세하여 보강된다. '배척하는 자기력'은 세포들 사이의 '결합시키는 자기력'을 고갈시켜 건강을 악화시킨다.

이 존재의 사실(fact of existence)이야말로 모든 심신의학의 밑바탕이다. 다른 사람들을 끊임없이 비난하고 심판하여, 갈등이 일어나면 마음을 완전히 닫아버리는 사람들은 결국 신체적으로든 감정적으로든 모종의 급격한 와해를 겪게 된다. 그들이 다른 사람들을 조종하고 심판하면서 자신은 비난에서 빠져나가려는 이 성향을 스스로 자각하고 다룰 수 있게 되면, 그리하여 마침내 '영혼'에게 자신의 인격에 대한 완전한 지배권을 넘겨줄 수 있게 되면, 그 어떤 종류의 와해도 완전히, 영원히 사라져버릴 것이다.

다른 사람과 갈등을 겪을 때 너희가 시간과 공간과 이해를 주었음에도 불구하고 침해당한 기분에 대한 끈질긴 언급의 형태로 완강한 저항만이 돌아온다면 너희는 눈먼 에고를 마주하고 있는 것이고, 이럴 때 할 수 있는 유일한 일은 웃으며 패배를 시인하고 자리를 떠나는 것이다.

그들의 집요한 에고에 대한 용서와 이해를 품고 떠나는 한, 너희는 패배를 시인했다고 하더라도 자아에 승리를 거둔 것이고, 너희의 의식장 속에 부정적인 진동을 불어넣기를 참아낸 것이다.

불화를 조장하기 위해서 할 수 있는 최선의 행위는, 상대방에게 '그렇게 느낄 일이 아니'라든가, '속에 없는 말을 하고 있다'는 식의 말을 해주는 것이다. 이 두 가지 말은 상대방이 마땅히 누려야 할 존엄성과 존중을 거칠게 침해하는 것으로, 상대방의 '인간으로서의 현실'을 정면으로 부정한 것이다.

"그 말이 정말인가요?" 라고 물어보고, '그렇다'는 대답이 돌아온다면 그것을 인정하여 받아들여야 하고, 거기서부터 다른 논의가 이어져야 한다.

상대방이 하는 말을 직면하기 싫다는 이유로 그가 하려고 애쓰는 말을 결코 무시하지 말라. 이것은 에고에게 점수를 빼앗기는, 비겁한 짓이다. 말의 배후에 담긴 진실을 수신할 수 있도록, 용기 있게 두 귀를 활짝 열고 경청하라.

너희가 거기에 동의하든 말든 상관없이, 너희는 한 사람의 '현실'을 받아들여야만 한다. 그 한 단면이 너희에게 충격과 불편을 주더라도 말이다. 너희는 그 인간적 의식이 현재의 형태로 성장해 나온 그 전체 상황을 알지 못한다는 점을 명심하라. 너희가 어떤 식으로든 그를 심판하고 비판하고 힐난한다면 그것은 너희와 그 사람 사이에 장애물을 치는 것이 되고, 그것은 너희가 나중에 아무리 그와 친구가 되고자 하고 그의 부정적인 모든 것을 보아 넘기고자 하더라도 제거되지 않을 것이다. 그의 내면 중에서 너희가 거부하는 것은 장차의 불화의 근거로서 부지불식간에 너희 의식 속에 남아 점점 더 커지다가, 결국은 호의의 힘을 능가할 것이다.

너희는 장차 부지중에 뒷전에 감춰뒀던 불신이나 불쾌한 심사를 내비치는 말을 하게 될 것이다. 그의 약점을 사랑으로 받아들이고 그가 그것을 다루어 극복하도록 돕는 대신 너희는 그로 하여금 너희로부터 자신을 방어하게 만들고, 그러면 그는 결코 너희를 온전히 신뢰하지 않을 것이다. 너희의 에고와 그의 에고는 둘 다 의식적으로는 모르는 중에 은밀한 싸움을 해왔을 것이다.

사랑은 증오로 바뀔 수 있다. 명심하라. — 너희의 삶이란 마치 일종의 금고와도 같은 하나의 [의식상태]여서, 그 속에는 너희의 생각과 감정들이 보관되어 있다. 허용과 배려가 그 금고를 감싼 철제가 되게 하라.

마음이 끌리는 누군가를 만나게 될 때, 그것이 우정관계일 뿐이라면, 그리고 그의 과거에서 너희의 원칙에 반하는 요소가 발견된다면 너희는 둘 중 하나를 선택할 수 있다.

a) 계속 만나면서 그의 과거를 온전히 받아들이되 가능하다면 나중의 상황에서 그런 성향을 논리적으로, 사랑으로써 지적해주고 그가 성장해가도록 돕든가, 그것이 불가능하다면,

b) 그의 문제를 **신성의식**으로부터 영감 받는 사랑에 찬 포용의 관점에서 바라봄으로써 그가 너희의 원칙으로도 받아들일 만함을 발견하게 되기 전까지는 상황에서 빨리 빠져나오라.

어떤 사람이 에고의 충동대로 행동한다고 힐난해서는 절대 안 된다. 모든 인간은 정도의 다소간에 에고의 욕구에 끌려다닌다. 상대방을 모욕하는 태도는 결코 취하지 말라!

지상에 있었을 때, 나는 사람들에게 남을 용서하고, 심판과 비판과 힐난을 멀리하기를 촉구했다.

교회는 이것을 그릇 해석하여 너희가 타인을 사랑하고 부정적 감정을 멀리함으로써 하나님을 '기쁘게 해드려야' 한다는 뜻으로 가르쳤다.

이것은 내가 의미했던 것이 전혀 아니다. 너희의 행동으로부터 '기쁨을 느껴야만 하는' 그런 '하나님'은 존재하지 않는다.

사람은 언제나 '스스로 뿌린 대로 거둔다'는 의미에서 너희는 너희 운명의 주인이다. 이제까지의 모든 이야기가 너희의 채소밭에 잡초 씨를 뿌리는 일을 피하여 늘 **건강하고 행복하게 번성하는** 자세한 방법을 알려주는 데에 초점이 맞춰졌다.

영적으로 발전해가는 중에, 너희가 머릿속에 지니고 있는 엄청난 선물 — 창조적이고 지성적인 사고 — 에 눈을 뜨게 될 때가 올 것이다. 그리고 너희는 또한 그것을 사용하는 방식에 대한 엄청난 책임감도 자각하게 될 것이다.

너희 세계에는 나날의 삶 속의 도전과제로부터 통찰과 성장을 얻어내도록 자신의 마음을 잘 활용한 멋진 사람들이 있다. 그들은 단계적으로 탐사하고 분석하여 새로운 관점으로 나아가서 더 높은 이해를 얻음으로써 스스로 새로운 이상을 만들어낸다.

그들은 이 이상을 장차의 행동의 지침으로 삼는다. 이런 방법을 통해 그들은 자신이 세상에서 행동하는 방식과 관계를 맺는 방식을 재규정하기 위해 자신의 사고와 말과 행동을 정화할 수 있다.

이들은 '자수성가한' 사람들이다. 하지만 그들이 또한 더 높은 근원 — 신성의식, 혹은 그들이 '하나님'이라 부를 수 있는 그것에 대한 지각 — 으로부터 힘과 통찰과 영감과 정서적 안정을 얻어내지 않은 경우는 드물다.

지상에 있을 때 나는 사람들에게 우화 — 10달란트(Talents) 우화 — 를 이야기했었다. 부자인 주인이 다른 나라를 잠시 다녀오는 동안 세 하인에게 각각 얼마간의 돈을 맡겼다.

첫 번째 하인에게는 10달란트를, 다른 하인에게는 5달란트를, 마지막 하인에게는 1달란트를 맡겼다.

그는 돌아와서 하인들에게 그 돈을 어떻게 썼는지를 물었다.

첫번째 하인은 주인의 돈을 곱절로 불렸다고 말했고, 다른 하인은 그것을 1.5배로 불렸다고 말했고, 마지막 하인은 주어진 것을 잃을까봐 두려워서 그것을 그대로 지켜가지고 있었다고 말했다.

주인은 앞의 두 하인에게는 그 효율성과 능력을 칭찬해줬지만 맡겨놓은 1달란트를 가지고 아무것도 해볼 엄두도 내지 않은 하인에게는 화를 내었다.

너희도 각자가 세상에서 가지고 일할 저마다 다른 액수의 '달란트'를 지니고 있다. 너희가 지닌 개인적 달란트와 자원으로 이익을 낼 최선의 방법을 찾는 것이 어렵다고 느껴진다면, 명상을 통해 **신성의식**에 의지하라. 그러면 조금씩 조금씩, 틀림없이 발상이 떠오를 것이다. 그리고 그것이야말로 너희의 개성에 정확히 맞는 방법이 될 것이다.

동시에, 자신이 생애를 통해 자신의 달란트를 어떻게 사용해왔는지를 살펴보라. 자신의 행복과 쾌락을 일궈내는 데만 전적으로 열중했는가, 아니면 타인들의 삶을 향상시키고 드높여주는 데에도 시간을 바쳤는가? 평균 이상의 달란트가 주어졌는데도 그것을 자기탐닉에 빠진 삶에다 다 탕진하고 삶을 마치는 것은 끔찍한 일이다. 너희가 배우기에 실패한 교훈이 어떤 것이든, 회피해버린 성장이 어떤 것이든, 일부러 외면해버린 영적 발전이 어떤 것이든 간에, 너희는 그것으로 다음 생애들에서 올라야 할 산을 쌓은 것이다. 그것은 너희의 길을 가로막아서, 그것을 — 영적으로 — 다루어내거나, 아니면 다음 생에서 다시 반복해서 경험하거나 해야 할 것이다.

꼭 세상에서 위대한 길을 개척하여 큰 진보를 이룩하거나 부와 명성을 얻어야만 하는 것은 아니다.

부모로서의 달란트를 사용하여 자녀들의 행복을 높여주는 너희의 일을 잘 해낼 최선의 방법을 찾아낼 수도 있다. '사랑 넘치는 좋은 부모'가 되는 것보다 더 고귀한 소명이 어디에 있는가? 더군다나 너희가 법칙과 질서와 무조건적인 사랑의 시스템 속에서 심신의 양육과 성장과 치유와 재생과 모든 형태의 보호와, 마음과 정서와 신체가 필요로 하는 **모든 것**을 충족시켜주는 **신성한 아버지-어머니** 의식을 본보기로 택한다면 말이다. 너희는 부모로서 너희 존재의 신성한 근원의 의식 수준에 도달했는가?

자신의 달란트를 가장 잘 활용한 사람들 중에는 하인들이 있다. ― 그들은 다른 사람들의 자녀를 헌신과 사랑으로 돌보고, 성심을 다해 집 안을 구석구석 깨끗이 청소하고, 온유한 사랑의 마음으로 주인에게 평화롭고 평온하고 배려 깊은 환경을 마련해주었다. 이들은 천국으로 곧바로 가는 길을 스스로 만들어낸 위대한 영혼들이다.

반면에 남들을 파멸시킴으로써 제 가슴 속의 싸늘한 공허와 허영심을 채우는 데에 자신의 달란트를 사용한 사람들도 있다. 결국 그들이 마음을 사용한 방식은 그 자신을 파멸로 이끌었다. 역사 속에서나 현 시대에 다른 사람들을 세뇌하고 선동하여 폭동을 일으킨 사람들을 생각해보라. 그들은 독재자가 되었다. 그런 독재자들이 맞을 만한 종말을 생각해보라. 그런 사람들은 '마음의 힘'이 부여한 특권을 함부로 악용했고, 결국은 그 대가를 치른다. 하지만 아무런 그럴듯한 이유도 없이 수천의 생명을 이미 짓밟은 이후에 말이다. 나라를 전쟁에 찢긴 폐허로 만들고 번성하던 경제를 엉망으로 망쳐놓는 데에는 '그럴듯한' 이유가 결코 있을 수 없기 때문이다.

밥 먹듯이 정신적, 정서적 학대에 시달리는 가족을 생각해보라. 이것은 '마음의 힘'을 가증스럽게 악용하는 짓이다. 그것은 무수히 다양한 방식 ― 건강악화, 질병, 중독, 우울증, 자긍심 상실 등 ― 으로 학대자에게로 되튀어서 돌아간다.

하지만 너희의 두뇌와 통찰과 지식과 교육받은 것을 너희 삶의 영역에서 너희가 표준으로 삼는 역량에 미치지 못하는 다른 사람들을 비판하고 심판하고 힐난하기 위한 단상으로 사용하지 말라.

동시에, 인간의 에고에게는 비판하고 심판하고 힐난하는 것이 숨 쉬듯이 자연스러운 일이니, **개선될 수 있는 것에 대한 너희의 자각을 부인하려 들지 말라.** 그것을 부인하는 것은 진화라는 현실을 부인하는 것이다. 존재 배후의 목적은 경험하는 것이고, 그 경험을 통해서 발전해가는 것이다. 그러니 다른 이들에게서 발견하는 결점을 심판하고 힐난하지 말고 그러한 인식을 즉각 **신성의식**에게로 가져가서 **문제의 신성한 해결책을 늘 간구하라.** 언제 어디서든 **신성의식**이 문제에 개입하면 그 결과는 언제나 관계된 모든 이들의 성장과 발전이 된다는 사실을 결코 잊지 말라.

너희는 나날의 삶과 인간관계와 상황들 속으로 신성의식을 가져오기 위하여 지상에 있는 것임을 늘 명심하도록 하라. 너희는 너희의 마음을 이 특별한 목적에 사용하기 위해서 거기에 있는 것이다.

내가 너희로 하여금 '더욱 풍요로운 [생명]'을 발견하도록 돕기 위해서 왔다고 말했을 때, 그것은 내가 너희로 하여금 자기적-감정적 속박에서 벗어나서 *[신성한 생명]* ─ 너희 존재의 근원 ─ 을 진정으로 접하도록 도와주러 왔다는 의미였다. 음식으로부터만 얻어내는 '육적 생명'을 까마득히 초월한 큰 *[생명]*이 이 접촉으로부터 나온다. 영적 인도와 보호와 *신성의* 영감에 **인도되는** 길이 이 접촉으로부터 나온다.

너희는 이것을 '그리스도 의식의 길'이라 불러도 좋으리라.

이전까지 너희 의식에 감춰져 있었던 어떤 깊은 진실을 알게 된다면 **신성의식**이 너희의 인간적 의식을 관통하여 너희 마음속에서 말한 것임을 알고 기뻐해야 한다. 성심으로 감사를 드리고, 이 선물을 경의로써 귀하게 대하라. 결코 그것을 당연한 것으로 여기지 말라. 그것은 [사랑에 찬 지성]이 더 들어오지 못하도록 막는 짓이다.

너희는 자신이 왜 다시금 이렇게 외로워졌는지를 의아해할 것이다.

사람들은 '내면의 영'에 의해 변모했다고들 말한다.

'내면의 영'이란 말은 틀리지 않다. 나는 너희에게 부정확한 의미를 전하는 오래된 용어들을 너희의 마음에서 없애려고 길게 말해왔다. 동시에, 내가 진정으로 **의미하는** 것을 이해한 후에는 그 용어 자체에 매이지 말아야 한다는 것을 알기 바란다. (과거에 나의 말은 너무나 많이 오해되었기 때문에 나는 그런 일이 다시 일어나기를 바라지 않는다.) '내면의 영'이 실제로 무엇인지를 — *[무한한 우주의식]으로부터 작용하는 [신성한-생명 의식]*이며 '망자의 영'과는 무관한 것임을 — **아는** 한은 너희에게 의미가 가장 잘 통하는 다른 용어를 사용해도 된다. 그것이 이 **편지**에서 제시된 의미라면 말이다.

처음에 했던 말로 돌아가보자.

사람은 '영의 권능에 의해 변모할' 수 있다고 혼히들 말한다.

그런 변모는 가능하지 않다. 너희의 인간적 자아에는 변모될 수 있는 실체가 없다. 너희의 영혼은 **'신성한-생명 의식'** 으로부터 나왔으며, 그러므로 완벽하다. 너희의 인간적 '인격'은 덧없는 것으로, 오직 자기적 감정적 '결합-배척'의 추동력으로만 이뤄져 있다. 따라서, **영적 실상**이 드러나게끔 하기 위해서는 신성한 생명이 너희의 의식에 갈수록 점점 더 깊이 스며들어서 너희를 재촉하여 이런 거친 추동력들을 벗겨내야 한다. 이것은 어쩌면 우화로써 설명하는 것이 가장 좋을 것이다.

매우 아름다운 소녀가 회색의 무거운 베일 속에 감춰진 채 얼굴은 흉하게 그려졌다. 그러니까 그녀의 진실은 비밀로 감춰져 있어서 그 흉한 모습 때문에 아무도 그녀 곁으로 가까이 가려 하지 않았다. 그녀는 자라나자 자신이 외롭고 불행하고 자유롭게 움직이지 못하고 건강하지 못한 것은 모두가 베일 때문이라는 것을 깨달았다. 그러나 그녀는 그것에 너무나 익숙해져 있어서 그것이 없이는 생존할 수 없을 것처럼 느꼈다. 하지만 그녀는 운이 좋아서 다른 나라에서 온 '깨달은 멘토'를 만나게 되었고, 멘토는 결국 베일을 하나만 벗어보라고 그녀를 설득했다. 그녀는 자신이 정말 그럴 수 있을지, 내면의 힘을 한참 저울질해보고 나서 멘토에게 도움을 청했다. 그는 그녀의 손을 들어올려주었고, 그들은 함께 흉한 얼굴이 그려져 있던 베일을 벗어버릴 수 있었다. 그녀는 그것을 벗기고 나서 훨씬 기분이 나아져서 환희를 느끼기 시작했다. 잠시 후에 그녀는 또 다른 베일을 벗어버리고 싶어졌고 다시 '멘토'가 와서 그녀를 도와 그것을 함께 벗겨냈다. 그것은 그렇게 계속됐다. 베일을 벗겨낼수록 그녀는 더욱 가벼워지고 점차 주변 자연의 실상을 알아차리기 시작했다. 그녀는 나무의 모습을 선명하게 보고, 가지에 앉은 새들이 부르는 아름다운 노래를 듣고 전율했다. 다른 사람들의 얼굴에 담긴 아름다운 표정을 보고는 가슴에서 사랑이 흘러나오는 것을 느꼈다. 삶은 이제 실로 귀하고 신성한 선물이 되고 있었다. 그녀는 자신이 그토록 행복한 사람이 되도록 도와준 '멘토'에게 날마다 감사를 드렸다.

마침내 최후의 베일마저 더 이상 견딜 수 없어진 때가 왔다. 그녀는 훨씬 더 큰 빛과 아름다움과 조화와, 아름다운 사람들과의 사랑에 찬 만남을 그것이 차단하고 있음을 알았다. 마지막 베일이 없이 어떻게 살 수 있을지는 몰랐지만 그녀는 멘토와 함께 침묵 속으로 들어가서 이 마지막 베일이 벗겨지기를 간구했다.

이것은 고통스러운 시간이었다. 왜냐하면 그 베일은 그녀의 존재의 일부인 것처럼 보였기 때문이다. 하지만 그녀는 계속 빌며 간구했고, 눈부신 빛이 비치는 순간, 베일은 타서 그녀에게서 떨어졌다. 남은 형상은 그녀의 _실체_였다. 그리고 그녀는 **완벽한 내면의 자유 속으로 들어섰다!**

하지만 그녀의 개체적 **현실**은 이제 이 환경 속에서 기능할 방법을 찾아내야만 했다. 이것은 뜻밖의 난관이었다.

주변 현실과 자신의 내면에 대한 그녀의 지각은 이제 너무나 초월적이고 선명해져서 다른 사람들과의 소통의 바탕이 급격히 변화했다. 그녀는 더 이상 사회나 직장에서 마음이 편안하지 못해져서, 사회의 한 구성원으로 남아 있을 수가 없어졌다.

사람들은 그녀를 보고 이렇게 말했다. "오, 이게 너였구나. 넌 베일이 없군. 아유, 무서워라. 넌 너무 이상해. 좀 돈 것 같기도 해." 그들은 그녀에게서 등을 돌렸다.

너희는 그녀가 어떻게 했으리라고 생각하는가? 다른 사람들처럼 베일을 묵직하게 덮어쓰고 있던 때로 돌아가고 싶어했을까? 아니다. 그녀는 너무나 깊은 평화와 환희와 필요의 충족을 찾았기 때문에 속해 있던 사회를 떠나 그녀의 진정한 모습을 알아보고 사랑과 기쁨으로서 맞이해주는 다른 영혼들이 있는 곳으로 숨어 들어가 합류했다.

말해보라. 그녀의 베일, 그녀의 인격이 변모했는가? 아니다. '멘토' — *[신성한-생명 의식]* — 로부터 베일을 걷어내는 것이 옳은 일임을 확신했을 때, 그녀는 **'멘토'의 도움을 받아** 자신의 베일을 걷어냈다. 베일을 한 겹 한 겹씩 걷어낼 때마다 그녀는 베일(인격)에 감춰져 있던 __실체-영혼__에 대한 친밀한 앎에 한 걸음 한 걸음씩 다가갔다.

너희는 이제 인간의 '인격'이 마치 정신적-감정적 거미집 — 때로는 자기적 '끌어당김/결합'과 자기적 '밀어냄/배척' 사이의 무수한 상호작용이 일어나는 지저분한 베일 — 과도 같은 것임을 아마 이해할 수 있으리라. 영적으로 진화한 사람들은, 말씨가 거칠고 생각은 오로지 세속적인 에고의 활동 주변만 맴도는 사람들의 피부를 감싸고 있는 이 지저분한 '베일'을 볼 수 있다.

다른 한편, 한 개인이 지상의 사고방식과 반응방식의 수준을 떠나면 피부가 맑아지고 눈에 빛이 난다. 부지불식간에 '지상의 인격'은 죽어가는 한편으로, 몸은 더욱 '영성화'된다. 이것은 영적 지각능력을 지닌 사람에게 선명히 보인다.

언젠가는 지상의 사고를 벗어나야 한다는 것을 두려워하지 말라. 너희는 무한한 안도감을 느끼면서 그것을 조금씩 조금씩 버려갈 것이다. 너희 삶의 진정한 목표가 갈수록 분명해지고, 그것을 성취하고자 하는 결의는 갈수록 강해질 것이다.

너희는 자신은 자기적-감정적 생각과 기분에 정신적으로나 감정적으로 그리 자주 빠져들지 않노라고 항변할지도 모른다. 하지만 머릿속에 저절로 올라오는 모든 생각들을 살펴보고 있노라면 너희는 자신이 하루종일 자기적 '끌어당김/결합'과 자기적 '밀어냄/배척'의 생각에 완전히 지배당하고 있다는 사실을 깨닫게 될 것이다! 너희의 마음은 논평과 판단과 비난과 욕망과 저항과, 원한이나 거부감과 같은 반응적 감정과, 어떤 것에 대한 갈망과 그것이 충족되지 않을 것에 대한 두려움과, 성공하려는 몸부림과 그것을 가로막고 있는 사람에 대한 짜증과 분노 등등을 끊임없이 조잘거리며 쏟아낸다.

기도하는 사람은 믿음과 열망으로써 기도를 올린다. 그러나 에고가 그를 지배하고 있으면 금방 기도한 후에도 누군가를 만나면 유감스럽게도 방금 '하나님'께 올바로 처리되게 해달라고 가져갔던 그 트라우마를 떠벌인다. 인간의 동정으로부터 위로를 얻기 위해서 말이다. 하지만 기도하는 동안에 풀어놓은 의식체와 그 힘 ― '간구와 믿음과 열망' ― 은 이제는 자기연민에 의해 상쇄되어버렸다.

마음이란 대개가 상충되는 생각들의 수렁이다. 스트레스가 생길 때 그 사람은 생명력을 주는 확언이나 느낌에 집중하려고 애쓰지만, 그 생각은 강아지가 가지고 노는 종이풍선에서 바람이 빠져나가듯이 금방 마음에서 쫓겨 나가버리고, 피하려고 애썼던 스트레스에 찬 생각들이 다시 마음을 장악한다. 그것은 마음속에서 이렇게 계속 엎치락 뒤치락한다. 그가 이 갈등의 수렁을 빠져나가기를 열망하게 될 때까지 말이다.

너희 내면의 소리는 아마도 이런 식으로 말할 것이다: "일어나기 싫어. 아침 먹기 싫어. 샌드위치를 만들기 싫어. 일하러 가기 싫어. 오늘 아무개를 만나기가 싫어. 빨래하기 싫어. 이것도 저것도 하기 싫어." 그리하여 불만에 꽉 찬 사람들의 '삶을 거부하는' 넋두리는 이렇게 하루종일 이어진다.

그런데 이런 마음의 불평 대신 목소리는 '..하고 싶은 [기분]이 아니야' 하는 식으로 말하기도 한다. 이 모든 기분은 그런 활동을 거부하는 에고의 욕구로부터 나온다. 그런 활동이 지겹고 불편하고 짐스럽게 인식되기 때문이다.

반대로, 너희는 아침에 일어나서 이렇게 말하거나 느낄지도 모른다. "토요일이구나, 빨리 옷 입고 시장에 가야 해. 사고 싶은 게 있으니까. 딸기가 다 팔리기 전에 사야하고 할인판매하는 데가 있는지 둘러봐야 해. 남편을 잘 구슬려서 돈을 얻어내야지. 패트릭을 그의 사무실에서 만날 수 있어야 하는데. 이 새로운 사장님이 날 좋아했으면 좋겠어. 그러면 열심히 일할 거고 그에게 매력적으로 보일 거야. 남편이 새 차를 샀으면 좋겠어. 긍정적인 태도를 지키면 주차할 자리를 틀림없이 찾을 수 있을 거야. 보너스를 탔으면 좋겠어."

이런 모든 생각들은 '나는 원해' 하는 에고-결합 추동력으로부터 나온다.

너희는 '결합'과 '배척'의 감정을 몇 개씩 서로 얽어맬 수도 있다:

"애들이 빨리 잠들어서 쉴 수 있었으면 좋겠어. 피곤할 때 물을 달라고 하고 책을 읽어달라고 하면 정말 싫어. 하지만 함께 시간을 보내주는 좋은 엄마가 돼야 해." '좋겠다' '할 수 있으면' '돼야 해' '좋은 엄마' '시간을 보내주는' 이런 말들은 모두가 자기적 '끌어당김-결합'에 의해 연결되어 있다. 이것은 너희가 스스로 '원하는' 것들이다. 이런 생각들은 두려움으로부터도 일어난다. — 지금 할 수 있다고 느끼는 것보다 더 하기를 요구받는 것에 대한 두려움 말이다. 엄마가 되지 못하는 두려움. 두려움이란 자신과 다른 사람들이 받아들일 만한 수준에 도달

500

하기를 요구하지만 그러지 못하리라는 것을 너무나 잘 아는 에고로부터 직접 느껴지는 추동력이다.

문명이 발전함과 함께 자기적 결합-배척 추동력이 너무나 복잡하게 서로 얽혀서 그것을 식별해서 알아내는 것이 어려워졌다. '정말 싫어' '물을 달라고 하면' '책을 읽어달라고 하면' '피곤할 때', 이런 말들은 모두가 자기적 밀어냄-배척의 느낌이고, 무엇을 배척하여 밀어내는 데는 받아들여서 결합하는 것보다 더 많은 에너지가 소요되므로 그런 내면의 갈등은 결국 너희를 훨씬 더 피곤하고 진 빠지게 만들고, 심지어는 죄책감까지 느끼게 하지만, 너희가 진정으로 마음속 깊이 하고자 하는 것 ─ '아이들과 더 많은 시간을 함께 보내며 책을 읽어주는 좋은 엄마가 되는 것' ─ 을 해낼 힘은 찾지 못한다. 아이들과 시간을 보내는 것은 만족감과 행복감을 가져다줄 것이다. 왜냐하면 더 깊은 층에서 너희는 자신이 사랑을 경험하고 표현하고 싶어한다는 것을 알기 때문이다. ─ '하고 싶은' 것과 '하기 싫은' 온갖 것들이 사랑의 느낌을 뒤덮어서 가리고 있음에도 불구하고 말이다. 존재의 가장 깊은 심층에 조율되어 사랑을 경험하고 표현하고 있을 때, 너희는 진정으로 평화롭고 행복하다.

또한, 애정 있는 엄마들의 마음속에 늘 맴도는 독백 중에서 '아이들과 함께 시간을 보내야 하는데' 하는 작은 한탄은 *[신성한-생명 의식]*으로부터 곧바로 얻어진 통찰이다. 하지만 너희는 아마도 그것을 양심이 그렇게 해야 된다고 일러주는 말이라고 믿고 있을 것이다.

아마도 너희는 이 마음과 감정이란 마치 싸움터와도 같아서, 상충되는 생각들이 서로 꼬리를 문 채 너무나 빨리 지나가는 바람에 너희가 자신에게 무슨 짓을 하고 있는지조차 까맣게 모른다는 사실을 깨닫기 시작하고 있을 것이다. 마음은 시소와 같다. 너희의 신념과 소견과 반응은 인간관계나 환경 속에서 너희가 발견하는 변화에 덩달아 함께 변한다. ─ 좋은 것과 싫은 것, 원한과 우정, 소유욕과 배척의 시소 말이다. 이 모든 소동이 너희 환경의 보이지 않는 층에서 실제로 일어나는 모든 일에 대한 피상적인 이해로부터 일어난다. 너희는 바다를 항해하는 배와도 같다. 너희는 하늘은 볼 수 있지만 배 밑에서 일어나고 있는 그 모든 성장과 움직임과 삶 속의 일들에 대해서는 까맣게 모르고 있다.

이것은, 너희가 누군가와 참된 관계를 맺고 있다고 생각하지만 그 표면 아래와 그의 유쾌한 겉모습 뒤에서 너희의 친구는 너희와 함께 있으면서도 외로움을 느끼고, 너희의 요구뿐 아니라 그의 요구에도 더 걸맞은, 더욱 섬세하게 공감하는 차원에서 서로 대화하고 이해하기를 열망하고 있을지도 모른다는 뜻이다.

다음 예를 살펴보라. 겉모습으로 봐서는 그것은 너희 자신에게나 다른 사람들에게나 전혀 해롭지 않아 보인다. 하지만 잘 들여다보면 그것은 명백히 해롭다는 것이 밝혀질 것이다.

"그 성질 나쁜 여자가 오늘은 일하러 안 나왔으면 좋겠어."

먼저, **감춰진 의식 속에서** 이런 말을 할 수 있으려면 너희는 이미 그녀의 행동을 살피면서 문제를 일으키는 그 고약한 성질을 비난했었다. 너희는 그녀의 목에다 '성질 나쁜 여자'라는 꼬리표를 달았다. 너희는 그녀의 이름이 붙은 의식 에너지의 힘을 하나 만들어내었다. 그것이 그녀에게 좋은 일을 해주지는 않을 것이다. 너희는 자기적으로 (영적으로가 아니라) 그녀가 **일하러 나오지 않아서** 너희의 삶이 더 즐거워지게 해주기를 '원한다'. 위의 말에서 너희는 자신이 완전히 '에고'의 손아귀에 쥐어 있음을 노출시키고 있다. 왜냐하면 너희는 그녀가 혹시 성격 문제를 일으키는 남모르는 병이나 불행이나 금전문제 같은 것을 겪고 있지는 않은지를 멈추어 생각해보지 않았기 때문이다. 그녀가 나오지 않기를 바라는 마음은 '그녀에 대한 저주'의 성질을 담고 있다. 너희의 그 생각이 충분히 열렬하고 강력하다면 그녀는 아마도 그 부정적인 의식 에너지의 힘을 감지하고는 갑자기 심신이 불편해져서 일하러 가기가 싫어질 것이다!

감정적 긴장이 신경쇠약으로 진행되는 데에도 동일한 원리가 적용된다.

감정적 긴장이 시작되면 마음과 몸은 자기적-감정적 '거부-밀어냄-배척'의 느낌과 경주를 시작한다. 어떤 사람이 '감당할 수가 없어' 하는 식의 생각에 계속 빠져 있다. 이것은 그가 위기에 대처하기 위해 실제로 지니고 있는 기존의 에너지를 정면으로 부인하고 거부하는 것이다. '나는 그걸 견뎌낼 수 없어'도 개인의 힘을 부인하는 것이다. '이런 일이 일어나는 게 싫어', '그가 나에게 이런 짓을 하는 게 싫어', '내 생활방식을 바꿔야 하는 게 싫어', '싫어, 아니야, 안 할래, 반대야, 거부해, 난 자격 없어'. 특히 '내 것을 찾아올 거야' 하는 악성 의식체(생각)는 자기적-결합-배척의 혼합물이다. 사실 이 말에 담긴 '의식'은:

"그가, 그리고 그가 한 짓이 너무나 마음에 안 들어서 따끔하게 교훈을 가르쳐줄 거야. 그가 나에게 한 그대로를 그에게 해줄 거야. 대가를 지불하게 해야지!"이다.

이것은 순전한 복수다. 복수는 자기적으로 돌아오는 부메랑이어서 복수를 생각하는 사람에게 어떤 형태로든 고난을 가져다준다. 만일 그가 그리스도 의식의 길을 가고 있다면 그것 또한 부메랑을 보내는 사람에게 절실히 필요한 교훈을 가르쳐줄 것이다. 킬러의 원한을 포함하여 앞에 열거한 모든 생각과 기분들은 신경의 — 심지어 신체의 — 쇠약을 초래한다.

이 편지를 읽는 이들 중에는 내가 베다니 근방에서 무화과나무를 대적했던 일을 기억할 것이다. 나는 배가 고파서 어리석게도 철이 아닌데도 무화과를 찾고 있었다.

무화과가 없는 것을 보고 나는 나무에게 이렇게 말했다. "아무도 다시는 네게서 열매를 따먹지 못하리라." 그러자 나무는 뿌리까지 말라버렸고, 다음날에는 죽어 있었다. 베드로가 그것을 보고 크게 놀랐다.

이것은 나, 예수가 내 '마음의 권능'을 아무런 책임감 없이 사용하여 해를 일으키던 때의 일이었고, 나는 그것을 뉘우쳤다. (이 일이 일어나게 된 진정한 이유에 대해서는 **세 번째 편지**에서 다 설명했다.) 하지만 제자들을 가르칠 때, 나는 그것을 살아 있는 것들에 미치는 마음의 힘에 대해 경고하는 본보기로 이용하기도 했다.

같은 날 나는 성전에서 환전상들을 때려서 몰아냈고 율법학자와 바리새인들을 정면으로 모욕했다. 이 모든 짓은 자기적-감정적 결합-배척의 충동이다. **나는 의도적으로 곧 닥칠 나의 십자가 죽음에 도장을 찍은 것이다.** 나는 지상에서의 나의 시간이 끝을 향해 가고 있었으므로 내가 무슨 짓을 하고 있는지를 정확히 알고 있었다. 그리고 사실을 말하자면, 나는 너희의 세계를 얼른 떠나고 싶었다.

사람들이 처음으로 영적인 길에 들어서서 '차원 높은 힘'을 추구할 때, 많은 이들이 '혼자서 하는(self-help)' 기법을 가르치는 교사들로부터 자기적-감정적으로 결합시키는 생각에 강력히 몰입하는 법을 배운다. 하지만 그런 교사들은 자신의 가르침이 에고의 힘을 강화시키는 데 종사하고 있다는 사실을 까맣게 모르고 있다.

구도자들은 이렇게 배운다: "명상을 하면 '신', 혹은 '잠재의식의 힘'이 나의 모든 필요가 충족되도록 도와준다." "내가 원하는 집을 심상화할 것이고, 그것을 가지게 될 것임을 안다." "필요한 옷을 사려고 하는데, 어떻게든 그것을 파는 가게를 발견하게 될 것을 믿는다." 그들은 '믿음을 갖는' 데에 집중하고 필요하거나 원하는 것을 얻는 데에 집중한다.

자신의 믿음을 단련하고 의식이 변화해가는 초기에는 그들도 정말 큰 은혜를 느낀다. 원하는 대상이 정말 삶 속으로 들어오고, 그들은 문이 열리는 것을 발견한다. 그들은 성공을 얻는다. 이런 현상은 그들 의식의 물질적 차원이 영성화되어 그 결과로 내면에 발전이 있었음을 보여준다. 삶이 덜 힘들어진다.

하지만 너희의 삶은 너희 의식의 모든 수준 — 마음, 감정, 신체 — 을 표현해내게끔 되어 있다.

의식의 물질적 영역을 통달하고 나면 영성으로 들어가는 모험의 그다음 단계는 감정의 영역이다. 그래서 풍요로운 삶의 한가운데에 갑자기 바람이 불어 닥치고, 이전에는 안정적이었던 감정 상태에 비가 내리면서 온갖 종류의 불행을 지어낸다. 그것은 가족이나 건강이나 소유물을 잃거나, 삶의 여러 국면에 온갖 종류의 갑작스러운 차질이 일어나는 등의 형태를 띨 수 있다. 많은 사람들이 이전의 믿음을 잃어버리는 것도 이 시기이다. 그들은 이렇게 단언한다. "긍정적 사고는 효과가 없어!"

물론이다. 긍정적 사고는 그 자체만으로 효과를 발휘하는 것이 아니다. '잠재의식의 힘'도 마찬가지다. 왜냐하면 그것은 단지 너희의 영적/인간적 전 존재의 한 단면일 뿐이기 때문이다. 감정이 요동칠 때, 너희는 자신의 의식 전반을 — 믿음과, 자신과 타인들에 대한 느낌과, 영적 차원, 심지어 죽음의 의미와 사후의 높은 차원계에서의 삶에 대한 믿음까지도 되살펴 점검해볼 것을 요구받고 있는 것이다. 이것은 삶에서 극도로 고통스러운 기간이다. 모든 사람이 어떤 형태로든 이 같은 혼란기를 겪어야 한다.

그것은 엄청난 내적 성장의 시간, 행복의 나라로 건너가는 시간이 될 수도 있고, 회한과 괴로움만 이어지는 시간이 될 수도 있다. 이것은 온전히 깨어나서, 경험의 결과는 전적으로 자신에게 — 운명이 아니라 — 달려 있음을 깨달아야 할 시간이다. 너희가 그 경험을 혼자서 겪어내든지, 아니면 행복의 극치에서 마침내 도달하는 **신성의식**과 함께 그것을 온 마음으로 꾸준히 다루어내든지 말이다.

감정을 통달하게 해줄 가장 높은 통찰과 이상을 추구하여 마음을 건설적으로 사용하지 않을 수 없도록 채찍질 받는 것도 이 시기이다.

반응으로 나오는 생각 — 불편한 상황에 대한 충동적인 에고의 반응으로 일어나는 — 과 창조적이고 *지적*이고 사려 깊은 생각의 차이가 선명해질 것이다.

이런 일이 일어날 때, — 그리고 통찰을 일상적으로 하게 될 때 — 자기 정복이 눈앞으로 다가와 있다.

너희가 회한, 각성, 정신적/감정적 패턴의 변덕 등 자아실현(self-realization) 과정의 모든 단계를 거쳐 드높은 영적 진동주파수로 끊임없이 올라가서 마침내 '**신의 실현**'(God-realization)에 이르도록 이끌어줄 수 있는 스승만이 실로 너희를 천국으로 데려다줄 수 있는 진실의 스승이다.

첫 번째 단계인 긍정적 사고를 통한 물질적 만족의 추구가 구도자들에게 너무나 만족스러워서 그들이 원했던 모든 것을 가져다주었다면, 지금쯤은 온 세상이 '긍정적 사고'의 신봉자로 바뀌었을 것이다.

하지만 이것은 예전에는 떠들썩한 조명을 받지 않았던, 영혼의 영적 여정의 출발점이니 비판하여 배척할 일이 아니다. 심령은 지상계 너머에 '신', 곧 '저 위에 앉아 계신 분', 혹은 기도에 응답하는 '우주적 권능'이라 불리는 어떤 영적 차원계가 존재한다는 사실에 눈을 뜬다.

우리가 '의식'에 대해 이야기하고 있음을 기억하라. 심령은 삶에는 나날의 고투 이상의 뭔가가 더 있음을 깨닫고 있어서 '그것이 무엇이든 간에' 경험하고 싶어한다. 왜냐하면 존재의 일부 영역 ― 건강, 재정적 수단, 행복, 사랑 등 ― 의 결핍이 심령으로 하여금 도움을 구하게끔 몰아붙이기 때문이다.

여기에도 동일한 자기적-감정적 결합력 ― '하고 싶다' ― 이 작용하고 있다. 하지만 깨어나고 있는 심령이 **생명 의식**과의 여과된 접촉을 통해 마음과 감정 속에서 일어나고 있는 것을 지켜보는 관찰자가 되면 자신이 종사하고 있는 자기적-감정적 '결합-배척' 작용을 어느 정도 '자각하기' 시작할 것이다. 그리하여 결국 심령은 충분히 깨어나서 '소유적-배척'의 느낌으로부터 등을 돌리고 그것을 극복할 수 있게끔 도움을 간구하는 기도를 올릴 것이다. 그 영혼에게 맞는 **스승**이 그의 삶 속으로 들어오는 것은 대개 이 시기이다. 영혼이 인생길을 여러 번 여행해보았다면 그 스승은 길을 찾는 영혼을 에고의 욕구의 구속으로부터 벗어나 **빛**을 향해 나아가도록 이끌어줄 수 있을 만큼 충분히 진화된 존재일 것이다.

타인들에게 다가갈 때, 그들의 '에고'를 경계하기를 잊지 말라. **신성의식**을 참으로, 지속적으로 볼 수 있게 되기 전까지는, 그리고 그들 또한 내면에 ─ 그리고 그 너머에 ─ 힘과 권능과 영감의 원천을 지니고 있음을 깨닫기 전까지는 에고가 그들의 내면적 생존의 유일한 수단이다.

너희는 또한 자신이 육신이라는 형체와 정신적-감정적 작용에 의해 개체화됨으로써 존재의 법칙에 지배받게 되었음을 깨달아야 한다. 너희는 개체성과 정체성과 그리스도 의식을 성취할 무한한 잠재력을 부여받았으므로 거기에는 치러야 할 대가가 있는 것이다.

너희는 ('자아'에 대한 이 희귀한 지식을 배우게 될 때까지) 아마도 여러 생애에 걸쳐서 복잡다단한 삶과 인연의 무수한 굴곡을 경험할 것이다. 너희는 과거의 여러 생애에 다른 사람들이 보기에 '죄악의 화신'으로 여겨질 만한 포악한 짓을 많이 했을지도 모른다. 하지만 이런 자기적 인격의 경험들(magnetic personality experiences)이야말로 너희를 오늘날의 영적 인식에 이르도록 데려오는 데에 일조했을 것이다. 그러니 '하나님'께 저지르는 '죄'도 없고 다른 사람에게 저지르는 '죄'도 없다는 사실을 받아들일 수 있어야 한다. '영혼'이 아직도 자기적 인격의 무거운 거미집 감옥 속에 잠들어 있기 때문에 '에고'가 전권을 휘두르면서 비난받을 짓을 저지를 수밖에 없는 것이다. 이런 경우라면 그런 사람에게 그가 주변 사람들에게 잘못을 저질렀음을 타일러 깨닫게 해줄 수 있는 가능성은 없다. 그에게 더 나은 삶을 살 수 있는 길을 보여줄 **빛**의 내적 조명이 없는 것이다. _그것_은 에고의 자기적 의식에 의해 완전히 차단되어 있다. 그러나 그런 사람이 겪게 되는 고통(그가 타인에게 저지르는 모든 짓이 곱절로 돌아올 것이므로)은 마침내 그로 하여금 스스로 존재의 의문을 제기하게 할 것이다. 그리고 의문을 던지는 것이야말로 [신성한-생명]으로부터 응답을 받는 방법이다.

나는 사람들이 '영'에 의해 변모될 수 있다고 믿는다는 말로써 이 장을 시작했었다.

이제 너희는 내가 왜 '변모될 것이 존재하지 않는다'고 했는지를 이해한다. 인격에는 '실재하거나' '영원한' 것이 없다. **내면의 신성이 드러나게 하려면** 그것을 벗겨내야만 한다.

팔레스타인에서 나는 이 과정을 '자기를 버리기'(dying to self)라고 일컬었다. 하지만 이것은 위협적인 이름이어서, 이 때문에 많은 사람들이 높은 영적 차원으로 가는 길에 발을 들여놓기를 단념해버렸다. 하지만 인격을 벗겨내는 이 과정의 마지막 단계는 실로 죽음과도 같다. 이 과정을 겪는 동안 그 사람은 자신의 인간적/세속적 자아의 중요한 부분을 상실한다. 하지만 마침내 고투가 끝났을 때 느끼게 되는 안도와 내적 평화는 말로 형용하기가 불가능하다. 환희가 가슴을 가득 채운다. 마음의 침묵 속에 진정한 안도와 안식과 고요가 있다. 인격의 지배를 위한 고투가 마침내 끝났다. 그는 '주인'이 된다. 영적 휴식과 회복의 시간이 주어진다.

그리고 그다음에는 '존재'의 새로운 차원에 발을 들여놓게 된다.

인간사의 그 어떤 것도 예전처럼 '문제가 되지' 않는다.

사람들이 너희를 비판하는가? 예전 같았으면 자기적 인격이 너희를 화나게 만들었을 것이다. 너희의 불안한 마음, 인정받기 위해서 모든 사람 앞에서 완벽하게 보이고 싶은 욕구, 이런 것들 때문에 말이다. 에고는 '인정받지 못하면 어떻게 살아남느냐'고 다그쳤다. 그러면 인생이 어떤 꼴이 될 것 같으냐고 말이다.

'에고'의 목소리가 죽고 나면 안도를 구할 필요가 없다. 너희는 [안전하니까] 말이다! 너희는 다른 사람들이야 어떻게 생각하든 상관없이, 자신이 **신성한-생명 의식**의 뒷받침을 받아 유지되고 양육되고 보호받고 치유된다는 것을 알고 있다. 너희의 기쁨, 반가움, 행복, 개인적 충족과 만족이 모두 너희 안에 있다. 사실, 너희에게는 더 이상 그 어떤 타자성他者性도 필요치 않다.

너희도 그 모든 타자성의 일부라는 사실만 빼고 말이다. **빛**이 너희를 채우면 너희는, 너희 안의 이 아름다운 차원과 접속을 계속 유지하고 있을 때 그 **신성한-생명 의식**이 너희에게 날마다 매 순간 쏟아부어주는 모든 것을 다른 이들에게도 베풀어주고 싶어지는 열렬한 욕구를 느낀다.

너희는 더 이상 상대방의 인격을 배척하지 않는다. 너희는 모든 사람을 받아들일 수 있다. 모든 사람이 사랑을 필요로 하고, 이제 너희에게는 베풀 사랑이 넘치게 있다. '조건 없이 사랑하는 것'이 더 이상 애써 노력해야 하는 힘든 일이 아니다. 저절로 그렇게 된다.

어떤 허물이 남아 있든 사람을 대하면서 어떤 잘못을 저지르든 간에 그것은 에고의 잔재가 일으킨 결과물로서 너희 앞에 드러날 테지만, 너희는 자신에 대해 알아가기를 기피하지 않고 오히려 그것을 사랑과 감사로써 안아 들인다. 자기 안의 부정적인 인간적 반응을 인정하고 받아들이는 것은 건전하고도 치유적이라는 것을 깨닫는 것이다. 어떤 실수를 하든 그 책임을 행복하게 받아들인다. 너희는 내면의 평화를 경험할 것이다. 자신이 다른 소중한 뭔가를 배웠음을 깨달으면서.. 그것은 다음에 너희가 힘든 세속적 경험을 겪게 될 때 큰 힘이 되어줄 것이다. 깊은 회한의 시간은 끝났다. 이제 그것은 예전에 너희를 고통에 빠뜨렸던, 삶에 대한 자기적-감정적 반응으로부터 너희를 해방시켜주는 소임을 다했으므로.

너희는 이제 내가 지상에 살던 때 '천국'이라 불렀던 곳에 들어섰다. 너희는 자신에게 필요한 것이 모두 공급되었음을 깨달을 것이고, 장차 필요하게 될 모든 것은 거의 즉시 충족될 것임을 [알게] 될 것이다. 이 앎은 너희를 *신성한-생명*에 늘 접속되어 있게 해주어 엄청난 안도감을 가져다준다. 마음의 평화와 고요와 함께 환희와 행복, 그리고 젊

512

고 생기 찬 신선한 느낌이 찾아온다. 자잘한 병, 혹은 만성, 심지어는 말기의 치명적인 병도 깨끗이 치유되고, 너희는 존재의 새로운 국면으로 다시 들어가게 될 것이다. 하나의 교훈을 배울 때마다 너희는 인간적 차원에 속한 어떤 것을 떠나 영적 의식의 더 높은 주파수로 옮겨간다.

나는 너희가 '끌어당김/결합-배척/밀어냄'의 자기적 감정적 속박과 씨름하여 그것을 다루어낼 때 너희를 기다리고 있을 보상을 이야기해주고 있다. 애초에 너희에게 개체성을 부여한 것이 바로 이것이지만, 그것은 쳇바퀴에서 내리기 위해서 깨부숴야 할 영혼의 족쇄로 변한다. 이 쳇바퀴란 너희가 현재 살아가고 있는 인간으로서의 한평생이다. 그것은 끊임없이 돌아가면서 너희가 즐겨하지 않는 경험들 속으로 너희를 떠밀어 넣는다. 마침내 삶에 대한 자신의 자기적 감정적 반응을 영 안에서 초월할 수 있게 되면 쳇바퀴는 속력을 늦추기 시작하고, 그러다가 너희는 문득 그것이 거의 멈추어 있는 것을 발견하게 된다. 그러면 너희는 내가 앞서 묘사했던 그런 아름다운 삶을 맛보기 시작할 것이다.

너희의 세속적 인간성으로 인해 너희에게 지워진 짐을 내가 내려줄 수 있었으면 좋겠다. 나는 너희의 고통과, 절망의 시간과, 외로운 밤의 슬픔과, 정신적 감정적 혼란과 동요의 시간들을 안다. 나의 메시지를 전하기 위해서, 그리고 너희에게 무엇을 말해줘야 할지를 이해하기 위해서 너희 의식의 주파수로 내려갈 때, 나는 너희가 살고 있는 지상의 조건을 알아차리게 된다. 그리고 이 말들은 너희가 가장 화급히 필요로 하는 구원과 치유에 대한 나의 응답이다.

이 말들이 과연 나에게서 온 것인지를 의심하지 말라. 이 말들로부터 위안을 얻고 그것을 공부하다 보면, 때가 오면 그것이 너희 영혼 속 깊은 곳을 조명해주고, 그것이 오래도록 열망해온 그 변화를 너희 자신과 너희의 삶에 가져다줄 것임을 [알라].

[명상하는 방법]

명상할 때는 너희에게 가장 편안한 자리를 택하라. 몸을 꼬아서 고문할 필요가 없다. 편안히 이완하여 쉬라. 머리, 목, 얼굴을 포함하여 사지를 아주 흐늘흐늘하게 풀어서 이완하라고 자신에게 말하라.

명상은 ― 결국에는 ― 졸음에 빠지는 것처럼 단순한 것이어야 한다는 점을 강조해야겠다. 명상의 목적은 너희의 온 의식을 지성과 이성의 경계 너머로 옮겨갈 수 있게 하는 것이다. '상상하라'고 가르치는 선생들이 있다... 무엇을 상상하라고 하든 간에 그렇게 하면 너희 자신의 사고작용의 새로운 상상영역 외에는 아무 데도 가지 못한다는 것을 믿어도 좋다.

이런 방법의 '명상'이 가져다주는 것은 에고의 압박이 일으키는 스트레스와 생각들로부터의 구원일 것이다. 상상의 세계에서는 에고가 휴면할 수 ― 혹은 하지 않을 수 ― 있다.

명상을 시작하기 전에, 너희의 의식 속과 그 너머에 있는 — 고로 외부와 너희 주변에도 있는 — *신성의식*을 접촉하고자 한다는 의도를 온전히 자각함으로써 마음을 준비시키라. 이것이 뜻하는 것을 마음속에 정확히 그리라.

너희가 [생각하는] 그것이 너희가 동조해 들어가는 그것이 된다는 사실을 늘 명심하라.

너희의 생각은 너희가 찾는 그것과 접촉을 이뤄내는 '탐조등'이다.

모든 '생각'은 의식 속에서 고유한 진동주파수를 가지고 있음을 기억하라. 이것은 진실이니 믿으라, 이것을 **알라**. 생각이 영적인 것일수록 진동주파수도 더 높다.

말에 의해 구체화된 '의식체'는, 보이지는 않지만 '구체적인 존재'다.

그것들은 그 안에서 의식의 수명을 가지고 있다. 그것은 비슷한 '의식체'에게 끌려간다. 유유상종인 것이다.

'개'라고 생각하고 그것을 심상화해보라. 그러면 너희의 생각은 개의 종種에 동조된다.

'우주의식' 혹은 '신성한 생명'을 그것에 대한 이해와 함께 생각해보라. 그러면 너희의 생각은 '우주의식' — 신성한 생명 — 에 초점이 맞춰질 것이다.

내가 하려 하고 있는 말들을 온전히 이해했다면 너희는 자신의 명상이 목표에 이를 것임을 [알게] 될 것이다.

이것을 알면 너희의 믿음이 굳건해지는 것을 발견하게 될 것이다.

너희는 이 연습으로부터 뭔가 이익을 얻어내기를 희망하여 [생명-의식]에 동조되기를 그저 희망하거나 소망하거나 자기적으로 '원하기만' 하기 때문에 믿음이 약한 채로 남아 있는 것이다.

[너희에게 '존재'를 부여한 그것]에 그런 식으로 다가가려고 한다는 것이 얼마나 '속된' 짓인지를 알지 못하겠는가?

그것이 경건한 일인가? 그렇게 하는 것이 진정한 접촉을 추구하고 그렇게 되기를 기대한 사람에게 이로울까?

[*무한한 우주의식*]은 구약성경에서 묘사된 것처럼 높은 곳에 있는 신화적인 '신'은 아니지만, 그것은 모든 곳에 편재하면서 그 *자신의 설계*를 현상화하는, 그것이 존재로 데려온 모든 것을 넘치는 사랑으로 배려하는, 지성적이고 진화적이고 **무한한 권능을 지닌 실재**다.

너희의 자기적-감정이 마음뿐만 아니라 잠재의식과 태양신경총에서도 모두 해체된 후에 가장 높은 차원계에 이르면 너희가 마침내 다가

516

가게 될 것이 바로 이것임을 깨달아야 한다.

무엇보다도, 너희는 너희의 온 시스템과 우주 속에서 영원히 살아 움직이고 있는 *[아버지-어머니-신성한 생명]*과 접촉하게 될 것이다.

그것은 무한 우주 차원 속에서는 평형상태에 있고, 이 세상 속에서는 살아 움직이고 있다는 사실을 기억하라.

'**아버지-활동**'은 목표를 정한다. '**어머니-사랑**'은 받아들여지고 치유되고 보호받고 있는 그것의 최고의 선을 증진하기 위한 계획이 어떻게 펼쳐져야 할지를 지휘한다.

(무수한 사람들이 위의 이런 말들을 다 상상의 소산일 뿐이라고 말할 것이다. 원한다면 마음껏 비웃어도 좋다. *[신성한-생명 의식]*의 이원적 성질을 나타내는 또 다른 이름인 '*아버지-어머니-생명-의식*'과의 접촉을 이뤄내는 사람들은 위의 말이 그러한 접촉에 뒤따르는 영적 진화를 정확히 묘사한 것임을 확인하게 될 것이다.)

너희의 명상으로 다시 돌아가자.

우선, 명상상태로 들어가기 이전에 다음의 기도를 암기하여 그 말이 너희의 것이 되게 하라.

완전히 이완되었으면 이 기도와 함께 명상을 시작하라. 기도문을 천천히 읊으면서 각 단어의 의미를 심상화함으로써 그 말의 의식 속으로 들어가고, 그 말의 에너지 의식이 너희 가장 심층의 자아 속으로 들어갈 수 있게 하라. 이 기도문을 읊는 동안 눈은 감은 채로 시선을 올려 이마를 향하게 하라.

"[아버지-어머니-생명]이시여, 당신은 곧 저의 생명이요, 변함없는 보살핌이요, 저의 건강이요, 보호요, 모든 필요와 제 가장 높은 열망을 채워주는 완벽한 충족이십니다.

당신의 진정한 실체를 제게 드러내어주시기를 간구하나이다. 제가 온전히 깨달아 제 안에 계시고 저를 감싸고 계신 당신의 임재를 더욱 잘 자각하게 하는 것이 당신의 [뜻]임을 아나이다. 그것이 가능함을 믿고, 아나이다. 당신이 완벽한 [사랑]으로 저를 보호하고 지켜주심을 믿나이다. 저의 궁극의 목적은 [당신을 표현하는] 것임을 아나이다.

이렇게 말하는 동안 당신이 저를 온전히 받아들이심을 아나이다. 당신은 이 세계를 이토록 놀랍게 설계하여 가시적 형체로 나타나게 한 [사랑에 찬 우주적 지성]이시기 때문입니다.

[당신]이 제게 말해주시기를 간구하고 귀 기울이는 동안, 당신의 신성의식 속으로 의식의 탐조등을 비추어 보냅니다. [당신]은 제 인간적 의식을 관통하여, 나날이 섬세해지는 제 마음과 가슴으로 시시각각 가까이 다가오고 계실 것입니다.

저 자신과 저의 삶을 당신의 보살핌 앞에 내맡기나이다."

(이 기도문을 읊고 심상화할 때마다 너희는 하나의 **영적 의식체**를 만들어낸다. 기도문의 진정한 의미가 너희 마음과 가슴 속에 더욱 깊이 스며들수록 의식체의 진동주파수는 끊임없이 높아져서 강력해지고, 너희의 지각능력도 높아진다.)

기도를 마친 후에는 더욱더 깊이 이완하여 마음이 최대한 텅 비워지게 하라. 생각이 끼어들어오면 부드럽게 '*신성한 생명*', 혹은 '*아버지-어머니-생명*'을 염송하고 다시 마음을 고요히 가라앉히라. 여러 달 동안 성실히 명상하고 나면 잠에 빠져들다가 갑자기 깨어나는 것처럼 몸이 갑자기 움칠거리는 것을 느끼게 될지도 모른다. 그런 일이 일어나면 감사하라. 그것은 너희의 의식이 영혼을 에워싸고 있는, 이전에 형성된 의식의 힘의 장벽을 뚫고 있는 것이다.

전과 다른, 아주 깊은 의식상태로 들어가고 있는 것처럼 느껴지면서 거의 숨을 쉬지 않고 있을 때는, 너희가 드디어 목표에 다가가기 시작하고 있음을 알라. 명상 끝에는 언제나 은혜와 기쁨에 찬 감사를 올리라.

너희가 생각이나 말이나 행동으로써 할 수 있는 그 어떤 것도 '*아버지-어머니-생명-의식*'이신 모든 것을 어떤 식으로도 폄하할 수 없음을 명심하라.

하지만 모든 불신은 너희와 '*아버지-어머니-생명*' 사이에 장벽을 쌓아울릴 것이다.

한 가지 경고해야겠다: 마음과 생각을 고요히 가라앉히려고 애쓸 때 편안하지 않은 느낌, 신체적으로 불편하고 심지어 지친 느낌이 들 수 도 있다. 이것은 — 처음에는 — 너희 자신의 '의식'의 검은 벽에 부딪 힐 것이기 때문이다. 이것은 지극히 혼란스럽고 심지어 고통스럽기까 지 할 수 있다.

이 느낌을 축복하고, **다음에 너희가 귀를 기울일 때 '아버지 생명'께 서 너희의 의식을 관통해주시기를** 간구하라.

그리고는 그 경험을 뒤로 하고 일어나라.

마침내 자신이 고요 속으로 들어가고 있음을 발견할 때는 그대로 편 안히 이완하라. 자신이 이제 소위 '거룩 또 거룩한' 경지에 들어섰음을 알라. 너희가 마침내 너희 안의 *'아버지-어머니-생명'*과의 접촉을 이 루고 있기 때문이다. 이 지극히 영적인 침묵의 경험이 나날의 일상이 되려면 시간이 걸릴 것이다.

에고의 짐 가방을 다 풀어서 버리려면 평생이 걸린다는 사실을 명심 하라.

명상하는 동안에 무엇을 감지하든 자각하든 간에 명상에서 나오면 삶 속에서 뭔가가 달라진 것을 감지하게 될 것을 기대하라. 그 기대는 하나의 '의식체'로서, '기대할' 때 너희는 너희가 필요로 하거나 다루고 있는 것이 무엇이든 간에 자신이 '기대하는' 그것이 경험으로 자화磁化될 길을 열고 있는 것이다.

진지하게 기대했는데도 영이 새롭게 가벼워진 느낌이 느껴지지 않더라도 변화를 부정하거나 가능성을 의심하지 말라.

너희의 의식은 육신과 마찬가지로 전자기로 이뤄져 있으며, 그것이 너희 삶 속의 모든 경험의 토대임을 명심하라. 계속 기대하라. 그렇게 하면 너희는 너희가 기대하고 있는 모든 것의 화현을 끌어올 '기대-의식체'의 에너지, 그 파워를 축적하고 있는 것이다. **'아버지-어머니-생명-의식'**은 오로지 믿음, 진지한 기대, 그리고 자기적-감정적 '결합-배척' 추동력의 정화에 너희 자신을 기꺼이 내맡기고자 하는 열망에 의해서만 너희 개인의 의식 속으로 자화되어 들어올 수 있다.

너희 중에 얼마나 많은 사람이 이런 식으로 명상에 들고, 변화를 [기대**하면서]** 나오는가?

약간의 변화를 느꼈다가 잠시 동안 아무런 변화도 없을 때, 얼마나 많은 사람들이 열망을 잃어버리는가?

너희는 '조(high)'와 '울(low)'의 리듬에 지배받고 있다고 내가 했던 말을 유념하라. '울'의 리듬에 있을 때는 너희 시스템 속의 신성한 생명이 떨어지고 의식의 진동주파수도 떨어진다. 따라서 구도 초기의 이 시기에는 '**아버지-어머니-생명-의식**'과 접촉하는 것이 거의 불가능해진다. 구도의 초기에는 명상 중에 잠재의식에 접속되는 경우가 아주 많아서, 극복한 것으로 여겼던 온갖 케케묵은 부정적 사념과 기억들이 성가실 정도로 올라오는 것을 발견하게 될 것이다.

'조'의 리듬에 들어서면 너희는 영적 자아가 소생하는 것을 발견하고 기뻐할 것이다. 명상은 더욱 긍정적인 것으로 변하고 '**아버지-어머니-생명-의식**'과의 접촉을 자주 이뤄낼 것이다. '조'의 리듬뿐만 아니라 '울'의 리듬 속에서도 용기를 내어 끈질기게 자제력을 발휘하면 마침내는 '울'이 이전보다 덜 '우울'해지고, 이전에 너희를 좌절시켰던 일들도 모두 홀가분하게 무게가 덜어지는 것을 깨닫게 될 것이다.

자신은 전혀 자각하지 못하고 있더라도, '기도하는 의식'을 품을 때마다 너희는 목표에 점점 더 가까이 다가가고 있다는 사실을 잊지 말라. 아무튼 간에, 만사는 너희의 궁극적 선을 위해 일어나고 있으니, 그것을 믿으라.

지상에 있을 때, 나는 이렇게 말했다:

나는 너희를 [자유케] 하러 왔노라.

나는 너희에게 ['더 풍요로운 생명']을 가져다주러 왔노라!

너희의 피로와 탈진과 변덕과 불안정과 두려움과 절망의 비밀은, 삶에 대한 너희의 자기적-감정적 '결합-배척' 반응과, 수시로 너희를 장악하여 스스로는 만들어낼 꿈도 꾸지 않았던 상황 속으로 너희를 떠밀어 넣는 잠재의식의 패턴 속에 숨겨져 있다. 너희는 이 '개체성의 자연스러운 충동'으로 인해 너무나 부자유하고, 의식적으로나 무의식적으로나 온통 자기적-감정적 속박에 지배당한다. 너희는 너희에게 개체성을 선물한 대가로 삶에 대한 감정적 반응의 족쇄를 채운 에고의 손아귀 속에서 살아가고 있다.

그러나 진지하고 열렬한 구도자, '그리스도 의식'의 길 ― 그리스도의 길 ― 을 즐겁게 따르는 사람에게는 명상 속에서 두뇌의 자기적-감정적 부위를 관통하여 두개골 아래, 두정부頭頂部 속에 각인되는 깨달음(enlightenment)을 받아들이게 되는 때가 온다. 새로운 세포가 새로운 앎으로 각인된다.

이것은 지속적으로 진행되는 과정으로서, 너희는 아마 이 '열림'이 뇌속에서 일어나는 것으로 느끼게 될 것이다.

너희는 이제 '아버지-어머니-생명-의식'과 깊이 연결된 초의식적인 마음속에서 영위하기 시작한다. 그리하여 마침내는 '에고'의 생각과 느낌이 일상적 의식을 점령하고 있는 것이 더 이상 견디낼 수 없어져서 자아를 전적으로 내맡기는, 자아의 죽음을 맞는 때가 올 것이다. 이일이 일어날 때는 '아버지-어머니-생명-의식'이 너희의 시야를 가득 채워서 다른 것은 아무것도 보이지 않을 것이다. 너희는 내가 지상에 있을 때 일컬었던 '천국'의 '의식 주파수'로 진입하게 될 것이다. 이 단계는 너희가 이전에 즐겼던 종류의 삶으로부터 점차 물러나는 것으로 특징지어진다. 너희 삶 속의 생각들은 전에 없이 정화되어서, 상황이나 사건이나 사람들에 대해 더욱 초연해진 태도로 반응하고 있는 자신을 발견하게 될 것이다. 감정은 이전보다 덜 달아오르고 덜 차갑지만, 이제 너희는 처음으로 소위 '무조건적인 사랑'의 파장에 들어서서, 모든 사람들의 최고의 선을 촉진하는 관점에서 모든 일을 하게 될 것이다. 즉, 그들의 성장과 양육과 치유와 보호와 합당한 요구의 충족을 위한 법칙과 질서의 시스템 속에서 말이다. 너희는 그 어떤 때보다도 더 깊이 사랑할 것이나, 거기에 소통과 행위에 무수한 착오를 일으켜 놓는 '인간적' 감상 같은 것은 끼어들지 않을 것이다.

진정한 내면의 앎을 얻으면 너희는 감정의 멍에를 벗어버리고 명상을 통해 '아버지-어머니-생명'에 귀의할 수 있게 될 것이다. 그리하여 새로운 에너지가 너희 시스템 속으로 들어와 새로운 회복력을 공급해주는 것을 느낄 것이다. 너희는 더 즐겁게 웃고, 사소한 것에서 행복을 느끼고, 세상이 사랑스럽고, 삶 속에 주어지는 모든 작은 축복들에 넘쳐나는 감사를 느낄 것이다. 너희의 경험 속에 불어나는 축복이 나날의 길에 쏟아 부어지는 것을 발견하게 될 것이다.

'에고'로부터 해방을 성취한 사람은 어떻게 행동할까?

결국, 그런 사람은 두려움이 완전히 없어진다. 어디를 가든지 보호받으리라는 절대적인 확신이 있다. 위험의 가능성이 있는 일을 겪게 되더라도 아무 탈 없이 빠져나올 것이다. 그는 자신을 보호하기 위해서

총도 칼도 필요하지 않다는 것을 알 것이다. 그는 어디에 있든지 모든 부정적 결과로부터 보호받는다.

그는 병을 두려워하지 않을 것이다. 그의 건강을 지키도록 내장된 체내의 모든 설계가 항상 최적의 효율로 가동되고 있음을 알기 때문이다.

그는 삶을 안락하고 행복하게 만드는 데 필요한 것들을 결코 '원하지' 않을 것임을 안다. 그는 그저 끊임없이, 이미 받은 모든 것과 장차 받게 될 모든 것에 대해 *아버지-어머니-생명*을 찬양하며 감사할 것이다.

그는 적당한 곳에서 적당한 때에 인도를 받게 되리라는 것을 안다.

그는 또한 필요한 것은 요청할 수 있고, 응답이 즉시 오리라는 것을 안다.

하지만 그 요청은 그의 영적 깨달음의 중심으로부터 나오는 것이어서, 어떤 것도 이기적인 동기로 구하지 않을 것이다. 그는 언제나 자신의 환경과 사회와 가족과 친구들을 위해 좋은 것만을 구하여 기도할 것이다.

그는 마음을 열어놓고 있을 것이다. [진실은 무한하여서, 그는 많은 것을 알고 있을 수도 있지만 탐사해야 할 더 많은 차원계가 언제나 존재한다. 이로 해서 어느 차원에서든, 심지어 '의식의 하늘나라'에서도 삶이 목적 있고 활기찬 것이 된다.

그의 일상 속으로부터, 오로지 찬양과 감사 외에는 아무것도 없는 텅 빈 마음을 지닌 깨달은 영혼이 깨어날 것이다. 결국 그는 자신의 손길을 기다리고 있는 일거리를 발견하게 될 것이다. 그리고 그는 자신이 그 일을 행할 의욕과 에너지를 지닌 것에 감사를 올리면서, 마음속의 아무런 저항도, 시작의 망설임도 없이 그것을 행하러 나설 것이다.

일상에 대한 이 같은 태도의 결과로, 그는 어떤 모습, 어떤 형태의 저항에도 에너지를 소모하지 않는다. 만약 어떤 제안이나 강압에 저항해야 할 특별한 이유가 생긴다면 그는 불쾌감이나 거부감 같은 자기적-감정적인 느낌 없이 평온하게 이성적으로 그렇게 할 것이다.

그는 초연한 관찰자가 되어서 올바른 때에 올바른 행동을 한다.

그는 올바른 문이 열리고 인도가 주어지기를, 그리고 마음과 가슴과 에너지를 통해 실로 신성의 뜻에 의해 모든 계획이 실현되었음이 확인되기를 끈기 있게 기다리는 영혼을 지니고 있다.

그는 '아버지-어머니-생명-의식'을 구현하는 참사람이 된다.

그는 또한 우주적 사랑이라는 여성성을 띠고 지성적 사랑, 혹은 사랑 넘치는 지성의 화현이 된다.

그녀는 강인한 힘과 뚜렷한 방향감각이라는 좀더 남성적인 품성을 띤다.

어떤 사람에게 가르침이 필요하다면 그/그녀가 사랑 넘치는 지성을 펼쳐 보여줄 것이고, 그 사람은 그/그녀의 말에 의해 의식이 높이 고양될 것이다.

치유가 필요하다면 그/그녀가 지성적 사랑을 본보여주어 그 사람은 치유될 것이다.

이것이 내가 너희에게 사랑으로써 권고하는 목표다.

그리스도 의식을 향해 가는 길이 이 [편지들]에 그려져 있다.

그것을 성취하고 나면 너희는 기뻐하면서, 이제는 영원히 뒤에 남아 있을 그 험난한 매 순간과 매 시간이 값진 것이었다고 말할 것이다. 너희는 더 높은 차원계로 마음껏 올라가서 그 각각의 세계에서 새로운 경험과 기쁨을 누릴 수 있게 될 것이다.

너희는 영적 진화의 새로운 물결의 선봉을 형성할 지상의 새로운 질서를 수립하는 사람이 될 것이다.

이러한 영적 진화가 앞으로 여러 해 동안에 걸쳐 일반대중에게 퍼져 나가면 사람들은 마침내 서로 함께 평화롭게 사는 방법을 터득하게 될 것이다.

이런 일들이 분명히 오고, 지나갈 것이다. 왜냐하면 이 [편지] 속에서 그러한 미래의 [씨앗]이 뿌려졌기 때문이다. 그것을 자신의 의식 속에 맞아들이고 믿음 속에서 견디고 기다리는 이라면 누구나 마침내 그것이 아름답고 환희롭고 조화롭게 피어나서 그들의 일상 속에서 열매를 맺는 것을 발견하게 될 것이다.

믿으라. — 나, 그리스도가 말했으니.

아홉 번째 편지

———◆———

나, 그리스도는 이 편지를 매개로 하여 왔다. 왜냐하면 나는 의식의 너무나 섬세하고 높은 진동주파수에 머물러 있고, 또한 나 자신이 그것이어서 인간의 육신은 나의 영적 의식을 담아낼 수가 없는 고로 육신의 형태로 돌아올 수가 — 혹은 인간의 인격을 다시 취할 수가 — 없기 때문이다.

내가 너희에게 다가갈 유일한 방법은 한 인간 — 예민하고 투청 능력이 있고 순종적이고 '하나님'께 헌신하는, 통로의 기질을 타고난 — 을 매개로 삼는 것뿐이었다. 그녀를 통해서 나는 그녀의 다사다난한 삶과 세상의 일들을 지켜볼 수 있었다. 과학과 기술이 발전하고 도덕과 전통적 가치가 땅에 떨어지면서 스트레스 많은 현대생활과 새로운 인간관계의 방식이 등장함으로써 내가 수천 년 동안 모르고 지냈던 종류의 갈등과 고통을 자세히 들여다볼 수 있었다. 이 유순한 마음을 매개로 현대 인간의 상황이 나에게도 약간은 사적인 것이 되었다.

인간의 경험에 대한 이런 앎이 없이는 이 편지도 이 시대의 인간의 상황을 돕고자 하는 뜻을 담을 수 없었을 것이다.

그녀가 태어나기 전에 그늘이 부분적으로 드리워지기 시작했고 그녀의 젊은 시절과 삶에도 그것이 이어졌다.

마음에서 프로그램을 철저히 지우고 낡은 관념을 완전히 없애는 것으로부터 시작하여, 나의 '기록자'는 의도적으로 현대의 삶에서 피할 수 없는 고투와 비애를 목격하면서 모든 형태의 인간적 경험을 겪어야 했다. 그녀는 나의 가르침에 따라 갖가지의 다양한 고통의 구덩이를 기어올라 나왔고, 종국에는 에고의 죽음과 물질주의에 대한 정신적/감정적 속박을 끊어냈다. 그녀는 우주적 사랑의 의식 주파수 속으로 들어가는 법을 배우고 있고 [우주의식]의 실체를 개인적으로 경험했다... 그녀는 이렇게 충분히 정화되어서 세상에 전할 나의 가르침을 갈수록 더 선명하게 받아들일 수 있게 되었다.

나의 영향력 아래서 그녀는 사회생활을 물러나 홀로 은둔하게 되어서 결국은 나날의 생의 의지를 나에게 의존하게 되었다. 그리고 나는 우주의식과 그녀 개인의 의식 에너지가 그녀로 하여금 나의 말을 듣고 받아들일 수 있게 해줄 때마다, 그녀가 나의 말을 받아 적기 위해 온통 준비된 그 순간순간을 통해 역사한다. 나는 그녀가 나의 말을 정확히 들으려고 *기다리는* 그 정직성과 헌신에 의지하고, 내가 말할 때는 그것이 나임을 분명히 밝힌다. 내가 말하기 전에는 그녀는 글을 쓸 수 없다.

나는 이 편지가 [그리스도 의식]으로부터 형체를 취하여 나온 것임을 너희가 이해하도록, 이 사실을 말했다.

****

나는 다른 [편지]들에서 매듭지어지지 않은 부분들을 모아서 [세상의 맥락 속에서] 제시해주고, 이 가르침들이 너희의 지상의 삶의 모든 국면과 모든 나라에 어떻게 연관되는지를 보여주고자 이 편지로 다시 왔다.

이 [편지]들은 너희 개개인이 [존재의 근원]에 마음과 가슴을 열게 하기 위한 하나의 자극 — 박차 — 으로서, 그리고 종국에는 개인과 대중의 생각과 행동이 너희 지상의 존재의 모든 국면에 미치는 영향을 완벽히 이해하게 하는 하나의 수단으로서 의도되었다.

과거, 국민의 행동규율로서 주어진 법은 주로 '...을 하지 말라, 만일 ..면 그 벌은 ...이다' 하는 식이었다. 그러나 진정한 영적 법칙은 이와 전혀 다르다.

그것은 이런 식으로 표현된다:

'너희와 이 지상 존재의 너희의 자리는 이렇게 창조되었으므로 너희가 **너희 존재의 법칙**에 맞게 일하면.. 너희의 영혼, 마음, 감정, 몸, 개인적 상황 등의 전체 시스템이 문을 열고 **신성의식**, 곧 너희의 **생명력**의 끊임없는 유입을 받아들이게 될 것이다. 너희의 절제된 행동의 결실은 건강과 조화와 번영의 축복으로 돌아올 것이다.'

'반대로 너희가 이 존재의 법칙을 무시하고 이 메시지를 받아들이기 전과 마찬가지로 살아가면 너희의 삶도 여전히 혼란과 나쁜 기후조건과 농작물의 충해와 금융재앙과 기근과 스트레스에 찬 삶으로 마쳐질 것이다.'

나는 — 특별히 — 너희가 진실과, 마음의 흔들림 없는 평화와, 영적 사랑과 기쁨과, 마음과 감정과 몸의 내적 치유에 이를 수 있게 하기 위해서 이 편지들을 통해 이야기했다.

내 지난번 지상의 사역에서도 이것이 배후의 유일한 목적 — 사람들에게 그들이 어떻게 자신의 불행을 스스로 만들어내고 있는지를 보여주는 것 — 이었음을 너희도 이제는 이해했으리라.

너희는 '기독교' 교회로부터, '하나님'의 피조물인 너희는 그의 율법을 따름으로써 '하나님을 숭배하고 기쁘게 해드려야 한다'고 배웠다.

그러나 이것은 진실이 아니다. '신을 숭배하는' 것은 이교도들의 의식이다. '신을 숭배할' 때, 인간들은 '신'을 자신들과 별개의 저 높은 곳에 있는 — 가까이 갈 수 없고 경외해야 할 — 존재로 상정한다. 인간들이 그의 뜻에 따라 행동하지 않으면 지상에 어떤 재앙이 내릴지 모른다.

그것은 내가 지상에 가져온 메시지가 아니다. 나는 모든 필요를 공급해주고, 부름에 응답해주고, 요청하면 병을 고쳐주고, 인간을 초월해 있으면서 동시에 '그들 안에' 계시는, 그런 '아버지'에 대해 이야기했다. 창조자는 보편적이고 우주적이다.

유대교는 오직 대제사장만이 '지성소'에 들어가서 사람들을 대신하여 신께 탄원할 수 있다고 가르쳤다. 일반대중은 오직 제사장들을 통해서, 인간들의 '죄'에 진노한 여호와를 달래기 위해 새나 동물을 번제의 제물로 바침으로써만 여호와에게 다가갈 수 있었다. 유대인들은 이런 방법으로 '죄의 용서'를 얻었다.

나는 사람들에게 거듭거듭 가르치기를, 이웃을 얼마나 기꺼이 용서하려는지에 따라서 '**아버지**'로부터 **죄를 용서받으리라**고 했다. ─ 스스로 '뿌린' 대로 거두게 될 것이기 때문이다. 나는 또한 사람들에게 '**아버지**'에게 직접 다가가도록, 그리고 단순한 말로써 삶에서 필요한 것을 간구하는 기도를 하도록 가르쳤다. 그리고 그들이 마음속에 아무런 의심 없이 온전한 믿음으로써 기도하기만 하면 아버지가 듣고 응답해주리라고 확언했다. 내가 유대인들에게 가르친 모든 것은 그들의 장로들이 그들에게 가르친 것과 정면으로 충돌하는 정반대의 내용이었음을 알아야 한다. 그것이 제사장들이 나를 미워하고 십자가형을 받게 한 이유다. 내가 '전능하신 분'의 '개인 심복'인 그들의 고귀한 신분을 유린하고 있었기 때문이다.

내가 죽은 후에 나의 제자들은 앙갚음이 두려운 나머지 구약성경과 완전히 결별하지 못했기 때문에 구약성경의 많은 사상이 '기독교' 속으로 그대로 옮겨온 것이다.

동물 대신 '예수'의 피와 살이 사제들이 제단에 올리는 제물로 대체되었다. 여러 해 후에 로마가 '기독교'의 보호자가 되었을 때, 로마의 사제들은 이전의 유대교 제사장들이 그랬던 것처럼 종교의식을 위해 값비싼 예복을 차려입고 금은으로 만들어진 제기를 사용했다.

바울의 시대에는 이것이 생각할 수 없는 일이었을 것이다. 그의 메시지는 단순히 '나의 십자가 죽음에 의한 구원'이었다. 그것은 내가 팔레스타인의 동포들에게 전한 메시지가 아니었지만 말이다. 그는 '다른 것을 희생시켜 자신의 죗값을 치르는' 유대 전통을 영속화하고 있었다. 이 얼마나 부끄럽고 비겁한 짓인가! 그럼에도 불구하고 바울은 모든 인종을 동등하게 축복하는 수단이 될 하나의 운동을 촉발시킴으로써 인류에게 크게 봉사했다. 그는 그의 가르침을 따라 살려고 애쓴 사람들의 삶 속에 조화를 가져다줄 사고방식과 나날의 행동양식에 하나의 틀을 제공했다.

보나 마나 일부 유대 전통주의자들은 나의 이야기를, 나의 재림을 다시금 소란스럽게 부정할 것이다. 그들은 옛날 유대교가 성전에서 동물과 새를 제물로 바쳐 하나님을 달램으로써 죄의 용서를 빌었던 관습을 내가 끊임없이 입에 올리는 데에 분개할 것이다. 하지만 그들이 어떻게 반박하든 간에 성전은 번제를 올리기 위한 장소였고, 그 냄새가 예루살렘을 진동했다는 역사적 사실은 부인할 수 없다. 그리고 나는 그 성전 전체가 하나의 신화, 인간의 상상력이 만들어낸 허구, 인간의 마음이 영적으로 이해할 수 없었던 것의 합리화에 통째로 바쳐진 것임을 늘 알고 있었다.

나는 거기에 있었다! 나는 샌들을 신은 내 발밑의 뜨거운 돌과 머리 위의 태양 볕을 느꼈다. 나는 바리새인들과 논쟁을 벌이고, 그들의 비웃음과 조롱을 흥미로운 마음으로 참으면서, 먹고 마시는 법에 관한 전적으로 불필요하고 가치 없는 전통에 하염없이 복종하며 살아야 하는 짐더미 같은 생활방식을 그들이 사람들에게 주입하여 가르치는 모습을 지켜보았다!

나는 거기에 있었다! 때로는 그 흥미로운 광경이 내 마음속에 장난기가 동하게 만들어서, 나는 바리새인들의 개인적인 버릇과 과시적인 옷차림과, 그들이 나와 나의 가르침에 적용하려고 하는 그들의 율법을 그들과 똑같은 방식으로 낱낱이 흠잡아 조롱해주었다.

"저 자는 바보야!" 그들은 이렇게 말하고 "하나님 나라는 너희 안에 있다"고 한 나의 말을 큰 소리로 흉내 내며 조롱했다.

"어떻게 '하나님'이 사람 안에 있을 수 있는지 어디 말해보시지?" 그들은 조소하며 소리쳤다.

그들은 경멸적인 언사를 퍼부으면서 선지자들의 말을 들먹여 그들의 **전능한 여호와**라는 개념과, '새들에게까지 신경을 쓰는' 나의 단순한

'아버지'에 대한 설명을 비교하며 반박했다. 그렇다면 어떻게 새들이 인간의 죗값을 치르느라 성전에서 날마다 제물로 사용될 수 있느냐고 그들은 캐물었다. 전능하신 분의 눈에 새와 짐승들이 그토록 소중하다면 어떻게 모세가 그들을 태워서 제물로 바치는 그토록 신성한 번제 의식을 올리라고 했겠냐는 것이다.

나는 그들의 공격적인 언사를 들으면서도 마음이 흔들리지 않았다. 그들은 자신의 말을 뒷받침하는 유대교 전통만을 믿고 있었지만, 나의 마음에는 광야에서 깨달음의 체험을 겪는 동안에 느낀 존재의 진실이 고스란히 스며들어 있었다. 나는 '아버지'의 우주적 보편성과 창조의 [선의善意]에 대한 이해를 얻었고, 그것은 대제사장도, 바리새인도, 사두개인도, 율법학자도 할 수 없는 일을 하고 볼 수 없는 것을 볼 수 있게 했다.

나는 우리 [존재의 근원]의 성질을 이해하고 있었으므로 확신을 가지고 앉은뱅이에게 손을 얹어 온전한 몸을 되찾아 일어나게 할 수 있었다. 이 지식을 그 누가 어리석은 제사장들의 전통적 율법과 비견할 수 있겠는가? 제사장들과 바리새인들과 그 밖의 모든 종교적 야바위꾼들은 자신들 중에는 누구도 그런 일을 할 수 있는 자가 없음을 알고 있었다. — 이 때문에 그들은 자신들의 권위를 흔드는 나를 미워했다. 그들은 그들을 면전에서 반박하는 나의 힘을 싫어했고, 아무도 부인할 수 없는 치유를 일으켜 사람들이 몰려들게 만드는 나를 욕했다.

그러나 거기, 모든 사람들의 눈앞에서 공공연히 사랑의 행위가 행해지고 있었다. 제사장들은 그런 사랑의 행위는 오직 하나님만이 할 수 있으므로 나는 사탄의 자식임이 틀림없다고 단정했다. 그들은 병의 치유를 사랑의 행위로 보지 않고 '하나님'의 역할을 사칭하는 말할 수 없이 불경한 짓으로 보고, 내가 마법의 힘을 '과시하고' 다닌다고 고소했다. 그러나 그들은 내가 어떻게 그런 마법의 힘을 얻게 되었는지는 알 수 없었으므로 내가 악마의 아들이라고 판단했다.

이제 내가 상황을 설명했으니 이 글을 읽은 너희에게는 그것이 분명히 이해되었으리라. ― 내가 팔레스타인에서 살았을 때 모든 것이 확연했던 것처럼 말이다. 그러니까 유대교의 위계조직은 온통 율법과 규율만을 따르는 자기중심적이고 자신만을 중시하는 온전치 못한 정신의 소유자들로 채워져 있었다. 그들에게 마음과 두뇌를 사용하라고 촉구하면 그들은 그 말을 견디지 못하여 감정적 경련을 일으키며 격렬한 난폭성을 드러냈다. 이럴진대 그들의 원로회의에 끌려갔을 때 내가 그 아둔한 마음들과 대화하기를 거부하고 마음의 평화를 지키고 있었던 것이 놀라울 일이었겠는가?

그렇다. 나는 실제로 2천 년 전, 팔레스타인에 있었다. 나는 여호와를 정말로 두려워하도록 길들여진 평범한 남녀들과 어울려 살았다. 그들은 자신의 죄에 대한 징벌을 면하기 위해 태워 올릴 제물을 사야 한다는 망상에 빠져 있었다. 나 또한 여호와를 경외하도록 세뇌교육을 받으면서 자랐다. ― 그러나 나는 유대인들을 그들의 오랜 신화와 허위의 혼수상태로부터 건져내기 위해서 태어났다. ― 그들을 전쟁과 살육의 무거운 역사로부터 해방시키기 위해서, 눈에는 머리로 갚아야 한다고 떠드는 냉혹한 논리로부터, 발각되지만 않으면 아무 일도 없는 은닉된 죄로부터 해방시키기 위해서 말이다. 만일 발각된다면 그 범법행위를 일으킨 실제 정황과 배후의 사연에 대해서는 한 치의 고려도 망설임도 없이 그 엄중한 모세의 율법이 통째로 무자비하게 그의 머리 위에 떨어진다.

나는 유대인들로 하여금 그들에게 생명과 존재를 부여한 실재에 마음과 가슴을 열게끔 하는 사명을 띠고 태어났으므로, 어릴 적부터 유대교의 가르침을 배격했다. 내 심층의 내밀한 어떤 영적 본능이, 그들의 고집과 변덕과 죄의 책임을 다른 생명체가 대신 지고 '값을 치르게' 하는 유대교의 케케묵은 의도에 항거하여 맞서게 했다. 그뿐 아니라 나는 그토록 놀라운 세상을 창조한 '하나님'이, 스스로 풍요와 번성으로 축복했던 자신의 창조물이 '불태워져서 제물로 바쳐지는 것을 흐뭇해하신다'는 주장을 도저히 받아들일 수가 없었다.

나는 그처럼 불합리한 믿음과 관습을 존중해주기란 불가능하다는 것을 깨달았고, 광야에서 깨달음을 얻은 후로는 유대교 전통을 배척하는 일에 열정까지 품게 되었다.

인간이 만들어낸 인위적이고 거추장스러운 종교관습의 소굴로부터 유대인의 나라를 건져내기 위하여 내가 2천 년 전에 육신을 입고 왔던 것과 마찬가지로, 나는 '기독교'가 팔레스타인에서 내가 가르친 — 혹은 이 편지가 정통 '기독교인'들의 분노와 저주를 일으킬 이 시대에 내가 다시 전하고 있는 — 진정한 [그리스도]의 메시지를 어떤 식으로도 반영하지 않는다는 사실을 분명히 밝히기 위해서 전 세계에 전해질 이 편지를 매개로 하여 다시 왔다. 현재의 기독교는 내 제자들이 **선택적으로** 떠올린 기억들과 바울의 쓸 만한 설교와 기타 초기의 문헌들에 대한 혼잡스러운 생각들의 뒤범벅에 지나지 않는다. 그보다 한참후, 기독교의 영향력에서 로마 신화와 같은 시각적 효과의 결핍이 느껴졌을 때, 기독교는 로마 가톨릭 제국이 포섭하고자 하는 사람들을 감동시키기 위해 '연극적'이지만 '정략적'인 난센스로 치장됐다. 훗날이 제국은 세속적 로마제국이 식민지 국가들에게서 세금을 거둬들인 것보다 더 악질적인 수법으로, 잘 넘어가는 사람들에게서 돈을 거둬들였다. 카이사르조차 영혼들에게 천국에 들어가는 입장권을 사도록 강요하지는 않았다!

너희는 내가 왜 이토록 내놓고 '유대교'와 '기독교'를 배척하는지를 의아해할 것이다. 그것은 20세기에 이르기까지 인류를 손아귀에 쥐고 있었던 종교의 진정한 본질을 사람들이 제대로 이해하게 하는 것이야말로 나의 [그리스도 메시지]를 성공적으로 전하는 데 필수적이기 때문이다. 사람들은 자신의 모든 확신이 발을 딛고 있는 바탕이 하나의 신화였음을 깨닫기 전에는 그 애지중지하는 믿음들을 내려놓기가 어렵다는 것을 깨달을 것이다.

이런 말을 할 때, 나는 '기독교라는 종교', '신앙적 교의', '신학적 도그마'를 가리켜 말하고 있는 것임을 이해하기 바란다. 교리와 믿음을 초월하여 신과 진실만을 꾸준히 추구한 위대한 영적 영혼들을 가리키는 것이 아니다. 이중 많은 이들이 마음과 가슴 속에서 나의 영감을 받았지만 자신의 소중한 믿음을 내려놓기만은 두려워했다. 그들은 종교적 관습 때문에 방해받았다. 그들이 그것을 내려놓고 영적으로 성장하여 진정한 [존재의 근원]을 깨닫고, 자신의 신도들도 인도하여 함께 데리고 갈 때가 왔다.

모든 교파의 '기독교' 교회에게 내 말하노니, "깨어나라!" 최면적이고 감정적인 전통이 이성을 짓누르고 있는 그 오랜 부자연스러운 잠에서 너희 자신을 깨워 일으킬 때가 왔다. 그 전통은 내가 팔레스타인에서 가르쳤던 모든 것에 대한 최고의 권위를 자칭하는 사람들의 계보를 통해 2천 년 동안 이어서 전해져왔다. 너희가 과거의 믿음을 되살펴 그것을 자신의 사고에서 지워내고자 한다면, 그 결과에 대해 두려움을 갖지 말라. 환영의 거미줄을 걷어내고 — [사고하라!]

'기독교'의 목사들이 [나], [그리스도]가 진실로 '동쪽에서 번개가 치면 서쪽까지 번쩍이듯이'(마태24:27) 온 세상 사람들에게 말하기 위하여 돌아왔음을 온전히 받아들이고 설교단에서 나의 진정한 메시지를 가르칠 준비가 될 때, 너희는 교회가 다시금 *실재*를 발견하고 접하고자 열망하는 사람들로 채워지는 것을 발견하게 될 것이다. 그러면 실재는 그들을 [존재의 근원]과 완전한 조화를 이루며 살게끔 이끌어줄 것이다. 한편으로 '체면'을 세우고 봉급을 얻기 위하여 이기적이고도 의도적인 속셈으로 계속 '기독교' 교리를 설하는 너희 종교의 목사들은 저희의 말이 오로지 말뿐임을 — 그 안에 영적 삶이 담겨 있지 않음을 — 이미 느끼고 있는 저희 신도들에게 버림받아 30년 내에 종교가 자연사를 맞는 것을 목격하게 될 것이다. 진실로 '천국'을 찾아 들어갈 길을 인류에게 보여주고자 내가 몸소 돌아왔음을 깨달은 사람들에 의해 너희 교회가 점령당하는 것을 너희는 보게 될 것이다.

[그리스도]로부터 — 나로부터 — 온 이 편지 때문에 권위를 위협받고 있는 이들도 있을 것이다. 그들은 이 편지를 전력으로 반박할 것이다. 보복적이고 파괴적인 선동으로 돈을 벌기 위해 대중의 분노를 일으키는 일에 일말의 양심의 가책도 느끼지 못하는 사람들은 모든 형태의 매체를 동원하여 온갖 종류의 중상과 비방을 가할 것이다.

세계적으로 소란이 크게 일수록 나의 편지는 낡아빠진 신앙에 식상한 사람들에게 더욱더 빨리 가닿아서, 자신이 마침내 단순한 [존재의 진실]을 들었음을 확신하게 만들게 될 것임을 말해야겠다. 그들은 인간 의식의 낮은 수준을 떠나 더 높은 영적 차원으로 상승을 시작하라는 부름과 그 사랑에 신속히 응답하여, 내면의 평화와 충만감이 흘러들어오는 것을 처음으로 경험하기 시작할 것이다.

오락산업 전반에 혼란과 갈등이 일어날 것이다. 갈수록 많은 사람들이 부의 축적에 눈이 먼 타락자들에 의해 자신의 마음과 감정과 몸이 온통 퇴폐와 폭력으로 물들었음을 깨달을 — 그리고 거기에 등을 돌릴 — 것이기 때문이다. 이 영적 도굴꾼들은 20세기의 안락과 사치에 식상하여 더 이상 거기에 만족을 못 느끼는 무지한 이들이 사악하고 섬뜩한 것들에 기이한 매혹을 느낀다는 것을 알고 있다. 그들은 지쳐 닳아빠진 자신의 의식을 자극해줄 흥분제를 찾고 있는 것이다.

사람들의 삶이 정말로 그들이 날마다 보는 TV가 묘사하는 것처럼 끔찍하고 공포스럽다면 그들은 고문당한 신경을 휴식시키기 위해 뭔가 아름답고 편안한 것을 찾아 화면을 돌릴 것이다. 그런데 현재의 너희 삶의 상황을 정직하게 돌아보면 너희는 과연, 자신의 삶이 지난 50년 동안 너희의 오락산업이 제공해온 모든 것을 거울로 되비추듯이 끔찍한 모습으로 이미 변해가고 있다는 사실을 깨닫게 될 것이다.

사람들은 영화와 TV와 책과 대중매체의 선동에 의해 가능한 최악의 시나리오를 질리도록 보아와서, 이제는 이전에 누렸던 그 안전하고 평온한 느낌이 박탈돼버린 것을 불평하고 있다. 나는 너희가 지금 지상에서 전기 철조망과 높은 방범벽에 둘러싸인 채, 불충하게도 자신이 보호를 맡은 사람들을 죽이는 방범요원들의 경호를 받으며 살아가는 것을 본다. 예전에는 밤중에도 거리나 시골길을 두려움 없이 걸었던 남녀들이 이제는 비열하고 잔혹한 공격을 피하여 안전문 뒤에 꽁꽁 갇힌 채 살아가는 것을 본다. 나는 사람들이 같은 나라 사람들의 인종차별로 트라우마를 겪는 것을 본다. 나는 학살과 폭동과 폭탄테러와 암살과 무차별 살인을 본다. 죽은 사람들은 예기치 못한 죽음의 충격을 아직도 벗어나지 못한 채 다음의 존재로 환생하여 들어온다. 나는 그들을 보고, 그들이 나를 알아보고 받아들이는 한 보살펴준다. 너무나 많은 사람들이 더 높은 존재 형태로 옮겨갈 준비가 되어 있지 않아서, 재탄생을 통해 해방될 때까지 그늘 속에서 머문다. 지상의 삶이 너희의 영화와 문학이 묘사하는 바로 그 지옥이 되어버렸다. 왜냐고? 왜냐하면 너희를 간지럽혀 흥분시키기 위하여, 바로 너희의 소위 개화된 '문명'이, 그 모든 변태적 형태의 잔혹성이 TV라는 매체를 통해 너희 집안으로 파고 들어가도록 허용하고 있기 때문이다. 너희가 그것을 원했다. — 그리고 이제 너희는 그것을 나날의 경험 속에서 가장 생생한 모습으로 몸소 목격하고 있다. 너희가 스스로 자초한 이 재앙에서 살아날 사람은 아무도 없다.

이 시대에 너희가 스스로 자신에게 무슨 짓을 해왔는지를 깨우쳐주기 위해 [나], [그리스도]가 돌아온 것이 너희에게는 의아하게 느껴지는가?

그 같은 영혼의 고통 속에서, 도움의 손길이 기다리고 있는데도 손을 내밀지도 못하고 있는데, 그 어떤 [사랑]의 영적 화신이 보고만 있을 수 있겠는가? 그러니 이미 말했듯이, 나의 이 일은 혼자서 하는 것이 아니다. 나는 이 편지를 통해 모든 스승들을 대변하여 이야기한다.

모든 스승들은 자신의 지상의 가르침을 따르는 이들을 보살피고 있다. 모든 스승들이 자신의 추종자들에게 이 편지들을 읽고 명심하고 기도하여 [진실]을 받아들이고 자신의 생각과 행위를 정화하여 만인에게 베푸는 사랑의 화신이 되기를 촉구하고 있다.

하지만 이 편지가 변화의 시대를 열 것이다.

범세계적으로 사람들이, 파렴치하고 탐욕스럽고 타락한 거물들이 자신의 의식에 어떤 행위를 가했는지를 진정으로 깨닫는다면 그들은 극도의 분노를 느낄 것이다. 대중은 자신을 그 혐오스러운 세계의 거미줄 속으로 단계적으로 유혹해 들인 음험하고 교활한 수법을 깨닫기 시작할 것이다.

그리고 [나], [그리스도]는 이런 일이 일어날 때 너희에게 '혐오'라는 말이 더 이상 오래된 구식의 단어가 아님을 발견하게 되리라는 것을 말해둬야겠다. 너희는 전일적이고 생명을 주는 의식체 ― 말 ― 와 파괴적인 의식 패턴 사이의 차이를 극명하게 인식하게 될 것이다.

너희는 그것으로부터 등을 돌려, 온 국민이 그 파괴적인 '의식체'를 '혐오스러운 것'으로 칭할 것이다.

양심적이고 정말 사랑 넘치는 부모들이라면 특히 현재와 같은 오락 형태에 목청 높여 항거하고, 지금도 너희의 화면과 책과 매체가 제공하고 있는 감정을 일구는 불쾌한 언어와, 제지받지 않는 폭력과, 문란하고 말초적인 섹스로 도배된 타락상을 자녀들이 계속 보고 있지 못하도록 막을 것이다. 너희의 사회는 인간의 삶과 행동 속으로 스며드는 이런 비천하고 야비한 의식의 창조물들로 가득하다.

부모들은 또한 자녀들의 마음속에서 창조되는 [의식체]가 그들이 성인이 되어서 살아갈 미래의 삶의 갈수록 커지는 바탕임을 깨닫게 될 것이다. 그리고 학교에서 가르치는 [윤리적 가치관]을 조사하기 시작할 것이다. 학부모들은 더 이상 학교에서 가르치는 종교에 대해서는 관심이 없을 것이다. 그것은 오직 소수에게만 관심의 대상이 될 것이기 때문이다. 그 대신 장차 학교가 선생과 학생을 불문하고 장려하거나 관용할 형태의 말씨나 생활철학이나 태도와, 논쟁, 갈등 등에 깊은 관심을 기울일 것이다.

사람들이 그룹으로 모여서 이 **편지**를 토대로 작은 학교를 시작할 것이다. 사실중심적인 옛날의 교과서는 쓸모없는 것으로 버려질 것이기 때문이다. 언어와 예술, 논리, 효율적이고 영감을 주는 소통기술, 건설적이고 창조적인 상상력의 개발, 수학과 과학, 손기술 등이 강조될 것이다.

학과과정은 진실과 신화를 식별하는 능력, 받아들이고 누릴 가장 높은 가치를 명확히 인식하는 능력, 그리고 그것을 삶 속에서 가장 건설적이고 생산적으로 활용하는 — 그리하여 자아와 국가와 널리 세상의 상황을 개선하는 — 방법들을 개발하는 데에 중점을 두게 될 것이다. 아이들은 또 자신이 선택한 분야에서 즐겁게 성공적으로 일할 수 있게 해줄 과학과 손기술에 능해지도록 교육을 받을 것이다. 아이들은 새로운 배려와 사랑의 오라aura 속에서 수업을 하고, 교실에서 그런 배려와 사랑에 스스로 기여할 수 있는 방법을 배울 것이다. 그들은 기쁨과 행복 속에서 공부하도록 부추겨질 것이다. 이것이 잘 되지 않는다면 그런 아이는 기쁨과 행복을 얻는 방법과, 그것을 성공적으로 행하면 결실이 찾아온다는 것을 배우게 될 것이다.

사람들은 더 높은 수준의 영적 사고를 추구하는 열성과, 소외된 사람들이나 사회 전반을 위해 봉사하고자 하는 뜻에 따라 가치를 인정받게 될 것이다.

너희가 [우주적 본성(the Universal)] — 너희 [존재의 근원] — 을 개체화하고, 그것을 진화된 방식으로 표현하여, 마침내는 너희 [존재의 근원]의 [개체화된] 표현의 정점 —

[그리스도 의식]

— 에 도달하기 위해서 태어났다는 [진실]을 온 세상 사람이 모두 깨닫게 하는 것이야말로 지극히 시급한 일이다.

[그리고] 너희는 또한 너희 [존재의 근원] — 우주의식 — 과의 개체적 재합일을 향해 가는 영혼의 여행을 하는 동안 보살핌을 받고 양육받고 건강과 완벽한 행복과 조화로운 풍요를 보장받는 데 필요한 모든 것을 공급받도록 창조되었다.

이 [존재의 진실]을 온전히 알기 전에는 결코 육체적으로든 영적으로든 너희의 진정한 잠재력을 지상에 실현하지 못할 것이다.

어떤 나라도, 어떤 종교조직도, 어떤 개인도, 그가 아무리 인간적으로 높은 경지에 이르렀다고 여겨지더라도 이 편지의 내용을 바꿀 수는 없다. 왜냐하면

[나], [그리스도]는

[진실]을 받아들일 수 있는 영적 주파수 수준에 있는 전 세계의 모든

사람들에게도 [존재의 진실]을 방사하고 있기 때문이다. 그런 사람들은 주저함 없이 [그것]을 자신의 생각과 행위의 지침으로서 온전히 받아들여서 받들어 적용할 것이다.

편지를 이해하거나 받아들이지 못하는 사람이 있다면 그것은 단지 그들이 아직 편지를 이해하는 데 필요한 의식 수준에 오르지 못했기 때문이다. 그들의 성장은 나중에 올 것이다.

그러니 내가 설명했듯이 **신성한 의도**가 너희에게 부여한 그런 수준의 삶을 아직 경험하지 못한 이들에게 말하노니, 삶이, 혹은 사람들이, 혹은 상황이 ― 아니면 너희가 ― 대체 뭐가 문제냐고 묻지 말라.

너희 자신의 사고과정, 삶에 대한 태도, 다른 사람들이나 자신에 대한 느낌을, 그리고 평소에 어떤 종류의 생각, 그리고 기대에 빠져 있는지를 잘 들여다보라. 이것은 강력한 창조적 의식 에너지의 힘을 만들어내고, 너희는 그것을 하루종일 방사한다. 그것은 정확히 너희가 두려워하거나 기대하는 그것을 끌어당긴다. 때로, 부정적인 창조적 의식체는 여러 해 전의 어떤 상황으로 인해 심어져서 너희 잠재의식의 심층에 파묻혀 있다. 아니면 그 부정적인 창조 의식의 충동은 전생으로부터 온 것일 수도 있다. 어쨌든 나쁜 경험이 계속 일어난다면 너희 의식 내면의 상태를 살펴보고 어떤 종류의 부정적인 기대가 너희의 잠재의식을 점령하고 있는지를 찾아내라. 또한 다른 사람들에 대한 너희의 태도와 느낌이 어떤지를 밝혀보라.

너희는 항상 존재의 법칙에 조화롭게 살고 있는가? 너희는 삶의 모든 수준에서 — 경험 속의 모든 것을 향해서 — '조건 없는 사랑'을 표현하고 있는가?

너희는 살아 있는 모든 것 속에서 '영혼의 빛'을 볼 수 있는가? 아니면 오직 그들의 에고의 욕망 — 어두운 면 — 밖에 보이지 않는가?

너희가 배척하거나 비판하는 사람들에 대해 [나], [그리스도]는 언제나 가장 깊은 사랑과 연민을 품고 있다는 사실을 너희는 깨닫고 있는가? 너희가 배척하고 있는 사람에게, 나는 나의 무조건적인 사랑을 방사하고 있다.

늘 명심하고 있으라. 너희 [존재의 근원]은

평형상태와 활동,

두 가지 상태에 있다는 것을.

너희 [존재의 근원]의 [활동] 상태란 너희가 수태되고 개체성을 부여받은 차원을 말한다.

[우주의식]의 [평형상태]는 완전한 침묵과 고요의 세계다. 그 안에는 배후의 [창조성의 추동력]이 포옹하듯 서로를 구속하며 함께 묶여 있다.

548

'지상의 학교에서 배우는' 모든 수업마다, 모든 문제를 완벽하게 해결해주는 사랑 넘치는 신성한 지성에 언제든지 다가갈 수 있다는 사실을 온전히 깨닫고 받아들이고 이해할 때, 너희는 고통과 공포가 닿지 못하는 저 너머로 상승하여 올라간다.

너희는 문제를 신속하고도 부드럽게 해결해내고, 너희의 지혜와 지식이 다양한 방식으로 쌓여가는 것을 깨닫게 될 것이다.

이렇게 너희는 존재의 모든 수준에서 진화해간다.

이 편지들을 통해서 내가 너희에게 온 목적은 너희가 **존재의 법칙**에 조화되게 살아가는 법을 보여주어 법칙에 대한 무지에서 야기된 불필요한 고통과 제약과 궁핍을 피하도록 돕는 것이지만, 나는 또한 모든 사람은 자기 삶의 리듬에 지배받는다는 점을 너희 의식 속에 각인시켜주고자 한다. 내면으로 흘러들어오는 축복이 너희가 원했던 모든 것을 가져다주어서 인간적 행복과 성공의 정점에 머무는, 최고로 잘나가는 시절을 모든 사람이 경험한다. 한껏 누리라! 그러다가 갑자기 삶의 리듬이 바뀌어서 가용자원이 고갈되고 인간관계도 어렵고 불안해진다. 경력도 내리막길로 접어들고 장애물이 생겨서 오랫동안 정체된 상태로 머문다. 너희는 자신이 무엇을 잘못했는지를 자문하며 의아해할 것이다. 이전에는 [**존재의 법칙**] 속에서 매우 성공적으로 영위했었다. 그런데 지금은 하루하루가 힘겹고 어떤 생각이나 행위도 일상이 되어버린 스트레스를 덜어주지 못한다.

이런 시기가 오거든 ― 온다면 ― 마음과 가슴속에서 침묵하고 고요해지라. 그리고 비록 겉으로는 반대로 보이더라도, 비록 겉으로는 고통스럽더라도, 너희는 여전히 신성의식으로부터 생명을 얻어오고 있고 길을 인도받고 있음을 알라. 이럴 때는 가만히 물러나서 너희의 '잘 나가던' 시절에 잘못하여 의식이 미끄러지게 한 일이 없는지를 잘 살펴보는 ― 그리고 신성의식에 더욱 자신을 내맡기는 ― 것이 꼭 필요하다.

실의에 빠진 이런 어둠의 시기가 없이는 영적 성장도 없을 것이다. 그것은 너희에게 전하는 특별한 메시지를 지니고 있으니, 좌절이나 실의에 빠져서 굴복하지 말라. 나약해진 기분이 들지라도 이것은 너희에게는 자기발견과 내적 쇄신의 겨울철이니, 지나고 나서 보면 그것이 '잘 나가던' 시절에 받았던 축복보다 훨씬 더 큰 축복이었음을 깨닫게 될 것이다. 용기를 내고 믿음을 잃지 말라. 겨울이 다시 영적 봄에게 시나브로 자리를 내주는 동안, 참을성 있게 기다리라.

편안한 마음으로 확신을 품고 너희의 마음과 가슴과 세속적 삶 속으로 다시금 신성한 생명이 흘러들어오기를 끝까지 기다리라. 그러면 너희가 소망한 모든 것이 경험 속에 실현되기 시작할 것이다. 그리고 이 시기 동안 내내, 명상 중에도 더 이상 신성의식이 흘러들어오는 것이 느껴지지 않는다면 그것은 너희가 버림받아서가 아니라 너희 자신의 우주적 진동이 ― 그리고 따라서 개인적 의식의 진동도 ― 썰물 때를 맞아서 더 이상 이전처럼 신성의식의 진동을 경험할 정도로 수위가 올라오지 못하기 때문일 뿐임을 알아차리라. 그

550

것을 느끼지 못하더라도 너희는 언제나 그 진동 속에 있고 [신성한 사랑] 속에 있음을 확신하라.

나는 또한, 아무리 궁핍해진 인간도 자신의 진정한 근원을 알고 그 앎을 활용할 수 있게 되는 순간 자신을 틀 속에서 건져내어 스스로 택하는 만큼 얼마든지 높이 솟아오를 수 있다는 사실을 너희에게 상기시켜 의식 속에 새겨주고자 한다. ― 그들이 날마다 자신의 [존재의 근원] 속으로 동조해 들어가서 그 무한한 권능과 생명과 길과 영감과 인도를 얻어내는 한 말이다.

너희는 운명의 희생양이 아니다. ― 너희의 의식은 전적으로 너희가 스스로 형성시키는 것임을 깨닫기 전까지만 너희는 너희 자신의 창조적 의식의 희생양이다. 이 찬란한 진실이 너희 의식 속에서 동터 오를 때, 너희는 삶을 전환시키기 시작할 것이고 마침내 너희는 스스로 노력하여 달인이 되고 [신성의식] 속에서 완전한 자유를 성취할 수 있음을 깨닫게 될 것이다.

너희의 영적 탐구에서 그 목표는 의식의 주파수를 가장 높은 영적 지각 속에서 최대한 안정된 상태로 유지하는 것이 되어야 함을 명심하도록 애쓰라. 인간의 마음에게 이것은 지극히 해내기 힘든 일이다. 인간의 마음은 흥미가 돋기만 하면 언제든지 새로운 형태의 영적/정신적 자극을 찾아 분주히 헤매기 때문이다.

하지만 말해둬야 할 것은, 이 편지를 읽고 나서 뭔가 좀더 높은, 더 영감을 주는 진실을 찾고자 다른 책들로 눈을 돌린다면 그것으로는 충분치가 않다.

나, 그리스도가 말하노니, 실로 이 시대에 너희에게 주어진 더 높은 진실이나 더 높은 길은 없다.

너희는 때로 뭔가 더 높은 것을 발견했다고 느낄지도 모른다. 왜냐하면 너희 현재의 인간적 의식 수준에서는 더 쉽게 쓰인 것이 더 친근하게 다가오기 때문이다. ― 그러나 오로지 [영적 존재의 진실]만이 너희를 마침내 너희의 진정한 목적지인 [그리스도 의식]으로 데려갈 유일한 [지식]임을 확신해도 좋다.

[그리스도 의식]은 모든 위대한 스승들의 영적 의식이다. 더 높은 의식은 없다. 너희의 이해를 높이기 위해서 이 편지에 적힌 내용을 스스로 이미 발견하고 수행하고 있는 다른 저자들을 찾아볼 수도 있지만, 아직도 다른 저자를 따르면서 다른 권위를 인용하고, 아직도 인간의 생각을 지나 광대한 영적 진실 속으로 ― 인간의 생각 너머로 ― 들어갈 길을 찾고 있는 이들을 따르지는 말라. 그들은 너희와 마찬가지로 아직도 의식의 산자락에 있다. ― 그들은 아직 정신의/감정의 오존층을 뚫고 외계의 [공간]에 닿지 못했다.

'경이로운' 신비주의 수행법에 대해 쓰거나 탐닉하여 너희 또한 그런 경험으로 이끌려 하고 삶의 여러 국면에서 에너지를 높이기 위해 물질적인 것을 이용하기를 부추기는 이들을 따르지 말라. 수정, 양초,

향, 점치는 막대기 등의 물질적인 것들을 사용한다면 그것은 곧 자신의 인간적 의식을 너희를 즐겁게 하는 인간적 의미를 띤 물건들에 쏟아 붓는 것이다. 그들은 이런 식으로 너희의 인간적 의식을 인간적 의식의 '소산물'에 매이게 하여, 너희를 인간적 의식의 고정된 수준으로 도로 끌어내린다. 반면에 실로 영적인 의식 차원으로 상승하고자 한다면 너희의 목표는 지상의 인간적 의식 차원을 관통하여 그 너머로 초월하는 것이다. 유일하고 진정한 에너지, 진정한 역동적 치유의 생명력은 [신성의식]과의 지속적인 접촉으로부터 온다. 너희가 더 높은 차원계를 향해 여행해가는 동안 아스트랄 차원의 더 섬세한 진동에 친숙해질 테지만, 그 수준에서 지체하지 말라. 그것은 단지 의식이 더 높은 물질적 형태로 나타난 것일 뿐이어서, 그것이 너희의 진정한 목표가 되어서는 안 되기 때문이다.

신성의식에 의식을 동조시키라. 그리고 자아에 대한 완전한 통달이 너희가 사는 이유이자 유일한 목표가 되어야 한다. 그것을 성취하면 자신을 위해서 원했던 모든 것이 너희 것이 될 것이다. — 초월적이고 영원한, 새로운 방식으로.

너희는 이 편지를 읽고 나서 **신성의식**이 너희로 하여금 역경을 무사히 지나가도록 도와주리라고만 믿고, 그저 있던 그대로 — 에고-의식 속에 — 계속 남아 있기로 할 수도 있다. 그러나 내 말하노니, 다른 그 어떤 길도 너희 영혼이 맛보고자 열망하는 그 보상 — 특히 **신성의식**과의 온전한 재합일 — 을 가져다주지 못함을 삶 자체가 너희 눈앞에서 결국 확인시켜줄 것이다.

너희가 **자신에게** — 혹은 다른 누구에게든 — 줄 수 있는 가장 큰 선물은, '너희와 그들'이 자신이 **진정으로** 누구인지에 대한 — 그리고 자아의 의지를 버리고 저희 [존재의 근원]에게 도움과 인도와 모든 필요의 충족을 간구할 때 실로 무엇을 이룰 수 있는지에 대한 — 영감에 찬 이해를 마음속에 감사히 받아들이는 것, 그리고 다른 감수성 있는 마음들 속에도 스며들도록 애쓰는 것이다.

너희 자신에게 — 그리고 누구든 받아들일 수 있는 이에게 — **빛이 되라.**

동시에, 배를 주린 채로는 아무도 배움을 받아들일 수 없으니 물질적으로 가난한 이들을 가르치고자 한다면 영적-육적 진화의 과정을 돕기 위해 육신의 자양분이 일정량 공급되어야 한다. 사람들에게 기꺼이 베풀되, 그렇게 줄 때 너희도 온 우주의 '주고받는' 시스템의 일부가 된다는 사실을 알라.

주기만 하고 대가로 받게 되지 않는 일은 일어날 수 없다. — 너희가 스스로, 나는 자신의 일과 은행계좌와 투자로부터 나오는 수입에만 생계를 맡기노라고 믿지 않는 한 말이다. 너희가 믿는 것이 그것이라면 그렇게 경험할 것이다.

진정으로 깨어나서, 자신이 **창조성과 사랑**의 [완벽한 추동력]의 조합인 저희 [존재의 근원]이 개체화하여 생겨난 존재라는 깨달음에 온전히 눈을 뜨기 전까지, 사람들은 사업상의 공감과 횡령과 인간관계의 불화로부터 살인과 강간과 전쟁에 이르기까지 그 모든 부조화의 근원인 물질주의와, 육욕의 만족과, 남보다 앞서고자 하는 욕망의 유혹에 빠진 채 헤어나지 못할 것이다. 사람이 에고를 앞세워서 상대방을 누르고자 하는 곳에는 언제나 분노에 싸인 부조화가 판을 친다.

이것이 온 세상에 공표되어야 할 존재의 맨 첫 번째 법칙이다.

그렇다면 에고의 욕망 — 자기만족을 추구하는 압도적인 욕망 — 이 판을 치게끔 되어 있는 세상에서 인간의 본성이 나날을 살아가려면 어떻게 해야 하는가?

그 답은 나의 말 속에 들어 있다: **"내가 대접받고자 하는 대로 남을 대접하라."**

이것이 에고의 욕망을 극복하는 첫 번째 단계다.

다툼에 개입되었을 때, 서로가 상대방으로 하여금 가장 타당한 해결책을 얻게 하라.

경청하고 — 받아들이고 — 배려하여 — 할 수 있는 데까지 고치고 바로잡으라.

그것이 개인적인 일이든 사업상의 일이든 간에, 자신의 요구에 매몰되어 상대방의 안위를 해치는 일이 없도록 잘 살피라.

너희가 상대방에게 하는 행위가 결국은 너희에게 행해질 것임을 명심하라. 오늘 너희가 하는 생각과 말과 행위가 며칠 후든 몇 달 후든 몇 년 후이든 간에 너희의 경험이 되어 돌아올 것임을 기억하라. 때로는 뿌린 것이 자라서 결실을 맺는 데 여러 해가 걸려서, 뿌린 일이 기억조차 나지 않을 수도 있을 것이다. 그러나 너희가 오늘 하는 일은 무엇이든지, 너희가 그 인과관계를 알아차리지 못할지라도, 어떻게든 연관된 형태를 띠고 어김없이 돌아올 것이다.

너희의 실수에 대해서 다른 사람들이 말해주기를 바라는 대로 다른 사람들 — 아는 이든 모르는 이든 — 의 실수에 대해 말하라. — 진심을 다하여.

너희가 받고 싶은 만큼 남들을 용서하고 포용하라. 진정한 용서란 무엇인가? 그것은 정말 정직하게, '용서하고 말고 할 것이 없다'고 말할 수 있을 정도로 상대방이 그렇게 행동한 이유를 확연히 이해하는 상태다.

남들이 무거운 짐에 허덕일 때, 너희가 곤란을 당했을 때 받고 싶은 그런 친절과 관용과 의리를 베풀라. 결코 냉정하게 등을 돌리지 말라.

온정 있게 통찰하는 눈으로 사람이나 상황을 바라보기를 배우라. 그것을 이 순간 있는 그대로 보고, [내가] 그것을 연민에 찬 사랑으로써 보고 있음을 상기하라.

그들에게서 절실히 개선되어야 할 — 그들 자신을 위해서, 그리고 그들의 장차의 행복을 위해서 — 필요성을 발견한다면 그들을 오로지 가슴과 사랑의 눈으로 바라보고, 그들이 장차 나아질 수 있는 모습대로 바라보라. 마음속에서 그들을 그들의 [존재의 근원]으로 데려가고, 너희의 기도가 분명히 그들을 축복했으며 그들의 향상에 문을 열어주었음을 알라. 너희가 그들의 '개선'에 관한 이야기를 꺼내어도 될지, 그들이 그것을 기꺼이 받아들여서 마침내 향상을 이뤄내도록 하려면 어떻게 해야 할지에 대해 **신성의식**의 인도를 구하라.

너희가 누군가에게 상처 입혔던 일을 당사자가 이야기하고 싶어한다면 그 자리에 고요히 멈춘 채, 이것은 너희 에고의 충동을 시험하는 진정한 도전과제임을 **알라**. 이것은 너희의 지극히 중요한 순간 — 가장 큰 시험의 순간이다.

너희는 거기에 어떻게 대처할 것인가? 너희의 행위가 상대방에게 상처를 입힐 정도는 아니었고, 당시의 상황에서는 너무나 당연한 것이었다는 변명으로 자신을 방어할 것인가? 만일 이렇게 반응한다면 아직도 너희의 의식은 에고의 충동에 완벽하게 지배받고 있는 것이다.

하지만 중요한 진실의 순간이 다가왔음을 너희가 자각할 수 있다면, 그리고 이 자각으로 해서 고요하고 평온한 마음으로 너희로부터 상처 받았던 상대방의 이야기를 귀 기울여 듣고 있을 수 있다면, 너희는 자신의 에고를 극복하는 최초의 거사를 성공시키고 있는 것이다.

그다음에 잇따라야 할 단계는, 자신을 방어하고자 하는 욕구를 단호히 밀쳐두고 상대방의 이야기에 진지하게 공감하는 것이다. 이것은 너희가 그들의 상처 속으로 온전히 들어가서 그들이 하는 말을 듣는 동안 그 고통을 가슴으로 받아들일 수 있도록, 내 안의 고요 속으로 들어갈 수 있을 만큼 자신을 지워버려야만 가능해질 것이다. 이렇게 할 수 있다면 너희는 그들의 살갗 속으로 들어가 있을 것이다. 그리하여 그들 안으로 들어가 그들의 고통을 느낄 수 있으면 너희는 자신이 저지른 행위에 대해 가슴 밑바닥으로부터 용서를 빌고 싶어질 것이다. 너희가 무지하여 부지중에 끼쳤던 고통이 너희 자신의 고통이 되어서, 사랑의 말로써 상대방의 의식 속에서 모든 고통의 찌꺼기를 쓸어낼 때까지, 너희는 마음 편히 쉴 수 없게 될 것이다. 상대방의 의식 속에서 고통이 사라지면 비로소 상처는 치유되고, 너희의 전자기적 의식체에서도 그 흔적이 제거될 것이다. 너희는 자아로부터 큰 승리를 거두었다. 다른 사람들의 진실이 너희 자신의 진실과 똑같이 가치 있고 중요함을 진정으로 깨닫는다면 너희는 마침내 진정한 내면의 힘과 끈기를 얻은 것이다. 너희는 너희가 다른 이들에 의해 상처받는 것과 똑같이 남들도 너희의 행위에 의해 상처받을 수 있다는 사실을 깨닫고 받아들인 것이다.

너희 삶 속의 이 **위대한 진실의 순간**에 이르고 나면 너희는 사뭇 평온하게 자신과 타인들 사이를 움직여 다닐 수 있고, 사건과 상황들을 나의 관점에서 바라보는 것만큼이나 쉽게 그들의 관점에서 바라볼 수 있게 된 자신을 발견할 것이다. 타인의 요구와 너희 자신의 요구 사이에 온전한 균형이 잡혀진다. 그리고 이제는 상대방을 영(spirit)의 너그러움으로써 탕탕평평하게 대할 수 있음을 스스로 확신하므로 태평한 마음의 경지에 든다. 이제 너희는 자신과 타인들 사이에 놓인 장애물을 제거하여 그들을 가슴속으로 받아들이기 시작한 것이다.

너희는 또한 자신의 방어막을 제거하기 시작했고, 그럼으로 해서 마침내 자신이 **진정한 자긍심과 마음의 평화**를 얻어내고 있음을 깨닫게 될 것이다.

타인들의 기분에 대한 이 새로운 이해는 너희 안에 그들에 대한 크나큰 존중심을 불어넣어줄 것이다. 너희는 그들을 언제나 공정하게 대하고 그들이 받아 마땅한 것을 주고 싶어하게 될 것이며, 그들의 선한 천성을 이용하려 들지 않을 것이며, 그들을 비하하거나 저평가하려 하지 않고 오히려 용기를 북돋아주고, 그들이 심신의 고통을 당할 때는 언제나 부축하고 도와줄 것이다.

너희는 자신이 이런 일들을 스스로를 위해서도 하고 있음을 깨닫게 될 것이다. 너희는 자신의 상담자요, 후원자요, 치유자가 될 것이다.

너희는 한 사람 한 사람이 그 신분에 상관없이 너희 자신의 진실과 동등한 근본적 진실로부터 나왔으며, 왕이든 교황이든 대통령이든 간에 모든 인간이 동등함을 깨달을 것이다. 너희는 모두가 외면적 모습의 밑바닥에 있는 [**존재의 대★일체성**]으로부터 나왔으므로.

그리하여 너희는 더 이상 어떤 상황에서도 자신에 대해 부족감을

느끼지 않을 것이다. 너희는 신성의식으로부터 비롯된 힘과 지혜 속으로 나아왔고, 그리하여 너희 또한 다른 모든 이들과 마찬가지로 동등한 자격을 지니고 있음을 깨닫고 있기 때문이다.

고요하고 태평한 의식상태 속에서, 너희는 또한 타인이 너희를 이용하도록 내버려두지 않을 것이다. 상대방의 기분을 마땅히 존중하면서 자신의 마음을 분명하고 정직하게 말할 수 있게 될 것이다. 더 이상 상대방을 무시하거나 깔아뭉개고 싶어하지 않게 될 것이다. 오히려 그들이 자긍심을 잃지 않도록 모든 노력을 다하면서도 분명하고도 사랑 넘치는 태도로 너희의 진실을 말할 것이다.

너희의 진실을 상대방에게 말할 때, 그들이 어떤 상황에서 어떻게 행동해야 할지, 혹은 너희의 말에 어떻게 반응해야 할지를 지시하는 것은 너희의 권한 밖의 일임을 명심하라.

그러나 완벽한 정직성과 양심적인 행위와 만인을 향한 선의와 힘없는 이들에 대한 배려라는 [보편적 가치]를 지키는 사람은 어떤 모임이나 사회가 벌이는 일이나 국가적인 사업에서 [편의]를 위한 다른 모든 고려에 앞서 이 가치가 맨 먼저 존중되어야 함을 주장하고 요구할 자격이 있다.

너희는 또한, 그럴 필요가 느껴진다면, 어떤 사람이 너희에게 행한 비하 행위가 너희에게 어떤 기분이 들게 했는지를 말할 완벽한 권리가 있다. 모두의 이익을 위해서 어떤 상황을 분명히 짚어두거나 해결하기 위해서는 너희의 애정 어린 정직성이 필요할 수도 있다.

온정으로써 너희의 입장을 말하라. — 현재의 불편한 상황에 대해 너희가 어떻게 느끼는지를 부드럽게 말해주고, 무엇이 그런 느낌이 들게 했는지를 설명해주라. '네가 이러이러한 짓을 했다'는 식으로 말하지 말라. 그러면 그들은 너희가 자신을 비난하고 있다고 느끼고 즉각 에고의 방어기제를 가동시킬 것이기 때문이다. 그렇게 되면 너희는 서로를 대면하는 것이 힘들고 불쾌해질 것이다. 에고의 충동으로 움직이는 사람들에게 다가가기 위해서는 언제나, 상대방이 위협받는 느낌을 전혀 느끼지 않도록 말해야만 한다. 이것이 사랑의 소통법으로서, 오로지 시행착오와 꾸준한 훈련을 통해서만 터득할 수 있다!

너희 안의 에고를 정복할 때마다 다른 이들을 대하기가 그만큼 수월해진다. 모든 인간의 내면에 있는 에고의 작용을 마침내 이해하는 경지에 이르고 있기 때문이다.

시간이 흐를수록 너희는 점차 에고의 충동의 손아귀에서 놓여나고, 영혼의 공감과 사랑으로써 다른 이들의 말에 더욱더 귀를 기울일 수 있게 된 것을 발견할 것이다. 그들이 너희가 이전에는 상처받았을 식으로 행동할 때, 너희는 오히려 웃음이 터져 나오는 것을 발견할 것이다. 그때 너희는 너희의 영혼이 **신성의**식에 맞닿아 있음을 알게 될 것이다. — 그것의 본연의 상태는 웃음이기 때문이다.

웃음이란 **의식의 충격파**로서, 그것은 너희의 창공을 울리며 한 행성에서 다른 행성으로, 은하수를 가로질러 까마득한 무한 공간 속으로 퍼져나간다. 신성의식만큼이나 무한한 그것은 **빅뱅**의 순간에 그 존재를 드러냈다.

웃음이란 무엇일까? 그것은 두 사건, 두 상황, 혹은 두 사람이 ― 사물의 이치상 ― 합치하지 않아서 서로 이상하게 어긋나거나 대치된 상황을 마주한 의식의 자연스러운 반응이다.

그것은 특정한 판단이나 인식을 할 줄 아는 고등생물종이 경험하는 일종의 물결효과다. **그것은 스트레스를 날려보낸다.** '물결효과'는 심장과 신경계를 보호하는 횡격막을 통해 느껴진다.

창조의 실상에 대해 이야기할 때 너희도 보았듯이, 신체의 점유자가 스트레스를 느끼지 않고 편안하고 행복하게 살 수 있도록 환경에 적응해가게끔 완벽하게 조율된 신체를 만들기 위하여, 생체의 설계를 진화시키고 성장시키는 데에 필요한 모든 가능한 조치가 취해졌다. 스트레스는 건강에 해롭다.

그것은 [신성의식의 뜻]에 반한다.

절로 터져 나오는 웃음은 먼저 머릿속에 밀려오는 의식의 물결로 경험되면서 온 의식을 점화시킨다. 그에 바로 잇따라 웃음의 신체적 '물결효과'가 횡격막을 가볍게 울리는 호흡파로 경험되면서 긴장을 깨고 슬픔이나 괴로움의 찌꺼기를 쓸어낸다.

때로 아주 재미있는 상황에서는 웃음이 결국은 사람을 기진하게 할 정도로 길게 이어진다. ─ 하지만 그 또한 행복해서, 웃음이 끊기는 것이 오히려 아쉽게 느껴진다.

대부분의 사람들은 웃음이 행복감을 높여준다고 말할 것이다. 바로 전에 불화가 있었더라도 말이다. 짜증 나고 상처받고 긴장되었던 터무니없는 상황 앞에서 진심으로 웃을 수 있다면 긴장이 풀리면서 우호적인 관계가 절로 돌아온다.

웃음은 에고에 점령당한 채 구출을 기다리는 창조물에게 주어지는 사랑의 선물이다.

너희의 마음과 감정을 틀어쥐고 있던 에고가 그 손아귀를 점차 풀어놓으면 너희는 웃음이 거품방울처럼 절로 솟아나면서 경이로운 해방감을 가져다주는 것을 발견할 것이다. 웃음의 '물결효과'는 너희 의식의 진동주파수를 높여준다. 그것은 단지 웃음이 너희가 가장 필요로 하는 곳 ─ 온 가슴, 온 횡격막 ─ 에 방출되는 에너지이기 때문만이 아니라, [웃음]이야말로 바로 **신성의식**에 속한 것이기 때문이다.

그러니, 웃음은 신성하다.

[웃음]과 너희 내면의 아이. 이 편지들을 읽고 명상하여 의식의 주파수가 올라가면 너희는 예전의 사고방식을 마음속에 담고 있는 것이 더 이상 편안하지 않다는 것을 깨닫게 된다. 너희는 그것을 의식에서

몰아낼 방법과 수단을 찾게 될 것이다. 영적으로 상승해가면서 점점 바람직하지 않은 인간적 에고의 충동을 버리고 싶어지면, 너희는 예민해지는 가슴속의 갈등이 갈수록 짐스러워져서 이제는 그로부터 놓여나기를 열망하고 기도하게 될 것이다. 그리고 신성의식을 향하여 도움을 간구하면 도움의 손길이 반드시 온다는 것을 깨닫게 될 것이다. 그리하여 너희는 원하지 않는 생각과 반응을 제거해내는 데 성공하고, 그러고 나면 절로 웃음이 자꾸 터져 나오는 것을 발견하게 될 것이다. 너희는 또한 긴장이 풀려나가면서 생각이 훨씬 더 가벼워지고, 인간관계가 편안해지면서 더욱 따뜻하게 가슴에 다가와 느껴지며, 삶 자체와, 삶이 보여주고 경험시켜주는 모든 것을 더욱 깨어서 인식하게 됨을 발견할 것이다. 너희는 단순한 기쁨을 더욱 즐기게 되고, 식탐이 줄어서 음식을 덜 먹게 되고, 오락거리를 덜 찾고 홀로 있으면서도 만족감을 느낄 것이다. 그리하여 마침내는 **홀로 있는 기쁨**을 누리기 시작할 것이다. **왜냐하면 [신성의식]이 너희의 인간적 의식을 그 [지복의 상태]로 채워줄 것이기 때문이다.**

행복한 호기심의 눈으로 세상을 바라보는 너희의 '아이' 마음이 조금씩 조금씩 돌아올 것이다.

이것은 노인성 치매증상이 아니다. 이것은 나이와 상관없는, 더욱 깨어있는 자각상태, 더욱 높은 진동상태이다.

'너희가 어린아이처럼 되지 않고는 결코 천국에 들어가지 못하리라'고 내가 말했을 때, 그것은 바로 이런 '존재 상태'를 의미했다. 나는 실제로, 천국에 들어가면 너희는 어린아이 ― 경이와 기쁨으로 가득 찬 ― 가 되리라고 말했다.

나는 이 편지를 읽고 흡수하는 이들이 마침내는 '천국'에 들어 순진 무구한 마음으로부터 나오는 환희의 상태에 이르도록, 이 편지를 세 상에 전한다.

[영적 훈련]

만일 사람들이 너희에게 '영적 훈련'을 시키면서 특정한 상태를 '상상 하라'고 한다면, ― 그것을 따르는 것은 에고의 물질계에다 자신을 뿌 리박게 만드는 짓일 뿐이라는 사실을 명심하라. 상상은 영과 아무런 상관도 없다. 상상은 영적 의식의 높은 차원으로 들어감으로써 초월 하도록 애써야 할 너희 인간적 의식의 단련법일 뿐이다. 그 차원은 상 상에 속한 것이 아니라 '실재' ― 영적 의식의 진동주파수 차원 ― 에 속한 것이다. 영적 주파수란 지상의 마음이 상상해내는 것의 주파수 가 아니라 신성한 영적 의식의 주파수다. 그러니 너희가 스승으로 받 아들이는 사람을 경계하라.

오로지 너희 의식의 '침묵'과 '고요'만이 마음속으로 신성의식이 들어 올 문을 열어줄 것이고, 그것만이 모든 사람이 추구해야 할 것이다. 목 이 말라서 물이 필요하다면 왜 호수 앞에 있는 자신을 상상만 하는가? 직접 호수로 가서 그 맑고 시원한 물을 떠 마시라. 내 다시금 말하노 니, 상상은 영적인 것이 아니다. ― 그것은 너희의 현재 의식수준에서 의지를 단련시키는 단련법이다.

[인종차별]

'자신이 진정 누구인지'에 대한 진실을 알고자 하는 너희에게 '인종차별'과 관련된 세계적인 문제에 대해 이야기하고자 한다.

나는 너희가 이 [인종차별] 문제가 단지 인종의 차이로 인해 배척되고 멸시받는 느낌을 경험했던 당사자들의 에고의 충동으로부터 일어나는 것일 뿐임을 알기를 바란다. 이 느낌은 그들 '자아'의 내면에 너무나 깊이 뿌리박고 있어서, 그들에 대한 사회적 인식이 아무리 좋아지고, 그들이 삶에서 아무리 큰 발전을 이루어 심지어는 세계무대에서 빼놓을 수 없는 큰 인물이 되었다고 할지라도 그들로 하여금 최초로 열등감을 느끼게 만들었던 사람들에 대한 원한과 자신에 대한 부족감은 늘 남아 있다.

그와 같은 열등감은 흑인종에게만 있는 특별한 느낌이 아니라는 것을 이해해야 한다.

이런 '극도로 비천해진' 느낌은 인도 카스트 제도하의 대다수의 사람들과, 유럽 문화권의 하층민들, 사람과 사람 사이에 온갖 분리를 만들어내는 '차별성'을 강조하는 모든 나라의 사람들이 경험했다. 심지어 자신의 높은 신분을 오히려 불편해하는 소위 명망가들도 '하층민'들이 느낀 이 고통스럽고 파괴적인 기분을 경험했다.

이 부족감과 비천한 느낌은 지구인류 전체가 앓는 일종의 풍토병과도 같아서, 신분과 인종과 교육수준을 불문한다.

'비천한' 기분은, 에고의 행태는 인간 존재의 가장 높은 이상과는 정반 대라는, 심령의 깊디깊은 자각으로부터 크게 기인한다. 외견상 성공 한 사람이나 지위 높은 사람과 비교됨으로써 생래적으로 내장된 '비천 한 느낌'이 충동질받아 강화되면, 이 원초적인 부족감이 그 고통스러 운 공명음을 울린다.

크게 성공한 사람조차 느끼는 인종차별의 고통스러운 기분을 극복할 유일한 방법은, 그런 식의 인종 싸움과 인종 청소와, 색다른 언어와 문 화와 교육과정을 경험한 이방인들이 원주민을 정복하여 그들 본래의 생활방식을 억압하는 그런 일이 없었다면 지금처럼 다양한 인종들이 세계적인 지위와 책임의 자리를 점하고 있지 못할 것이라는 사실에 대한 분명한 깨달음에 이르는 것뿐이다.

그러니 이를 치유하여 삶을 새롭게 해줄 유일한 대책은, 진심을 다하 여 다음처럼 말할 수 있도록 명상하고 숙고하고 반성하면서 이 문제 에 신성의 빛을 내려주기를 간구하는 것이다. ― "주여, 저희는 그토 록 끔찍한 모든 일이 일어난 것을 실로 반기고 좋아합니다. 그 일들로 해서 오늘의 저희가 이렇게 있고, 그 일들로 인해 저희의 인내심과 지 성과 감성과 재능의 끝을 경험하고 시험해볼 기회를 얻었습니다. 다 른 인종의 사람들이 이뤄놓은 것을 비교해봄으로써 저희는 자신을 가 늠해볼 수 있고, 저희의 출발점으로부터 더 올라갈 방법을 계속 배워갈 수도 있을 것입니다. 저희가 다른 모든 사람들과 근본적으로 동등함을 보여줄 힘과 영감을 주심에 감사드립니다. — 저희가 지금 누리고 있는 좋은 것들을 위해 오래전에 터를 닦아준 이들에게 감사와 사랑의 염원을 보냅니다."

너희는 또 노예무역과 그 밖의 비극적인 사건들에 연루된 사람들과, 다른 인간 존재들을 고문하여 고통을 준 사람들이 [존재의 법칙]에 따라 다음 생에서는 꼼짝없이 억압받는 인종이 되어 돌아와서 극심한 고난을 겪어야만 했다는 사실을 되씹어볼 수 있다. 흑인으로 태어났을 때, 흑인에 대한 인간적인 대우와 평등권을 소리 높여 요구한 것은 십중팔구 바로 그들이다. 심지어 그런 사람이 너희의 증조부이거나 아버지였을지도 모른다. 그리고 너희는 삶이 왜 그 '가련한 영혼'을 그토록 무자비하게 대했는지를 의아해하고 있을지도 모른다. 다른 한편으로는, 흑인들에게 족쇄를 채워 지하감옥에 가뒀던 '백인들'이 지금도, 과거의 학대에 소란하게 항거하고 있는 온갖 인종의 사회계층을 점유함으로써 여전히 다른 사람들에게 폭력을 가하고 있을지도 모른다. 그 과거는 그들 자신이 초래를 도운 것일 가능성이 다분하다.

[그리스도 의식]을 향해 올라가는 영혼의 여정에서 의미심장한 교훈을 얻을 수 있게끔, 사람들이 다양한 인종의 다양한 사회계층으로 환생한다는 것은 [하나의 사실이다].

존재의 근본원리를 마음속에 새겨두라. 너희가, 너희 자신이 너희의 미래를 지어낸다.

또한 너희는 자신의 영적 고양에 필요한 것이 무엇이든 간에, 그것에 다가가려고 애씀으로써 그것을 현실로 만들어낸다. 스스로 자각을 하든 말든 상관없이, 너희가 삶의 조건을 향상시키려고 애쓸 때, 너희는 동시에 절로 더 높은 영적 의식의 차원에 다가가고 있는 것이다.

이미 말했듯이 ― 창조물을 스트레스에서 놓여나게 하는 것이 [신성한 의도]다. 그러므로 너희를 높이 신성의식을 향해 데려가는 데 필요한 교훈들도 그 의도에 따라 너희의 경험 속으로 들어올 것이다.

그러니 [용서하라]. ― 그 오랜 세월 지상의 존재를 이어온 너희 영혼의 여정에 대해 너희가 진정으로 알고 있는 것은 없기 때문이다. 너희는 자신이 전생에 무슨 짓을 했는지를 알지 못한다. 현재를 용서하고 과거를 용서하고, 그로부터 얻어진 그만큼의 결실을 받아들이라. 너희와 너희 조상에게 해를 입혔다고 여겨지는 이들을 축복하고 사랑하라.

현재 특권을 누리는 피부색을 가진 너희는 다른 인종의 사람들과 그들이 겪는 문제를 들여다보라. 그리고 너희도 다음 생에는 억압받는 인종의 몸으로 태어나 하층민의 서러움이 어떤 것인지를 몸으로 깨닫게 될지도 모른다는 사실을 숙고해보라. 또한 너희의 현재의 상황을 불러오기 위해서는 전생에 어떤 일을 했고 어떤 일을 안 했을지를 곰곰이 생각해보라.

[인종차별]에 관한 진실은 이것이다:

하늘 아래의 모든 존재는 어떤 식으로든 신성의식으로부터 하강한 것이다. 그들 존재 내부의 가장 깊은 근원에서, 모든 존재는 [일체성] 속에서 하나가 된다.

그렇다면 차별이란 것은 대체 어디에 있는가?

그것은 유전과, 종의 발달과, 주어진 조건과, 관습과, 전통의 가르침과, 학교와 집안에서 배운 타인을 대하는 습관과, 사고방식의 차이로부터 일어난다.

너희를 갈라놓는 것은 피부색이 아니다. 어린아이들은 어떤 인종, 어떤 피부색이라도 그 순진무구함과 우러나오는 자기표현력으로써 대부분의 어른들로 하여금 가슴으로 안아 들이게 만든다. 너희를 갈라놓는 것은 너희 존재의 모든 수준에서 느껴지는 [의식]이다. 왜냐하면 너희는 모두가 — 육화된 몸을 가졌음에도 불구하고 — 스스로 의식 패턴을 표현하는 [의식체]요, 타인으로부터 의식 패턴을 받아들이는 [의식체]이기 때문이다. 각 개인의 의식이 — 피부색이나 용모가 아니라 — 그들의 현실이다. 그리고 타인을 끌어당기거나 밀어내는 것도 자신의 의식이다.

너희의 정신적/감정적 사고방식이 서로 공명하고, 너희 나날의 삶을 선택하게 하는 [가치기준]이 같아질 때만 인종차별의 느낌을 극복할 수 있을 것임을 확신해도 좋다. 그런 때가 오기 전에는 인종차별을 당했다고 서로 열을 올리며 싸워봤자 소용이 없다. 그것은 인간이 앓아야 하는 일종의 풍토병과도 같다.

다른 인종에게 온전히 받아들여지기를 원한다면 너희는 너희의 가치관과 인식과 생각과 생활방식과 사람을 대하는 방식을 그 인종의 모든 사람들과 맞도록 바꿔야 한다. 그러면 인종차별은 절로 사라져버릴 것이다.

너희가 함께하고자 하는 인종의 '의식'을 받아들일 준비가 되지 않았다면, 그 의식의 차이를 [사랑]으로써 인정하고 받아들이고 [존중하라]. 누구도 너희에게 차이를 무시하도록 강요할 권리는 없다.

[무엇보다도 중요한 것은]: 세상에서 찾아볼 수 있는 가장 높은 이상을 택하라. 그것을 포용하고 적용하기를 애쓰라. 그러면 모든 피부색이 새로운 내적 아름다움을 발하여 아무도 거기에 저항하지 못하게 할 것이다. 그러면 모든 사람들이 완벽한 조화 속에서 기꺼이 하나로 뭉쳐질 것이다.

모든 인종의 신체적 용모도 변하여 새로운 내적 아름다움을 발할 것이다.

이 편지가 온 세상에 전해지고 많은 무리의 사람들이 존재의 영적 법칙 속에서 하나가 되어 살기를 택한다면 그들은 설사 주변에 폭력이 난무하더라도 그로부터 안전하게 보호받으며 조화롭게 살게 될 것이다.

내가 2천 년 전에 '천국'이라 칭했던 '온전한 존재상태'로 들어서는 — 그리고 그 속에서 사는 — 법을 배우기 위해 함께하는 이들은 어디서든 자신들의 상황과 환경이 뚜렷이 변화해가는 것을 발견하게 될 것이다.

나는 너희가 일요일에 한 자리에서 만나 자신이 받은 온갖 축복을 나누고 너희에게 존재를 부여한 그것을 찬양하며 마음을 고양시키고 온 가슴으로 진심의 감사를 올리기를 강력히 권한다.

너희의 마음을 통하여 신성의식을 세계의식 속으로 끌어들이도록, 함께 명상하여 신성한 본성이 그 초월적 사랑으로 세계의식의 본성 속으로 더욱더 깊이 스며들게 하라.

너희 무리는 주변의 마음들의 에너지에 영향을 끼칠 영적 의식의 에너지를 방사할 것이다.

전 세계의 교회들이 일요일에 만나 하나님을 예배할 때는 세상이 그토록 위태로운 곤경에 처해 있지 않았다는 것을 너희에게 상기시키고 싶다.

그와 같은 때는 이제 지나갔다. 너희는 하나님을 예배하려고 하지 않는다.

너희는 편재하는 신성의식에 대한 강력한 자각의식을 쌓아갈 것이다. 진심어린 찬양을 통해 신성의식의 보편성과 창조력이 너희 마음속에 갈수록 확고히 자리 잡을 것이다. 너희는 모두가 침묵과 고요 속에서 [신성의식]에 다가가고, [그것]이 그 넘치는 사랑으로써 너희의 마음과 가슴을 점유하도록 모셔 들일 것이다. 그리하여 너희는 조금씩 조금씩 하나가 되고, 신성의식이 그 애초의 뜻대로 세상을 점점 더 널리 점유해갈 것이다.

[환생]

다음 배움을 위해 지상의 환경 속으로 들어올 준비가 갖추어지면, 영혼은 영적 진화의 다음 단계로 나아갈 수 있는 환경을 제공해줄 부모에게로 이끌린다. 수태의 순간에, 이전의 영혼은 전생의 개인적 의식과 작금의 영적 진보의 결실을 수태과정 속으로 불어넣어 수정된 난자의 영혼이 된다.

어떤 엄마들은 외부의 낯선 의식이 자기 안으로 들어오는 것을 거의 즉각 알아차린다. 때로 엄마가 자궁 안으로 받아들인 새로운 의식은 그녀의 사고방식과 임신과정과 건강상태에 깊은 영향을 미친다. 아기가 태어나고 나면 엄마는 자신이 평소의 자신으로 돌아온 것을 느낀다. 예민한 엄마들은 흔히 아이의 생애가 택하게 될 방향을 직감하고, 그것을 아이를 위한 자신의 소망과 기도로 인한 것으로 여길 수도 있다.

환생은 나아갈 방향을 가리켜줄 일관된 계획도 없이 아무렇게나 일어나는 일이 아니다.

그 목적은 언제나 여정 위의 영혼으로 하여금 우주에 대한 지식의 감춰진 보고를 밝혀줄 전적으로 다른 다양한 경험들을 제공해주는 것이다. 그것은 자극을 위해 필요한 변화, 곧 뒷배경과 가족과 환경과 유전적 성향의 변주를 제공해준다. 그러나 영혼의 여정이라는 그 가느다란 실은 늘 무의식 속에 묻혀 있다가, 현생에 영향을 끼치기 위해 표면으로 떠오른다. 당사자는 그것을 전혀 자각하지 못하더라도 말이다. 그러므로 성격이나 확고한 관점이나 열정적인 야망이 한 생에서 다른 생으로 이어져 영속할 수도 있다. 때로는 한 생애에서 야망이 형성되지만 다음 생의 완전히 다른 조건을 만나고 나서야 온전히 실현되기도 한다. 그런 경우 영혼은 환생하기 전에, 세상의 조건이 영혼이 품고 있는 야망을 성공적으로 실현시켜줄 만한 상태에 이를 때까지 기다려야 한다.

한 영혼이 먼저 빨간 물의 연못에 뛰어들어서 빨간 물이 들어서 나와서는 급진적인 빨갱이 성향을 지닌 빨간 사람으로 태어나서 어릴 적부터 '빨갱이'의 삶을 살도록 교육을 받는 모습을 상상할 수 있다면, 그 영혼은 의식이 온통 빨간 상태로 그 생애를 떠나리라는 것을 이해할 수 있을 것이다.

그다음에 그는 파랑 물의 연못에 뛰어들어 온통 파랭이의 성질을 띠고 나와서는 파랭이 방식의 삶을 산다. 그가 다시 세상을 떠날 때, 그의 의식은 빨갱이의 의식과 파랭이의 의식의 단면들이 섞여 있는 상태가 될 것이다. 생애는 이런 식으로 교차하면서 지나가고, 그러면 그 동일한 영혼은 다양한 색깔과 종교와 신분과 결혼관계와 성별과 국적과 정치관을 경험하면서 성장하여, 마침내는 이 모든 것이 그에게 일어나고 있는 일들일 뿐이라는 사실에 눈을 뜨고, 그 온갖 색깔들의 조합이 이제는 다 지겹고 자신은 오로지 [빛] 속으로 상승해가기만을 원할 뿐임을 깨닫는다. 그때서야 그의 진정한 영적 여정이 시작된다. 그리고 한 삶에서 다른 삶으로 옮겨가는 동안 그는 전생에 쌓아온 빨강색, 파랑색, 노랑색, 초록색, 검은색, 갈색, 자주색의 색깔들을 모두 서서히 털어내고 마침내는 전생의 모든 환영과 그릇된 관념들로부터 해방되어 그의 영혼은 [빛] 속으로 걸어 나오고, 더 이상의 환생은 필요가 없어진다. 그 영혼은 강하고 에너지가 넘치고 창조적이다. 그러나 영혼의 개체성은 아직도 손상되지 않아서, 그는 세상의 진동주파수를 넘어선 영적 [빛]의 다양한 차원들 속으로 상승해가기 시작한다.

이 편지에서 내가 말했듯이, 나는 의식 속에 [존재의 진실]을 방사하면서 항상 너희와 함께 있다. 이 편지들을 많이 읽으면 읽을수록 너희는 나의 임재와 나의 사랑을 더욱더 자각하게 될 것이며, 이 접촉을 통해 너희를 위한 나의 사랑 넘치는 뜻이 성취될 것이다. 오로지 너희만이 그 접촉을 끊을 수 있다. 너희가 어떻게 느끼든지 상관없이, 나는 사랑을 방사하고 있다.

나는 너희 곁에 나의 [사랑과], 너희가 영의 빛 속으로 속히 당도하기를 바라는 나의 열망을 남겨둔다.

아홉 번째 편지